Die schönsten Sagen aus Österreich

Die schönsten SAGEN aus ÖSTERREICH

Ausgewählt und bearbeitet
von Käthe Recheis

ueberreuter

Das säurefreie und alterungsbeständige Papier EOS liefert Salzer, St. Pölten (hergestellt aus chlorfrei gebleichtem Zellstoff aus nachhaltiger Forstwirtschaft).

ISBN 978-3-8000-5704-7

Alle Rechte vorbehalten. Das Werk darf – auch teilweise – nur mit Genehmigung des Verlags wiedergegeben werden. Übereinstimmungen und Ähnlichkeiten mit lebenden Personen oder Familien sind rein zufällig und nicht beabsichtigt.
Ausgewählt und bearbeitet von Käthe Recheis
Umschlaggestaltung: Nele Schütz Design, München, unter Verwendung von iStockphoto
Copyright © 1970, 2012 by Ueberreuter Verlag, Berlin – Wien
Druck und Bindung: Druckerei Theiss, St. Stefan im Lavanttal
5 4 3 2 1   15 14 13 12

Ueberreuter im Internet: www.ueberreuter.de

INHALT

WIEN

Das Donauweibchen	12
Der Stock im Eisen	15
Der Basilisk	20
Stoß im Himmel	22
Der Kegler vom Stephansturm	26
Die Spinnerin am Kreuz	27
Meister Martin Eisenarm	29
Das Veilchenfest	32
Der Pfarrer vom Kahlenberg	35
Der Klagbaum	38
Meister Hans Puchsbaum	40
Die Judith von Wien	43
Die Speckseite am roten Turm	46
Schab den Rüssel	48
Der Teufel und die Bognerin	51
Der Heidenschuss	57
Küssdenpfennig	58
Die Bärenmühle	63
Der Bärenhäuter	65
Doktor Faust in Wien	69
Der liebe Augustin	72

NIEDERÖSTERREICH

König Otter und das Ruprechtsloch im Otterberg	76
Das Zauberschloss zu Grabenweg	78
Der Ötscher	84
Jakobus im Schnee auf der Ruine Wolfstein	86
Die vergessene Kapelle auf Burg Scharfeneck	87
Markgraf Gerold und seine Töchter im Dunkelsteinerwald	90
Die »Hunde von Kuenring«	91
König Richard Löwenherz in Dürnstein	93
Schreckenwalds Rosengärtlein auf Aggstein	96
Das metallene Käuzlein von Rauhenstein	98
Burg Greifenstein	101
Der Wein aus der Burgruine Greifenstein	104
Der Rattenfänger von Korneuburg	106
Die Feenkönigin auf dem Jauerling	108
Die Geistergräfin von Fischamend	110
Die stolze Föhre im Marchfeld	112
Das Wichtelmännchen von Baden	114
Der Sägefeiler und der Teufel auf der Ruine Dürnstein	117
Die Teufelsmauer bei St. Johann in der Wachau	120
Der Spuk auf Schloss Schauenstein	121
Der Tod im Matzener Weinfass	123
Der Wackelstein bei Zelking	125
Die Gründung des Stiftes Klosterneuburg	127

BURGENLAND

Der Fluch der Nixe vom Neusiedler See	130
Die Waldfee	131
Der Neusiedler See	134

Inhalt

Frauenhaid	136
Der Puchbacher Türke	138
Die Türken in Güssing	140
Der Kümmerlingstein von Kleinhöflein	142
Der Teufelskirnstein bei St. Jörgen	143
Die Entstehung von Bad Tatzmannsdorf	146
Das Neusonntagskind von Wörtherberg	147

OBERÖSTERREICH

Der Dank der Donaunixe im Strudengau	152
Der Krippenstein am Hallstätter See	154
Die Zwergenhöhle bei Obernberg	156
Das Faust-Stöckl bei Aschach	159
Der schwarze Mönch auf Werfenstein	160
Der Schütze von Losensteinleiten	162
Der Donaufürst im Strudengau	163
Die Schenkin auf Burg Windegg	164
Der Riesenhans im Mühlviertel	166
Das Mühlmännlein und der Spielmann	167
Der Springerwirt zu Eferding	171
St. Wolfgang	174
Die Entstehung des Irrsees	177
Burg Rannariedl	178
Das Brot der Bergmännchen von Reichraming	182
Der Wildschütz vom Toten Gebirge	183
Die Gründung der Abtei Kremsmünster	185
Dietmar der Anhanger aus Ried	186
St. Petrus und die Mühlviertler Krapfen	188
Der Mondsee	189
Der Schusterstein bei Grein	190

SALZBURG

Das Bergmännlein auf der Gerlosplatte	196
König Watzmann	197
Das Geschenk der Untersberger	199
Der Zwergenstein am Untersberg	201
Frau Perchta als Bettlerin bei Radstadt	205
Das Loferer Fräulein	206
Die »Übergossene Alm« am Hochkönig	209
Der Putz von Neukirchen im Pinzgau	211
Der Weinfuhrmann	213
Theophrastus Paracelsus in Salzburg	217
Die Weitmoser im Gasteiner Tal	221
Doktor Faust und der Salzburger Kellermeister	225
Kaiser Karl im Untersberg	228
Die Eulenmutter von Zell am See	230

STEIERMARK

Der Schatz der Stubenberger in der Schöcklhöhle	234
Die Hexe von Gleichenberg	238
Gerold von Liechtenstein	241
Das Natternklönlein	244
Die Bewährungsprobe auf dem Masenberg bei Pöllau	246
Der Meineid auf dem Kühberg bei Neumarkt	249
Der Wildsee auf dem Zirbitzkogel	251
Agnes von Pfannberg	252
Grünhütl und Grauhütl von Obdach	255
Das Goldloch bei Mautern	259

Inhalt

Der Berggeist vom Schöckl	261
Der Drachentöter von Mixnitz	266
Das Venedigermännlein bei Knittelfeld	268
Der Wechselbalg von Wildon	272
Die Entdeckung des Erzberges	275
Der Untergang des Silberbergwerkes in Zeiring	277
Die silbernen Buben von Arzberg	279
Die Schlangenkönigin bei Judenburg	282
Der Höllentorwart von Mariazell	284
Der Teufelsberg in Seckau	287

KÄRNTEN

Der Wörther See	292
Der Lindwurm im Wappen von Klagenfurt	293
Kloster Viktring	295
Der Türmer von Klagenfurt	298
Die Raunacht im Mölltal	300
Der Schatzberg bei Metnitz	301
Das Tauernkirchlein bei Ossiach	303
Der Schlangentöter im Glantal	305
Ritter Bibernell auf Schloss Stein bei Oberdrauburg	307
Der Schmied am Rumpelbach	309
Heiligenblut	314
Der Türkensteig bei St. Veit/Glan	317
Die Teufelsbrücke im Drautal	320
Der Riese vom St. Leonharder See	322
Die weiße Rose im Kloster Arnoldstein	324

TIROL

Friedl mit der leeren Tasche	328
Kaiser Maximilian in der Martinswand	329
Frau Hitt	331
Der Glungezer Riese	332
Die saligen Fräulein	334
Tannen-Eh', die Stadt unter dem ewigen Eis der Ötztaler Ferner	339
Hitte-Hatte und der Riese Jordan im Gurgltal	340
Der Schatz im Schloss Fragenstein bei Zirl	343
Die Silbertäufer von Hötting	344
Der Ziereinersee	345
Das Kasermandl von Oberwalchen	347
König Serles	349
Die Fee vom Sonnwendjoch	351
Die mutige Magd im Wattenser Tal	353
Der Traum von der Zirler Brücke	356

VORARLBERG

Die Windsbraut auf der Schröcker Alm	360
Das Mütterlein mit dem Spinnrad in Dornbirn	361
Das Nachtvolk	363
Die Fenken	364
Der Jodlerbühel bei Bezau	366
Die Teufelsbrücke im Montafon	367
Ehrguta von Bregenz	369
Die Bregenzerwäldlerinnen im Schwedenkrieg	372
Die Weiße Frau von Rosenegg	373
Das Fräulein von Ruckburg	375
Die Geschichte von der Gründung des Bades Rottenbrunn	377

WIEN

Wien

Das Donauweibchen

Wenn der Abend friedlich verdämmert, der Mond blank am Himmel steht und sein Licht auf die Erde gießt, taucht bisweilen eine anmutige Gestalt aus den Fluten der Donau empor. Ein Blumenkranz schmückt die blonden Locken, die sich um das schöne Antlitz ringeln, und Blumengewinde schlingen sich um die weißen Hüften. Bald lässt sich die liebliche Erscheinung von den silbrig glänzenden Wellen tragen, bald verschwindet sie im Wasser, um später wieder aufzutauchen.

Manchmal verlässt die Nixe ihr kühles Element und wandelt im Mondlicht über die taufrischen Wiesen am Ufer, ja, sie scheut sich nicht, sich den Menschen zu zeigen, besucht die einsamen Fischerhütten und erfreut sich am friedlichen Dasein der armen Bewohner. Nicht selten warnt sie die Fischer vor Eisstoß und Hochwasser und wilden Stürmen.

So hilft sie dem einen, den anderen aber zieht sie durch ihren lockenden, verführerischen Gesang ins Verderben. Voller Sehnsucht vergisst er alles und folgt ihr in den Strom, der sein Grab wird.

Vor vielen Jahrhunderten, als Wien noch eine kleine Stadt war und sich dort, wo heute stolze Häuser stehen, niedrige Fischerhütten duckten, saßen an einem frostklirrenden Winterabend ein alter Fischer und sein Sohn in einer ärmlichen Stube am flackernden Feuer. Sie flickten eifrig ihre Netze und sprachen dabei von den Gefahren ihres Berufes. Besonders der Alte wusste viel von Wassergeistern und Nixen zu berichten.

»Am Grund des Donaustromes«, erzählte er, »liegt ein großer kristallener Palast, den der Donaufürst mit seiner Frau und seinen Kindern bewohnt. Auf großen Tischen stehen umgestürzt gläserne Töpfe, unter denen die Seelen der Ertrunkenen gefangen gehalten werden. Der Fürst wandelt oft am Ufer der Donau entlang, aber wehe dem Menschen, der es wagt, ihn anzusprechen, er zieht ihn hinunter in den Strom. Seine Töchter, die Nixen, sind liebliche Wesen, die es besonders auf junge und hübsche Burschen abgesehen haben. Lässt sich einer von ihnen betören, so ertrinkt er gewiss bald. Darum hüte dich vor den Nixen,

Das Donauweibchen

mein Sohn! Es sind bezaubernde Mädchen, sie kommen auch manchmal am Abend zum Tanz und tanzen, bis der erste Hahnenschrei sie wieder in ihr nasses Heim zurückruft.«

So wusste der Alte manches zu erzählen, der Sohn aber hörte ihn zweifelnd an und wollte ihm nicht glauben, denn ihm war noch nie eine Nixe begegnet. Kaum aber hatte der alte Fischer seine Geschichte beendet, als sich plötzlich die Tür der Hütte öffnete. Ein zauberhaftes Licht fiel herein und auf der Schwelle stand ein schönes Mädchen in einem weißen, schimmernden Gewand. Sein Haar glänzte wie Gold und in den Locken hingen weiße Wasserlilien.

»Erschreckt nicht!«, sagte die Fremde und richtete den Blick ihrer feucht schimmernden blauen Augen auf den jungen Fischer. »Ich bin eine Wassernixe und habe nichts Böses gegen euch im Sinn. Ich komme euch zu warnen. Bald wird Tauwetter eintreten, das Eis der Donau wird bersten, das Wasser wird über die Ufer treten und die Auen und eure Hütten bedecken. Verliert keine Zeit und flieht, sonst seid ihr alle verloren.«

Die beiden Männer saßen wie erstarrt da, und als sich die Tür längst hinter der seltsamen Erscheinung geschlossen hatte, sprachen sie noch immer kein Wort. Sie wussten nicht, ob sie wachten oder träumten. Endlich holte der Alte tief Atem, schaute seinen Sohn an und fragte: »Hast du es auch gesehen?« Der junge Mann erwachte wie aus einem Traum und nickte wortlos. Nein, es war keine Sinnestäuschung gewesen! Eine Nixe war in ihre Hütte gekommen, sie hatten sie beide gesehen, sie hatten beide ihre Worte gehört!

Sie sprangen auf und eilten hinaus in die frostklirrende Nacht, liefen zu den Hütten der anderen Fischer und berichteten von dem zauberhaften Geschehen. Es gab keinen einzigen, der nicht an die Warnung der freundlichen Nixe glaubte, alle packten ihre Bündel, und noch in der gleichen Nacht verließen die Fischer schwer bepackt ihre Hütten und flohen auf das höher gelegene Land. Sie kannten nur zu gut die Gefahr, die ihnen drohte, wenn die durch den Frost gebändigten Wassermassen plötzlich ihre Fesseln sprengten.

Als der Morgen graute, hörten sie vom Strom her ein dumpfes Krachen und Bersten; blau schimmernd türmten sich die Eisblöcke gegeneinander. Schon am nächsten Tag bedeckte ein quirlender, schäumender See die Auen und Felder. Nur die Giebel der Fischerhütten ragten einsam aus den noch immer steigenden Fluten. Aber kein Mensch und kein Haustier war ertrunken, alle waren rechtzeitig ins Land hinein geflüchtet.

Die Wasser verliefen sich, der Strom kehrte in sein Bett zurück und alles war wieder wie früher. Alles? Nein, einer fand seine Ruhe nicht mehr! Es war der junge Fischer, der die schöne Donaunixe und den Blick ihrer sanften blauen Augen nicht vergessen konnte. Er sah sie stets vor sich; das Bild der Nixe verfolgte ihn, mochte er nun beim Fischen im Boot sitzen oder daheim am Feuer. Selbst nachts im Schlaf erschien sie ihm, und wachte er am Morgen auf, so konnte er nicht glauben, dass er nur geträumt hatte.

Immer öfter lief er zum Ufer des Stromes, saß einsam unter den Uferweiden und starrte hinaus auf das Wasser. Im Rauschen der Wellen glaubte er ihre lockende Stimme zu hören. Am liebsten stieg er in seinen Kahn, ruderte hinaus auf den Strom und sah träumerisch dem Spiel der Wellen zu, und jeder silbrig glitzernde Fisch, der vorüberglitt, jeder Wolkenschatten, der auf das Wasser fiel, narrte ihn. Er beugte sich weit vor, streckte die Arme aus, als wollte er sie fassen, endlich fassen und festhalten für immer. Aber sein Traum ging nie in Erfüllung. Jeden Morgen verließ er trauriger die Hütte und jeden Abend kehrte er bedrückter heim.

Eines Nachts war seine Sehnsucht so groß geworden, dass er sich heimlich aus der Hütte schlich, zum Ufer eilte und den Kahn loskettete. Er kam nicht wieder zurück. Am Morgen wiegte sich der leere Kahn schaukelnd in der Mitte des Stromes. Niemand hat den jungen Fischer je wieder gesehen. Noch viele Jahre saß der alte Vater einsam vor der Hütte, sah hinaus auf das Wasser und weinte über das Schicksal seines Sohnes, den das Donauweibchen zu sich hinabgezogen hatte in den kristallenen Palast auf dem Grund des Stromes.

Der Stock im Eisen

Ein Lehrbub hat es nicht immer leicht auf der Welt! Davon wusste auch der kleine Martin Mux ein Lied zu singen. Er stand vor vielen Jahrhunderten bei einem tüchtigen Wiener Schlossermeister in der Lehre. Die Arbeit begann zeitig am Morgen und der Tag wollte nicht vergehen. Und Martin hätte doch für sein Leben gern lang geschlafen, ein wenig gefaulenzt oder mit den Jungen seines Alters herumgetollt und gespielt. Doch der Meister war streng, und es lässt sich leicht denken, dass nicht immer alles gut ging und der Herr seinen Lehrbuben gelegentlich unsanft an den Ohren zupfte.

Eines Tages schickte der Schlosser den Jungen mit einem Handkarren in die Lehmgrube vor der Stadt. Martin war nur zu froh, die Werkstatt einige Stunden nicht zu sehen. Vergnügt pfeifend schlenderte er mit dem Handkarren dahin und ließ sich die warme Sonne auf den Rücken scheinen. Vor der Stadt fand er einige andere Jungen, und bald tollte er mit ihnen herum und hatte Karren und Lehm und Meister vergessen. Die Zeit verging so schnell, dass er nicht merkte, wie die Schatten immer länger und länger wurden und die Dämmerung hereinbrach. Erst als seine Spielgefährten einer nach dem anderen zur Stadt zurückliefen, erinnerte er sich an seinen Auftrag. Aber nun war es zu spät geworden, er hatte keine Zeit mehr, den Karren mit Lehm zu füllen, wenn er noch vor der Torsperre in die Stadt kommen wollte.

Voller Angst packte er den Karren und trabte zurück. Aber als er keuchend das Stadttor erreichte, war es schon geschlossen. Der Junge hatte nicht die kleinste Münze im Hosensack, er konnte den Sperrkreuzer nicht bezahlen, wusste sich keinen Rat mehr und begann zu weinen. Was würde der Meister sagen, wenn er nicht nach Hause kam? Wo sollte er die Nacht verbringen?

Martin setzte sich auf seinen Karren, schluchzte eine Weile still vor sich hin, dann rief er, unbedacht, wie Kinder nun einmal sind: »Wenn ich nur wüsste, was ich tun soll? Käme ich nur in die Stadt hinein, ich würde mich auch dem Teufel verschreiben! Es wär' mir ganz gleich!«

Er hatte kaum diese Worte gesprochen, als plötzlich ein Männchen in einem roten Wams vor ihm stand. Auf dem Kopf trug es einen spitzen Hut mit einer nickenden blutroten Hahnenfeder.

»Warum weinst du denn, mein Junge?«, fragte der kleine Mann mit krächzender Stimme.

Martin riss die Augen weit auf und starrte die sonderbare Gestalt an. »Ach«, jammerte er, »ich muss in die Stadt und hab' keinen Sperrkreuzer. Und außerdem gibt's bestimmt eine Tracht Prügel vom Meister, wenn ich so spät und ohne Lehm nach Hause komme.«

Der Teufel – denn kein anderer war das kleine Männchen – beruhigte den Jungen und sagte: »Du sollst den Sperrkreuzer haben, und deinen Karren will ich dir mit Lehm anfüllen. Heute Abend gibt's keine Hiebe, Martin! Und was würdest du sagen, wenn ich obendrein noch dazu einen der besten Schlossermeister von Wien aus dir mache? Keine Angst, ich habe nur eine kleine Bedingung. Wenn du ein einziges Mal in deinem Leben die Sonntagsmesse versäumst, dann gehört dein Leben mir. Schau nicht so furchtsam drein! Was ist schon dabei? Brauchst nur jeden Sonntag in die Messe zu gehen und es geschieht dir nichts.«

Der dumme Junge dachte, das könne kein gefährlicher Vorschlag sein. Jeden Sonntag die Messe besuchen? Das war nicht schwierig. Er würde bestimmt kein solcher Narr sein und einmal die Messe auslassen. Also sagte er ja und gab dem Männchen als Unterpfand drei Blutstropfen. Dafür erhielt er vom Teufel einen neuen blanken Sperrkreuzer und der Karren war auf einmal mit dem besten und feinsten Lehm gefüllt. Vergnügt ließ sich der Bub das Stadttor öffnen, und als er zur Schlosserwerkstatt kam, gab's nicht nur keine Prügel, sondern der Meister lobte ihn sogar, weil er an diesem Tag so fleißig gewesen war.

Am nächsten Morgen betrat das kleine Männchen mit dem roten Wams die Werkstatt des Meisters und brachte einen absonderlichen Auftrag vor. Als letzter Rest der früheren großen Wälder stand ein alter Eich-stamm an der Ecke des Grabens und der Kärntner Straße. Für diesen Stamm wollte das Männchen einen eisernen Reifen zum Stützen haben. Der eiserne Reifen sollte mit einem überaus kunstvollen Schloss versehen sein. Weder der Meister noch seine Gesellen wagten es, die seltsame und schwierige Arbeit zu übernehmen.

Der Stock im Eisen

»Was?«, schrie der Fremde aufgebracht. »Ihr wollt Meister in Eurem Handwerk sein und seid nicht fähig, ein so einfaches Ding herzustellen? Euer Lehrjunge da könnte es ohne weiteres!«

»Wenn der Lehrbub das Schloss zu Stande bringt«, antwortete der Schlosser missmutig, »dann soll er sofort frei und Geselle sein.« »Meister, es gilt!«, rief der kecke Junge, der sich an das Versprechen des kleinen Mannes vom vergangenen Abend erinnerte. Und tatsächlich hatte er in wenigen Stunden Ring und Schloss geschmiedet, die Arbeit ging ihm leicht von der Hand, er wusste selbst nicht, wie ihm dabei geschah. Das Männchen hatte in der Werkstatt gewartet und ging nun mit dem Jungen zur Eiche, legte den Reifen um den Stamm und sperrte das kunstvolle Schloss ab. Dann nahm der Fremde den Schlüssel zu sich und verschwand spurlos. Seit dieser Zeit nennt man den Baumstamm und den Platz, wo er steht, »Stock im Eisen«.

Martin Mux wurde von seinem Meister freigesprochen und zum Gesellen erklärt. Nach altem Handwerksbrauch ging er auf die Wanderschaft, arbeitete bald da, bald dort und kam schließlich nach Nürnberg. Der Meister, bei dem er dort in Dienst trat, kam aus dem Staunen nicht mehr heraus. Ein verschnörkeltes Fenstergitter, an dem andere Gesellen eine Woche lang arbeiteten, hatte Martin in wenigen Stunden fertig, und nachher streckte er sogar den Amboss zu Gitterwerk. Nun wurde es dem Meister unheimlich und er entließ den neuen Gesellen schnell wieder.

Martin wanderte zurück in seine Vaterstadt und nach einigen Monaten kam er wieder in Wien an. Dass er während seiner Wanderschaft an keinem Sonntag die Messe versäumt hatte, versteht sich! Er hatte keine Angst vor dem Teufel und war fest entschlossen, dem Kerl im roten Wams ein Schnippchen zu schlagen. In Wien erfuhr er, dass der Magistrat einen Schlosser suchte, der für das kunstvolle Schloss an der Eiche am Graben einen passenden Schlüssel anfertigen konnte. Wer diesen Schlüssel schmiedete, sollte das Meister- und Bürgerrecht in Wien erhalten. Aber kein Schlosser hatte sich bisher gefunden, dessen Schlüssel gepasst hätte, so viele es auch schon versucht hatten.

Kaum hörte Martin Mux davon, als er auch schon ans Werk ging. Das passte aber dem Männchen nicht in den Kram, das seinerzeit mit dem Schlüssel verschwunden war. Es setzte sich unsichtbar an die Esse, und sooft der Geselle den Schlüssel ins Feuer hielt, drehte es den Schlüsselbart um. Martin Mux merkte nur zu bald, woher der Wind wehte, er lächelte verschmitzt und setzte den Bart verkehrt an den Schlüssel, bevor er ihn ins Feuer hielt. So prellte er den Kerl im roten Wams, der blind vor Wut den Bart wieder verdreht hatte. Lachend über seinen gelungenen Streich lief Martin aus der Werkstatt und der Teufel fuhr zornig beim Schlot hinaus.

Alle hohen Herren der Stadt waren versammelt, als Martin Mux den Schlüssel ins Schloss setzte und öffnete. Feierlich wurde ihm das Meister- und Bürgerrecht zugesprochen und voller Freude warf er den Schlüssel hoch in die Luft; aber, o Wunder, er fiel nie wieder zur Erde herab.

Nun war Martin Mux Schlossermeister in Wien und der Ruf seiner Kunst und Geschicklichkeit verschaffte ihm bald viele Kunden. Die Jahre vergingen. Er lebte ruhig und zufrieden und versäumte nie, sonntags die Messe zu besuchen. Nun bereute er den Pakt, den er als dummer Junge mit dem Teufel geschlossen hatte.

Dem Kerl im roten Wams behagte es keineswegs, dass sein Partner ein ehrbares Leben führte, denn so leicht verzichtet der Teufel nicht auf ein armes Menschenkind. Jahrelang lauerte er auf eine Gelegenheit – aber Meister Mux arbeitete wochentags fleißig und ließ an keinem Sonntag die Messe aus.

Martin Mux wurde reicher und reicher, bald war er einer der wohlhabendsten Bürger der Stadt. Dass der Kerl im roten Wams dabei seine Hand im Spiel hatte, wusste der Schlossermeister nicht. Der Teufel hoffte, seinen Partner durch Reichtum leichtsinnig zu machen, und langsam gewöhnte sich auch Martin ans Spielen und Trinken.

An einem Sonntagmorgen saß der Meister im Kreis seiner Zechgenossen beim Würfelspiel im Weinkeller »Zum steinernen Kleeblatt« unter der Tuchlauben. Als die Glocke zehn Uhr schlug, legte er den Würfelbecher aus der Hand und wollte aufstehen, um in die Kirche zu gehen.

»Du hast doch noch Zeit!«, riefen seine Freunde. »Willst du uns jetzt schon allein lassen? In die Elfuhrmesse kommst du immer noch zurecht.«

Martin Mux ließ sich nur zu gern bereden, trank und würfelte weiter, und als die Glocke die elfte Stunde verkündete, waren er und seine

Der Stock im Eisen

Freunde so eifrig beim Spiel, dass sie nicht ans Aufhören denken wollten. »Erst um halb zwölf wird die letzte Messe gelesen«, riefen sie fröhlich, »du hast immer noch Zeit!« Wieder blieb Martin Mux und setzte das Spiel fort. Plötzlich schlug es halb zwölf. Vor Schreck wurde Martin Mux totenblass im Gesicht, er sprang auf, stürzte die Stiege hinauf und lief zur Kirche. Vor dem Stephansdom sah er keine Menschenseele, der Platz war wie leergefegt. Nur ein altes Weib lehnte an einem Grabstein, eine Hexe, die der Teufel dorthin bestellt hatte.

»Um Gottes willen, liebe Frau«, rief der Meister atemlos, »ist die letzte Messe schon zu Ende?«

»Die letzte Messe?«, fragte die Alte verwundert. »Die ist lange vorüber. Es wird doch schon ein Uhr.« Martin Mux hörte nicht mehr, wie sie still in sich hineinkicherte, denn es war noch nicht einmal Mittag. Der Meister rannte verzweifelt in den Weinkeller zurück, riss sich die silbernen Knöpfe vom Wams und schenkte sie seinen Freunden, damit sie ihn nicht vergessen sollten und sein Schicksal ihnen zur Warnung sei. Jetzt erst begannen die Glocken der Stadt die Mittagsstunde zu schlagen. Kaum war der letzte Ton verklungen, stand das Männchen im roten Wams unter dem Eingang der Schenke. »He, Meister«, rief es mit heiserer Stimme in den Keller hinunter, »versäume die Messe nicht! Hörst du die Glocken zwölf Uhr läuten?«

Verstört stürzte Martin Mux die Treppe hinauf und lief zum Stephansdom. Das Männchen folgte ihm knapp auf den Fersen und wurde immer größer und größer. Als sie auf dem Stephansfriedhof angekommen waren, stand eine riesige, Feuer sprühende Gestalt hinter dem armen betrogenen Meister, in der Kirche aber erteilte der Priester den letzten Segen. Die Messe war zu Ende. Und zu Ende war es auch mit Meister Martin Mux. Der feurige Kerl packte ihn, flog mit ihm hoch in die Luft und verschwand. Am Abend fanden die Bürger der Stadt Meister Martin Mux tot am Rabenstein liegen.

Seit jener Zeit schlug jeder Schlossergeselle, der nach Wien kam, zum Andenken an den unglücklichen Meister einen Nagel in den Stamm der Eiche, der mitten in der Stadt steht und bald wirklich zum »Stock im Eisen« wurde.

Wien

Der Basilisk

An einem Junimorgen des Jahres 1212 hatte sich vor dem Bäckergeschäft des ebenso wohlhabenden wie habgierigen Meisters Garhibl in der Schönlaterngasse 7 eine große Menschenmenge versammelt. Das Haustor war geschlossen, aber von drinnen hörte man die Bewohner ganz jämmerlich schreien. Immer mehr Neugierige fanden sich ein. Schließlich wollten einige mutige Männer das Tor einschlagen, während ein paar andere zum Stadtrichter Jakob von der Hülben liefen und ihm meldeten, dass im Haus des Bäckermeisters etwas Schreckliches vorgehen müsse.

Inzwischen aber hatte der Bäckermeister sein Haustor geöffnet und stand nun totenblass vor der sich neugierig herandrängenden Menge, die ihn mit Fragen bestürmte. Bevor aber der Bäckermeister antworten konnte, kam der Stadtrichter an der Spitze seiner Scharwache daher und fragte den schlotternden Garhibl, was denn der Grund dieser verbotenen Ruhestörung sei.

»Herr Stadtrichter«, stotterte der Meister, »in meinem Haus ist ein schreckliches Untier. Als heute früh eine meiner Mägde aus dem Ziehbrunnen Wasser schöpfen wollte, bemerkte sie tief unten im Brunnen ein Glitzern und Leuchten, aber gleichzeitig drang ein so scheußlicher Gestank zu ihr herauf, dass sie fast ohnmächtig wurde. Sie lief laut schreiend ins Haus zurück. Der Lehrjunge erklärte sich gleich bereit, die Sache näher zu untersuchen. Er ließ sich an ein Seil binden, nahm eine Pechfackel in die Hand und stieg in den Brunnen hinab. Er war aber noch gar nicht weit im Schacht unten, als er einen entsetzlichen Schrei ausstieß und die Fackel fallen ließ. Wir zogen ihn rasch wieder herauf. Der arme Bursche war mehr tot als lebendig. Als er wieder zu sich gekommen war, erzählte er, auf dem Grund des Brunnens sitze ein scheußliches Ungeheuer, das halb wie ein Hahn und halb wie eine Kröte aussehe. Seine Beine seien plump und warzig, es habe einen zackigen Schuppenschwanz und auf dem Kopf trage es ein feuriges Krönlein. Das Untier habe dem Lehrjungen so giftige Blicke zugeworfen, dass er glaubte, seine letzte Stunde wäre gekommen. Hätten wir

Der Basilisk

ihn nicht rasch in die Höhe gezogen«, schloss der Bäckermeister seinen Bericht, »wäre er sicher im Brunnen gestorben.«

Der Stadtrichter war ratlos und wusste sich in dieser absonderlichen Angelegenheit keinen Rat. Unter den Neugierigen befand sich aber auch ein gelehrter Mann, der Doktor Heinrich Pollitzer. Dieser trat zu dem Stadtrichter und sagte, er wüsste, um was es sich handelte, und bat um die Erlaubnis, die Leute zu beruhigen.

»Das Tier«, erklärte er, »das man im Brunnen des Hauses gesehen hat, ist ein Basilisk. Ein Basilisk entsteht aus einem Ei, das ein Hahn gelegt und eine Kröte ausgebrütet hat. Schon der alte römische Schriftsteller Plinius hat ein solches Tier beschrieben. Es ist äußerst giftig, sogar sein Atem, ja sein bloßer Anblick ist todbringend. Es muss schleunigst umgebracht werden. Das kann aber nur dadurch geschehen, dass man dem, Basilisken einen Spiegel vorhält. Sobald das Tier sein eigenes scheußliches Bild im Spiegel sieht, gerät es darüber so in Wut, dass es zerplatzt. Wenn sich jemand findet, der dieses gefährliche Abenteuer auf sich nehmen will«, wandte sich der Gelehrte an den Bäckermeister, »so kann Euer Haus von dem schrecklichen Tier befreit werden.«

Die Menge hatte schweigend zugehört, der Bäckermeister aber rief sofort: »Wer von euch hat den Mut, dem Basilisken einen Spiegel vorzuhalten? Er soll es nicht bereuen, ich will ihn reichlich belohnen.« Hätte der Bäckermeister ein Fass mit Gold vor die Leute hingestellt – sie hätten doch keine Lust gehabt, in den Brunnen zu steigen. Niemand sagte ein Wort. Die allerstärksten Männer waren die Ersten, die sich davonstahlen, und nach und nach verliefen sich fast alle, die vor dem Haus standen, denn es schien ihnen nicht geheuer zu sein, sich so nahe bei dem gefährlichen Tier aufzuhalten.

Nur einen gab es, der hatte zwar auch Angst, war aber doch entschlossen, das Wagnis auf sich zu nehmen. Es war des Bäckermeisters Geselle, Hans Gelbhaar, ein armer Bursche. »Meister«, sagte er, »Ihr wisst, ich habe Eure Tochter Apollonia schon lange ins Herz geschlossen. Dass Ihr mir deshalb gram seid, ist mir auch nicht unbekannt. Wenn Ihr einwilligt, mir Eure Tochter zur Frau zu geben, so will ich für mein Glück selbst das Leben aufs Spiel setzen.«

Nun hatte der Bäckermeister eine geradezu unbeschreibliche Angst vor dem Ungeheuer, und selbst der verlangte Preis – zu dem er sonst niemals ja gesagt hätte – erschien ihm in diesem Augenblick nicht zu hoch. Er willigte ein und sagte, der Geselle solle Apollonia haben, sobald der Basilisk tot sei.

Der Stadthauptmann schickte um einen großen Spiegel, dem Gesellen wurde ein Seil um den Leib gebunden, und daran ließ er sich langsam in den Brunnen hinab. Es gelang ihm, den tödlichen Blick des Basilisken zu vermeiden und dem scheußlichen Tier den Spiegel vorzuhalten, ohne selbst in Gefahr zu kommen. Vor Wut über seinen eigenen hässlichen Anblick zerbarst der Basilisk mit einem lauten Knall. Der Geselle kam gesund aus dem Brunnen heraus, seine Apollonia umarmte ihn vor Freude, und dem Bäckermeister blieb nichts anderes übrig, als sein Wort zu halten. Hans und Apollonia wurden ein glückliches Paar.

Auf den Rat des Doktor Pollitzer füllte man den Brunnenschacht mit Erde und Steinen an und begrub das Ungeheuer in der Tiefe. Aber noch im Tod übte es seine verderbliche Kraft aus. Ein paar der Arbeiter wurden von den giftigen Schwaden, die aus dem Brunnen stiegen, betäubt und starben wenige Tage danach. Auch der Bäckerjunge kam nicht mit dem Leben davon.

Zur ewigen Erinnerung an den Basilisken wurde in einer Nische des Hauses Nummer 7 in der Schönlaterngasse ein Abbild des Ungeheuers angebracht. Das Haus hieß fortan das »Basiliskenhaus«. Längst ist der Glaube an das gefährliche Untier geschwunden, nur die Redensart vom Unheil bringenden Basiliskenblick lebt noch fort.

Stoß im Himmel

Vor vielen Jahren lebte in Wien eine Frau, die so eitel und hochmütig war, dass sie für nichts anderes Sinn hatte, als Luxus zu treiben und prachtvolle Gewänder zu tragen. Sie ließ sich die besten und kostbarsten Stoffe vorlegen, wählte sich stets die allerschönsten und teuersten

Stoß im Himmel

aus und ließ sich daraus ein Kleid nach dem anderen und immer nach der allerneuesten Mode anfertigen. Daheim saß sie den ganzen Tag vor dem Spiegel, drehte und wendete sich hin und her und besah sich von allen Seiten. Am Sonntag etwa einmal in die Kirche zu gehen, das war ihr viel zu langweilig. Auch um den Haushalt kümmerte sie sich nicht und vertraute alles den Dienstmägden an.

Einmal ging sie prächtig herausgeputzt an einem Bild der Gottesmutter vorüber. Gerade zuvor hatte sie sich daheim wieder lange und gründlich im Spiegel besehen und war ganz überzeugt, die schönste und bestangezogene Frau der Welt zu sein. »Du mit deinem einfachen Gewand kannst mir nicht einmal das Wasser reichen«, rief sie dem Bild zu. »Lass doch sehen, ob du im Stande bist, dir so herrliche Kleider zu verschaffen, wie ich sie trage!« Und stolz lächelnd rauschte die Schöne an dem Bild vorüber.

Am gleichen Abend noch klopfte gegen Mitternacht ein später Gast an die Tür ihres Hauses. Die Frau erhob sich verwundert und sah nach, wer mitten in der Nacht bei ihr vorsprechen wollte. Da stand, auf einen Stock gestützt, eine alte Bettlerin auf der Schwelle des Hauses. Die vornehme Dame empörte sich über die Frechheit des lumpigen Bettelvolkes, dessen Zudringlichkeit selbst in der Nacht keine Grenzen kannte, und wollte die Alte fortjagen. Doch die Bettlerin ließ sich nicht abweisen. Sie hob ihren Stock stolz wie ein Zepter und sprach mit der Würde einer Königin:

»Du eingebildetes Weib, du bist ja eine Bettlerin gegen mich! Was wollen die armseligen Lumpen besagen, die du in deinen Schränken aufgehäuft hast! Lass dir einmal meine Schätze zeigen! Ich komme, um dir ein kostbares Gewand anzubieten, wie es keine Königin jemals getragen hat.«

»Lügnerin!«, rief die Dame. »Du willst Prachtgewänder besitzen und gehst in Lumpen umher? Pack dich fort aus meinem Haus, oder ich lasse die Hunde auf dich hetzen!«

Die Alte aber zog in aller Ruhe aus einem geflickten Henkelkorb, den sie auf dem Arm trug, ein wundervolles Gebilde hervor und breitete es vor den Augen der erstaunt zurückweichenden Frau aus. Es war ein Prachtgewand aus Samt und Seide, flimmernd von Gold und edlen

Steinen. Dazu wies sie noch einen Schleier vor, in dessen Gewebe die Sterne des Himmels eingeschlossen schienen, so strahlte und funkelte und flimmerte er. Im Korb lagen auch noch ein Gürtel, eine Haube und ein Paar kostbare Schuhe, alles von einer Pracht, dass sich keine Fürstin damit hätte zu schämen brauchen.

Als die eitle Dame diese Herrlichkeiten sah, änderte sie sofort ihr Benehmen. Nun suchte sie nach den freundlichsten Worten und bat und beschwor die armselige Alte, ihr das prachtvolle Gewand zu überlassen; kein Preis werde ihr zu hoch sein.

»Kein Preis zu hoch?«, fragte die Alte und lächelte überlegen. »Aber du hast ja nichts mehr, du hast doch dein ganzes Geld schon für Kleider und Tand vergeudet.«

»Das ist wahr«, rief die Dame erschrocken aus. »Aber ich muss das Kleid trotzdem haben. Ich will alles, was ich besitze, zu Gold machen und es dir geben. Lass mir das Kleid, ich flehe dich an!«

Die Bettlerin dachte eine Weile nach und sagte dann: »Ich will dir einen Vorschlag machen. Dein Gold brauche ich nicht, denn ich habe selbst genug. Ich will dir aber das Kleid für drei Tage und drei Nächte borgen, und du gibst mir als Lohn, was in der dritten Mitternacht von dem Kleid bedeckt sein wird.«

Die Begierde der schönen Dame nach dem wunderbaren Kleid war so groß, dass sie alles auf der Welt versprochen hätte, nur um es zu erhalten. Die Bedingung erschien ihr lächerlich gering, sie glaubte, die Alte rede irre, und so gab sie leichten Herzens das verlangte Versprechen. Drei Tage und drei Nächte stolzierte sie nun in dem neuen Gewand in der Stadt umher und die allervornehmsten Damen beneideten sie darum; denn nirgends in ganz Wien fand sich ein Kaufladen, der einen so herrlichen Stoff, ein so feines Gewebe und eine so kunstvolle Stickerei feilgeboten hätte.

So kam die Mitternachtsstunde der dritten Nacht heran, und der eitlen Schönen fiel das Versprechen ein, das sie der Alten gegeben hatte. Nun erst fing sie darüber nachzugrübeln an, was die Alte wohl damit gemeint haben könnte. Je länger die Dame nachdachte,, umso unheimlicher wurde ihr zu Mute. Schreckhafte Bilder stiegen in ihrer Fantasie auf und allerlei dunkle Besorgnisse bedrängten sie. Schließlich zweifelte sie nicht mehr daran, dass das Kleid aus der Hölle stammte. Entsetzen packte sie und gleichzeitig heftige Reue. Sie wollte sich das wunderbare Gewand vom Leib streifen, aber es saß wie angegossen fest; sie wollte es in Fetzen reißen – umsonst, was in der Hölle gewebt worden ist, kann kein Mensch zertrennen. Wie von Sinnen rannte die Unglückliche in ihrem Zimmer auf und ab, gekleidet wie ein Fürstin, aber jammernd wie eine Bettlerin.

Als zwölf Schläge vom Turm die Mitternachtsstunde verkündeten, blieb die Frau angsterstarrt stehen. Kaum war der letzte Schlag verklungen, öffnete sich die Tür des Zimmers und die zerlumpte Bettlerin schritt über die Schwelle.

»Liebes Schätzlein«, rief sie spöttisch, »du hast mir zum Lohn versprochen, dass mein sein soll, was zu dieser Stunde von meinem Kleid bedeckt ist. Nun bist du es selbst, mein Kind, und daher bist du mein!«

Zur gleichen Zeit erfüllte eine flammende Röte das Gemach, und an Stelle der Bettlerin stand plötzlich der Teufel vor der Frau. Im Nu verwandelte sich das gleißende Kleid: Der rote Samt wurde zu Blut, die Goldstickerei zu rötlichen Flammen, das Silber der Sterne zu tödlicher Glut. Es knisterte und brannte um den Körper der sich verzweifelnd wehrenden Frau.

Schon wollte der Teufel die Hände nach ihr ausstrecken, als ein heftiger Stoß die arme Sünderin fortschleuderte. Das brennende Kleid fiel von der Frau ab und sie stand plötzlich in einem leuchtend weißen Gewand vor ihm. Ihre ehrliche Reue und ein kleines Kreuz auf der Brust hatten sie aus den Händen des Teufels gerettet. Die Frau hatte gleichsam »einen Stoß in den Himmel« erhalten.

Bald danach trat die Dame in ein Kloster ein, wo sie ihre Seelenruhe fand und nach vielen Jahren, mit dem Himmel versöhnt, friedlich starb.

Wien

Der Kegler vom Stephansturm

Neben der Stube des Türmers von St. Stephan befand sich einst eine Kegelbahn, die sich wohl einmal ein Turmwächter eingerichtet haben mochte, um sich gelegentlich die Langeweile zu vertreiben. Da aber der Platz beschränkt und die Bahn daher nur kurz war, pflegte man mit dem Rücken gegen die Kegel die Kugel zwischen den Beinen hinausrollen zu lassen.

Nun lebte einmal in Wien ein Schindelmacher, Meister Kunrat, ein Meisterkegler, der aber ein wüster Geselle und Saufbold war. Er war im Stande, mit jedem Schub alle neun zu treffen. Eines Abends zechte und kegelte er in einem Wirtshaus bis tief in die Nacht hinein, und schließlich war er so betrunken, dass ihn der Wirt aus dem Haus wies. Schimpfend und fluchend torkelte Meister Kunrat die Straße entlang und schwor bei Tod und Teufel, dass er trotzdem noch in dieser Nacht weiterkegeln und alle neun treffen werde, auch wenn er allein spielen müsste. So kam er zur Stephanskirche und kletterte mühsam die Wendeltreppe zur Kegelbahn des Türmers empor.

Mit einem wüsten Fluch packte er die Kugel, fühlte aber im gleichen Augenblick eine Hand auf seiner Schulter. Er wandte sich um und sah einen hageren Mann in einem langen grauen Mantel hinter sich. Der Hagere sah ihn mit einem so stechenden Blick an, dass dem einsamen Kegler ganz unheimlich zu Mute wurde.

Fluchend rief er dem Fremden zu: »Was wollt Ihr? Lasst mich in Ruhe! Oder habt Ihr etwa Lust, mit mir ein Kegelspiel zu machen? Aber ich sage Euch gleich: Bei mir sind es auf jeden Wurf alle neun! Das bringt Ihr wohl kaum zu Stande.«

»Ich halte die Wette«, antwortete der Graue.

Da nahm Meister Kunrat die Kugel, stellte sich mit dem Rücken zur Bahn und warf die Kugel mit einem mächtigen Schwung zwischen seinen Beinen durch. »Alle neun«, rief er seinem Partner lachend zu. »Nun macht es mir nach, wenn Ihr könnt!« Und er packte heimlich einen Kegel und warf ihn beim Turmfenster hinaus, um den Fremden zu überlisten.

Sogleich aber richtete sich der Graurock auf und wuchs und wuchs, bis er unheimlich und riesengroß vor dem erschrockenen Kegler stand. »So haben wir nicht gewettet«, erklärte er mit einer seltsam dumpfen Stimme. Schaudernd bemerkte nun Kunrat, dass sich unter dem Mantel ein blankes Totengerüst verbarg. »Ich bin der Tod und treffe alle neun, auch wo nur acht sind.« Dann warf der Tod die Kugel in die Kegel. Alle acht stürzten, als neunter aber sank Meister Kunrat tot zu Boden. Am anderen Morgen fand ihn der Türmer leblos mitten zwischen den Kegeln liegen.

Noch lange Zeit nach diesem Ereignis musste jeder Besucher der Kegelbahn auf dem Stephansturm einen Schub tun und ein Vaterunser für die arme Seele des unglücklichen Keglers beten.

Die Spinnerin am Kreuz

Auf der Höhe des Wienerberges, wo der aus dem Süden in Wien Ankommende zum ersten Mal den Turm des Stephansdomes sieht, stand schon vor Jahrhunderten ein schlichtes Holzkreuz, das später durch eine kunstvolle steinerne Säule ersetzt wurde, eines der schönsten Wahrzeichen Wiens. Das Volk nennt die Steinsäule »Die Spinnerin am Kreuz«. Niemand weiß, wie dieser Name entstanden ist, doch umso mehr Sagen und Legenden erzählt man sich darüber.

Vor vielen Jahrhunderten soll ein Ritter mit Herzog Leopold dem Glorreichen in das Heilige Land gezogen sein. Als der Kreuzfahrer sich von seiner Frau verabschiedete, gelobte sie, das einfache Holzkreuz durch ein schönes Kreuz aus Stein zu ersetzen, wenn ihr Mann gesund und wohlbehalten wieder zurückkehrte. Jene Frau soll ihren Mann sehr geliebt haben, das Gelübde genügte ihr nicht, sie wollte die Kosten für das Kreuz durch ihrer eigenen Hände Arbeit verdienen.

Ein Jahr lang saß sie am Spinnrocken und spann und spann unermüdlich. Doch die Kreuzfahrer kehrten noch nicht aus dem Heiligen Land zurück. Sie betete und spann weiter, ein zweites Jahr lang. Nach und nach kamen viele der ausgezogenen Ritter in die Heimat zurück, auch Herzog Leopold war längst wieder in Wien, nur der so sehnlich erwartete Gatte blieb aus.

Woche um Woche verstrich – das dritte Jahr ging zu Ende. Jetzt hielt es die Frau nicht mehr in ihrer Burg aus. Sie nahm den Spinnrocken und trug ihn auf die Höhe des Wienerberges, unter dem Holzkreuz wollte sie ihre Arbeit fortsetzen. Von hier aus bot sich ihr ein weiter Blick in die Ferne, an dieser Stelle musste ihr Mann vorüberkommen, wenn er noch am Leben war. Vom Morgen bis zum Abend saß die Spinnerin unter dem Kreuz, arbeitete und sah unermüdlich nach ihrem Mann aus. Jeder Wanderer, der daherkam, erweckte Hoffnung in ihr, aber es schien, als hätte der Himmel sie vergessen.

Eines Abends saß die arme Frau wieder unter dem Kreuz, über ihre Arbeit gebückt, und von Zeit zu Zeit schaute sie hoffnungslos hinaus in das Land. Die Sonne verschwand hinter den Wienerwaldbergen, der Abend senkte sich friedlich und schattenhaft ragten die fernen Türme der Hauptstadt aus der Dämmerung. Da kam ein einsamer Wanderer langsam den Berg herauf. Er stützte sich auf einen Stock, sein Gesicht war hager, der Bart lang und grau und sein Rock abgetragen und verschlissen.

Unter dem Kreuz brach er erschöpft zusammen. Die Spinnerin beugte sich teilnahmsvoll über den Fremden. Plötzlich wurde sie kalkweiß im Gesicht und rief aus: »Du bist es! Du bist doch heimgekommen! Ich habe gewusst, dass Gott meine Bitten erhören wird. Wir wollen ihm für seine Gnade danken!«

Als der Ritter wieder ein wenig zu Kräften gekommen war, erzählte er seiner Frau, dass er im Kampf schwer verwundet und von den Feinden gefangen genommen worden war. Zwei Jahre lang war er Sklave gewesen, bis er hatte fliehen können. Mit Tränen in den Augen hörte ihm seine Frau zu, als er von dem mühseligen und bitteren Weg zurück in die Heimat erzählte.

Voller Freude über die Rettung und Heimkehr ihres Mannes erfüllte die Frau des Ritters ihr Gelübde. Sie ließ an Stelle des verwitterten Holzkreuzes eine kunstvolle steinerne Säule errichten, die zum Gedächtnis an die Stifterin den Namen »Spinnerin am Kreuz« erhielt.

Meister Martin Eisenarm

Einst lebte in Wien ein Schmied, der Meister Martin hieß und wegen seiner Bärenstärke in der ganzen Stadt bekannt war und von jedermann nur »Eisenarm« genannt wurde. Der Schmied hatte noch eine andere Eigenschaft, die dazu beitrug, dass ihn seine Mitmenschen mit besonderen Augen ansahen. Er arbeitete tagtäglich in seiner Werkstatt, auch an Sonn- und Feiertagen. Das war gegen jeden Brauch und verstieß noch dazu gegen das Kirchengebot. Meister Martin arbeitete aber an jedem Tag nur so lange, bis er sich vier Groschen verdient hatte. Dann legte er sein Schurzfell ab und sperrte die Werkstatt zu. Mochte ihm nun jemand auch goldene Berge versprechen, um nichts in der Welt hätte er am gleichen Tag noch einmal Hammer und Zange in die Hand genommen. Mit dieser absonderlichen Gewohnheit des Meisters hatten sich die Wiener längst abgefunden, aber traf ein Fremder in der Stadt ein, so versäumten sie es nie, ihm von dem seltsamen Schmied zu erzählen.

Als im Jahre 1237 Kaiser Friedrich II. nach Wien kam, erzählte man ihm, sobald die Staatsgeschäfte erledigt waren, natürlich sofort von Meister Martin. Der Kaiser schüttelte den Kopf und wollte den Mann mit eigenen Augen sehen. So wurde Martin an den Hof berufen, und der Kaiser empfing ihn nicht allzu gnädig, denn er fand es ganz ungehörig, dass es einen Menschen in seinem Reich geben sollte, der auch an den höchsten Feiertagen arbeitete.

»Ist alles wahr, was man von dir erzählt?«, fragte der hohe Herr. Meister Martin schaute ihn offen und ohne Angst an und gestand freimütig, es sei so.

»Warum müssen es gerade vier Groschen sein, die du täglich verdienen willst?«, wollte nun der Kaiser wissen.

»Herr«, antwortete der Schmied, »ich habe mir zum Vorsatz gemacht, jeden Tag so viel zu verdienen, als ich zum Leben brauche, und mehr als vier Groschen sind das nicht.«

»Und was machst du mit den vier Groschen?«, erkundigte sich Friedrich, den die Neugierde gepackt hatte.

»Einen verschenke ich«, erwiderte Meister Martin, »einen erstatte ich, einen werfe ich weg und einen verwende ich für mich.« Der Kaiser wunderte sich nicht wenig über diese Auskunft und forderte über die sonderbare Rechnung Aufklärung.

»Nun, mein Herr und Kaiser«, gab der Schmied zur Antwort, »einen Groschen verschenke ich an die Armen, den zweiten gebe ich meinem Vater zum Lebensunterhalt und erstatte ihm damit zurück, was er in meiner Kindheit für mich ausgelegt hat; den dritten Groschen überlasse ich meiner Frau zur beliebigen Verwendung, der ist wahrlich weggeworfen, denn sie braucht ihn zu nichts anderem als zum Vergnügen und für Kleider. Den letzten Groschen endlich verwende ich für mich selbst. Ihr seht also, gnädiger Herr, ich finde mit vier Groschen reichlich mein Auslangen.«

Hatte anfangs der Kaiser eine strenge Amtsmiene aufgesetzt – weil er ja nicht zugeben durfte, dass einer seiner Untertanen das Sonntagsgebot nicht hielt! –, so wurde im Verlauf des Gesprächs sein Gesicht immer freundlicher, schließlich vergaß er seinen Unmut ganz und rief: »Nicht übel! Eisenarm, du kannst gehen und weiterhin tun, was dir gefällt. Aber sag keinem Menschen ein Sterbenswörtchen von unserer Unterredung. Was du mir gesagt hast, soll nur ich wissen. Erst wenn du hundertmal das Angesicht deines Kaisers gesehen hast, darfst du darüber sprechen«, fügte er augenzwinkernd hinzu und dachte, das hieße so viel wie niemals, denn wann würde der Schmied Gelegenheit haben, hundertmal seinem Kaiser gegenüberzutreten!

Meister Martin versprach, den Willen seines hohen Herrn zu erfüllen, verneigte sich ehrerbietig und ging seiner Wege. Den Kaiser aber hatte der Mutwillen gepackt, er ließ alle seine Räte zusammenrufen und legte ihnen mit ernstem Gesicht folgende Frage vor: »Sagt mir, wie würdet Ihr vier Groschen verwenden, von denen der erste verschenkt, der zweite erstattet, der dritte weggeworfen und der vierte verbraucht wird?«

Die Räte sahen sich verlegen an, wussten keine Antwort und schwiegen. »Nun, weise Herren«, spottete der Kaiser, »Ihr seid doch sonst nie verlegen, wenn ich Euch um Rat frage. Wo ist denn jetzt Eure Klugheit geblieben? Überlegt Euch die Sache gut. Ich gebe Euch drei Tage Frist. Dann aber will ich eine Antwort hören!«

Meister Martin Eisenarm

Da fingen die weisen Herren an, sich ihre weisen Köpfe zu zerbrechen, aber es half ihnen nichts, sie fanden des Rätsels Lösung nicht. Unter den Räten war auch ein alter, würdiger Herr, der es faustdick hinter den Ohren hatte. Er überlegte folgendermaßen: Bevor uns der Kaiser die Frage stellte, war der seltsame Schmied bei ihm. Also steht die Frage mit dem Schmied in Zusammenhang. Es müsste doch ein Leichtes sein, aus dem einfachen Kerl das herauszubringen, was wir wissen möchten. Verschmitzt lächelnd führte er also seine Amtsbrüder zu dem Meister, und alle gemeinsam setzten dem Schmied gewaltig zu. Es war aber gar nicht so einfach, wie es sich der alte Herr vorgestellt hatte, den bärenstarken Kerl zum Reden zu bringen. Meister Eisenarm wollte nicht Farbe bekennen. Schließlich wussten sich die Räte keinen anderen Ausweg und versprachen ihm alles, was er sich nur wünschen wollte.

Der Schmied kratzte sich am Kopf und sagte dann bedächtig: »Gut, ich will Euch die Frage deuten, aber vorher müsst Ihr mir hundert Goldstücke bringen.«

Das Geld wurde herbeigeschafft und dem Schmied Stück für Stück vorgezählt. Meister Martin nahm jede einzelne Münze und besah sie genau, eine nach der anderen. Dann erzählte er, was es mit den vier Groschen für eine Bewandtnis habe, und die Räte gingen zufrieden fort und freuten sich, dass sie ihrem hohen Herrn ein Schnippchen geschlagen hatten.

Als die festgesetzte Frist verstrichen war, erschienen die Räte vor dem Kaiser und gaben auf seine Frage die richtige Antwort. Nun hätte sich Friedrich über die Weisheit seiner Räte freuen sollen, aber gerade das Gegenteil trat ein. Der Kaiser ärgerte sich nicht wenig, weil er erkannte, dass die hochweisen Herren nicht aus eigener Weisheit geschöpft, sondern die richtige Quelle gefunden hatten. Nur der Schmied war in der Lage, ihnen eine so genaue Auskunft zu geben. Er ließ den Meister zu sich rufen, fuhr ihn zornig an und warf ihm seinen Ungehorsam vor. »Habe ich dir nicht ausdrücklich untersagt«, schloss er finster, »auch nur ein einziges Wort von unserem Gespräch verlauten zu lassen. Was fällt dir ein, mein Gebot zu übertreten?«

»Das habe ich nicht getan«, antwortete Eisenarm bedächtig und mit der unschuldvollsten Miene der Welt. »Die Herren brachten mir hundert Goldgulden. Ich habe mir hundertmal das Antlitz meines gnädigen Kaisers darauf angesehen, bevor ich Auskunft gab. Unter dieser Voraussetzung aber durfte ich, erhabener Herrscher, nach Euren eigenen Worten reden.«

Nun musste der Kaiser doch laut lachen. Er konnte dem schlauen Kerl nicht böse sein und verabschiedete ihn mit einem ansehnlichen Geschenk. So hatte Meister Martin einen doppelten Gewinn davongetragen und kehrte schmunzelnd in seine Werkstatt zurück.

Die Wiener sollen noch lange von dieser Geschichte geredet haben, und so manch einer hat sich vielleicht gewünscht, unter ähnlichen Umständen die Bekanntschaft des Kaisers zu machen.

Das Veilchenfest

Als Herzog Otto III., der später »der Fröhliche« genannt wurde, über die österreichischen Länder herrschte, vergaßen die Wiener die schlimmen Zeiten, die sie hinter sich hatten. Sie waren wieder zu allerlei Spiel und Kurzweil bereit und feierten Feste, wann immer sich dazu Gelegenheit bot. Einer ihrer liebsten Bräuche war das »Veilchenfest«, das gefeiert wurde, wenn der Winter vorüber war und die Tage wieder warm wurden. Der Glückliche, der das erste Veilchen fand, bedeckte die kleine Blume sorgfältig mit seinem Hut und rannte spornstreichs zum Herzog, um ihm die Freudenbotschaft zu melden. Der Herzog zog dann nach altem Brauch mit seinem Gefolge, den Herren und Damen, den Musikanten und Spaßmachern und einer großen Schar Wiener auf die Wiese, wo das erste Veilchen entdeckt worden war, und das Veilchenfest konnte beginnen.

An einem heiteren Vorfrühlingstag des Jahres 1325 wanderte ein junger Ritter am Fuß des Kahlenberges dahin, den Kopf gesenkt und die Augen zu Boden gerichtet, als suche er ein verlorenes wertvolles Schmuckstück. Was er suchte, schien dem jungen Kerl aber nicht minder wertvoll wie ein blitzender Edelstein, er suchte das erste Veilchen.

Das Veilchenfest

In diesem Jahr, so hatte er es sich nämlich in den Kopf gesetzt, wollte unbedingt er der Erste sein, der ein Veilchen entdeckte. Also wandelte der junge Bursche träumerisch durch das Gras, ließ sich vom Wind das Haar zausen und pfiff vergnügt ein Lied. Plötzlich blieb er stehen. »Ich hab's!«, rief er. Unter Blättern und Gras versteckt, hatte er es entdeckt – das erste Veilchen. Der Ritter zog rasch seinen Hut, legte ihn über die kleine Blume und lief stracks in die Stadt und meldete noch ganz atemlos seinen Fund dem Herzog.

Der Herzog war nicht weniger vergnügt als sein junger Ritter, freute er sich doch schon seit Tagen auf das Frühlingsfest. Außerdem war der junge Ritter, Herr Neidhart von Reuenthal, bei Hof sehr beliebt und der Herzog gönnte ihm den glücklichen Fund.

Bald zog eine Schar vergnügter, fröhlicher Menschen aus der Stadt hinaus zum Kahlenberg; allen voran stolzierte Herr Neidhart. Hinter ihm kamen die Musikanten mit Trompeten, Posaunen und Pauken, dann folgten weiß gekleidete Mädchen und das festlich geschmückte Herzogspaar. Die Ritter und Adeligen, die Bürger und das gewöhnliche Volk marschierten in einer langen Prozession nach.

Endlich war man an der Stelle angelangt, wo das erste Veilchen darauf wartete, gepflückt zu werden. Dort lag auch der Hut Neidharts von Reuenthal. Der Ritter, stolz wie ein Pfau, ließ die Versammelten rings um den Fundort einen Kreis bilden, rief den Herzog herbei und bat ihn, den Hut aufzuheben. Der Herzog bückte sich, hob den Hut auf und wollte das erste Veilchen feierlich begrüßen, aber stattdessen rümpfte er die Nase, die Zornesröte schoss ihm ins Gesicht und er warf Neidhart den Hut vor die Füße. Der Ritter aber stand wie zu Stein erstarrt da und wünschte, der Erdboden würde sich auftun und ihn verschlucken. Unter dem Hut war kein Veilchen verborgen gewesen, sondern übel riechender Unrat!

»So, das ist also Euer Veilchen!«, rief der Herzog nicht wenig erbost. »Ihr habt einen üblen Scherz mit uns getrieben, Herr Neidhart. Wenn Ihr schon mich mit solch traurigen Spaßen nicht verschonen wollt, so hättet Ihr doch der Herzogin diesen Anblick ersparen können!« Der Herzog drehte sich zornig um und schickte sich an, mit seiner Gattin und seinem Gefolge in die Stadt zurückzumarschieren, ohne dem armen Neidhart auch nur einen Blick zu gönnen.

Neidhart war wie aus allen Wolken gefallen und konnte nicht begreifen, wie das alles gekommen war. Das erste Veilchen war verschwunden, stattdessen hatte etwas unter dem Hut gelegen, an das er gar nicht denken wollte. Der Herzog war wütend auf ihn und zum Schaden hatte er noch den Spott, denn die versammelten Wiener waren in ein lautes Gelächter ausgebrochen. »Verzeiht, Herr«, stieß der arme Ritter hervor und stand da wie ein begossener Pudel, »jemand hat mir einen üblen Streich gespielt. Bestimmt war es einer von den Bauern hier. Die Kerle können mich nicht leiden und ich sie noch viel weniger. Aber wenn ich diesen Burschen erwische, bei Gott, er soll nichts zu lachen haben!«

Doch der Herzog gab dem Ritter keine Antwort und schritt an ihm vorbei, als wäre er Luft. Die adeligen Damen und Herren folgten dem Beispiel ihres Fürsten und ließen Ritter Neidhart stehen, ohne ihm auch nur ein einziges tröstliches Wort zu sagen. Das einfache Volk aber, das sich schon auf das Veilchenfest gefreut hatte, zeigte gute Lust, sich an dem unschuldigen Opfer schadlos zu halten, und es wäre gewiss zu einer tüchtigen Prügelei gekommen, hätte nicht Herr Neidhart die Flucht vor den enttäuschten Wienern ergriffen. Als er seine Verfolger endlich abgeschüttelt hatte, hörte er zu laufen auf, schlich mit gesenktem Kopf weiter und verwünschte in Gedanken den Missetäter, der ihm diesen Streich gespielt hatte.

So kam unser junger Ritter schließlich zu dem Dörfchen Heiligenstadt und dort beschloss er seinen Ärger mit einem Humpen Wein hinunterzuspülen. Er ging also – noch immer innerlich vor Ärger fast platzend – zum Dorfwirtshaus und dort riss er die Augen vor Erstaunen nicht wenig weit auf. Vor dem Wirtshaus tanzte eine Schar Kinder einen Reigen um eine Stange, und diese Stange war oben mit einem Veilchen geschmückt. Das konnte nur sein Veilchen sein! Dem jungen Ritter schossen sofort schwarze Rachegedanken durch den Kopf. Er nahm einen der kleinen Burschen zur Seite und fragte ihn, wo er und seine Kameraden denn das Veilchen gefunden hätten. Der Junge hatte keine Ahnung, wer der Ritter war, der ihn ansprach, und erzählte lachend, das Veilchen habe eigentlich Neidhart von Reuenthal gefunden, zwei Bauern aber hätten den Ritter beobachtet, das Veilchen heimlich gepflückt und stattdessen Unrat unter den Hut gelegt. Dabei wollte sich der kleine Bursche vor Lachen fast ausschütten.

Neidhart war es nicht zum Lachen zu Mute. Er hatte genug gehört, außerdem entdeckte er im Wirtshaus jene beiden Bauern, die der Junge genannt hatte. Der Ritter zog sein Schwert, fuhr wie der Blitz unter die Bauern und an jenem Tag gab es blutige Köpfe in Heiligenstadt.

Die Bauern rannten vor dem zornsprühenden Racheengel Hals über Kopf davon und Neidhart blieb als Sieger zurück. Er riss das Veilchen von der Stange und eilte in die Stadt zum Herzog. Staubig, verschwitzt und ganz atemlos sprudelte er seine Geschichte heraus, erzählte von dem Streich, den ihm die Bauern gespielt hatten, und von seiner Rache, an die sie noch lange denken würden. Was blieb dem Herzog anderes übrig, als herzlich über alles zu lachen und dem Ritter zu versichern, es sei alles vergeben und vergessen. »Ihr werdet Euch aber«, schloss der Herzog seine Rede, »die Bauern nicht eben zu Freunden gemacht haben.« »Das will ich auch gar nicht!«, rief Neidhart von Reuenthal. »Der Blitz soll sie erschlagen, diese Lumpenkerle, wenn ich ihnen jemals vergessen werde, was sie mir vor Euren Augen angetan haben!« Und von jener Zeit an blieben sie geschworene Feinde – der Ritter Neidhart von Reuenthal und die Bauern aus Heiligenstadt!

Der Pfarrer vom Kahlenberg

Wiegand von Theben, der »Pfaff vom Kahlenberg«, wie man ihn nannte, war schon als Student ein lustiger Schelm, der gern einen harmlosen Streich verübte und immer die Lacher auf seiner Seite hatte. Auch als er die Studien beendet hatte und von seinem Landesherrn, Otto dem Fröhlichen, die Pfarre am Kahlenberg erhielt, hatte sich daran nichts geändert. Noch immer lachte der Schalk aus seinen Augen, und man erzählt sich von ihm so manches fröhliche Schelmenstück.

Wien

Noch in seiner Studentenzeit ging er einmal zu einem der größten Fleischhauer der Stadt, um eine Speckseite zu kaufen. Student und Meister konnten sich über den Preis nicht einig werden und stritten hin und her. Mitten im eifrigen Handeln nahm Wiegand von Zeit zu Zeit eine Nuss aus der Tasche und klopfte sie mit dem Beil auf dem Hackstock auf, an den sich der Fleischer gelehnt hatte. Zugleich aber heftete der Student den Rock des Fleischers mit kleinen Nägeln am Hackstock fest, ohne dass jener es bemerkte. Als der Meister sah, dass er den geforderten Preis nicht erhalten würde, sagte er: »Mein lieber Freund, wenn du nicht zahlen willst, was ich verlange, dann wirst du eben den Speck nicht erhalten.«

»Das wollen wir sehen«, antwortete der Student lachend, nahm die Speckseite und war flugs bei der Tür draußen. Der Fleischer wollte ihm nachstürzen, konnte sich aber nicht vom Fleck rühren, da sein Rock am Hackstock festgenagelt war. Zum Schaden hatte er noch den Spott, weil jedermann über den Streich lachte, dem er zum Opfer gefallen war. Einige Tage später aber erschien Wiegand wieder im Laden und bezahlte die Speckseite. Statt den Burschen hinauszuwerfen empfing ihn der Fleischer höchst freundlich, denn seit dem Tag, da er am Hackblock festgenagelt worden war, ging sein Geschäft doppelt so gut, weil viele Neugierige seinen Laden aufsuchten.

Als Wiegand schon am Kahlenberg saß und als Pfarrherr seines Amtes waltete, kam eines Tages die Gemahlin des Herzogs unangesagt mit ihrem Gefolge in den Pfarrhof und lud sich zum Mittagstisch ein. Der Pfarrer rüstete eilends zum Mahl, schleppte viele Töpfe und Schüsseln herbei, zündete das Feuer im Herd an und stellte die leeren Töpfe darauf. Die Herzogin schaute ihm kopfschüttelnd zu und fragte dann verwundert: »Und was kommt in die Töpfe hinein?«

»Ich dachte«, antwortete der Pfarrer harmlos, »Ihr hättet das Essen aus der herzoglichen Küche mitgebracht, denn wenn ich eine Herzogin samt ihrem Gefolge aus Eigenem bewirten müsste, ginge mein ganzes Jahreseinkommen an einem Tag auf.« Lachend ließ nun die Herzogin das Essen ihrem Reiseproviant entnehmen und bewirtete den Pfarrer aufs Beste.

So viel Achtung und Anerkennung der Pfarrherr auch genoss, einen Menschen gab es doch, der ihm übel gesinnt war; das war der reiche Wiener Bürger Philipp Uezzelschneider. Dieser hätte die einträgliche Pfarre auf dem Kahlenberg gern für seinen Neffen gehabt und beschuldigte insgeheim den Pfarrer, sie ihm hinterlistig weggeschnappt zu haben. Nun war ihm kein Mittel schlecht genug, den Pfarrer von seinem Posten zu vertreiben. Er versuchte zunächst die Bauern gegen Wiegand aufzuhetzen und behauptete, der Pfaff vom Kahlenberg wolle sich das Leben so angenehm wie möglich machen, den Bauern aber die unnötigsten Lasten aufbürden. Wirklich wurden einige Bauern auch ziemlich aufgebracht, als Uezzelschneider sagte, Wiegand wolle auf ihre Kosten ein neues Kirchendach machen lassen, was doch ganz und gar unnötig sei.

Aber nicht genug damit, Uezzelschneider wollte Wiegand einen Streich spielen, der ihn in seiner Pfarrgemeinde unmöglich machen sollte. Er bestellte bei einem Maler ein Bild, auf dem ein Wolf dargestellt sein sollte, der den Gänsen predigte. Der Wolf sollte die Züge des Pfarrers tragen, mit den Gänsen waren offenbar die Bauern gemeint. Dieses Bild sollte am nächsten Sonntag während der Predigt an der Kirchentür angeschlagen werden. Der Maler nahm die Bestellung entgegen, unterrichtete aber den Pfarrer, der sein Freund war, und versprach lachend, zu tun, was Wiegand von ihm verlangte.

Am nächsten Sonntag hielt Wiegand wie gewöhnlich seinen Gottesdienst ab und lächelte verstohlen, als gegen Ende der Predigt Hammerschläge ankündigten, dass das bestellte Bild an der Kirchentür festgenagelt wurde. Die Bauern aber konnten vor Neugierde kaum das Ende der Messe erwarten, weil sie von dem Bild schon Wind bekommen hatten. Am Schluss des Gottesdienstes gedachte der Pfarrer auch des neuen Kirchendachs. Er bat jedoch nur um so viele Spenden, um das Dach über dem Altar ausbessern lassen zu können, und die Bauern atmeten erleichtert auf, denn eine solche Kleinigkeit würde gewiss nicht allzu viel kosten.

Uezzelschneider ärgerte sich nicht wenig, als er die Bauern tuscheln hörte, der Pfarrer sei doch kein so arger Beutelschneider und gewisse Herren erzählten eben gern Lügen. Er tröstete sich aber mit dem Gedanken an das Bild und freute sich schon auf das große Gelächter, das es über den Pfarrherrn geben würde. Als er vor der Kirchentür unter die lachenden Bauern trat, wurde er grün vor Wut, denn der Wolf auf dem Bild trug nicht die Züge Wiegands, sondern seine eigenen. Zornsprühend eilte er davon und der Pfarrer hatte wieder einmal die Lacher auf seiner Seite.

Dass Wiegand aber auch zu seinem neuen Kirchendach kam, dafür sorgte der Himmel. Am nächsten Sonntag goss es in Strömen und die Bauern in der Kirche wurden durch und durch nass, während der Pfarrer beim Altar unter dem ausgebesserten Dach im Trockenen stand. Nun sahen die Bauern ein, dass ein neues Dach notwendig war, und spendeten reichlich.

So manche hübsche Geschichte gäbe es noch über den »Pfaffen vom Kahlenberg« zu erzählen; manchmal kam er mit seinen Bauern übers Kreuz, doch verziehen sie ihm seine Streiche stets bald wieder. Als er alt geworden war, zog er auf Schloss Neuberg in der Steiermark und wirkte dort bis zu seinem Tod als Burgkaplan.

Der Klagbaum

Vor über siebenhundert Jahren brach in Wien eine schreckliche Seuche aus, die aus dem Morgenland eingeschleppt worden war: der Aussatz. Kein Arzt wusste ein Mittel, diese Krankheit, die die Menschen völlig entstellte, zu heilen und ihre Ausbreitung zu verhindern.

Zur Versorgung der Kranken stiftete Pfarrer Gerhard von St. Stephan im Jahre 1267 außerhalb der Stadt auf der heutigen Wieden ein Siechen-haus und eine Kapelle, die man »Zum guten Sankt Hiob« nannte, dem großen Vorbild der Geduld im Leiden.

Vor der Kirche stand eine schöne große Linde, von der manchmal bei Nacht seltsame Klagelaute zu hören waren. Die Gegend kam dadurch so in Verruf, dass niemand mehr nachts dort vorbeizugehen wagte. Eine Zeit lang setzte diese sonderbare Erscheinung aus, aber etwas später wiederholte sich jede Nacht das unheimliche Klagen. Die Bewohner der umliegenden Häuser bekamen mehr und mehr Angst, und schließ-

Der Klagbaum

lich wanderten sie mit dem Richter an der Spitze zum Seelsorger des Spitals und baten ihn, die »Wehklag'«, die ihnen so große Furcht einflößte, durch Gebet und Beschwörung zu bannen.

Der Geistliche versprach, gegen Abend zum Lindenbaum zu kommen und nachzusehen, welche Ursache die seltsame Erscheinung habe. Nachdem die Dunkelheit hereingebrochen war, stürzte auch schon der Wächter, den man in der Nähe des Baumes aufgestellt hatte, sehr erregt herbei und stammelte zitternd, der verzauberte Baum klage wieder so laut, dass sich alle Leute voller Angst in ihren Häusern verkrochen hätten.

Der Priester nahm Kreuz und Weihwedel und schritt mit den Richtern und Räten zu dem unheimlichen Baum. Als sie näher kamen, hörten sie ganz deutlich klagende Laute. Kein Zweifel, es war eine verwunschene Seele! Die Begleiter des Geistlichen blieben voll Schrecken stehen, er aber ging allein weiter. Das seltsame Klagen hatte auch ihm Angst gemacht, aber er ließ sich nicht abhalten. Als er näher gekommen war, schien es ihm, als höre er eine menschliche Stimme. Er blieb stehen. Der Mond, der bisher von Wolken verdeckt worden war, trat nun hervor und warf sein Licht auf den Baum. Der Priester sah eine schattenhafte Gestalt unter dem Baum, sprengte geweihtes Wasser vor sich hin und sagte mit etwas zitternder Stimme seine Beschwörung auf. Das Klagen verstummte sofort.

Die verschreckten Bürger sahen nun, wie neben dem Priester ein dunkles Wesen auftauchte und beide darauf in der Kapelle verschwanden. Dann regte und rührte sich nichts. Geraume Zeit verstrich – der Priester kam nicht zurück. Die Bürger schlichen nun bedrückt heim und waren überzeugt, das Gespenst hätte den Priester mit sich genommen.

Am nächsten Morgen tauchte aber der Geistliche wieder auf und erzählte lächelnd, nicht ein Gespenst habe die klagenden Weisen von sich gegeben, sondern ein Ritter und Sänger, dessen Namen er nicht nennen dürfe. Er habe unter dem Baum seine Klagelieder über die schreckliche Krankheit gesungen. Der Baum sei ihm wegen seiner Einsamkeit als der richtige Ort erschienen, den Schmerz über die Leiden der Vaterstadt zum Ausdruck zu bringen.

Doch die abergläubischen Leute glaubten den Worten des Priesters nicht. Sie meinten, er sei mit dem Gespenst im Bund und nannten das Spital nach wie vor »Zum Klagbaum«. Noch heute erinnert die Klagbaumgasse auf der Wieden an die unheimlichen Weisen des klagenden Baumes.

Meister Hans Puchsbaum

Schon länger als ein Jahrhundert bauten die Wiener an ihrem großen Dom, der Stephanskirche, und noch immer war das großartige Werk nicht vollendet. Der Südturm ragte in den Himmel, das Langhaus war fertig, aber es fehlte noch der Nordturm. Der Stadtmagistrat hatte daher verkünden lassen, dass jenem Baumeister die Arbeit übertragen werden sollte, der den Turm in kürzester Zeit und mit den niedrigsten Kosten vollenden würde. Unter vielen anderen Bewerbern meldete sich auch ein Baumeister, der Hans Puchsbaum hieß und der dem Magistrat kurz und bündig erklärte: »Ich mache die Arbeit in der Hälfte der Zeit, die alle anderen dazu brauchen.« So wurde ihm der Bau übertragen.

Hans Puchsbaum war ein junger, noch ziemlich unbekannter Baumeister, der bisher erst wenige Aufträge ausgeführt hatte. Er wusste aber, dass er tüchtig und geschickt war, und sagte sich: »Wenn ich den Nordturm in der festgesetzten Frist bauen kann, so werde ich zu Ehren und Ansehen kommen und meine Maria heiraten können.« Maria war ein Mädchen, das er sehr liebte, deren Eltern aber reich und vornehm waren und denen daher ein so einfacher Bewerber nicht allzu sehr gefiel.

Meister Puchsbaum machte sich sogleich an die Arbeit und anfangs schritt das Werk auch tatsächlich wunschgemäß vorwärts. Doch schon nach kurzer Zeit traten die ersten Schwierigkeiten auf. Einmal stimmten die Bauberechnungen nicht, ein andermal verzögerte sich die Zufuhr des Baumaterials, kurz und gut, es gab immer neue Hindernisse,

Meister Hans Puchsbaum

und bald erkannte Meister Puchsbaum, dass er den Turm nicht zum angegebenen Termin fertig bekommen würde. Von Tag zu Tag wurde der junge Mann hoffnungsloser, nicht einmal seine Maria konnte ihn mehr aufheitern, und es war kein Wunder, dass er immer wieder niedergeschlagen vor dem Stephansdom saß, sich den Kopf zerbrach und über einen Ausweg aus seiner schwierigen Lage nachgrübelte.

Als er eines Abends fast verzweifelt am Fuß des Turmes stand, entdeckte er plötzlich neben sich einen sonderbar aussehenden Mann in einem grünen Wams, der ihn grinsend anschaute.

»Du tust mir Leid«, begann der Fremde, »ich weiß nur zu gut, welchen Kummer du hast.«

»Wer bist du und was willst du?«, fragte der Meister erschrocken. »Wer ich bin, ist rasch gesagt«, antwortete der Fremde. »Man nennt mich den Fürsten der Hölle, manche nennen mich Teufel oder geben mir andere Namen, die nicht schön sind. Reden wir darüber nicht! Und was ich will? Das ist auch rasch gesagt. Ich will dir helfen, armer Kerl!«

Dem Meister rann es kalt über den Rücken, er streckte abwehrend die Arme aus und rief entsetzt: »Mit dir will ich nichts zu tun haben! Geh fort von mir!«

Der Teufel lächelte nur und antwortete honigsüß: »Was gilt's? Wenn ich dir helfe, den Turm in weit kürzerer Zeit fertig zu stellen, als du es versprochen hast, und wenn du dadurch die Hand deiner Geliebten erringst – bist du dann auch noch so spröde? Willst du auch dann noch auf meine Hilfe verzichten?«

Es war aber nicht leicht, den Meister umzustimmen. Eine halbe Stunde wohl musste ihm der Teufel zusetzen, bis der junge Mann schwankend wurde. Die Versuchung war zu groß. So mancher junge Mann hat schon Dummheiten gemacht, wenn es darum ging, die Hand eines geliebten Mädchens zu erringen. Es kam so weit, dass Meister Puchsbaum schließlich zögernd fragte: »Was verlangst du für deine Hilfe?«

»Nicht viel«, scharwenzelte der Teufel. »Du darfst nur während der ganzen Zeit, in der du am Bau des Turmes arbeitest, weder den Namen Gottes noch den Namen der Jungfrau Maria oder sonst eines Heiligen aussprechen.«

Wien

Diese Bedingung einzuhalten schien dem Meister weder schwer noch gefährlich zu sein. Er zauderte nicht länger und der Pakt wurde geschlossen.

Von diesem Tag an ging alles wie durch Zauberei am Schnürchen. Der Turm wuchs und wuchs. Nicht nur der Magistrat und alle Wiener wunderten sich, auch der Meister selbst war immer wieder erstaunt, wie rasch die Arbeit nun vorwärts schritt. Kein Wunder, wenn Hans Puchsbaum von Tag zu Tag glücklicher wurde. Er sah im Geist den Turm schon fertig vor sich, sah sich – als angesehenen Baumeister – zu Marias Eltern gehen und um die Hand der Tochter anhalten. Und natürlich würden sie ja sagen! Was blieb ihnen denn auch anderes übrig. Er, Hans Puchsbaum, war ja der beste Baumeister von ganz Wien!

Einmal, als der Meister oben auf dem Baugerüst stand, konnte er sich vor Freude kaum mehr halten. Er wusste nun: Der Turm würde vor der festgesetzten Frist fertig dastehen – und wer durfte ihm dann noch seine Maria verweigern? In den letzten Wochen war er Tag und Nacht über seiner Arbeit gesessen und hatte kaum Zeit gehabt, sich mit dem Mädchen zu treffen. Umso freudiger überrascht war er, als er es plötzlich unten, am Fuß des Domes, über den Platz schreiten sah. Da ging sie, seine geliebte Maria! Sie war es – ganz sicher –, es war seine Maria! Aber sie schaute nicht zu ihm hinauf. Da beugte er sich weit vor, damit sie ihn auch ganz gewiss sehen konnte, und rief laut: »Maria!«

Kaum hatte er das Wort ausgesprochen, als das Gerüst zu schwanken anfing. Ein donnerähnliches Krachen erschütterte den Turm; die Balken des fallenden Gerüstes und Schutt und Mauertrümmer des einstürzenden Turmes rissen Hans Puchsbaum in die Tiefe. Die entsetzten Arbeiter schworen nachher, sie hätten ein lautes Hohngelächter gehört und die riesenhafte Gestalt eines grün gekleideten Mannes über den Trümmern des Turmes schweben sehen. So sehr man auch suchte – der Leichnam des Meisters blieb verschwunden.

Der Bau des zweiten Turmes wurde eingestellt und niemals weiter fortgeführt.

Die Judith von Wien

An einem Herbstmorgen des Jahres 1370 betrat Elsbeth, die achtzehnjährige hübsche Tochter eines Wiener Küfermeisters aus dem Vorort Wieden, die Gastwirtschaft des Sebastian Gundtl in der Kärntner Straße, der mit ihrem Vater befreundet war. Hans, der Sohn des Wirtes, freute sich aus ganzem Herzen über den unerwarteten Besuch. Er hatte schon lange ein Auge auf das hübsche Mädchen geworfen und dachte, nun sei endlich Gelegenheit, mit ihr über alles zu reden, was ihm am Herzen lag. Aber Elsbeth schien zu seinem Kummer nicht geneigt zu sein, sich auf ein langes Gespräch einzulassen. Sie brauche einen Wagen nach Wiener Neustadt, sagte sie, und zwei handfeste Knechte dazu. Aber der Vater dürfe nichts davon wissen! Es solle eine Überraschung für ihn werden.

Nun war zwar Hans nicht gerade davon erbaut, dass wieder nichts aus dem schon so lang ersehnten Gespräch wurde, aber ihm gefiel die Kleine viel zu sehr, um ihr über irgendetwas böse sein zu können. So nahm er ihre Bestellung lächelnd entgegen und erkundigte sich nach der Art ihrer Überraschung. Das Mädchen antwortete kurz angebunden und viel ernster, als es sonst immer war: »Das wird man zeitig genug erfahren. Ich möchte so rasch als möglich abfahren.«

Es dauerte nicht lange, so stand der Reisewagen bereit, auf dem Bock saß ein bärenstarker Kutscher und an seiner Seite zwei Knechte des Wirtes. Elsbeth bestieg den Wagen. »Aber seid vorsichtig!«, mahnte Hans zum Abschied. »Ihr wisst, die Straße über den Wienerberg ist verrufen. Dort steht die Teufelsmühle, und in der Nähe soll sich Hans Aufschring mit seiner Räuberbande umhertreiben. Ich möchte nicht, dass Ihr diesem Waldteufel über den Weg läuft. Lasst Euch ja nicht einfallen, in der Schankwirtschaft der Mühle abzusteigen oder gar dort zu übernachten. Elsbeth, seid um Himmels willen vorsichtig! Man sagt, der Schankwirt soll mit den Räubern im Bund stehen und der Kerl ist ein wahrhafter Mordbrenner!«

Hans hatte mit seiner Mahnung nicht Unrecht. Ganz Wien zitterte damals vor Hans Aufschring, den man den Waldteufel nannte. Lange

Zeit hatte sich die Stadtverwaltung vergeblich bemüht, den schlauen und gerissenen Burschen zu fangen. Alle, die ihm nachgestellt hatten, waren entweder gar nicht oder mit blutigen Köpfen heimgekommen. Elsbeth aber ließ sich durch die Worte des Wirtssohnes nicht abschrecken. Als er sich bereit erklärte, zu ihrem Schutz die Fahrt mitzumachen, wies sie ihn lächelnd ab. Zwei Knechte und der Kutscher, meinte sie, genügten doch vollauf, sie zu beschützen. »Außerdem«, fuhr sie fort, »erzählt man vom Waldteufel, Frauen hätten von ihm nichts zu befürchten. Im Übrigen aber werde ich mich schon in Acht nehmen.« Sie ließ Hans nicht weiter zu Wort kommen, winkte ihm freundlich zu und die Fahrt begann. Ohne Zwischenfälle kamen sie an der Teufelsmühle vorbei und langten bei Einbruch der Dämmerung wohlbehalten in Wiener Neustadt an, wo sie eine gute Herberge bezogen. Am nächsten Morgen stand Elsbeth in der Werkstatt des bekannten Waffenschmieds Klingsporner und bestellte einen kunstvollen Lehnstuhl für den Geburtstag ihres Vaters. »Ihr müsst wissen«, erklärte sie, »der Stuhl soll einen doppelten Zweck erfüllen. Er soll erstens meinem Vater durch seine Schönheit Freude machen. Aber ich will«, fügte sie schalkhaft lächelnd hinzu, »meinen Vater auch damit überraschen. Meister, ich möchte, dass Ihr einen geheimen Mechanismus in den Sessel einbaut. Auf einen Federdruck sollen zwei kräftige Arme vorschnellen und meinen Vater nicht mehr loslassen, bis ich ihn aus seinem Ruhesitz befreie. Könnt Ihr ein solches Werk anfertigen, Meister?«

Dem Meister Klingsporner schien zwar dieser Auftrag ziemlich verrückt zu sein und er schüttelte insgeheim den Kopf über das sonderbare Wiener Bürgermädchen. Sie war aber ein so hübsches Ding, dass der Meister nicht nein sagen konnte. In etlichen Tagen war der Sessel fertig und Elsbeth ließ ihn sorgsam verpackt sofort auf den Wagen laden. Es war schon spät am Nachmittag, als die Rückfahrt nach Wien angetreten wurde. Bei der Teufelsmühle ließ Elsbeth das Fuhrwerk halten. »Es wird schon dunkel«, sagte sie zu den überraschten Knechten, »wir wollen hier übernachten.«

Der Wagen fuhr in den geräumigen Hof der Mühle, der Wirt kam mit honigsüßer Freundlichkeit herangescharwenzelt und das Mädchen verlangte ein Zimmer für sich und eine Stube für ihre beiden Begleiter.

Die Judith von Wien

Dem Kutscher trug sie auf, den Wagen vor das Fenster ihrer Stube zu stellen und die Pferde nicht auszuspannen. Den Lehnstuhl mussten die beiden Knechte in ihr Zimmer tragen.

Als Elsbeth dann im Schankraum bei ihrem Abendessen saß, trat ein derber, kräftiger Mann herein, der sich, ohne ein Wort zu sagen, an ihrem Tisch niederließ. »Das ist sicher der Waldteufel«, dachte das mutige Mädchen. »Nun wird es sich ja bald zeigen, ob nicht ein schwaches Mädchen das zu Stande bringt, was den Männern bisher nicht gelang.« Als der Fremde ein Gespräch begann, antwortete sie freundlich und stellte sich harmlos und unwissend. Das frische, muntere Wesen des hübschen Mädchens verfehlte seinen Eindruck auf den Mann nicht. Er rückte näher heran, versuchte mitunter auch eine plumpe, vertrauliche Geste, welche in einer Art abgewehrt wurde, die eher noch einzuladen schien, und so war der Kerl bald auf dem besten Weg, eine Liebeserklärung zu machen. Elsbeth brachte aber geschickt das Gespräch auf einen kunstvollen, silbernen Becher, den sie in Wiener Neustadt erworben habe, um dem Vater ein Geschenk zu machen. Nun drang der Räuber so lang in sie, ihm den Becher zu zeigen, bis sie ihm, scheinbar widerstrebend, die Erlaubnis gab, sie in ihr Zimmer zu begleiten. Dort lud sie den Waldteufel freundlich ein, auf dem Lehnstuhl Platz zu nehmen, der eben zu diesem Zweck im Zimmer aufgestellt worden war.

Kaum hatte sich der schwere Mann in den Stuhl gesetzt, als Elsbeth auf die Feder drückte und der geheime Mechanismus zu spielen begann. Eiserne Bänder sprangen vor und hielten den Burschen derart an den Stuhl gefesselt, dass er weder Hände noch Füße rühren konnte. Rasend vor Wut versuchte er, sich aus der eisernen Umklammerung zu lösen. Es gelang ihm nicht, diesmal hatte er seinen Meister gefunden. Das Mädchen aber eilte zum Fenster, riss es auf und rief die Knechte und den Kutscher herbei. Die Männer schleppten den Lehnstuhl mit dem tobenden Insassen nur zu gern aus dem Haus und luden ihn auf den Wagen. Dann versorgten sie auch den Schankwirt und legten ihn gefesselt zu seinem Spießgesellen.

Wenige Augenblicke später rollte der Wagen auf der nächtlichen Straße der Stadt zu und hielt erst auf der Kärntner Straße vor dem Wirtshaus des Gundtl an. Der Wirt war nicht wenig erstaunt, als Elsbeth ihm ihre seltsame Fuhre zeigte. Er glaubte in dem Mann im Lehnstuhl einen reichen Viehhändler zu erkennen, der öfter in seiner Schankstube vorgesprochen hatte.

»Nein«, antwortete Elsbeth, »das ist kein Viehhändler, sondern Hans Aufschring, der Waldteufel, den bisher niemand einfangen konnte.« Und sie erzählte dem verdutzten Wirt, auf welche Weise sie den Burschen überwältigt hatte.

Ganz Wien konnte sich nicht genug wundern, dass ein junges, schwaches Mädchen einen gewaltigen Räuber unschädlich gemacht hatte, der bisher allen starken Männern ein Schnippchen geschlagen hatte. Hans Gundtl war nicht wenig stolz auf seine Elsbeth und noch hundertmal fester entschlossen, sie zu heiraten.

Am 24. Jänner 1372 wurden Hans Aufschring und sein Spießgeselle auf dem Hohen Markt hingerichtet.

Elsbeth aber hieß von nun an die »Judith von Wien«. Bald darauf heiratete sie den jungen Hans Gundtl, und ihre Nachkommen führten noch viele Jahre das Gasthaus »Zum Waldteufel« in der Kärntner Straße, das später nach Währing übersiedelte und »Zum wilden Mann« genannt wurde.

Die Speckseite am roten Turm

Beim Tor am Roten Turm zu Wien mündeten die Straßen aus dem fruchtbaren Norden des Landes in die Hauptstadt, tagtäglich zogen hier Hunderte von Wagen und Fußgängern hindurch und manchmal mag es ein arges Gedränge gegeben haben. Die einfachen Leute vom Land schmunzelten wohl jedes Mal, wenn sie durch das Tor wanderten. Oben auf dem Gewölbe hing nämlich gut sichtbar eine aus Holz geschnitzte Speckseite, die aussah wie eine richtige, sodass einem das Wasser im Mund vor Appetit zusammenrinnen konnte. Unter der Speckseite aber stand eine Inschrift zu lesen, die den guten Wiener Bürgern keine Ehre antat. Die Verse lauteten:

Die Speckseite am roten Turm

»Befind't sich irgend hier ein Mann,
Der mit der Wahrheit sprechen kann,
Dass ihm sein' Heirat nicht tat gerauen
Und furcht sich nicht vor seiner Frauen,
Der mag diesen Backen herunterhauen.«

Jahrzehntelang hing die Speckseite unangefochten am Turm, wurde staubig und altersgrau, und keinem Wiener gelüstete es, sie zu beanspruchen. Es war ganz und gar so, als fürchteten sich tatsächlich alle Wiener vor ihren Ehefrauen. Einmal aber fand sich doch ein Mann beim Magistrat ein und erklärte großartig, er sei unumschränkter Gebieter im Hause und habe daher das Recht, die Speckseite herunterzunehmen. Es sei höchste Zeit, dass diese Schande für alle Männer so rasch wie möglich für alle Zukunft verschwinde!

Die Stadträte hatten nichts dagegen einzuwenden und so wurden die nötigen Vorbereitungen zur Abnahme der Speckseite getroffen. Die Absicht des Helden wurde rasch bekannt und zur vereinbarten Stunde hatte sich eine große Menge Volk am Roten Turm versammelt.

Schon war die Leiter aufgestellt und stolz und selbstbewusst schickte sich der unumschränkte Herr im Hause an, die Sprossen hinaufzuklettern, um dieses Schandmal der Männer zu entfernen. Als er mitten auf der Leiter stand, besah er sich die Trophäe genauer, schüttelte den Kopf und stieg schnell wieder herunter. Unten pflanzte er sich auf und rief: »Das Ding ist ja ganz verstaubt und schmutzig! Liebe Leute, ich habe mein bestes Gewand angezogen und kann mich doch nicht von oben bis unten schmutzig machen. Was würde da meine Frau sagen! Lasst vor mir jemand hinaufsteigen, der die Speckseite sauber putzt!«

Da war es zuerst lautlos still auf dem Platz und dann brach die Menge in ein schallendes Gelächter aus. Der heldenmütige »Herr im Haus« aber zog sich beschämt zurück und verschwand.

Die Speckseite blieb noch lange Jahre am Tor hängen. Es soll sich niemand mehr gefunden haben, der Anspruch darauf erhoben hätte, sie herunterholen zu dürfen. Erst als der Rote Turm fiel, verschwand auch die Speckseite mit der Inschrift – zur großen Freude aller Ehemänner Wiens.

Wien

Schab den Rüssel

An Feiern und Festlichkeiten gab es im alten Wien keinen Mangel. So wurde einmal vorzeiten die Hochzeit eines reichen Kaufmannssohnes mit viel Prunk und Lustbarkeiten aller Art gefeiert. Von weit her kamen Spielleute, Gaukler und fahrendes Volk und unterhielten die Wiener, die nur allzu gern fröhlich und ausgelassen feierten. Auch viele Bettler waren gekommen und wollten bei der allgemeinen Festfreude nicht leer ausgehen.

Aber es schien, dass einer von ihnen mit der Ausbeute dieses Tages ganz und gar nicht zufrieden war. Auf den Stufen der Peterskirche hockte ein buckliger Bettelmann, der hatte zwar den ganzen Tag fleißig seinen Hut hingestreckt und um milde Gaben gefleht, am Abend aber starrte er enttäuscht und zornig in seinen alten Hut. Ein paar schäbige Münzen lagen darin! Er stopfte sie in seine zerlumpte Tasche und stülpte den Hut mit einem Fluch auf den Kopf. »Sind doch ein elendes Pack, diese Wiener Kaufleute!«, knurrte er. »Wollen selbst im Überfluss leben, bestehlen und betrügen ihre Mitmenschen, stellen protzig ihren Reichtum zur Schau und denken nicht daran, die anderen Leute auch leben zu lassen. So einem armen, alten kranken Kerl wie mir gönnen sie nicht einmal eine kleine Festfreude. Da möchte ich doch lieber den Teufel selbst um ein Almosen bitten, als dieses hochmütige, hartherzige Krämergesindel!«

Verdrossen vor sich hinmurmelnd, wollte er die Stufen der Peterskirche hinuntersteigen, als sich plötzlich ein kleines hinkendes Männlein in grünem Samtgewand mit schwarzem Hut und roter Feder zu ihm gesellte. Als der Bettler sah, dass der Kleine in die Tasche griff, hoffte er auf einen Bettelgroschen und leierte sein Sprüchlein herunter. Der kleine Mann aber schüttelte den Kopf und sagte, er habe Besseres bereit. Dann führte er den Bettler in eine stille Seitengasse und zog eine kleine Raspel aus seinen Kleidern hervor. »Du sollst sehen, armer Bursche«, verkündete der kleine Fremde geheimnisvoll, »dass der Teufel wirklich nobler ist als deine Mitmenschen, über die du gerade geflucht hast. Schau, da habe ich ein kleines Werkzeug, das mehr wert ist als mancher schwere Taler. Wenn du auf mich hörst, dann hat bald alle

Schab den Rüssel

Not ein Ende. Du brauchst dir nur mit der Feile über die Lippen zu fahren und dabei zu sagen: ›Schab den Rüssel!‹, und im nächsten Augenblick fällt dir ein Goldstück vom Mund.«

Der Bettler hatte mit offenem Mund der seltsamen Rede zugehört. Ganz wohl war ihm nicht in seiner Haut, aber die kleine Feile lag so verlockend in der Hand des Grünrocks! Wem der Magen nie ganz voll geworden ist und wer in einem schäbigen Rock bei Wind und Wetter im Freien frieren muss, der wird verstehen, dass unserem armen Bettelsmann eigenartig zu Mute wurde.

»Versuch es nur einmal!«, drängte der kleine Grünrock den verdatterten Bettler. »Du wirst sehen, dass ich die Wahrheit gesagt habe.« Der Bettler nahm die Feile in die zitternden Hände und fuhr sich über den Mund. Zwar brannten ihm die Lippen höllisch von der Raspel, aber ein glänzendes Goldstück hüpfte aus seinem Mund und fiel hell klingend aufs Straßenpflaster. Der Bettler bückte sich nach dem Goldstück, fuhr noch einmal mit der Raspel über den Mund, und wieder klirrte eine goldene Münze auf dem Straßenpflaster. Vor Aufregung schlotterte der Bettler am ganzen Körper. »Wie oft kann man dieses Kunststück wiederholen?«, fragte er den Teufel.

»Lieber Freund«, antwortete der Grünrock, »so oft du willst und so lange es dein Mund aushält. Diese kleine hübsche Raspel hat aber noch eine andere Eigenschaft, die dir gefallen wird. Wenn dich jemand ärgert, dann brauchst du nur zu sagen: ›Schab den Rüssel‹ und sogleich wird die Raspel deinem Widersacher übers Maul fahren, dass ihm Hören und Sehen vergeht. Also, ich bin so großzügig und will dir dieses Wunderwerkzeug schenken. Freilich versteht es sich von selbst, dass ich dafür auch etwas von dir haben will, denn umsonst ist nur der Tod. Ich verhelfe dir zu Reichtum und Wohlergehen und du sollst dein Glück sieben Jahre lang uneingeschränkt genießen. Du darfst aber während dieser ganzen Zeit weder beten noch in die Kirche gehen. Nach Ablauf der sieben Jahre komme ich wieder und hole mir deine Seele. Abgemacht?«

Unserem Bettler lief eine Gänsehaut über den Rücken, als er diese Bedingung hörte. Aber sein Leben war bislang so elend gewesen, dass ihm Reichtum als das schönste, begehrenswerteste Gut in der ganzen Welt erschien. Aufs Beten und Kirchengehen zu verzichten, das würde ihm nicht schwer fallen, denn damit hatte er sich auch bisher nicht allzu viel abgegeben. Freilich, seine Seele dem Teufel zu versprechen, das schien ihm eine bedenkliche Sache zu sein! Kommt Zeit, kommt Rat, dachte er und sah sich nach seinem Begleiter um. Doch der war verschwunden.

Der Bettler steckte die kostbare Raspel in den Hosensack, hielt sie fest umklammert und lief in die nächste Herberge. Dort mietete er sich eine Kammer, sperrte sich ein und strich sich mit den Worten »Schab den Rüssel!« mit der Raspel über den Mund. Ein funkelnagelneuer Dukaten kollerte auf den Boden. Noch einmal rief der Bettler »Schab den Rüssel!«, und abermals war er um ein Goldstück reicher. Was tat es, dass jedes Mal ein Stückchen Haut von seinen Lippen mitging! Bis zum Abend arbeitete der Bettler unermüdlich wie ein Handwerker und schabte sich einen schönen Haufen Goldstücke vom Mund. Am andern Tag begann er seine Arbeit von neuem, wenn auch seine Lippen gewaltig brannten und sein Mund binnen kurzem einem Rüssel ähnlich sah, der mit Schorf bedeckt war. Er musste sich ein Tuch vor den Mund binden, und wenn er sich auf der Straße sehen ließ, verspotteten ihn die Gassenbuben.

Nach wenigen Wochen war der Bettler so reich, dass er sich ein schönes Haus bauen lassen konnte. Er lebte nun üppig und in Freuden. Die Abende verbrachte er meist im Kreis anderer lustiger Brüder im Wirtshaus und ließ dabei manchen seiner mit der Raspel erarbeiteten Goldfüchse springen. Wenn der eine oder der andere seiner Kumpane ihn wegen seines Rüssels verspotten wollte, so ließ er ihm mit dem Zauberwort »Schab den Rüssel!« die Raspel über den Mund fahren und der Spötter hielt ganz gewiss darauf den Mund.

So gingen sieben Jahre dahin. Aus dem zerlumpten, mürrischen Bettler war ein vornehmer Mann geworden, der im Überfluss lebte, ein prächtiges Haus hatte und zahlreiche Diener, die alle seine Wünsche befolgten – alle Freuden der Welt standen ihm offen. Auf diese Weise war der Nachteil seines ewig wunden Mundes mehr als aufgewogen.

Eines Tages saß der reiche Mann, mit sich selbst und der Welt zufrieden, im Lehnstuhl seines prächtigen Wohnzimmers und ließ sich ein Gläschen feurigen Ungarweines schmecken. Da öffnete sich die Tür und das kleine hinkende Männchen im grünen Samtrock trat in das Zimmer. »Was soll's? Was gibt es?«, fragte der Hausherr ungehalten. »Wendet Euch an den Kammerdiener!«

Der kleine Grünrock kicherte. »Jetzt ist keine Zeit für Kammerdiener!«, lachte er. »Die sieben Jahre sind um. Komm und folge mir!«

Im ersten Schrecken fiel dem vornehmen Herrn das Weinglas aus der Hand. Aber schon hatte er sich wieder gefasst, schaute dem ungebetenen Gast fest in die Augen und sagte: »Was heißt Zeit und dir folgen, lieber Freund? Ich habe verlernt, anderen Leuten zu folgen. Für mich heißt's nur immer ›Schab den Rüssel!‹.« Kaum hatte er das Wort gesprochen, da fuhr die Raspel aus dem Sack und dem Teufel übers Maul und raspelte, dass der Grünrock stöhnend und jammernd von einem Fuß auf den anderen hüpfte. Da half kein Flehen und kein Bitten, die Feile raspelte unaufhörlich. Der dumme Kerl von Teufel hatte nämlich vor sieben Jahren vergessen, sich selbst vom Zauber der Raspel frei zu halten.

Schließlich warf sich der Grünrock vor dem Herrn Schabdenrüssel auf die Knie und bat um Gnade. Aber die Feile hörte erst zu raspeln auf, bis der Teufel zwar wutschnaubend, aber feierlich versprochen hatte, auf die Einlösung des Paktes zu verzichten.

In einer stinkenden Schwefelwolke fuhr der geprellte Grünrock zur Tür hinaus, Schabdenrüssel aber erfreute sich zeit seines Lebens unangefochten des erraspelten Reichtums.

Der Teufel und die Bognerin

Der Bognermeister Kaspar Fergauer, der zu Beginn des sechzehnten Jahrhunderts in der Bognergasse, wo alle Pfeil- und Bogenmacher wohnten, sein Handwerk ausübte, hätte es gut im Leben haben können. Sein Geschäft blühte, die Arbeit machte ihm Freude und sein Einkommen konnte sich sehen lassen. Kein Wunder, dass er bald so wohlhabend war, wie er es sich nur wünschen konnte. Außerdem war er gutmütig und freundlich, stets hilfsbereit zu den Nachbarn, jedermann war ihm wohlgesinnt und alles wäre in schönster Ordnung gewesen, wenn – ja wenn es nicht seine Frau gegeben hätte!

Kaspars Braut Ursula war ein hübsches Mädchen gewesen, als er sich in sie verliebt hatte. Sie war sparsam und häuslich und der Meister glaubte das große Los gezogen zu haben. Zwar besaß sie schon damals eine spitze Zunge und ein gutes Mundwerk, aber deswegen gefiel sie ihm nicht weniger gut. Mit der Zeit, dachte er, wird sich das schon geben; wenn sie älter wird, wird sie auch einsichtiger werden. Und was schadet es, wenn sie ihren Mund gebrauchen kann! Er schlug die Warnungen seiner Freunde in den Wind, hielt ihre guten Absichten für Neid und heiratete Ursula.

Es ging aber nicht alles so, wie er es sich vorgestellt hatte. Was bei einem jungen Mädchen noch als jugendlicher Übermut gelten kann, steht einer reifen Frau nicht mehr gar so gut. Die Jahre vergingen, Ursulas spitze Zunge wurde immer spitzer und spitzer und schließlich kam es so weit, dass sie es als ihren Lebenszweck anzusehen schien, dem Mann das Dasein zur Hölle zu machen.

Es begann früh am Morgen, wenn sie die Augen öffnete, und endete spät am Abend, wenn sich der Schlaf des Meisters erbarmte, indem er auch der Frau den Mund schloss. Es half auch nichts, dass Kaspar schwieg und wortlos alles über sich ergehen ließ, was sein Eheweib ihm zu sagen wusste. Sie konnte trotzdem kein Ende finden. Den armen Kerl freute bald sein Leben nicht mehr. Früher hatte er bei der Arbeit gesungen und gepfiffen, jetzt schlich er mit einer Leichenbittermiene schweigsam umher. Bald war sein Haus so verrufen, dass kein Geselle und keine Magd mehr beim Bognermeister in Dienst treten wollten.

Eines Abends, als es die Bognerin wieder einmal besonders arg trieb, schlug der Meister wortlos die Tür hinter sich zu und rannte in heller Verzweiflung planlos durch die Gassen, bis er plötzlich entdeckte, dass er auf dem Petersfriedhof war. Er lehnte sich erschöpft an einen Grabstein und seufzte, dass es selbst die Toten in ihren Gräbern hätte rühren müssen. »Ich kann dieses Leben nicht mehr ertragen«, klagte er. »Das ist eine Höllenqual! Der Himmel sollte sich meiner erbarmen, aber er tut's nicht. Da möchte man wirklich den Teufel um Hilfe anrufen!«

Der Teufel und die Bognerin

Kaum hatte er diese Worte ausgesprochen, als er hinter sich ein lautes und schrilles Lachen hörte. Dem armen Bognermeister lief es eiskalt über den Rücken. Er drehte sich um. Der Mond war gerade hinter einer Wolke hervorgekommen, ein fahles Licht lag über dem Friedhof, und in diesem fahlen Licht stand eine düstere Gestalt vor dem zu Tode erschrockenen Bognermeister.

»Da bin ich, lieber Freund, du hast mich gerufen!«, krächzte der Unheimliche. »Was willst du von mir?«

Der arme Bognermeister war kalkweiß im Gesicht geworden, brachte keinen Laut über die Lippen und streckte nur abwehrend die Hände aus. »Macht nichts, ich weiß alles«, fuhr der Teufel honigsüß fort. »Du möchtest wohl, dass ich deiner Frau andere Umgangsformen beibringe, dass ich aus dem reißenden Wolf ein zahmes Lämmchen mache? Ist es nicht so?«

»Ja, wenn du das könntest!«, seufzte der Pergauer, der sich inzwischen ein wenig gefasst hatte.

»Es wäre traurig, wenn ich dazu nicht im Stande wäre«, antwortete der Teufel und warf sich in die Brust. »Unsereins kann alles, mein Lieber, wir lösen die verzwicktesten, kniffeligsten Dinge im Handumdrehen. Das wär' doch gelacht, wenn ich nicht mit so einem Drachen von Weib zurecht käme. Ich mache dir einen Vorschlag. Binnen dreier Tage zähme ich dir deine Frau und dann magst du dein Leben lang mit ihr glücklich sein. Dafür komme ich in deiner Todesstunde und hol mir deine Seele. Sollte es mir aber nicht gelingen – was nicht anzunehmen ist! –, sie innerhalb dieser Frist fromm und sanftmütig wie eine Taube zu machen, so kannst du mich den dümmsten Teufel heißen, der je den Erdboden betreten hat. Der Vertrag ist dann natürlich hinfällig und ich werde deine Seele nicht bekommen, leider, weil du neben so einem Weib alle Sünden schon zu Lebzeiten abbüßt.«

Dem Bognermeister graute es zwar gewaltig vor dem teuflischen Pakt, den er eingehen sollte, aber der arme Kerl dachte daran, welches höllische Leben er an der Seite seiner Ursula bisher geführt hatte, und im Vergleich dazu schien ihm das Dasein eines in Ewigkeit Verdammten gar nicht so schrecklich. Er sagte also ja und der Teufel war fort, wie vom Erdboden verschwunden.

Wien

Am nächsten Morgen erschien der Teufel in der Gestalt des Pergauers im Haus in der Bognergasse, um mit der Zähmung der widerspenstigen Dame zu beginnen. Zunächst wollte er es mit Güte versuchen, denn er sagte sich, dass es keinen Menschen auf der Welt gebe, der sich nicht von verlockenden, verführerischen höllischen Schmeicheleien umgarnen ließe. Außerdem war unser Teufel nicht wenig eingebildet auf sich selbst und hielt sich für den unwiderstehlichsten flotten Burschen. Also trat er zum Bett der schlafenden Frau und weckte sie mit einem freundlichen Kuss.

Ursula schlug die Augen auf, sah ihren vermeintlichen Gatten, fuhr wie von einer Natter gestochen in die Höhe und ließ ein kräftiges Donnerwetter auf den verdutzten Teufel niedergehen. Sie nannte ihn einen boshaften Störenfried, der ihr schon bei Tagesanbruch das Leben vergälle. Und in dieser Tonart ging es den ganzen Tag fort. Schneller, als ein Mühlrad klappert, ging das Mundwerk der Bognerin. Der arme Teufel kam überhaupt nicht zu Wort.

Das brachte aber die Bognerin erst recht in Wut. Denn nichts ist schöner beim Streiten, als wenn der andere heftig zurückgibt, was er selbst erhält. Dieser dumme Kerl, dieser Waschlappen aber konnte nicht einmal den Mund aufmachen. Es hagelte Knüffe und Püffe auf den verdutzten Höllenfürsten. Selbst auf der Straße draußen hörte man noch das laute Klatschen, wenn die Wangen des nun gänzlich verdatterten Teufels als Zielscheibe der Bognermeistersfrau herhalten mussten. Als der erste Tag vorüber war, konnte der Teufel zwar auf keinen Erfolg, wohl aber auf Beulen und ein blaues Auge hinweisen.

Mit Liebe ist bei diesem Weibsstück nichts zu machen, sagte der Teufel zu sich selbst und beschloss, der Bognerin am nächsten Tag vernünftig zuzureden. Denn ein Teufel kann so schlau und überzeugend reden wie kein Mensch auf der Welt. Also begann der Teufel am nächsten Morgen mit dieser Kur. Wirklich schien es den ganzen Vormittag, als hätte er Erfolg. Ursula hörte ihn ruhig an und der Teufel bildete sich nicht wenig auf seine Klugheit ein. »Sie sieht schon ein, dass sie im Unrecht ist«, sagte er zu sich, »jetzt muss ich ihr noch ein bisschen mehr zusetzen und die Bognermeisterseele gehört mir!«

Also ging es weiter mit den schönsten Redensarten und der Teufel hörte auch nicht damit auf, als sie zu Mittag bei Tisch saßen. Er erklär-

Der Teufel und die Bognerin

te eben, wie menschenunwürdig, wie ungerecht, wie himmelschreiend die Behandlung sei, die er täglich und stündlich erdulden müsse. Frau Ursula kniff den Mund zu und das hielt der Teufel als Zeichen ihrer Einsicht. Er wurde schon ganz aufgeblasen vor lauter Eitelkeit, aber er hatte sich zu früh gefreut, denn Frau Ursula machte ganz plötzlich den Mund wieder auf und schrie so zornig, dass die Wände zitterten und der Teufel erschrocken zusammenfuhr: »Himmel und Herrgott! Potz Blitz und Donnerwetter! Du Einfaltspinsel! Du aufgeblasener Frosch! Bin ich denn ein Kind, dass du mich Zucht und Sitte lehren willst? Da hast du es, du lieber Hofmeister!« Und sie setzte dem Teufel den Suppentopf auf, der auf dem Tisch stand. Der Teufel musste mit verbrühtem Gesicht schleunigst das Weite suchen, sonst hätte er auch noch Braten und Kartoffeln an den Kopf geschleudert bekommen. Nach einiger Zeit, als er sich wieder gesammelt hatte, steckte er kleinlaut den Kopf zur Tür herein, aber die Bognerin hatte sich noch immer nicht beruhigt, sie versetzte ihm einen kräftigen Fußtritt und warf ihn beim Haus hinaus.

»Hölle, Pech und Schwefel!«, fluchte der also misshandelte Teufel zornig vor sich hin. »Soll bei diesem Drachen, diesem wild gewordenen Weibsbild selbst der Teufel den Kürzeren ziehen? Das wäre noch schöner! Morgen steht Gewalt auf meinem Programm und ich möchte doch sehen, ob es mir nicht gelingt, dieses kratzbürstige Scheusal zu zähmen. Sie wird was erleben! Wir wollen doch sehen, ob sie nicht klein beigibt, wenn ihr die Augen aufgehen und sie sieht, dass sie es mit dem Teufel selber zu tun hat.«

Am dritten Tag stellte er sich in Positur vor die Bognerin und fuhr sie an, bevor sie noch selber den Mund aufmachen konnte: »Weib, alle Versuche, dich in Güte und Liebe und mit vernünftigen Worten umzustimmen, sind vergeblich gewesen. Du bist zanksüchtig, boshaft und niederträchtig. Meine Geduld ist zu Ende. Ich befehle dir, dich gründlich zu ändern. Tust du es nicht, dann kannst du dich auf das Schlimmste gefasst machen.«

Jetzt ging der Tanz erst recht los. »Was?«, schrie sie mit blitzenden Augen. »Du hilflose Kreatur willst mir drohen und wagst es, von deiner Geduld zu sprechen. Du wirst es gleich erleben, dass meine Geduld zu Ende ist.«

Wien

Und mit Händen und Füßen ging sie auf den Teufel los, dass ihm Hören und Sehen verging und er sich nicht mehr anders zu helfen wusste, als seine wahre Teufelsgestalt anzunehmen. Frau Ursula stutzte einen Augenblick, dann sprang sie den Teufel neuerlich an, fasste ihn bei den Hörnern und riss ihn daran so kräftig hin und her, dass ein Horn abbrach und ihr in der Hand zurückblieb. Der Höllenfürst geriet nun ganz außer sich und gab den Kampf auf. Unter höllischem Schwefelgestank und schauerlichem Geheul fuhr er bei der Tür hinaus. Die Bognerin schwenkte triumphierend das zurückgelassene Teufelshorn und schrie ihm fromme Wünsche nach.

So hatte Kaspar Pergauer seine Wette mit dem Teufel gewonnen und seine Seele gerettet, aber den Frieden auf dieser Welt endgültig verloren. Denn wenn nicht einmal der Teufel im Stande war, die widerspenstige Bognerin zu zähmen, wie hätte es da ein Erdenmensch und gar erst der arme, gutmütige Kaspar vermocht! Also büßte er viele Jahre lang alle seine Sünden schon auf der Erde ab, und als er starb, kam er gewiss geradewegs in den Himmel und fand dort die längst verdiente Ruhe.

Wie aber wird es der Bognerin ergangen sein? Die Himmelstür war ihr sicher versperrt, denn schließlich hatte sie ihrem Mann bei Lebzeiten die Hölle bereitet, und das durfte im Himmel nicht mehr so weitergehen. Kaspar Pergauer hatte ein Recht auf die ewige Seligkeit – zum Ausgleich für sein Erdenleben. In die Hölle aber konnte die Bognerin ebenso wenig wie in den Himmel – das steht fest. Der Teufel wollte nichts mehr mit ihr zu tun haben und verrammelte und verriegelte das Höllentor, als er sie von weitem sah. So wandelt sie wohl bis zum heutigen Tag in dieser oder jener Gestalt noch auf der Erde umher und so mancher arme Ehemann soll ihr wiederum begegnet sein.

Zum ewigen Gedächtnis an die Auseinandersetzung des Teufels mit der Bognerin wurde an der Wohn- und Leidensstätte Kaspar Pergauers in der Bognergasse 3 in späteren Zeiten ein Bild vom Zweikampf des Teufels mit Ursula angebracht. Darunter standen die Verse:

Pestilenz und Not ein Übel ist,

Krieg ein arger Zeitvertreib,

Doch schlimmer als Teufels Tück' und List

Ist, Gott behüt uns!, ein böses Weib.

Der Heidenschuss

Im Jahre 1529 belagerten die Türken Wien, aber auch nach vielen Wochen war es ihnen nicht gelungen, eine Bresche in die Mauern zu schlagen und in die Stadt einzudringen. In der Hoffnung, bald den Halbmond auf der Spitze des Stephansturmes aufzupflanzen, setzten die Türken den Belagerten erbittert zu, doch die Wiener verteidigten ihre Stadt mit dem Mut der Verzweiflung.

Eines Tages meldete sich ein Überläufer beim Stadtkommandanten und gab an, dass die Türken unterirdische Gänge mit Pulverladungen sprengten, um auf diese Weise endlich in die Stadt einzudringen. Er selbst, so sagte der Überläufer, habe mehrere solcher Stolleneingänge vor den Stadtmauern gesehen.

War diese Nachricht wahr, so befanden sich die Wiener in größter Gefahr. Der Stadtkommandant traf sofort Gegenmaßnahmen. Alle Hausbesitzer, die in der Nähe der Stadtmauern ansässig waren, mussten mit Wasser gefüllte Bottiche in den Kellern aufstellen und sie ständig beobachten. Wurde der Boden durch die Arbeit der Mineure erschüttert, so hoffte man das am Zittern des Wasserspiegels zu erkennen. Außerdem wurden in alle Keller Trommeln geschafft und auf das gespannte Kalbsfell kleine Würfel gelegt, um aus der leisen Bewegung der Würfel auf eine unterirdische Grabarbeit in der Nähe schließen zu können.

In einer stürmischen Nacht arbeitete der Bäckergeselle Josef Schulz im Kellerraum eines Bäckerhauses, das auf der Freyung an der Ecke der heutigen Strauchgasse stand. In jenen traurigen Zeiten der Türkennot waren viele Bewohner aus den Vororten in die Stadt geflüchtet; sie alle mussten mit Brot versorgt werden und der Backofen wurde fast nie kalt. Plötzlich sah der Geselle, wie die auf der Trommel liegenden Würfel in zitternde Bewegung gerieten. Er lauschte gespannt. Als er sein Ohr an den Erdboden presste, glaubte er ein dumpfes Stimmengewirr zu vernehmen und das leise Pochen ferner Werkzeuge zu hören. »Himmel«, dachte er, »die Türken sind schon beinahe unter unserem Haus!« So schnell ihn die Beine tragen konnten, lief er auf die Straße und alarmierte die Wachen.

Wien

Der Stadtkommandant wollte freilich zuerst nicht glauben, dass sich die Türken schon so weit vorgearbeitet haben sollten. Er ließ aber doch sofort vom Keller des Bäckerhauses aus einen Gegenstollen graben und nach kurzer Zeit traf man wirklich auf den türkischen Minengang. Die Türken wurden im Dunkeln überrascht und angegriffen und fast alle wurden gefangen genommen, bis auf einige wenige, die entfliehen konnten. Der türkische Minenstollen, in dem schon eine große Ladung Pulver zum Sprengen bereit lag, wurde wieder zugeschüttet.

So war die Stadt durch die Aufmerksamkeit des Bäckergesellen Josef Schulz gerettet worden. Das Haus, wo der Türke sein Pulver hatte verschießen wollen, hieß von jener Zeit an »Zum Heidenschuss«. Die Bäckerzunft aber, deren Mitglied durch seine Wachsamkeit zur Rettung der Stadt beigetragen hatte, erhielt vom Kaiser verschiedene Privilegien und durfte alljährlich einen festlichen Bäckeraufzug feiern.

Küssdenpfennig

Der Gasthof »Zum Schwarzen Adler« in der Nähe des Roten Turmes in Wien stand vor etwa vierhundert Jahren in bestem Ruf. Der Wirt, Hans Wangler, war stets bemüht, seine Gäste zufriedenzustellen, und Speisen und Getränke ließen keinen Wunsch offen. Maria, eine arme Verwandte, ein hübsches und bescheidenes Mädchen, und Josef, der einzige Sohn des Wirtes, bedienten die Gäste aufs Beste. Es war kein Wunder, dass es niemals an Gästen mangelte und Reisende aus den fernsten Ländern hier einkehrten. So klein der Wirt angefangen hatte, so wohlhabend war er jetzt. Er hütete aber auch jeden Pfennig, und sobald ein Goldgulden beisammen war, lachte ihm das Herz im Leib.

Hans Wangler träumte davon, seinen Sohn Josef zum reichsten Bürger der Stadt Wien zu machen, und hatte sich auch schon einen Plan zurechtgelegt, wie er das bewerkstelligen könnte, nämlich durch eine reiche Heirat. Leider aber wollte Josef von einer solchen Ehe gar nichts wissen. Er hatte sein Herz an die hübsche, sanfte Marie verloren, und,

Küssdenpfennig

um die Wahrheit zu sagen, wenn er seines an sie verloren hatte, so hatte sie ihres an ihn verloren. Sooft der Vater auf eine reiche Heirat zu sprechen kam, machte der Sohn Ausflüchte. Einmal sagte er, er sei noch zu jung, das andere Mal meinte er, die vom Vater Auserkorene sei wohl sehr reich, aber hätte denn der Vater nicht gesehen, wie verschwenderisch sie sei, und so weiter. Stets fiel ihm etwas Neues ein. Schließlich wurde es dem Vater zu bunt und der Sohn wusste keine Ausrede mehr. So gestand Josef endlich, dass er keine andere als Marie heiraten wolle.

Mit diesem Geständnis kam er aber schön an! Der Wirt geriet in hellen Zorn und erklärte dem Jungen kurz und bündig, davon könne nie und nimmer die Rede sein. Marie sei wohl ein tüchtiges Mädchen, aber arm wie eine Kirchenmaus, und aus diesem Grund könne sie niemals seine Schwiegertochter werden. »Das ist mein letztes Wort«, schloss er wütend seine Standpredigt, »du heiratest die Tochter des Wirtes ›Zur grünen Weinrebe‹, die ist nicht übel und wird eine angemessene Mitgift in die Ehe mitbringen. Marie aber muss aus dem Haus, je eher desto lieber, damit endlich Ruhe wird. Kein Wort mehr! Ich habe mehr Verstand als du, und wenn's sein muss, zwinge ich dich zu deinem Glück.«

Josef hatte nun freilich andere Ansichten vom Glück als sein Vater und von diesem Tag an vermissten die Gäste des Hauses die Fröhlichkeit ihrer sonst stets freundlichen Betreuer. Josef schlich umher, als wäre er schwer krank, und Marie verrichtete mit Tränen in den Augen ihre gewohnte Arbeit.

Einmal, am späten Abend, als alle Gäste das Wirtshaus schon verlassen hatten, trat in die Schankstube ein einfach gekleideter Mann, der nicht gerade den Anschein erweckte, über einen wohlgefüllten Beutel zu verfügen. Er trug nichts bei sich als nur einen armseligen Ranzen. Der Fremde setzte sich an einen der Tische, bat um Essen und um ein gutes Bett und sagte, er wolle sich hier einige Tage aufhalten.

Dem Wirt waren zahlungskräftige Gäste stets lieber als zweifelhafte Gesellen – für einen solchen hielt er den späten Gast –, und so antwortete er misstrauisch: »Was Ihr verlangt, ist vorhanden, es fragt sich nur noch, ob Ihr es bezahlen könnt?«

Wien

»Bezahlen?«, erwiderte der Fremde. »Wer wird gleich vom Bezahlen reden, wenn der berühmteste Arzt der Welt sein Haus betritt! Ich bin Theophrastus Bombastus Paracelsus von Hohenheim, der Name sollte Euch genügen, mir sogleich Euer ganzes Haus zur Verfügung zu stellen. Ich komme aus Salzburg. Gebt mir also Essen und Nachtquartier. Ich bin hungrig und möchte mich ausruhen.«

Dieses Gerede war dem Wirt zu viel. »Schert Euch zum Teufel, wenn Ihr kein Geld habt«, rief er, »auf so hochtrabende Reden halte ich nichts!«

Marie hatte alles mit angehört und ihr tat der späte Besucher Leid. Sie dachte daran, wie wenig angenehm es gewiss wäre, zu so später Stunde müde und hungrig wieder in die kalte Nacht hinausgejagt zu werden. So bat sie den Wirt, den Fremden doch über Nacht zu behalten, sie wolle aus ihren kleinen Ersparnissen die Zeche bezahlen, wenn der Gast selbst kein Geld habe. Dem Wirt war dies gar nicht recht, aber er konnte nicht gut nein sagen. Er ließ dem Fremden Essen und Wein vorsetzen und eine bescheidene Kammer für die Nacht anweisen.

Der Salzburger Arzt schien nicht daran zu denken, das Wirtshaus so bald wieder zu verlassen. Tagsüber schlenderte er in der Stadt umher, fand rasch Freunde und saß abends mit ihnen beisammen, trank Wein und war fröhlich. Aber er traf keine Anstalten, seine schon recht ansehnliche Rechnung zu bezahlen. Der Wirt begann um sein Geld zu fürchten und seine Miene wurde immer finsterer. Für seine schlechte Laune musste vor allem Marie büßen. Sie hatte keine gute Stunde mehr in dem Haus, und doch konnte sie nur mit schwerem Herzen an den Tag denken, da sie es verlassen musste.

Eines Tages hielt sie es nicht länger aus und klagte Josef ihr Leid. Der junge Mann tröstete sie, sprach ihr Mut zu und schloss sie in die Arme. Und wie es der Zufall wollte – just in diesem Augenblick kam der Wirt vorbei und überraschte die beiden. Er war eben auf dem Weg zu der Kammer des Salzburger Arztes, um dem unerwünschten Gast die Rechnung vorzulegen. Als er Marie in den Armen des Sohnes erblickte, platzte er beinahe vor Wut und schrie: »Jetzt reicht es mir! Pack dein Bündel und verschwinde! Zuerst aber zahl mir noch die Zeche, die der

Küssdenpfennig

saubere Gast bisher nicht beglichen hat.« Und den Sohn fuhr er nicht minder unfreundlich an: »So, Bursche, das Eine wäre erledigt! Aber nun kommt das Zweite daran! Potztausend, du feiner Herr, glaubst du, du kannst mir ein Schnippchen schlagen. Marsch, zieh dein Sonntagsgewand an, geh zum Rebenwirt und halte um die Hand des Mädchens an, das ich dir zugedacht habe.«

Dem Wirt verschlug es fast die Rede, als nun sein Josef – der stille, ruhige Josef! – mit fester Stimme erklärte, wenn Marie aus dem Haus müsse, werde er mit ihr gehen. Das nahm dem Wirt vollends den Verstand, er schnappte nach Luft, und als er wieder zu sich gekommen war, folgte ein so heftiger Wortwechsel, dass man es im ganzen Haus hören konnte. Plötzlich öffnete sich die Tür der Kammer, in der Paracelsus wohnte, und der Arzt trat auf die Streitenden zu. »Nun, nun«, sagte er begütigend zu dem wütenden Wirt, »wer wird denn so hart sein! So gebt doch dem Jungen das hübsche Mädel! Sie wird durch Fleiß und Geschicklichkeit ersetzen, was ihr an Geld abgeht.«

Das hätte er nicht sagen sollen! Der ganze Groll des Wirtes wandte sich nun gegen seinen Gast und er verbat sich jede Einmischung in seine häuslichen Angelegenheiten. »Das wäre ja noch schöner, wenn jeder Dahergelaufene mir sagen wollte, was ich tun soll und was ich nicht tun soll!« Und der Wirt wetterte, bis ihm der Atem ausging, bis er knallrot im Gesicht wurde und ihn vor Wut fast der Schlag traf. Schließlich schnappte er noch zum Ende seines langen Donnerwetters: »Im Übrigen zahlt lieber Eure Rechnung, mein Herr, sonst müsst Ihr nämlich augenblicklich mein Haus verlassen, wie diese beiden vom Himmel um den Verstand gebrachten Dummköpfe da!«

Paracelsus lächelte nur, überhörte diese Aufforderung und erklärte in aller Ruhe, ob denn der Wirt nicht wisse, dass er, der berühmte Arzt, sich aufs Goldmachen verstehe. Da er allem Anschein nach nicht ans Bezahlen dachte, kramte Marie ihre Barschaft hervor und wollte seine Schuld begleichen. Doch nun hielt Paracelsus das Mädchen zurück, griff in die Tasche, bot dem Wirt einen kupfernen Pfennig an und erklärte spöttisch: »Weil es Euch gar so sehr um Euer Geld zu tun ist, lieber Freund, will ich Euch vorläufig eine Anzahlung geben. Den Rest bekommt Ihr später.«

Kaum hatte der Wirt den Pfennig gesehen, als er ihn wutschnaubend dem Gast vor die Füße warf. »Wie?«, schrie er. »Das nennt Ihr eine Anzahlung? Mit einem schäbigen Pfennig wollt Ihr eine Schuld von mehreren Goldgulden begleichen? Ihr seid ein ganz unverschämter Lügner und Prahler, ein Lotterkerl, der eingesperrt gehört. Ihr könnt diesen Pfennig ebenso wenig zu Gold machen, wie mein Sohn jemals dieses Mädchen zur Frau bekommen wird. Basta!«

Paracelsus fragte gelassen: »Gilt die Wette? Wollt Ihr dieses Versprechen auch halten?«

»So wahr ich hier stehe und lebe!«, rief der Wirt zähneknirschend. »Dann hebt einmal den Pfennig auf und schaut ihn Euch näher an!«, erwiderte der Gast und lächelte den beiden jungen Leuten aufmunternd zu.

Der Wirt bückte sich und hob die Münze auf. Als er sie in der Hand hielt, wurde er kalkweiß im Gesicht und schlotterte am ganzen Körper. In seiner Hand lag ein schweres Goldstück!

»Ich glaube, meine Rechnung ist damit bezahlt«, sagte Paracelsus lachend, »und Ihr habt nichts mehr von mir zu fordern. Nun haltet aber auch Euer Versprechen und gebt den Kindern Euren Segen! Das Goldstück aber hütet als Andenken an mich!«

Paracelsus winkte den beiden Verliebten freundlich zu, nahm seinen Ranzen und verließ den Gasthof. Der Wirt stand stumm da und starrte ihm maßlos verblüfft nach. Das junge Paar aber war im siebenten Himmel.

Lange Zeit schaute dann der Wirt den wunderbaren goldenen Pfennig in seiner Hand an. Schließlich küsste er ihn fast andächtig. Ihm war nämlich der seltsame Gedanke gekommen, mit diesem Goldstück würde nun immerfort Goldsegen in seinem Haus herrschen, und im Überschwang seiner Gefühle umarmte er zuerst die glückliche Marie und dann seinen Sohn und hatte auf einmal gegen deren Heirat nichts mehr einzuwenden.

Die Kunde vom Pfennigwunder im »Schwarzen Adler« verbreitete sich mit Windeseile in der Stadt. Jeden Abend war das Wirtshaus voller Gäste, die alle den goldenen Pfennig sehen und die Geschichte hören wollten. Der Wirt machte glänzende Geschäfte und insofern bewahrheitete sich sein Wunsch: Mit dem goldenen Pfennigstück kam noch mehr Geld ins Haus. Sooft er die goldene Münze hervorholte und sie den Gästen zeigte, streichelte er sie liebevoll, und jedes Mal, bevor er sie wieder verwahrte, drückte er einen Kuss auf seinen wunderbaren Schatz. So erhielt das Wirtshaus bald den Namen »Küssdenpfennig«.

Über dem Eingang des Hauses in der heutigen Adlergasse wurde später ein Bild angebracht, das die Verwandlung des kupfernen Pfennigs in ein Goldstück zeigte und die Inschrift trug:

Der teure Theophrast, ein Alchimist vor allen,
Kam einst in dies Haus und konnte nicht bezahlen
Die Zech', die er genoss. Er trauet seiner Kunst,
Mit welcher er gewann viel großer Herren Gunst.

Ein sicheres Gepräg von schlechtem Wert er nahm,
Erklärte es als Gold. Der Wirt von ihm bekam
Dies glänzende Metall. Er sagt: Nimm dieses hin;
Ich zahl' ein Mehreres, als ich dir schuldig bin.

Der Wirt ganz außer sich, bewundert solche Sach',
Den Pfennig küss' ich, zu Theophrast er sprach.
Von dieser Wundergeschicht, die in der Welt bekannt,
Den Namen führt dies Haus, Zum Küssdenpfennig genannt.

Die Bärenmühle

Zur Zeit, als der heutige Bezirk Wieden noch unverbaut war – nur einige kleine Häuser lagen verstreut in den weit ausgedehnten Weingärten – und dieses Gebiet bis nahe an den Stadtgraben beim Kärntnertor heranreichte, soll es nicht selten vorgekommen sein, dass dort zur Winterszeit hungrige Wölfe, ja selbst Bären gesichtet wurden.

Sie wagten sich manchmal sogar bis an den Wall heran, was unter den Bewohnern nicht wenig Furcht und Entsetzen erregte.

Die Sage weiß zu berichten, dass an einem eisig kalten Winterabend ein mächtiger schwarzer Bär zur Heiliggeistmühle am Wienfluss kam und den Müllermeister anfiel, der eben beim Haustor herausgehen wollte. Der Müller war ein kräftiger Mann und setzte sich gegen seinen zottigen Angreifer aufs Entschiedenste zur Wehr. Doch Meister Petz erwies sich als der Stärkere und streckte seinen Widersacher mit einem Tatzenhieb zu Boden. In seiner Angst begann nun der Müller gellend um Hilfe zu rufen.

Ein Müllerbursche, der sich im oberen Stockwerk der Mühle aufhielt, hörte das Geschrei, öffnete das Fenster und sah unter sich das wütende Tier, das seinen Herrn zu Boden gerissen hatte. Sofortige Hilfe tat Not, es blieb keine Zeit mehr, über die Stiege und durch das Haus hinunterzueilen. Der Bursche verlor keine Sekunde, sondern sprang tollkühn zum Fenster hinaus und kam gerade auf dem Rücken des Bären wie ein Reiter auf dem Pferd zu sitzen.

Mit aller Kraft schlang er seine kräftigen Arme um den Hals des Bären und drückte ihm so lange die Kehle zu, bis der Bär von seinem Opfer abließ und den lästigen Kerl auf dem Rücken abzuschütteln versuchte. Der Müllermeister kroch unter dem Bären hervor, und gemeinsam mit ein paar kräftigen Männern, die auf sein Hilfegeschrei herbeigeeilt waren, machten sie dem Bären den Garaus.

Es versteht sich, dass der Müllermeister seinem tapferen Knecht von ganzem Herzen dankte und ihm außerdem eine ansehnliche Belohnung anbot. Der Bursche aber hielt seine Tat für etwas ganz Selbstverständliches, wollte kein Geld dafür nehmen und bat sich nur die Haut des Bären aus. Diese Bitte wurde ihm gerne gewährt. Er ließ sich daraus einen Pelz machen, den er zeitlebens trug. Daher soll er den Namen »Bärenhäuter« erhalten haben.

Der Müller aber ließ ein Bild des Bären malen und hängte es über dem Eingang der Mühle auf, der man bald den Namen »Bärenmühle« gab.

Der Bärenhäuter

In der unglücklichen Schlacht bei Varna im Jahre 1444 hatten die Türken fast das ganze christliche Heer aufgerieben. Unter den wenigen, die sich lebend retten konnten, befand sich auch der Landsknecht Georg Thalhammer. Gerettet hatten ihn seine langen Beine, mit denen er flugs davongerannt war, hinein in einen dichten Wald, wo er sich vor seinen wütenden Verfolgern sicher glaubte. Todmüde verkroch er sich schließlich in einem dichten Gebüsch und dachte über seine Lage nach. Die Zukunft erschien dem armen Kerl gar nicht rosig. Was sollte er tun? Er befand sich ganz allein in einer rechten Öde und Wildnis und war außerdem in ständiger Gefahr, von den Türken aufgespürt zu werden. Wie sollte er es anfangen, in die Heimat zurückzukommen? Wie sollte er sich Nahrung und Obdach verschaffen ohne Kenntnis der Landessprache, ohne Geld, fremd und geächtet? Es hätte nicht viel gefehlt und unser tapferer Landsknecht hätte aus lauter Verzweiflung wie ein kleines Kind zu weinen angefangen.

Da stand plötzlich ein hagerer Kerl mit einer scharfen Hakennase und stechenden Augen vor ihm. Sofort vergaß der Landsknecht seine trüben Gedanken, seine Hand flog nach der Waffe; er war fest dazu entschlossen, sein Leben so teuer wie nur möglich zu verkaufen.

Der Fremde aber rief ihm zu: »Nur ruhig Blut, mein lieber Freund! Lass dein Schwert in der Scheide. Du hast von mir nichts zu befürchten. Ich will dir im Gegenteil helfen, ungefährdet in deine Heimat zu entkommen. Und nicht genug damit! Ich will dich reich mit Geld und Gut bedenken, dass du in Zukunft ein sorgloses und bequemes Leben führen kannst. Dafür will ich nur einen geringen Gegendienst: Nach deinem Tod soll deine Seele mir gehören.«

Als der brave Landsknecht die ersten Worte des Fremden gehört hatte, war ihm plötzlich ganz leicht ums Herz geworden. Der letzte Satz aber ließ es ihm eiskalt über den Rücken laufen. »Nein, nein, meine Seele verkaufe ich nicht! Lieber will ich hier elend zu Grunde gehen als so einen grässlichen Vertrag abschließen.« Vergebens malte ihm der Teufel mit hundert schönen und verlockenden Worten die Rückkehr in die Heimat aus und das wunderbare Leben, das er dort führen würde. Der Landsknecht blieb hartnäckig bei seiner Weigerung. Da beschloss der Teufel, gelindere Saiten aufzuziehen und sich so sanft wie ein Lamm zu zeigen. »Du wirst mir ja doch nicht entgehen, du dummer Kerl!«, dachte er. Laut sagte er: »Lieber Freund, man nennt mich zu Unrecht den Bösen. Alles, was ich will, soll ja nur zu deinem Heil sein. Und damit du siehst, wie gut ich es mit dir meine, will ich dir einen anderen Vorschlag machen, der dir besser gefallen wird.«

»Und das wäre?«, fragte der Bursche.

»Du darfst dich zum Dank für meine Hilfe drei Jahre lang weder waschen noch kämmen, noch vom Schmutz reinigen, auch nicht Haare und Nägel beschneiden, darfst auch nie die Kleidung wechseln, sonst ist deine Seele mein. Im Übrigen aber kannst du essen und trinken, tun und lassen, was du willst. Die Mittel dazu werde ich dir reichlich zur Verfügung stellen.«

Dieser Vorschlag schien unserem braven Georg durchaus annehmbar. Denn, so dachte er, ich habe während des Krieges oftmals ungepflegt in Schmutz und Nässe viele Wochen und Monate verbracht. Ich werde dieses Leben auch noch weitere drei Jahre aushalten.

Mit einem Handschlag besiegelten die beiden den Vertrag. Der Teufel fing mit seinen Teufelskünsten noch rasch einen Bären, zog ihm die Haut ab und steckte den Landsknecht hinein. Nachher übergab er ihm einen Beutel voll Gold und sagte, er könne davon so viel verbrauchen, wie er nur wolle, der Beutel werde niemals leer werden. Schließlich ermahnte er seinen Schützling noch den Vertrag in allen Punkten getreulich zu erfüllen und verschwand. Georg Thalhammer aber sah sich im nächsten Augenblick nach Wien versetzt, worüber er ganz ausnehmend glücklich war.

Er hielt das Abkommen mit dem Teufel genau ein. Er wusch und kämmte sich nicht, ließ Haar und Bart wachsen und ging stets in seine Bärenhaut gehüllt umher. Kein Wunder, dass er nach wenigen Wochen so verkommen und verwildert aussah, dass fast nichts Menschliches mehr an dieser langhaarigen, schmutzstarrenden Gestalt zu erkennen war. Er war tatsächlich ein recht grauslicher Anblick. Die Leute begannen Angst vor ihm zu haben, machten einen weiten Bogen um ihn, und

Der Bärenhäuter

die Kinder wurden durch den Ruf »Der Bärenhäuter kommt« in Angst und Schrecken versetzt und flüchteten laut schreiend.

Thalhammer war von seinem Landsknechtleben her an vieles gewöhnt, aber sein jetziger Zustand erschien ihm anfangs ganz unerträglich zu sein. Doch mit der Zeit gewöhnt man sich an alles, auch Thalhammer gewöhnte sich an den Schmutz und an das Aufsehen, das er mit seiner Bärenhaut überall erregte. Er hatte Geld in Hülle und Fülle, ließ sich nichts abgehen und aß und trank, wozu immer er Lust hatte. Sein Quartier hatte er in einer alten Hütte in der Vorstadt genommen, und da er ein freundlicher, gutmütiger Bursche war, durften auch seine Gastgeber an dem guten Leben teilhaben.

Seine seltsame Lebensweise, deren Grund die Leute nicht kannten, brachte ihm bald den Ruf eines Zauberers und Wahrsagers ein, und immer mehr Menschen kamen in die alte Hütte, um sich von ihm in allerlei Dingen Rat zu holen. Da er sich bei seinen Ratschlägen auf den gesunden Menschenverstand verließ, hatte er manche Erfolge aufzuweisen, was ihm immer mehr Kundschaft eintrug.

So lebte Georg Thalhammer getreu seiner Abmachung mit dem Teufel und dieser musste erkennen, dass er ein schlechtes Geschäft abgeschlossen hatte. Aber er hoffte, durch ihn auf andere Weise auf seine Rechnung zu kommen. Als das dritte Jahr zur Hälfte vergangen war, erschien er eines Tages bei dem Bärenhäuter und erklärte, er wolle ihm den Rest der bedungenen Frist erlassen. »In kurzer Zeit«, sagte er, »wird ein reicher Wiener Bürger bei dir vorsprechen, um sich deinen Rat zu holen. Du darfst ihm aber deine Hilfe nur unter der Bedingung zusagen, dass er dir eine seiner drei Töchter zur Frau gibt.«

Der Teufel erklärte ihm dann ganz genau, was er dem Bürger zu sagen habe. »Der Kerl ist ein rechter Geizhals«, fuhr der Teufel fort, »du kannst ihm getrost hunderttausend Dukaten zusichern, ich werde sie dir geben, und dann wird er – habsüchtig wie er ist – zu allem ja sagen, was du ihm vorschlägst.«

Als nun am nächsten Tag der in Aussicht gestellte Besuch wirklich erschien und gegen Geld und gute Worte den Rat des Bärenhäuters erbat, ging dieser ganz nach den Weisungen des Teufels vor und erklärte: »Ich kann dich wohl beraten, doch tue ich dies nicht gegen Geld, denn davon habe ich selbst genug. Wenn du willst, kann ich dir mit etlichen tausend Dukaten noch aushelfen, mir kommt es nicht darauf an. Meinen Rat aber kann ich dir nur unter der Bedingung geben, dass du mir eine deiner Töchter zur Frau gibst. Wenn dich aber etwa mein übles Aussehen stören sollte, so lass dir gesagt sein: Das ist nur ein kleiner Nachteil, der reichlich dadurch aufgewogen wird, dass ich deine Tochter zur reichsten Frau im Lande machen kann.«

Der Bürger war durch diesen Antrag aufs Höchste überrascht und empört, denn einen so hässlichen Bewerber für eine von seinen Töchtern hätte er sich nicht einmal im Traum einfallen lassen. Dann aber trug sein Geiz schließlich den Sieg davon und er sagte dem Bärenhäuter die Hand jener Tochter zu, die ihn freiwillig wählen würde.

Nachdem sie so handelseins geworden waren, erhielt der Bürger den gewünschten Rat und ging wieder fort. Thalhammer aber erschien schon am nächsten Tag in der ganzen Scheußlichkeit seines Aufzuges im Haus des Bürgers, um eines der Mädchen zu freien. Seine schmutzstarrende Hässlichkeit erregte bei allen drei Töchtern des Hausherrn großen Abscheu. Die beiden älteren weigerten sich entschieden, eine Verbindung mit diesem Ungetüm einzugehen. Die jüngste sagte zuerst auch nein, aber sie war ein sanftes, liebenswürdiges Mädchen, das seinen Vater sehr liebte. Der geizige Kerl nützte die Liebe seiner Tochter auch gründlich aus und redete ihr so lange zu, bis sie um seinetwillen zu allem bereit war. Es kann aber auch sein, dass sie aus Mitleid mit dem armen Ungeheuer in die Ehe einwilligte. Denn, um die Wahrheit zu sagen, unser lieber Landsknecht hatte sich vom ersten Augenblick an in das schöne Mädchen verliebt und er hat wohl sehr traurige Augen gemacht, als er sah, wie es sich vor ihm graute.

Also sagte das Mädchen ja – aus Mitleid mit dem Vater oder aus Mitleid mit dem Bärenhäuter, wer weiß es! Die Hochzeit sollte innerhalb Monatsfrist stattfinden. Der Bärenhäuter eilte glückselig fort, die Braut blieb nicht ganz so glücklich zurück. Während im Haus des Bürgers alle Vorbereitungen zur Hochzeitsfeier getroffen wurden, änderte Thalhammer nichts an seinem Aussehen und bot mit seinem schmutzigen Äußeren, dem verfilzten Haar und Bart und dem dreckstarrenden Bärenfell alles eher als das Bild eines festlichen Bräutigams. Seine Braut aber bestand fest darauf, man könne es an seinen Augen merken, was für ein guter Mensch er sei – wofür sie von ihren Schwestern herzlich ausgelacht und verspottet wurde.

Am frühen Morgen des Hochzeitstages erschien der Teufel in des Bärenhäuters Hütte und sagte: »Nun ist es aber höchste Zeit, dass du dich deiner Braut in einem anderen Aufzug als bisher präsentierst.« Er führte ihn zu einem Bach, wusch ihn gründlich und rieb ihn mit allerlei wohlriechenden Essenzen ein. Dann befahl er ihm, in die Stadt zu eilen und sich einen neuen Anzug und Wagen und Pferde zu kaufen, Dienerschaft aufzunehmen und in höchstem Staat beim Haus der Braut vorzufahren, um sie zur Hochzeit abzuholen.

Thalhammer führte alles aus, was ihm der Teufel aufgetragen hatte. Man kann sich vorstellen, welches Aufsehen entstand, als plötzlich vor dem Haus der Braut eine prächtige Karosse vorfuhr, der ein fein gekleideter vornehmer Herr entstieg, in dem kein Mensch den Bärenhäuter erkannt hätte.

Ja, nun war die Braut glückselig und die beiden Schwestern ärgerten sich grün und blau. Sie verwünschten sich, dass nicht sie es gewesen waren, die ja gesagt hatten, wollten nichts mehr essen und trinken und nahmen sich schließlich vor lauter Wut selbst das Leben. So hat der Teufel zuletzt doch noch ein gutes Geschäft gemacht.

Georg Thalhammer aber lebte mit seiner schönen Frau noch lange Jahre glücklich und zufrieden in dem Haus am Lugeck, das seit jener Zeit »Zum schwarzen Bären« genannt wurde.

Doktor Faust in Wien

Um die Mitte des 16. Jahrhunderts stand auf der Freyung gegen den Tiefen Graben zu ein kleines Häuschen, in dem eine Kellerschenke untergebracht war. Hier gab ein fröhlicher Wirt so manchen guten Tropfen an seine Gäste aus, die immer zahlreicher erschienen und sich vor allem aus Künstlern und fahrenden Schülern zusammensetzten.

Wien

Wieder einmal war eine lustige Gesellschaft in der Schenke versammelt. Fahrende Schüler, leichtlebige Studenten, Künstler und wandernde Komödianten saßen einträchtig am Tisch in einer Ecke des düsteren Raumes und sprachen fleißig dem Wein zu. Da trat ein Mann ein, dessen Name im ganzen Land berühmt und allen Anwesenden wohl bekannt war. Es war der gelehrte und weise Doktor Johann Faust. Seine seltsamen Zauberkünste und tollen Streiche hatten dem Doktor der Magie, wie er sich nannte, einen einzigartigen Ruf verschafft. Die schon sehr vergnügten Gäste fingen ein großes Jubelgeschrei an, als der berühmte Mann an ihren Tisch trat. Man rückte eilfertig zusammen und erwies ihm alle Ehre. Es dauerte auch nicht lange, da bat man ihn stürmisch, er möge doch einige Zaubereien zum Besten geben.

Der Doktor wehrte seine Tischgenossen lächelnd ab und griff nach dem Becher, den der Schankbursche vor ihn hingestellt hatte. Der Becher war bis zum Rand mit Wein gefüllt, sodass einige Tropfen überflossen. »Halt, halt, guter Freund«, rief Faust, »nicht so voll; es ist schade um jeden Tropfen, der daneben geht. Wenn der Becher noch einmal überfließt, werde ich dich zur Strafe mit Haut und Haar verschlingen.«

Über diese Worte ärgerte sich der Bursche und schenkte den nächsten Becher so voll ein, dass sich der Wein über den Tisch ergoss. Da schaute der Doktor den Schankburschen groß an, sperrte den Mund weit auf – und der Schankbursche war verschwunden.

»Auf einen festen Bissen gehört ein fester Schluck«, meinte Doktor Faust dann seelenruhig, ergriff den daneben stehenden Wasserkübel und leerte ihn auf einen Zug.

Die Anwesenden hatten verblüfft zugesehen, dem Wirt wurde es aber ganz unheimlich zu Mute und er flehte den Doktor an, er möge ihm doch sofort seinen Diener zurückgeben.

»Was jammert Ihr denn?«, antwortete der Zauberer ganz ruhig. »Schaut einmal zur Tür hinaus, draußen auf der Stiege hockt er doch!« Wirklich saß der arme Teufel, pudelnass und zitternd vor Kälte, auf den Stufen. Als er dann zähneklappernd wieder in die Schankstube hereinkam, flüsterte er ängstlich: »Ach, Herr Doktor, ich möchte das nicht nochmals erleben. Ihr seid gewiss mit dem Teufel im Bund!«

Doktor Faust in Wien

»Teufel hin, Teufel her«, rief Faust, »lass dir's zur Warnung dienen und schenke nicht mehr so voll, dass der Wein überfließt!«

Inzwischen hatten sich die anderen Gäste von ihrem Schreck erholt und es wurde fröhlich weitergezecht. Das Gespräch drehte sich um den Teufel und man wurde sich nicht darüber einig, wie man ihn sich vorstellen sollte. Schließlich erbot sich der Maler Hirschvogel, den Teufel an die Wand zu malen. Die anderen stimmten übermütig zu; der Maler nahm ein Stück Kohle vom Herd und begann, das Bild eines Junkers in Kleidern von üblichem edelmännischem Zuschnitt zu zeichnen. Ein kurzes Mäntelchen, zackig wie Drachenflügel, flatterte um die Schultern der Gestalt, auf dem Kopf saß ein spitzer Hut mit einer Hahnenfeder, darunter aber grinste eine höhnische Fratze hervor. Das Bild war so unheimlich, dass die Gäste verstummten und sich ängstlich hinter ihren Bechern duckten. Doktor Faust aber erhob sich und sagte:

»Hier seht ihr den Teufel an der Wand; ich will ihn euch nun einmal lebendig zeigen.«

Mit einem Schlag wurde es stockdunkel in der Schenke, das Bild an der Wand aber begann sich zu bewegen. Die Kleider wurden feuerrot, die Puffärmeln am Wams färbten sich kohlschwarz, Hut und Mäntelchen leuchteten grün und die Feder auf dem Hut schien brennend rot zu sein. Das Gesicht war fahlblass, die Augen aber flammten wie Blitze. Und mit einem Mal sprang die grausige Gestalt mit donnerähnlichem Krachen aus der Wand hervor mitten unter die entsetzten Gäste, die laut schreiend die Flucht ergriffen und Hals über Kopf die Stiege hinauf und aus dem Keller drängten.

»Man soll den Teufel nicht an die Wand malen!«, rief Doktor Faust lachend den Flüchtigen nach und ging sodann seiner Wege.

Nach diesem merkwürdigen Ereignis erhielt die Schenke auf der Freyung den Namen »Zum roten Mandl«, der später auf das Haus überging.

Wien

Der liebe Augustin

Das Jahr 1679 sollte den Wienern lange im Gedächtnis bleiben – wie kein anderes brachte es Leid und Elend über viele Familien. Von Ungarn kommend, hatte sich die Pest in die Stadt geschlichen, unbemerkt am Anfang, bis in fast allen Häusern Sterbende lagen. Von Tag zu Tag stieg die Zahl der Kranken, jeden Tag starben mehr Menschen, und wer nur immer konnte, floh aus der Stadt. Es war eine Stadt des Grauens geworden. Auf den Straßen sanken die Pestkranken zusammen und lagen tot in den Winkeln oder in den Rinnsteinen. Reiche und Arme, Junge und Kranke fielen der Seuche zum Opfer. Unaufhörlich fuhren die Leichenwagen durch die Stadt und darauf lagen vornehme und einfache Leute, denn die Pest machte keinen Unterschied. Die Stadtknechte lasen in den Straßen auf, wen sie fanden, beluden ihre Wagen und brachten die Toten in die Pestgruben, die man vor der Stadt ausgehoben hatte. Waren die Gruben voll, wurden sie einfach zugeschüttet.

In dieser schweren Zeit lebte in Wien ein lustiger Bänkelsänger und Dudelsackpfeifer, der immer fröhlich und guter Dinge war nach dem Grundsatz:

> Lustig gelebt und lustig gestorben,
> heißt dem Teufel die Rechnung verdorben.

Dieser Bursche war in der ganzen Stadt bekannt, den Wienern gefiel sein Humor und sein Witz und alle nannten ihn nur den »lieben Augustin«.

Augustin saß am liebsten im Bierhaus »Zum roten Dachel« am Fleischmarkt und unterhielt die Gäste mit seinen Possen und Liedern. Alle anderen Gasthäuser wurden von den Wienern aus Furcht vor einer Ansteckung gemieden, aber im »Roten Dachel« waren die Tische stets voll besetzt. Augustins Humor lockte so manchen Waghalsigen dorthin, der bei einem Humpen Bier und den Klängen von Augustins Sackpfeife das tägliche Elend zu vergessen suchte.

An einem klaren Septemberabend aber saß der liebe Augustin niedergeschlagen in der Schenke. Kein Gast wollte sich zeigen! Wortlos stierte der Bänkelsänger vor sich hin, trank ein Glas nach dem anderen, aber fröhlicher wurde er davon nicht. Schließlich stand er schwankend auf und stapfte auf unsicheren Beinen aus der Schenke, dem Schauplatz seiner früheren Triumphe.

Es war schon spät am Abend. Seine Hütte lag vor den Mauern der Stadt. Als er über den Kohlmarkt zum Burgtor hinausgetorkelt war, stolperte er und fiel im Rinnstein nieder. Vielleicht glaubte er, schon daheim zu sein – wie es auch war, er konnte nicht mehr aufstehen, sah zum Mond empor, wollte eines seiner Liedchen pfeifen, aber da waren ihm die Augen schon zugefallen.

Ein wenig später kam der Leichenwagen der Pestknechte angerumpelt, und als sie den lieben Augustin lang gestreckt im Rinnstein liegen sahen, dachten die Kerle, hier liege noch ein Toter, und warfen ihn auf den Wagen und dann in die Pestgrube.

Von all dem hatte Augustin nichts bemerkt, oben auf dem Wagen und unten in der Pestgrube schlief er so friedlich, als läge er daheim in seinem Bett. Die kühle Morgenluft vertrieb ihm aber schließlich seinen Rausch, er wachte auf und sah entsetzt, dass er in einer Pestgrube lag und die Nacht in der Gesellschaft von Leichen zugebracht hatte.

Der Bänkelsänger sprang auf, so schnell er konnte, und wollte aus der Grube klettern, aber so sehr er sich auch streckte, er erreichte den Grubenrand nicht mit den Händen. In diesem Augenblick kamen die Pestknechte mit einer neuen Leichenfuhre, und als sie einen Mann zwischen den Toten herumtanzen sahen, fehlte nicht viel und sie wären Hals über Kopf davongestürzt. Augustin aber begann zu schelten: »So helft mir doch! Reißt nicht eure Mäuler auf, als hättet ihr noch nie einen Menschen gesehen. Seht ihr denn nicht, dass ich aus dieser vermaledeiten Grube nicht herausklettern kann?«

Einer von den Knechten rief: »Aber das ist doch der Kerl, der gestern Abend tot im Straßengraben lag!«

»Tot war er bestimmt nicht«, sagte ein Zweiter, »sonst wär' er jetzt nicht wieder springlebendig.«

»Himmel!«, rief ein Dritter. »Hat der Mensch ein Glück, dass die Grube gestern nicht voll war! Sonst hätten wir sie zugeschüttet und er wär' aus seinem Rausch nie mehr aufgewacht.«

Kein Wunder, dass dem lieben Augustin in der Grube die Geduld über solcherlei lange Reden ausging. »Ihr Dummköpfe! Ihr Maulaffenschneider!«, beschimpfte er die Knechte. »Eine Nacht in der Pestgrube genügt mir! Keine Minute bleibe ich hier länger. Sapperment, ihr Lotterkerle! Helft mir! Ich will raus!« Die Pestknechte zogen ihn nun aus der Grube, und als der liebe Augustin wieder oben stand, kehrte sein Humor zurück und er lachte mit den anderen über sein unheimliches Abenteuer. Singend und pfeifend trollte er sich dann nach Hause. Das Nachtlager unter den Pestleichen hatte keine bösen Folgen für ihn; er blieb gesund und während der ganzen Pestzeit vertrieb er allabendlich den Gästen im »Roten Dachet« für einige Stunden den Kummer. Im Jahre 1702 starb er friedlich, ein alter Mann, noch ebenso vergnügt wie als junger Kerl. Zeit seines Lebens hat er immer wieder sein Liedchen über das schaurige Erlebnis im Pestjahr gesungen:

O du lieber Augustin, alles ist hin!

NIEDER-ÖSTERREICH

Niederösterreich

König Otter und das Ruprechtsloch im Otterberg

Im Semminggebiet, auf dem großen Otter, stand vor undenklichen Zeiten ein großes, prächtiges Schloss, in dem der mächtige König Otter Hof hielt. Weithin gehörte alles Land ihm und ein stattliches Heer von Rittern und Reisigen gehorchte seinen Befehlen. Als sein Haar grau geworden war und das herannahende Alter seine Kräfte schwächte, wurde er der Herrschaft auf Erden überdrüssig. Er zerstörte sein Schloss auf dem Otter und zog sich mit seinem Gefolge in das Innere des Berges zurück, wo er sich einen herrlichen Palast baute und seither in Ruhe und Frieden seine Tage verbringt. Da sitzt er nun in einem prächtigen Gemach auf einem goldenen Thron und schläft friedlich. Er trägt eine goldene Krone und vor ihm auf dem Marmortisch liegt ein edelsteinfunkelndes Zepter. Um ihn herum ruhen seine Edlen und Diener, wie ihr König in einen tiefen Zauberschlaf versenkt.

Den Eingang zu dem unterirdischen Palast aber bewacht eine Schar Zwerge, die dem König zu Diensten sind, wenn er von Zeit zu Zeit mit seinem Hofstaat aus dem langen Schlaf erwacht. Dann befiehlt der König, ihm und seinen Edlen ein Festmahl zu richten, und in ruhigen Nächten kann man bisweilen den Lärm vieler fröhlicher Stimmen und rauschende Musik aus dem Berginneren hören. Zu anderen Zeiten rollt es wie ferner Donner im Berg. Dieses Rollen kommt von der Kegelbahn tief unten im Berg, auf der sich die Bergmännchen gerne vergnügen. Manchmal aber hat der König Lust, seinen unterirdischen Palast zu verlassen und mit seinem Gefolge aus dem Berg zu steigen. Da zieht er dann wie der Sturmwind über die Wälder des Otterberges hin, macht am Sonnwendstein kehrt und fährt durch das Ruprechtsloch wieder in sein Felsenschloss zurück.

Einmal wollte ein armer Bauernbursche wissen, wie es unten im Ruprechtsloch aussehe und ob wirklich in der Tiefe goldene Zapfen von Decke und Wänden der Felsengewölbe herabhingen. Er ließ sich von zwei Kameraden in die Tiefe hinabseilen. Aber als ihn die Dunkelheit der Höhle verschluckt hatte, wurde ihm unheimlich, und er rief mit lauter

König Otter und das Ruprechtsloch im Otterberg

Stimme zu seinen Freunden hinauf, sie sollten ihn wieder hochziehen. Der Klang seiner Stimme brach sich an den Felswänden und drang den beiden Burschen oben beim Eingang der Höhle so schauerlich in die Ohren, dass sie entsetzt das Seil losließen und flüchteten. Der Bauernbursche stürzte in die Tiefe hinunter, zerschürfte sich Hände und Knie, blieb aber sonst unversehrt. Mit schmerzenden Gliedern rappelte er sich auf und suchte einen Ausweg aus dem düsteren Gewölbe. Er irrte lange umher, aber nichts als steile Felswände umgaben ihn, und nicht der geringste Lichtstrahl zeigte ihm einen Weg ins Freie. Als er schon alle Hoffnung aufgegeben hatte, sah er ein kleines Männchen vor sich, das ihn fragte, was er hier tue.

Dem Bauernburschen klopfte zwar das Herz nicht wenig, aber er nahm all seinen Mut zusammen und klagte dem Zwerg seine Geschichte. »Ich bitte dich flehentlich«, rief er schließlich, »zeige mir einen Weg an die Oberwelt!«

Der Zwerg lächelte und antwortete freundlich: »Das will ich gern tun. Folge mir, aber achte genau, wohin ich trete!« Der Bursche tat dies, und sie wanderten eine lange Strecke durch den Berg, bis sie zu einer Kegelbahn kamen, auf der lauter silberne Kegel aufgestellt waren, die Kugel, die daneben lag, war aus Gold. Rundum saßen Zwerge und tranken Wein aus goldenen Bechern.

»Wenn du uns Kegel aufstellst«, sagte einer der Zwerge zu dem Burschen, »kannst du dir dann einen davon mitnehmen.« Der Junge war damit einverstanden, und als die Zwerge ihr Spiel beendet hatten, nahm er einen der Kegel an sich. Nun führte ihn sein Begleiter durch Hallen und Gänge weiter bis zu einem großen Tor an der Ostseite des Berges. Hier verabschiedete sich der Bursche von dem Zwerg und dankte ihm für seine Freundlichkeit.

»Wenn du dich wirklich dankbar erweisen willst«, sagte der Zwerg, »so bring mir ein Geschenk von der Oberwelt.«

»Und was soll denn das sein?«, fragte der Bursche.

»Am liebsten sind mir Weinbeeren und Rosinen«, antwortete das Männchen, und als es der Bursche verblüfft ansah, lächelte es und sagte, derlei Dinge seien für das Bergvolk so selten und kostbar wie für ihn Gold und Edelsteine.

Am nächsten Morgen wanderte der Bursche mit einem ordentlichen Sack voll getrockneter Weinbeeren und Rosinen auf den Otter. Aber als er beim Felsentor ankam, war es fest verschlossen. Eine Weile blieb er ratlos stehen. Da sich aber nichts rührte, legte er sein Geschenk auf einen Stein und trat den Heimweg an.

Inzwischen hatte sich der Himmel verdüstert und der Nebel fiel ein. Obwohl es nicht regnete, kam es dem Burschen doch so vor, als würde seine Kleidung immer schwerer und schwerer, sodass er sie bald wahrhaftig als eine drückende Last empfand. Daheim aber merkte er zu seiner freudigen Überraschung, dass Rock, Hose und Hut mit lauter kleinen Goldtropfen dicht bedeckt waren. So reich hatte ihm das Männlein aus dem Otterberg sein Geschenk von Weinbeeren und Rosinen ungesehen und unbemerkt vergolten. Der arme Bauernbursche hatte es von nun an nicht mehr nötig, im Ruprechtsloch auf Goldsuche zu gehen.

Das Zauberschloss zu Grabenweg

Wild zerrissene Felsen und kahle, steile Hänge, deren Kuppen mit Schnee bedeckt waren, erhoben sich einst zu beiden Seiten des freundlichen Tales, in dem heute das Dorf Grabenweg bei Pottenstein liegt. Nur wenige Menschen hatten sich dort angesiedelt und sie waren arm wie Kirchenmäuse, denn im Tal gab es nur Futter für ein paar kleine genügsame Schafherden.

Hier und da wuchs zwischen den zerklüfteten Felsen ein Flecken kärglichen Grases. Fett wurden die Schafe nicht davon, sie fanden gerade so viel, dass sie nicht verhungerten. Zu einem dieser ärmlichen Futterplätze trieb einst ein junger Schäfer täglich seine Herde. Zurzeit, als im Flachland draußen die Sommersonnenwende gefeiert wurde, wanderte der junge Bursche wieder einmal mit den Schafen die abschüssigen Hänge hinauf. Oben überließ er die Tiere dem wachsamen Hund und setzte sich auf seinen Lieblingsplatz, einen kleinen Felsenvorsprung, der ihm einen weiten Blick über die Gipfel und Bergrücken bot. Nach einiger Zeit zog er seine Flöte aus der Schäfertasche hervor und begann zu spielen. Plötzlich war es ihm, als bewege sich der Felsen hinter seinem Rücken. Er sprang erschrocken auf. Die Erde unter seinen Füßen bebte, ein unheimliches Donnern und Rollen kam aus dem Berginnern, die Felsen klafften auseinander und der mächtige Block, auf dem er eben noch gesessen war, versank in der Tiefe. Es knisterte und rauschte um ihn, ein heller Glanz blendete seine Augen, und als er sie wieder öffnete, sah er an jener Stelle, wo sein Lieblingsplätzchen gewesen war, einen herrlich glitzernden Kristallpalast stehen.

Der arme Junge riss die Augen auf und starrte die strahlende Pracht an, die da mitten im kahlen Felsengebirge aus dem Boden gewachsen war. Der Palast funkelte und schimmerte, eine Reihe schlanker Säulen aus reinstem Bergkristall schmückte die Eingangshalle, die mit goldenen Ornamenten verziert war. Silberne Stufen führten zu einem mit Edelsteinen bedeckten Flügeltor empor.

Der Bursche stand da wie verzaubert. Schließlich hörte er von hoch oben in den Bergen den Klang einer kleinen Glocke. In der Einsamkeit der Bergwildnis lebte nämlich ein alter Einsiedler, der jedes Mal zur Gebetsstunde die Glocke läutete. Als der letzte Ton der Glocke verklungen war, antwortete zuerst leise, dann immer heller und stärker eine reine zarte Stimme aus dem Innern des Palastes. Hingerissen von dem lieblichen Gesang griff der junge Schäfer nach seiner Flöte und begleitete die unsichtbare Sängerin.

Als das Lied zu Ende war, öffnete sich die funkelnde Flügeltür und auf der Schwelle stand ein Mädchen, das so schön war, dass selbst die Pracht des Kristallpalastes dagegen ärmlich schien. Es trug ein schimmerndes weißes Gewand, das ihm bis zu den Füßen reichte. Der Bursche konnte kein Auge von dem schönen Wesen wenden. Lächelnd kam es auf ihn zu und küsste ihn auf die Stirn.

Der Schäfer war so verwirrt, dass er kein Wort herausbrachte. »Mein lieber Junge«, sagte das Mädchen, »du hast durch dein Flötenspiel einen Teil jenes schrecklichen Zauberspruches zunichte gemacht, der mich schon so lange hier gefangen hält. Es hängt nun von dir ab, ob du den Zauber ganz zu lösen vermagst. Dieser Kristallpalast mit den unermesslichen Schätzen, die er in sich birgt, und meine Hand sollen der Lohn für diese Tat sein.« Das Mädchen schaute den Burschen flehend an und fuhr beschwörend fort: »Hast du Mut? Willst du es wagen, mich zu befreien?«

Der Schäfer erwachte wie aus einem Traum. Um diesem schönen Mädchen zu helfen hätte er alles in der Welt gewagt. Seine Wangen röteten sich und seine Augen blitzten. »Was muss ich tun, um dich von dem Zauber zu befreien?«, rief er.

»Deine Aufgabe wird durchaus nicht leicht sein«, antwortete das Mädchen. »Sie ist auch nicht ungefährlich. Hast du es dir gut überlegt? Bist du wirklich fest entschlossen?«

Der Bursche sagte, in jenem Augenblick, da er sie zum ersten Mal gesehen habe, hätte er vergessen, was Gefahr sei.

Sie lächelte und sagte nun: »Jedes Jahr, am Tag der Sommersonnenwende, komm eine Stunde nach Sonnenaufgang auf diesen Berg. Warte, bis die Glocke des Einsiedlers zum Gebet ruft. Dann wird dieser Palast wieder aus dem Berginnern auftauchen und vor dir stehen. Betritt mutig und unerschrocken das Schloss und gehe durch alle Gemächer bis zum letzten Raum. Dort werde ich dir in der Gestalt irgendeines scheußlichen Tieres entgegenkommen. Erschrick aber nicht und verlier den Mut nicht! Geh auf mich zu, umarme mich und gib mir einen Kuss auf die Stirn. Wenn du das drei Jahre am gleichen Tag und zur gleichen Stunde tust, so ist mit dem dritten Kuss der Zauber gelöst und ich gehöre dir samt dem Schloss und all seinen Schätzen. Wenn du das tun willst, mein lieber Junge, so gib mir deine Hand und versprich es mir!«

Der junge Schäfer schwor, er werde sich durch nichts abhalten lassen, und nahm die Hand des Mädchens.

»Ich danke dir«, sagte die Schöne. »Und wenn dein Entschluss je wankend wird, so denk an dieses Versprechen und bleibe standhaft. Heute übers Jahr sehen wir uns wieder.«

Nach diesen Worten schritt sie in das Zauberschloss zurück, die strahlende Tür schloss sich hinter ihr, und mit einem gewaltigen Donnerschlag versank der Palast in der Erde. Wieder lag der Felsblock da und alles war wie früher.

Das Zauberschloss zu Grabenweg

Dem Jungen schien das wunderbare Erlebnis wie ein seltsamer Traum gewesen zu sein. Von nun an konnte er an nichts anderes mehr denken als an sein Versprechen, das er dem zauberhaften Geschöpf gegeben hatte. Wann immer er seine Schafe ins Gebirge trieb, erfasste ihn eine heilige Scheu vor dem geheimnisvollen Ort, wo sein Flötenspiel den Palast aus den Felsen gezaubert hatte.

So verstrich ein Jahr. Am Tag der Sonnenwende zog der Schäfer lange vor Sonnenaufgang mit seiner Herde den Berg hinauf. Sein Herz klopfte laut. Er wusste nicht mehr, hatte er vor einem Jahr geträumt oder war es Wirklichkeit geworden? Endlich stieg im Osten die Sonne über die Berge hoch, die Glocke des Einsiedlers begann zu läuten, und kaum war der letzte Glockenschlag verhallt, tauchte das Zauberschloss vor dem Jungen auf. Einen Herzschlag stand er zögernd da, dann ging er mutig zum Schloss und wollte das Tor öffnen. Doch es sprang von selbst auf und der Junge konnte ungehindert eintreten. Etwas so Herrliches wie diesen Palast hätte er sich nicht einmal in seinen kühnsten Träumen vorstellen können, doch er schaute weder rechts noch links, sondern eilte durch alle Gemächer, bis er zum letzten Raum kam. Die Tür war verschlossen. Eine kleine Weile stand er wartend da, dann nahm er seinen ganzen Mut zusammen und drückte entschlossen die Klinke nieder. Vor ihm lag ein weiter Saal. Bevor er noch wusste, wie ihm geschah, fuhr von einem kostbaren Samtlager eine ungeheure Schlange zischelnd gegen ihn. Der Schäfer war so erschrocken, dass er beinahe den Verstand verlor. Schon wollte er fliehen, da fielen ihm die Worte des Mädchens wieder ein, er trat der Schlange beherzt entgegen und küsste sie auf den Kopf. Die Sinne verließen ihn und er sank bewusstlos nieder.

Als er wieder zu sich kam, lag er auf der kleinen Felsplatte, das zauberhafte Schloss aber war verschwunden. Er richtete sich auf und wollte seinen Augen nicht trauen. Die Hänge waren mit freundlichem Grün bewachsen, von den Graten und Zinnen schimmerte nicht mehr der ewige Schnee herab und die Felsen waren nicht mehr schroff und zerklüftet. Da griff der Schäfer zu seiner Flöte, spielte voller Freude die schönsten Lieder und der Morgenwind trug die Klänge seiner Flöte weithin über die grünen Hänge. Und als er die Flöte zur Seite legte, war

Niederösterreich

es ihm, als hörte er im Wind, der sanft um die Felsen strich, die Stimme des Mädchens, das ihm dankte.

Das zweite Jahr verging. Wieder kam die Zeit der Sommersonnenwende und wieder war alles wie im Vorjahr. Aber als er diesmal die Tür des letzten Saales öffnete, sprang ihm zähnefletschend ein wildes Ungeheuer entgegen, das sich brüllend und mit geöffnetem Rachen auf ihn stürzte. Kein Wunder, dass dem Burschen beinahe wieder aller Mut verließ. Er wollte fliehen wie beim ersten Mal, doch kam ihm auch diesmal rechtzeitig das Versprechen in den Sinn, das er dem schönen Mädchen gegeben hatte. Er blieb stehen, legte die Arme um den Hals des scheußlichen Ungetüms und drückte ihm einen Kuss auf die Stirn.

Wie mit einem Zauberschlag war das grausige Tier verschwunden und vor dem erstaunten Burschen stand eine Schar bezaubernder Mädchengestalten. Die lieblichste Musik erfüllte den Kristallpalast. Der junge Schäfer konnte sich weder an den feenhaften Wesen satt sehen noch sich satt hören an der Musik, als er plötzlich vor sich das schöne Mädchen sah. Es lächelte ihn an und winkte ihm zu, und in diesem Augenblick wäre er bereit gewesen, für sie sogar ins Feuer zu springen und sich verbrennen zu lassen, wenn es ihr nur hätte helfen können. Er breitete die Arme aus – aber da wichen die Wände des Palastes langsam zurück und vor seinen Augen versank der ganze Zauber in der Tiefe. Die Felsen schlossen sich und die Felsplatte lag vor ihm wie immer.

Als der Schäfer wieder zu sich gekommen war, konnte er sich vor Staunen kaum fassen. Die zerklüfteten Felsen waren vollends verschwunden. Sanft gerundete Kuppen und friedliche Hänge breiteten sich rund um ihn aus, grünende Bäume und blühende Sträucher wuchsen überall. Wo kurz zuvor noch seine Schafe an den kärglich zwischen den Steinen wachsenden Gräsern geknabbert hatten, bedeckte saftiges Gras den Abhang. Durch ein liebliches Tal unter ihm floss ein silberklarer Bach.

Es lässt sich denken, wie gern der junge Schäfer nun mit seiner Herde zu der freundlichen Weide hinaufstieg. Während die Schafe grasten, saß er auf seinem Felsblock, spielte auf der Flöte und träumte von dem schönen Mädchen.

Endlich war auch das dritte Jahr um. Der Schäfer war nun kein schüchterner Knabe mehr, sondern ein hübscher, kräftiger Jüngling.

Das Zauberschloss zu Grabenweg

Er verbrachte die Nacht vor dem Sonnwendtag auf dem Felsen am Berg und spielte so herrliche Weisen auf seiner Flöte wie nie zuvor. Als die Sonne emporstieg und die Glocke zu läuten aufgehört hatte, stand plötzlich der Palast wieder vor ihm.

Aber wie sehr hatte sich der Palast verändert! Aus den Fenstern züngelten blaue Flammen und ein grässliches Ungetüm bewachte den Eingang. Der junge Mann ließ sich nicht Angst machen, er schritt unbekümmert auf das Untier zu und es wich knurrend zur Seite. In allen Gemächern herrschte ein ohrenbetäubender Lärm. Hässliche Kobolde sprangen um ihn herum, schnitten gräuliche Grimassen und schleuderten grelle Blitze vor seine Füße. Dem jungen Mann wurde nun doch etwas beklommen zu Mute, aber er ließ sich nicht abhalten, ging durch alle Gemächer und drückte entschlossen auf die Klinke des letzten Saales. Die Tür öffnete sich – und mit dem schauerlichsten Geheul stürzte ein Drache auf ihn zu. Das scheußliche Tier hatte den Rachen weit aufgerissen und spie Gift und Feuer; es hatte Augen, so groß wie feurige Wagenräder. Der Schäfer wich entsetzt zurück, verlor beinahe die Besinnung, vergaß auf alles und stürzte aus dem Palast. Hinter sich hörte er ein lautes Hohngelächter.

Mit einem Sprung rettete sich der junge Mann auf den grünen Rasen vor dem Palast. In diesem Augenblick bebte die Erde, ein unheimliches Brausen und Zischen erfüllte die Luft und ein wüstes Geheul drang aus dem Zauberpalast. Ganz deutlich aber konnte der junge Schäfer auch das Klagen des schönen Mädchens hören. Da erinnerte er sich wieder an alles und es kam ihm zum Bewusstsein, dass er sein Versprechen nicht gehalten hatte. Eine namenlose Angst um das schöne Mädchen erfasste ihn. Er sprang zur Tür und wollte ihr zu Hilfe kommen, aber das Tor war fest verschlossen. Mit aller Kraft stemmte er sich dagegen, die Flügel sprangen auf und er lief in den Palast. Abermals erfolgte ein heftiger Donnerschlag – und Schloss und Jüngling waren von der Erde verschwunden.

Niemand wusste, wohin der junge Schäfer gekommen war. Am nächsten Sonnwendtag fanden ihn seine Landsleute tot an jener Stelle liegen, wo früher der kleine Felsvorsprung gewesen war. Das Tal aber blieb lieblich und anmutig bis auf den heutigen Tag.

Niederösterreich

Der Ötscher

Weil der Ötscher die Berge im Umkreis alle weit überragt und von der Ferne schon so majestätisch aussieht, ist es kein Wunder, dass seit uralten Zeiten gerade von diesem Berg so viele Sagen erzählt werden.

Unzählige böse Geister, so sagt man, wohnen auf dem Ötscher, denen es aber dort so schlecht ergeht, dass sie sich sogar nach der Hölle zurücksehnen. Zwischen dem eisigen Torstein und der Schauchenspitze hat der Teufel seinen Sitz – so glaubten die Leute in den alten Zeiten –, und wie er an heiteren Tagen die Schneewolken herumwirbelt, so gibt er zur Nachtzeit durch feurige Funken von seiner Anwesenheit Kunde.

Auf dem Ötscher gibt es auch einen großen See, der aber unzugänglich ist. Dicke, sonderbar gestaltete Eismassen bedecken seine Oberfläche und dunkle Fische, die blind sein sollen, schwimmen in dem Gewässer umher. Früher glaubte man, es wären die Seelen der auf ihre Erlösung wartenden Sünder. Unter den Fischen ist einer auffallend groß und merkwürdig gestaltet. Er hält sich schon über tausend Jahre in dem dunklen Wasser auf. Es ist Pilatus, der den Herrn ungerecht verurteilt hat und deshalb in diesen See verbannt wurde, wo er stumm bis zum jüngsten Tag verweilen muss. Der See wird nach ihm der »Pilatussee« genannt.

Die zahlreichen Höhlen, von denen manche tief in das Innere des Berges führen, haben das Volk zu vielen Sagen angeregt, besonders das Wetterloch, das Taubenloch und das Geldloch.

Das größte Wetterloch – denn es gibt ihrer mehrere – befindet sich auf der Westseite des Ötschers. Wirft man bei klarem Wetter einen Stein in die Höhle, so ziehen alsbald Wolken herauf und ein heilloses Unwetter bricht los. So rächen sich die Berggeister, die in ihrer Ruhe gestört wurden. Glaubt ihr das nicht? Nun, dann versucht es doch einmal und ihr werdet sehen, ob es wahr ist!

Das Taubenloch hat seinen Namen von den vielen darin nistenden Bergdohlen. Es sind dies aber in Wahrheit gar keine Vögel, sondern

Der Ötscher

die Seelen großer Sünder, die Seelen von Geizhälsen und Wucherern, die zur Strafe für ihr schlechtes Leben nach dem Tod auf den Ötscher verbannt werden und nun hier ohne Rast und Ruh in schwarzer Vogelgestalt umherirren müssen.

Im Geldloch aber sollen seit Jahrhunderten ungeheure Schätze verborgen liegen. Das kam so: In den Tagen Karls des Großen lebte in Mautern eine reiche Witwe namens Gula. Als die Awaren raubend und mordend das Donautal heraufzogen, flüchtete die Frau mit ihrem kleinen Sohn Änother samt all ihren Schätzen auf schnellen Pferden ins Gebirge und verbarg sich in den Höhlen des Ötschers. Sie wohnte im Taubenloch, im Geldloch aber stapelte sie ihre goldenen und silbernen Schätze auf. Hier verbrachte die Witwe ungefährdet ihre Tage, während ihr Sohn in der reinen Gebirgsluft zu einem Riesen heranwuchs.

Er wurde der zaubermächtige Behüter des Berges, zeigte sich in wechselnder Gestalt bald hier, bald dort und vertrieb manchen Geisterspuk von seinen Hängen. Als der Grenzgraf Grimwald einen Feldzug gegen die Awaren unternahm, schloss sich ihm der Riese Änother an, und er soll viele tapfere Taten vollbracht haben. Nach der Vernichtung der Awaren wurde Änother der Stammvater eines starken Geschlechtes. Seine Mutter Gula aber blieb bis zu ihrem Tod im Taubenloch, und da ihr Sohn die verborgenen Schätze nicht berührte, liegen sie noch heute im Geldloch begraben.

Die Kunde von dem im Ötscher aufgehäuften Reichtum überdauerte die Jahrhunderte und lockte alljährlich viele Schatzsucher an, besonders aus dem Welschland. Sie stiegen in das Geldloch ein und zogen nach einigen Tagen, mit schweren Säcken bepackt, wieder in ihre Heimat zurück. Die gefundenen Schätze sollen sie sogar auf Eseln fortgeschafft haben; die Esel freilich waren unsichtbar, doch hörte man nachts ihr Getrippel.

Niederösterreich

Jakobus im Schnee auf der Ruine Wolfstein

In einem schmalen Tal, das sich von Aggsbach in den Dunkelsteinerwald hineinzieht, liegt im Wolfsteingraben die Burgruine Wolfstein. In der Burgkapelle war einst ein Standbild des heiligen Jakobus aufgestellt. St. Jakob ist ein Heiliger, den das Landvolk besonders verehrt, gilt er doch als Wettermacher, dessen Fürsprache im Himmel ein gut Teil des schönen Wetters zu danken ist, das der Bauer so notwendig braucht. Deshalb verehrten auch die Wolfsteiner ihren Heiligen und ließen nichts über ihn kommen.

Die Wolfsteiner hatten auch immer besseres Wetter als die Bewohner der umliegenden Gegenden.

Kein Wunder, wenn die Nachbarn bald die Wolfsteiner um ihren Schutzheiligen beneideten. Besonders die Gansbacher waren mit ihrem Wetter gar nicht zufrieden und pilgerten oft zu dem wundertätigen Heiligen nach Wolfstein, um auch für sich ein besseres Wetter zu erflehen. Aber der heilige Jakobus schien sie nicht zu hören – das Wetter blieb wie eh und je schlecht. Darüber ergrimmten die Gansbacher nicht wenig. Ein paar besonders Mutige schlichen sich eines Nachts in die Burgkapelle von Wolfstein und stahlen den Heiligen.

Als die Wolfsteiner am Morgen in ihre Kapelle gingen, war Jakobus verschwunden. Sie nahmen zwar sofort an, dass nur ihre Nachbarn aus Gansbach eine solche Schandtat verübt haben könnten, aber beweisen konnten sie ihnen nichts, und trotz allen Suchens blieb der Heilige verschwunden. Die Gansbacher Diebe hatten ihn nämlich in ihrer Kirche an einem recht versteckten Platz aufgestellt, wo er nicht leicht zu finden war.

Dem heiligen Jakobus aber gefiel es in der Kirche von Gansbach gar nicht. Es war ihm dort zu groß, zu unheimlich und zu kalt. Er sehnte sich so recht von Herzen nach seiner gemütlichen kleinen Kapelle zurück. Daher verließ er in einer finsteren, stürmischen Winternacht, als der Schnee das ganze Land einhüllte, sein neues Heim und wanderte nach Wolfstein zurück. Im Siedlgraben stieß er mit einem alten Bauern zusammen, der in dem nächtlichen Wanderer sogleich den vermissten Schutzheiligen erkannte.

»Himmel, der heilige Jakobus!«, rief der Bauer höchst verwundert aus. »Sag mir einmal, wo steigst denn du herum bei dem gräulichen Wetter?«

Der Heilige antwortete: »Ich gehe heim, was soll ich denn sonst hier draußen tun? In Gansbach hat's mir gar nicht gefallen.«

Der Bauer war vor Freude außer sich und bedankte sich hundertmal bei dem Heiligen. Als der Bauer dann am nächsten Morgen die Burgkapelle aufsuchte, sah er, dass St. Jakob wirklich wieder auf seinem Platz stand. Man merkte es auch gleich am Wetter, das von nun an wieder ganz nach dem Wunsch der Wolfsteiner geriet, die sofort nach der Rückkehr ihres Heiligen ein großes Freuden- und Dankfest veranstaltet hatten. Die Gansbacher aber wagten es nicht mehr, den Heiligen zu stehlen, sondern gingen schön brav zu Jakobus wallfahrten, wenn sie gutes Wetter brauchten.

Da das Wunder der Rückkehr in einer Schneenacht geschehen war, wird das Bild seitdem »Jakobus im Schnee« genannt.

Die vergessene Kapelle auf Burg Scharfeneck

Einst trabte ein armer Ritter in der Umgebung von Baden durch den Wald. Er besaß keine Burg, hatte kein Heim und nannte nichts sein Eigen als die gute Klinge, die an seiner Seite hing. Sein Pferd hatte er in der Verzweiflung über sein trauriges Los fast zuschanden geritten. Verzweifelt stieg er schließlich ab, setzte sich ins Moos und verwünschte sein Schicksal.

»Ich habe jede Hoffnung verloren«, stöhnte er. »Wenn sich doch wenigstens der Teufel meiner annehmen würde!«

Kaum hatte er diesen Wunsch ausgesprochen, als der Teufel vor ihm stand und sagte: »Da bin ich. Was willst du von mir?«

Niederösterreich

Der Ritter hatte in seinem Leben schon so viel Leid und Entbehrungen mitmachen müssen, dass es ihm schien, es könne nichts Böseres mehr nachkommen. Daher war er über die unheimliche Erscheinung nicht erschrocken und verlangte ohne Zaudern mit fester Stimme: »Verschaffe mir sogleich eine Burg mit allem und jedem, was einem echten Ritter zukommt!«

»Den Wunsch kann ich dir erfüllen«, antwortete der Teufel, »wenn du auf eine Bedingung eingehst. Du darfst dein Leben lang kein Weib nehmen; tust du es dennoch, so musst du mir als Kaufgeld für die Burg deine Seele überlassen.«

Dem Ritter war es recht und schon am nächsten Morgen zog er in die Burg Scharfeneck ein, die ihm der Teufel auf einem Felsen erbaut hatte.

Einige Jahre vergingen. Der Ritter lebte froh und glücklich auf seiner Burg und war bei seinen Nachbarn wegen seines freundlichen Wesens geehrt und angesehen. Allmählich aber begann den Ritter die Einsamkeit zu bedrücken. Er hätte sich nun gern eine Frau genommen, aber dann hätte er dem Teufel seine Seele überlassen müssen. Noch dazu hatte der Herr der nahen Burg Rauhenstein eine liebenswerte, hübsche Tochter, die der Scharfenecker unlängst kennen gelernt hatte. Das schöne Mädchen wollte ihm nicht mehr aus dem Sinn. Ihr Besitz schien ihm das höchste Glück auf Erden zu sein. Das Burgfräulein selbst hatte sich in den Scharfenecker ebenfalls verliebt, er brauchte nichts anderes zu tun, als bei ihren Eltern zu freien und sich ihr Jawort zu holen. Und dennoch durfte er diesen Schritt nicht wagen, denn seine ewige Seligkeit stand auf dem Spiel.

Er streifte verzweifelt durch die Wälder, verbrachte schlaflose Nächte und fand keine Ruhe mehr; das Bild des schönen Mädchens stand ihm stets vor den Augen. In seiner Herzensnot wandte er sich an einen frommen Einsiedler, der im nahen Wald hauste und weit und breit von allen Menschen verehrt wurde. Diesem Einsiedler klagte der Ritter sein Leid und bekannte, wie er sich einst dem Satan verschrieben habe und nun nicht um die Liebste freien dürfe, da er sonst der Hölle verfallen sei.

Der fromme Mann hörte ihm aufmerksam zu. Der Schmerz des Ritters rührte ihn, er versprach, ihm zu helfen, und unterwies ihn, wie er

Die vergessene Kapelle auf Burg Scharfeneck

sich zu verhalten habe, und gab ihm dadurch seinen Lebensmut wieder. Denn der Einsiedler wusste ein Mittel, dem Teufel ein Schnippchen zu schlagen! Der Ritter verabschiedete sich mit vielen Dankesworten, jagte voller Freude auf die Burg Rauhenstein und hielt um die Hand des Mädchens an.

Eine Woche später ging es auf Schloss Scharfeneck lustig zu. Der Burgherr feierte seine Verlobung mit dem Fräulein von Rauhenstein. Von nah und fern hatten sich Gäste eingefunden, die Tafel war reich besetzt. Als der Einsiedler, der auch zu dem Fest geladen war, sein Glas erhob und dem jungen Brautpaar zutrank, flog plötzlich die Tür des Saales krachend auf. Ein schwarz gekleideter hagerer Ritter, den keiner von den Anwesenden kannte, trat ein, lächelte dem bestürzten Bräutigam spöttisch zu und rief: »Ich bin gekommen, um mir das vereinbarte Kaufgeld für die Burg zu holen.«

Der Ritter wurde totenblass und die Gäste starrten erschrocken auf die unheimliche Gestalt des Fremden. Der Einsiedler aber schritt furchtlos auf ihn zu und fragte: »Seid Ihr der Erbauer und Verkäufer der Burg?« Als der schwarze Ritter bejahte, fuhr der Einsiedler fort: »So lasst uns wissen, ob Ihr denn die Burg mit allem und jedem, was einem echten Rittersmann zukommt, erbaut und übergeben habt.«

Der Schwarze grinste höhnisch und nickte, der Einsiedler aber ließ sich nicht aus der Ruhe bringen und sagte nun: »Wenn es sich so verhält, wie Ihr sagt, so sollt Ihr das bedungene Kaufgeld erhalten. Aber«, fügte er hinzu, »habt Ihr in Erfüllung Eures Versprechens auch wirklich Saal und Stall, Küche und Keller, Grund und Dach, Fenster und Türen richtig übergeben?«

»Alles mit allem und jedem, wie es einem echten Ritter zukommt«, entgegnete der Fremde triumphierend.

»Nun, so führt uns auch, da wir ein Brautpaar hier haben, in die Kapelle!«, sagte der Einsiedler rasch. Da stieß der Teufel einen grässlichen Fluch aus und versank in den Boden. Eine Kapelle in der Burg zu erbauen hatte nicht in seiner Macht gelegen, und so fehlte dieses echte Merkmal einer mittelalterlichen Ritterburg auf Scharfeneck.

Der gerettete Ritter fiel dem Einsiedler dankbar vor die Füße und gelobte, ihm seine Erlösung niemals zu vergessen.

Niederösterreich

Markgraf Gerold und seine Töchter im Dunkelsteinerwald

Nachdem Karl der Große die Awaren geschlagen und nach Osten zurückgeworfen hatte, brachte er bayerische Ansiedler in die öden, verwüsteten Gebiete zwischen der Enns und dem Wienerwald und betraute seinen Schwager Gerold mit der Herrschaft über dieses Grenzland, um neuerlichen Einfällen des wilden Räubervolkes vorzubeugen.

Markgraf Gerold hatte seinen Sitz in Lorch. Die Sage aber weiß es anders zu berichten. Etwa eine Gehstunde nordöstlich von Melk erhebt sich der düstere Prackersberg als einer der letzten Ausläufer eines weiten Waldgebietes. Auf der flachen Kuppe des Berges, von der sich ein weiter Blick in die Ebene, auf die Voralpen und die Donau bietet, erbaute sich der Markgraf ein wunderschönes Schloss. Dort schlug er seinen Wohnsitz auf und herrschte, umgeben von seinen drei Töchtern und einem zahlreichen Gefolge, in Pracht und Herrlichkeit.

Bei einem Aufstand der Awaren kam Gerold ums Leben, das Schloss auf dem Berg versank, seine drei Töchter aber verschwanden spurlos. An der Stelle, wo einst das Schloss stand, liegt heute ein von Wasserpest übersponnener Weiher, im Volk »der See« genannt, mitten im unheimlichen Dunkel des Fichtenwaldes.

Es ist nicht recht geheuer auf dem Prackersberg. Die Töchter des Markgrafen, von denen eine Salome hieß, hausen noch immer dort und treiben mit einsamen Wanderern ihren Schabernack. Einmal spiegelten sie drei Handwerksburschen das herrliche Schloss vor, erschienen ihnen als liebliche Prinzessinnen und versprachen ihnen die Ehe, bis die drei Burschen im finsteren Wald nicht mehr ein noch aus wussten. Denn leicht mag sich einer, besonders zur Nachtzeit, verirren, wenn er einem lockenden Ruf oder einem betörenden Singsang nachgeht. Dann sieht er sich plötzlich mitten im rauen Dorngestrüpp und findet, von oben bis unten zerkratzt, nur mit Müh und Not aus dem Wald heraus.

Hinter ihm drein aber lacht und kichert es – das sind Markgraf Gerolds gespenstische Töchter.

Vom Grafen hat das nahe gelegene Dorf Gerolding seinen Namen erhalten und eine Schlucht, die sich vom Berg gegen die uralte Siedlung Mauer hinabzieht, heißt noch heute der Salomegraben.

Die »Hunde von Kuenring«

Zu Beginn des 13. Jahrhunderts, als der Ritterstand im jungen Herzogtum Österreich in höchster Blüte stand, zählten die Herren von Kuenring, die im Waldviertel ihre Stammburg hatten, zu den reichsten und mächtigsten Adeligen des Landes. Trotzdem fanden sie es nicht unter ihrer Würde, ihren Reichtum auf Kosten der Bürger und Bauern räuberisch zu vermehren.

Der Kuenringer Hadmar III., der auf Burg Aggstein saß, und sein Bruder Heinrich I. zu Weitra waren die größten Freibeuter in der Wachau. Sie nannten sich selbst »die Hunde von Kuenring«. Das ganze Land litt unter den Räubereien dieser Strauchritter und selbst in den gut befestigten Städten konnte das Volk nicht in Ruhe leben. So legten die Brüder im Jahr 1231 die Städte Krems und Stein in Schutt und Asche.

Der schnellste und bequemste Weg aus dem Westen nach Wien führte damals entlang der Donau. In der Wachau aber hauste Hadmar von Kuenring und ließ sich nicht so leicht die Gelegenheit entgehen, die donauabwärts fahrenden Schiffe zu kapern und ihre Ladung auf seine Burg Aggstein zu schleppen. Er sperrte die Donau bei Aggstein mit einer eisernen Kette ab, plünderte die angehaltenen Schiffe aus, nahm sich, was ihm gefiel oder brauchbar erschien, und die Kaufleute mussten froh sein, mit heiler Haut davonzukommen. Noch lange waren die Reste eines Wartturmes zwischen Schönbühel und Aggstein zu sehen, von dem aus ein Wächter seinem Herrn das Kommen eines Schiffes durch ein Trompetensignal ankündigte und der im Volk daher das »Blashaus« hieß.

Niederösterreich

Dieses ungesetzliche Treiben konnte auf die Dauer nicht gut gehen; Herzog Friedrich der Streitbare beschloss, den Wegelagerern ihr Handwerk zu verderben. Er erstürmte Zwettl, wo sich Heinrich aufhielt. Dieser konnte aber flüchten und fand bei seinem Bruder auf der Burg Aggstein einen Unterschlupf. Aggstein war fast uneinnehmbar, hoch oben auf steil abfallenden Felsen konnte die Burg auch einer monatelangen Belagerung Trotz bieten. Daher verzichtete der Herzog auf Gewalt und wollte mit einer List versuchen, dem Treiben der beiden Brüder ein Ende zu bereiten.

Ein Wiener Kaufmann namens Rüdiger, den Hadmar schon etliche Male ausgeraubt hatte, reiste im Einverständnis mit dem Herzog nach Regensburg. Dort rüstete er ein stattliches, starkes Schiff aus und belud es mit wertvoller Fracht. Unter Deck aber war eine Anzahl schwer bewaffneter Kriegsknechte verborgen, die den Kuenringer gefangen nehmen sollten, sobald er seinen Fuß auf das Schiff setzte. Alles ging nach dem ausgeheckten Plan vor sich. Das Schiff wurde bei Aggstein angehalten, die Kunde von der reichen Beute lockte Hadmar selbst herbei. Kaum aber war er an Bord gestiegen, stürzten die Kriegsknechte aus ihrem Versteck hervor und überwältigten ihn. Das Schiff stieß vom Land ab und die Bogenschützen und Schleuderer wehrten die nachdrängenden Knappen des Ritters ab.

Hadmar wurde im Triumph nach Wien vor den Herzog gebracht, die führerlose Burg bald darauf erstürmt und zerstört. Der Herzog verfuhr gnädig mit den beiden Herren von Kuenring. Er schenkte ihnen Leben und Freiheit, doch mussten sie das geraubte Gut herausgeben, den angerichteten Schaden wieder gutmachen und Geiseln stellen. Aber die Lebenskraft Hadmars, des kühnen Beherrschers der Wachau, war gebrochen. Wenige Jahre später starb er auf einer Wallfahrt nach Passau in einem kleinen Dorf an der oberen Donau.

König Richard Löwenherz in Dürnstein

Im Heer der Kreuzfahrer, die mit Kaiser Friedrich Barbarossa in das Morgenland zogen, um die heiligen Stätten der Christenheit zu erobern, befanden sich unter vielen anderen Fürsten und hohen Herren auch Richard Löwenherz, der König von England, und Herzog Leopold V der Tugendhafte von Österreich.

Als Kaiser Friedrich, der damals schon sehr alt war, im Fluss Saleph ertrank, entstand unter den Fürsten ein Streit, wer nach ihm die Führung des Kreuzfahrerheeres übernehmen sollte. Jeder hielt sich für klüger und tapferer und höher im Rang als die anderen. König Richard Löwenherz war einer der stolzesten Fürsten, nicht ohne Recht, denn er war ein edler Herr, aber in seinem Stolz vergaß er bisweilen, dass auch andere Fürsten nicht weniger edel waren als er. Bei der Belagerung der starken Feste Akkon im Jahre 1192 beleidigte er Herzog Leopold zutiefst. Die Österreicher hatten nämlich ihre Fahne auf einem eroberten Wall aufgepflanzt, König Richard aber ließ das Feldzeichen der Österreicher herunterreißen, warf es in den Schmutz und zog auf dem Wall seine eigene Fahne auf. Herzog Leopold fühlte sich – nicht zu Unrecht – schimpflich gedemütigt und vergaß Löwenherz diese Tat nie. Im Geheimen schwor er dem König ewige Rache.

Bald darauf verließ der Herzog mit seiner Gefolgschaft das Heilige Land und kehrte in die Heimat zurück. Aber auch die übrigen Kreuzfahrer blieben nicht mehr lange im Morgenland. Eine Seuche war ausgebrochen und hatte viele Todesopfer gefordert. König Richard wählte den Seeweg zur Heimreise, ein Sturm verschlug ihn an die Küste des Adriatischen Meeres und es blieb ihm nichts anderes übrig, als durch das Land seines Todfeindes Leopold von Österreich die Weiterreise zu wagen. Er verkleidete sich als Pilger und an einem stürmischen Winterabend langte er im Dorf Erdberg vor Wien an. Der Hunger zwang ihn und seine Begleiter eine kleine Herberge aufzusuchen. Um nicht erkannt zu werden, benahm sich König Richard wie ein einfacher Pilger, stellte sich sogar an den Herd, wie es der Koch verlangte, und drehte

Niederösterreich

ein fettes Huhn am Bratspieß über dem Feuer. Aber der hohe Herr hatte vergessen, dass ein wertvoller Ring an seinem Finger blitzte, und arme Pilger, die sich selbst das Huhn am Bratspieß drehen, haben gewöhnlich keine wertvollen Ringe an ihren Fingern. Der Koch wurde misstrauisch und besah sich den Mann im grauen Pilgerkittel näher. Zu allem Unglück für Löwenherz hockte in der Schenke ein alter Krieger, der mit Herzog Leopold im Heiligen Land gewesen war. Diesem alten Krieger kam der Pilger bekannt vor, er lugte genauer hin und erkannte plötzlich den König der Engländer. Dass er es sofort dem Koch zuflüsterte, versteht sich.

Nichts Böses ahnend drehte Richard sein Huhn am Spieß und sah freundlich auf, als der Koch zu ihm trat. Der König war aber nicht wenig erschrocken, als er sich mit »Erlauchter Herr« angeredet hörte. »Ihr seid zu hochgestellt, um meinen Braten zu drehen«, sagte der Koch. »Ergebt Euch, denn es ist zwecklos, wenn Ihr Euch zur Wehr setzt.«

König Richard hatte sich rasch gefasst, ließ sich von seinem Schreck nichts anmerken und stellte sich so, als verstünde er kein Wort von dem, was der andere sagte. Der Koch aber hielt ihm vor, er sei der König von England, alles Leugnen nütze ihm nichts, man habe ihn erkannt. Als Richard sah, dass er in der Falle saß, schlug er ruhig seinen Mantel um sich und rief stolz: »Gut! Dann führt mich zum Herzog. Ihm allein will ich mich ergeben.«

Noch am gleichen Tag wurde er als Gefangener Leopolds in die Hofburg gebracht. Bald darauf ließ ihn der Herzog insgeheim auf die Burg Dürnstein in der Wachau führen und übergab ihn dem getreuen Halmar von Kuenring.

Monatelang war der König nun ein Gefangener im Burgverlies der mächtigen Festung. In England konnte man sich nicht vorstellen, was ihm zugestoßen war, und suchte vergeblich nach seinem Aufenthalt. Als man aber die Nachricht von dem Sturm auf dem Meer und dem Untergang des königlichen Schiffes hörte, begann man allmählich an seinen Tod zu glauben. Sein Bruder Johann wurde als König ausgerufen und bald vergaßen viele Engländer auf ihren unglücklichen früheren König.

König Richard Löwenherz in Dürnstein

Einen Mann aber gab es in England, der an den Tod seines Herrn nicht glauben wollte, das war des Königs treuer Sänger Blondel. Er nahm die Laute und brach auf, um seinen verschollenen Herrn zu suchen. Das war nun wohl eine mühselige Reise, aber Blondel gab den Mut nicht auf, so aussichtslos auch die Suche schien. Er zog den Rhein aufwärts von Stadt zu Stadt, von Burg zu Burg, wanderte die Donau abwärts und suchte und sang an allen Höfen, in allen Schlössern, vor Rittern und Herren. Mit Söldnern, Waffenknechten und fahrendem Volk freundete er sich an, aber nirgends erhielt er Kunde vom Schicksal seines Herrn.

So war der Sänger nach Dürnstein gekommen. Und nun glaubte er selbst nicht mehr recht an den Erfolg seiner Mission. Traurig und hoffnungslos wanderte er den Hügel hinauf, setzte sich vor die mächtigen Mauern der Burg, sah in das Tal der Donau hinab und stimmte sein Lied an. Es war eine Melodie, die nur sein Herr kannte, vor der Fahrt ins Morgenland hatte Blondel vor dem König zum letzten Mal dieses Lied gesungen. Als der Spielmann die erste Strophe beendet hatte, wurde er so schwermütig, dass er kein Wort mehr herausbrachte und schweigend vor sich hin starrte. Da war es ihm, als hörte er aus der Tiefe der Burg eine Antwort, leise und dumpf nur, gebrochen von den dicken Mauern, aber doch klar verständlich. Gebannt lauschte der treue Sänger. Es war keine Täuschung! Sein Herr sang die zweite Strophe des Liedes!

Nun wusste Blondel, dass der König noch lebte, und er wusste auch, wo er gefangen war. Der Spielmann eilte zurück nach England, verkündete überall das Schicksal seines Herrn und ruhte nicht eher, bis dieser gegen ein hohes Lösegeld freigelassen wurde.

Im Frühjahr 1193 wurde Richard Löwenherz dem Kaiser ausgeliefert, der ihn nach kurzer Zeit in seine Heimat ziehen ließ.

Niederösterreich

Schreckenwalds Rosengärtlein auf Aggstein

Nach dem ruhmlosen Ende der Kuenringer und der Zerstörung Aggsteins durch Friedrich den Streitbaren blieb diese Burg fast zweihundert Jahre eine Ruine. Im Jahre 1429 gab Herzog Albrecht V. »das öde Haus«, wie Aggstein genannt wurde, »das einst einer Untat wegen zerbrochen worden ist und also öde liegt«, an seinen vertrauten Rat und Kammerherrn Georg Scheck vom Wald zu Lehen und ermächtigte ihn, die Burg wieder aufzubauen. In harter Fron legten die armen Untertanen des Ritters sieben Jahre Stein auf Stein, bis die Burg so gewaltig wie früher dastand.

Ritter Scheck vom Wald hatte sich auf seltsame Art in die Gunst des Herzogs zu setzen gewusst, das heißt durch Heucheln und Lügen. Während er sich das Ansehen eines redlichen Mannes zu geben verstand, war er in Wirklichkeit habgierig, hochmütig und grausam. Kaum herrschte er in der neuen Burg, zeigte er auch schon sein wahres Wesen und hauste in der Wachau nicht minder schrecklich wie einst die »Hunde von Kuenring«. Er unterdrückte seine Untertanen und presste das Volk aus, wo er nur konnte. Sein Mautrecht auf der Donau nützte er so schamlos aus, dass die Schiffe meist gänzlich ausgeplündert wurden. Bald nannte man ihn im ganzen Donautal nur noch den »Schreckenwalder«.

Besonders übel erging es seinen Gefangenen. Er ließ sie an Stricken über den schroffen Burgfelsen baumeln, um ein möglichst hohes Lösegeld von ihnen zu erpressen. War kein Lösegeld zu erhoffen, so stieß er sie durch eine kleine Pforte auf eine schmale Felsplatte hinaus, unter der die Felsen steil in die Tiefe abfielen. Hier hatte der Gefangene nur die Wahl, entweder elend zu verhungern oder durch einen Sprung in den Abgrund seinen Leiden ein schnelles Ende zu bereiten. Diesen kleinen Felsvorsprung nannte der Ritter sein »Rosengärtlein«. Es war weit und breit berüchtigt und gefürchtet.

Schreckenwalds Rosengärtlein auf Aggstein

Viele Jahre hatte der Schreckenwalder sein schändliches Handwerk betrieben und durch Raub und Erpressung so viele Reichtümer angesammelt, dass er vier weitere Burgen im Umkreis an sich gebracht hatte. Eines Tages führten ihm seine Knechte einen jungen Gefangenen vor, der edler Herkunft zu sein schien, aber seinen Namen nicht verraten wollte. Auch er erlitt das Schicksal vieler Vorgänger und wurde in den Rosengarten hinausgestoßen. Aber der junge Mann war ein kühner und gewandter Kletterer. Er maß die Tiefe des Sprunges, sah unten die dichten Laubkronen der alten und mächtigen Bäume aufragen, vertraute seine Seele dem Herrn an und sprang mutig in den Abgrund. Er fiel in eine der Baumkronen, die Blätter und Zweige milderten die Wucht des Falles und es gelang ihm, einen starken Ast zu fassen und sich festzuhalten. Leichtfüßig glitt er auf den Boden hinab. Und es mag ihn wohl geschaudert haben, denn rund um ihn moderten und bleichten die Gebeine der vor ihm Herabgestürzten.

Er aber war gerettet, eilte ins Tal hinab und sammelte die Ritter und Reisigen der benachbarten Burgen, lauerte dem Schreckenwalder auf und nahm ihn gefangen. Der Strauchritter fand seine wohlverdiente Strafe und wurde enthauptet.

Die Burg blieb im Besitz der Nachkommen des Ritters. Aber der letzte Schreckenwalder trieb es nicht besser als seine Vorfahren, sperrte die Donau mit einer Kette ab und raubte die Schiffe aus. Einmal nahm er einen Grafen gefangen, dem aber mit Hilfe eines Junkers, des Sohnes der Herrin von Schwallenbach, die Flucht aus der Burg gelang. Während der Graf nach Wien eilte, um den Schreckenwalder vor dem Herzog anzuklagen, warf der Raubritter den Junker ins Burgverlies. Und wie es seine Art war, gab er schon nach kurzer Zeit seinen Knechten den Befehl, den Gefangenen über die Felsen des Rosengärtleins in die Tiefe zu stürzen.

Der junge Mann stand schon draußen auf dem Felsvorsprung, da hörte er von Schwallenbach herüber die Abendglocke. Der Junker kniete nieder und bat den Raubritter, ihm so lange Zeit für sein Sterbegebet zu lassen, bis der letzte Glockenschlag verklungen sei. Der Burgherr lachte und sagte, dieser Wunsch sei ihm gewährt, denn ihm schien der Mann ein Narr zu sein, der, statt um sein Leben zu flehen, sich niederkniete und betete. Bald aber verging dem letzten Schreckenwalder das Lachen. Die Glocke hörte nicht auf zu läuten, nicht eine Sekunde setzte sie aus, sie läutete und läutete, dass es allen ringsum unheimlich zu Mute wurde, und manchen von den Knechten wurde es seltsam weich ums Herz und sie hätten viel darum gegeben, den Gefangenen freizulassen. Nur der Schreckenwalder kannte kein Mitleid, er fluchte nur über die verrückte Glocke und konnte es nicht erwarten, bis sie endlich still sein würde.

Er sollte aber schon zu viele Leute gemordet haben – der Junker jedenfalls blieb am Leben. Denn während noch die Schwallenbacher Glocke mit ihrem Läuten nicht aufhören wollte, musste der Schreckenwalder in aller Eile zu seinen Waffen greifen. Hauptmann Georg von Stain hatte mit seinen Mannen die Feste umzingelt und war schon in den Burghof eingedrungen. Das Raubnest fiel in die Hände der Belagerer. So unterblieb durch das Wunder der Glocke von Schwallenbach der Mord an dem gefangenen Junker. Der letzte Schreckenwalder verlor alle seine Güter und starb als elender Bettler.

Die Erinnerung an den Rosengarten von Aggstein aber lebt im Volk weiter. Noch heute heißt es in der Wachau, wenn von einem Menschen die Rede ist, der sich aus höchster Not nur unter Lebensgefahr retten kann: Er sitzt in »Schreckenwalds Rosengärtlein«.

Das metallene Käuzlein von Rauhenstein

Vor vielen hundert Jahren hauste auf der Burg Rauhenstein bei Baden ein Ritter namens Wolf, der eine tapfere Klinge führte und vor den verwegensten Taten nicht zurückschreckte, der aber ein so raues Gemüt und ein so steinernes Herz hatte, dass man ihn nicht den »Rauhensteiner«, sondern den »rauen Stein« hieß. Er war mächtig und kühn und glaubte, gegen die Armen und Niedrigen sei ihm alles erlaubt, besonders, wenn sie sich seinen Zorn zugezogen hatten.

Das metallene Käuzlein von Rauhenstein

Einmal wagten es zwei Badener Bürgersöhne, in den Forsten des Ritters ein Stück Wild zu erlegen. Sie wurden dabei ertappt, vor den Ritter gebracht, nach kurzem Verhör in den Turm geworfen und zum Tode verurteilt.

Der alte Vater der beiden Gefangenen bot dem Schlossherrn ein hohes Lösegeld an und bat um Gnade für seine Söhne, doch der Ritter lehnte dieses Angebot spöttisch ab. Darüber geriet der Alte in größte Erbitterung und brach in wilde Verwünschungen aus. Der Rauhensteiner ließ daraufhin den unglücklichen alten Mann ergreifen und ebenfalls in den Kerker werfen.

Nun war aber dieser Bürger ein kunstfertiger Glockengießer, wie man einen Zweiten nicht so leicht finden konnte, die Badener Bürgerschaft legte sich daher ins Mittel und erhob für den Alten und seine beiden Söhne Fürsprache bei dem Burgherrn. Nach langen Unterhandlungen ließ sich Ritter Wolf zu einer teilweisen Begnadigung herbei, die aber so grausam war, wie sie sich eben nur ein »steinernes Herz« ausdenken konnte. Der Vater musste, als Lösegeld für sich und einen der Söhne, eine Glocke gießen, die beim Tod des anderen zum ersten Mal geläutet werden sollte.

Noch dazu setzte der Ritter eine sehr kurze Frist für den Guss der Totenglocke fest, um den Alten zur Eile anzutreiben. Der Glockenguss sollte im Hof der Burg Rauhenstein erfolgen. Man kann sich die Verzweiflung des alten Mannes vorstellen, als er sein Werk begann, um wenigstens einem seiner Söhne das Leben zu retten.

Da die festgesetzte Zeit kurz war und das nötige Material nicht so rasch beschafft werden konnte, brachten die Verwandten und Bekannten dem Meister alles Metall, das sie auftreiben konnten, darunter so manches Heiligenbild, das aus Metall getrieben war.

Mit zitternden Händen begann der alte Mann seine Arbeit. Seine Kunst war ihm zeit seines Lebens das Liebste, doch als er die Glocke goss, die seinem Sohn den Tod bringen würde, wünschte er, er hätte niemals eine gegossen und diese Kunst nie erlernt.

Endlich war die Glocke vollendet und wurde im Schlossturm aufgehängt. Als sie mit Klöppel und Seil versehen war, befahl der Ritter, sie zu läuten. In diesem Augenblick verlor der alte Mann den Verstand. Er stürmte die enge Wendeltreppe im Turm empor und begann wie wahnsinnig am Seil zu ziehen. Das Läuten der Glocke übertönte sein Jammern. Immer wieder verfluchte er die Glocke und flehte um Strafe für den Burgherrn.

Längst war sein Sohn schon ermordet worden – oben auf dem Turm aber läutete der Wahnsinnige die Glocke weiter, ohne einen Augenblick einzuhalten. Zur gleichen Zeit brach ein schreckliches Unwetter los. Ein Blitz schlug in den Turm ein und tötete den alten Glockengießer, die Burg selbst brannte vollkommen nieder.

Doch Ritter Wolf war reich genug, um sein Schloss wieder aufzubauen. Nach mehreren Jahren stand es schöner als vorher da und nun wollte er seine Tochter verheiraten. Mit Musik und Glockengeläut wurde der einziehende Bräutigam feierlich begrüßt. Die Tochter des Schlossherrn stand in ihrem Brautkleid auf dem Söller und winkte dem Bräutigam zu. Dabei neigte sie sich so weit vor, dass sie über die Brüstung in die Tiefe stürzte, wo sie tot liegen blieb. In diesem Augenblick schlug die Totenglocke von selbst an.

Das war der erste der vielen Unglücksfälle, die nun über die Burg und das Geschlecht der Rauhensteiner hereinbrachen. Und jedes Mal schlug die Glocke im Turm an. Man wollte das verhasste Gebilde zerschlagen, doch hatte sich inzwischen der Aberglaube verbreitet, das Geschlecht würde aussterben, sobald die Glocke zerstört worden sei. So nahm man ihr nur den Klöppel ab und mauerte den Turm zu, um sie zum Schweigen zu bringen.

Aber das Unglück blieb auch weiterhin dem Haus der Rauhensteiner treu. Sooft irgendein Unheil drohte, hörte man dumpfe Glockentöne aus den Mauern des Turms. Wie ein metallenes Käuzchen ließ sie in solchen Zeiten durch die Stille der Nacht ihren Ruf ertönen. Schließlich verließen die Rauhensteiner die Burg und verkauften ihr Stammhaus einem anderen Rittergeschlecht.

Burg Greifenstein

Unterhalb der alten Stadt Tulln, wo die Hänge des Wienerwaldes ganz nahe an den breit dahinfließenden Donaustrom herantreten, erhebt sich auf einer Felsennase der wuchtige, vierkantige Bergfried der Burg Greifenstein.

Hier lebte vor vielen Jahrhunderten ein tapferer, starker und kühner Ritter, Reinhard, Herr zu Greifenstein. Im Zorn freilich konnte er auch wild und grausam sein. Seine Frau war früh gestorben, er hatte nur eine einzige Tochter, die er sehr liebte. Eveline, so hieß das Kind, wuchs unter der Aufsicht des Burgkaplans Emerich zu einem schönen Mädchen heran. Ritter Reinhard hatte allen Grund, sich über seine Tochter zu freuen. Sie war nicht nur klug und fromm, sondern auch heiter und lebensfroh, liebte den Wald, die Auen und die Wiesen, war eine gewandte Reiterin, und auf der Falkenjagd war kein junger Bursche tüchtiger als sie. Rudolf, ein Edelknappe ihres Vaters, war auf der Jagd ihr Begleiter und Lehrmeister. Wenn das hübsche Burgfräulein und der stattliche Knappe den Schlossberg hinunterritten, blieben die Untertanen des Greifensteiners stehen und schauten ihnen bewundernd nach, und der alte Kaplan stand oft oben am Burgfenster und nickte anerkennend mit dem weißhaarigen Kopf. Kein Wunder, dass der Knappe seine Herrin liebte und verehrte, und sie, die so viele schöne Stunden an seiner Seite verbracht hatte, wusste auch nur zu bald, dass es keinen anderen jungen Mann gab, den sie so ins Herz geschlossen hatte wie ihren Knappen.

Eines Tages gestand Eveline dem Kaplan ihre heimliche Liebe und bat ihn um seinen Rat. Der Geistliche erschrak nicht wenig, er kannte den Jähzorn seines Herrn und wusste, dass er es nie zulassen würde, seine Tochter einem einfachen Knappen zur Frau zu geben. Aber die Liebe seines Schützlings rührte den alten Mann, er traute das Paar heimlich in der Burgkapelle und riet den beiden, das Schloss so lange zu verlassen, bis sich der Zorn des Greifensteiners gelegt hätte.

Ritter Reinhard war an diesem Tag wie so oft auf der Jagd bei einem seiner ritterlichen Nachbarn. Erst spätabends kehrte er in seine Burg zurück. Als er seine Tochter vermisste und vom Kaplan hörte, was sich zugetragen hatte, tobte er wie ein Wahnsinniger und wollte den alten Mann zwingen, ihm den Schlupfwinkel der Flüchtlinge zu verraten. Vergebens beteuerte der Kaplan, es selbst nicht zu wissen, wohin sich die beiden gewandt hätten.

»Das glaube Euch, wer mag!«, schrie der Ritter wütend. »Meine Tochter war Eurem Schutz anvertraut, Eurer Aufsicht und Eurer Sorge! Euch trifft alle Schuld, und Ihr sollt dafür büßen. So wahr ich hier stehe, Ihr werdet das Tageslicht nicht mehr sehen. Und sollte ich diesen Eid je vergessen, dann soll es mein Tod sein.«

Er befahl seinen Knechten, den Alten in das Burgverlies zu sperren. Am nächsten Tag ließ er die ganze Umgebung nach den Geflüchteten absuchen, aber nirgends fand man eine Spur von ihnen.

Die Tage auf Burg Greifenstein verstrichen nun trüb und freudlos. Die weiten Hallen und Gänge schienen wie ausgestorben, das fröhliche Lachen des Burgfräuleins war nicht mehr zu hören, und bei der Jagd fehlte dem Herrn von Greifenstein sein junger Knappe. Die Burgkapelle blieb geschlossen, kein Gottesdienst wurde mehr in ihr gefeiert und das Gesinde schlich bedrückt und niedergeschlagen herum. Der Burgherr selbst saß stundenlang am Fenster seiner Kammer. Er starrte in das Land hinaus, grübelte über das Los seiner Tochter nach und bereute seine Härte gegenüber dem alten Kaplan. Freilich stieg dann immer wieder der Groll in ihm auf und er klagte den Alten bitter an, aber es kamen doch Stunden, wo er sich selbst die Schuld am Unglück seiner Tochter gab. Hatte er sich nicht zu wenig um sie gekümmert? Warum hatte er ihre Erziehung ganz dem alten Mann überlassen? Wenn er dann die Selbstvorwürfe kaum mehr ertragen konnte, lud er sich seine Nachbarn aufs Schloss ein und trank und spielte und versuchte seinen Kummer zu vergessen.

Der Winter war gekommen, eine dicke Schneeschicht hüllte die Felder, die Auen und die Wälder ein. Eines Morgens meldeten Köhler dem Schlossherrn, sie hätten einen Bären gesichtet. Mit einer Schar Knechte und einem Rudel Hunde ritt der Herr von Greifenstein vom Schloss herab und streifte durch Schluchten und Hohlwege immer tiefer in die verschneiten Wälder. Die Suche dauerte lange, aber die Jäger sichteten den Bären nicht. Meister Petz hatte sich längst getrollt, und ein Knecht nach dem anderen kehrte zurück und meldete, dass keine Spur zu entdecken sei. Als der Burgherr schon wieder umkehren wollte, tauchte noch ein Knecht auf. Er war ganz verstört und stammelte, er habe eine seltsame und grausige Entdeckung gemacht. Mitten im dichtesten Gehölz, berichtete er, habe er eine armselige Hütte entdeckt, ein Kind habe darin ganz kläglich geschrien und etwas habe so unheimlich, gestöhnt, dass es ihm kalt über den Rücken gelaufen sei. Der schlotternde Knecht behauptete, das alles könne nicht mit rechten Dingen zugehen.

Ritter Reinhard war aber nicht der Mann, der sich durch derlei Gerede Angst machen ließ. Er fasste seinen Jagdspieß und befahl dem Knecht, ihn zu der Hütte zu führen. Mühsam kämpften sie sich den Weg durch das Unterholz, das hier besonders dicht stand, und fanden endlich, geduckt unter alten Bäumen, eine notdürftig gebaute Reisighütte. Mit dem blanken Schwert in der Hand drang der Ritter in die elende Behausung ein. Aber kein Feind und kein unheimliches Zauberwesen trat ihm entgegen. Auf einer armseligen Streuschütte lag ein mit Lumpen bedecktes, abgezehrtes junges Weib, das einen wimmernden Säugling an der Brust hielt. Der Ritter blieb wie erstarrt stehen. Es war seine Tochter, blass, hohlwangig und halb verhungert. Auch sie erkannte ihn. »Verzeiht mir«, bat sie leise. »Ich bin es, Eure Tochter.«

Der Ritter warf sein Schwert fort, kniete neben dem armseligen Lager nieder und schloss sein Kind in die Arme. »Alles ist vergeben und vergessen«, rief er mit tränenerstickter Stimme. »Noch heute musst du mit mir in die Burg zurückkommen.« Und als der Knappe in die Hütte trat, ein Tierfell über dem zerfetzten Gewand und genau so hohlwangig und bleich wie seine junge Frau, da vergab der Herr zu Greifenstein auch ihm und nannte ihn seinen Schwiegersohn. Dankbar fiel der Knappe auf die Knie nieder und gelobte dem Ritter Treue und Gehorsam. Dann zogen sie durch den winterlichen Wald gemeinsam nach Burg Greifenstein zurück.

Die erste Frage Evelines galt ihrem treuen Erzieher, dem alten Burgkaplan. Und nun war es an dem Ritter, verlegen zu werden, denn er hatte, um die Wahrheit zu sagen, schon lange ein schlechtes Gewissen, wollte es aber seiner Tochter nicht wissen lassen und starrte daher finster zu Boden. »Er verdient sein Los«, sagte er sich, »denn er hat mich hintergangen.«

»Aber soll er dafür wirklich immer im Verlies bleiben?«, sagte eine innere Stimme dem Ritter. »So arg war sein Vergehen nun doch wieder nicht. Ich habe meine Tochter wieder, sie hat ein kleines Kind, mein Enkelkind, die Versöhnung ist gefeiert und meinen Schwiegersohn habe ich auch anerkannt. Hätte ich doch damals im Zorn nicht geschworen! Aber Gott wird mir den Schwur nachsehen!«

So dachte der Ritter und ging zum Verlies, um den alten Kaplan zu befreien. An der Mauerecke des Turmes aber strauchelte der Herr von Greifenstein, glitt aus und stürzte die Treppe hinunter. Noch im Fallen hatte er sich mit der Hand am Stein festhalten wollen, der die Treppe abschloss. Doch seine Finger glitten ab, er stürzte, brach sich das Genick und war sofort tot. So war sein Schwur in Erfüllung gegangen.

Das Volk erzählt sich, dass der tote Ritter keine Ruhe finden wird, bis der Stein, an dem er sich hatte festhalten wollen, zerbröckelt und zerfallen ist. Seit jener Zeit legen die Nachkommen des Ritters ihre Hand auf diesen Stein und sprechen dabei: »So wahr ich greife an den Stein.« So erhielten Burg und Geschlecht den Namen Greifenstein. Heute noch zeigt man den Stein jedem Besucher. Die vielen Hände, die nach ihm gegriffen haben, haben eine tiefe Rille in der Mitte hinterlassen.

Der Wein aus der Burgruine Greifenstein

Ein armer Taglöhner aus Greifenstein feierte einst die Taufe seines siebenten Kindes. Weil man dem Taufpaten bei so einem Fest denn doch einen kleinen Imbiss und einen Schluck Wein vorsetzen musste, hatte er sich mit den letzten Groschen einen kleinen Krug Wein gekauft, der aber bald ausgetrunken war. Da es sich mit trockener Kehle nicht gut feiern lässt, der Geldbeutel des Mannes aber ganz leer war,

Der Wein aus der Burgruine Greifenstein

wollte er doch wenigstens seinen guten Willen zeigen, gab seiner ältesten Tochter den Krug in die Hand und sagte: »Geh und hole uns Wein!« Das Kind bat ihn um Geld und er antwortete scherzend: »Du brauchst kein Geld. Geh zur Burgruine hinauf, dort wird man dir auch ohne Geld Wein geben. In den Kellern dort oben gibt's Wein zum Ertrinken.«

Die Kleine ließ sich das nicht zweimal sagen und lief zum Schloss hinauf. Als sie zur Ruine kam, war die Dunkelheit schon hereingebrochen, doch alle Fenster waren hell erleuchtet, und obwohl die Burg schon seit Jahrhunderten verödet war, ging es drinnen lustig zu. Am, Tor stand eine schöne, weiß gekleidete Frau, die an der Seite einen großen Schlüsselbund trug. Ohne lang zu fragen, nahm sie dem Mädchen den Krug aus der Hand und sagte, es solle hier auf sie warten. Nach kurzer Zeit erschien sie wieder, gab dem Mädchen den bis zum Rand gefüllten Krug und sagte: »So, mein Kind, hier hast du den Wein, und wenn dein Vater wieder einmal einen guten Schluck trinken möchte, so soll er dich nur herschicken. Er darf aber niemandem sagen, woher der Wein kommt.«

Das Mädchen bedankte sich und lief mit dem vollen Krug nach Hause. Als man den Wein kostete, erklärten alle, eine so gute Sorte hätten sie noch nie in ihrem Leben getrunken. Schon am nächsten Festtag schickte der Vater seine Tochter wieder zur Burgruine hinauf und wieder brachte das Mädchen einen Krug edlen Weins nach Hause. Sooft nun der Taglöhner ein kleines Fest feierte, bezog er seinen Wein ohne Bezahlung aus dem Burgkeller. Immer erschien die weiße Frau dem Kind und füllte das mitgebrachte Gefäß.

Einmal aber, als Nachbarn zu Besuch gekommen waren und der arme Taglöhner schon etwas über den Durst getrunken hatte, plauderte er das Geheimnis seiner Weinquelle aus. Als er dann am Abend seine Tochter nochmals zur Burg hinaufschickte, war die sonst hell erleuchtete Ruine dunkel und leer und verlassen. Und so lange das Mädchen auch wartete, die weiße Frau zeigte sich nicht mehr, weder an diesem noch an einem späteren Abend. Der arme Mann hatte sich durch seine Schwatzhaftigkeit selbst um den guten Burgwein gebracht.

Niederösterreich

Der Rattenfänger von Korneuburg

In alter Zeit, als noch viele Plagen, die heutzutage leicht beseitigt werden können, den Menschen arges Kopfzerbrechen verursachten, war die Stadt Korneuburg von so vielen Ratten heimgesucht, dass die Bürgerschaft fast verzweifelte. In allen Winkeln und Ecken wimmelte es von Ratten, sie liefen auf offener Straße frei umher, schlüpften in die Wohnungen und Stuben und nichts war vor ihnen sicher. Zog jemand eine Lade heraus, hüpfte ihm eine Ratte entgegen, legte er sich zu Bett, begann es im Stroh zu rascheln, setzte er sich zum Essen, waren die Ratten ungebetene Gäste und sprangen ohne Scheu auf den Tisch hinauf. Man versuchte alles Mögliche, die grässlichen Tiere loszuwerden, aber nichts half. Schließlich beschloss der Rat der Stadt, eine hohe Belohnung für denjenigen auszusetzen, der die Stadt für immer von den Ratten befreien würde.

Einige Zeit verging, da erschien eines Tages ein fremder Mann beim Bürgermeister der Stadt und fragte, ob es mit der ausgesetzten Belohnung seine Richtigkeit habe. Als man ihm versicherte, dass es sich wirklich so verhalte, erklärte der Fremde, er wolle mittels seiner Kunst alle Ratten aus ihren Löchern und Verstecken hervorlocken und in die Donau verbannen. Die Stadtväter waren nicht wenig erfreut, als sie das hörten.

Der Fremde stellte sich vor dem Rathaus auf und zog aus einer dunklen ledernen Tasche, die er über der Schulter hängen hatte, eine kleine schwarze Pfeife hervor. Es waren keine angenehmen Töne, die er seinem Instrument entlockte; ein gellendes Quietschen und Quieken schrillte durch die Gassen, aber den Ratten schien diese Musik lieblich in den Ohren zu klingen. Haufenweise kamen sie aus ihren Schlupfwinkeln hervor und liefen dem Pfeifer nach. Der Rattenfänger schritt langsam auf die Donau zu; vor ihm, neben ihm und hinter ihm aber schlängelte sich wie ein grauslicher schwarzgrauer Wurm der Zug der Ratten durch die Straßen.

Am Ufer angelangt, blieb der Mann nicht stehen, sondern watete ohne Zögern bis zur Brust in die Donau. Die Ratten folgten ihm, stürzten sich ins Wasser, das sie fortriss, und ertranken alle jämmerlich. Nicht ein Schwänzchen blieb zurück!

Staunend hatten die am Ufer versammelten Korneuburger diesem Schauspiel zugesehen und sie begleiteten den Rattenfänger nach getaner Arbeit mit großem Freudengeschrei zum Rathaus, wo er seinen Lohn in Empfang nehmen wollte.

Nun aber, da die Ratten verschwunden waren, zeigte sich der Bürgermeister weit weniger freundlich. Er meinte, so schwer sei ja die Sache nicht gewesen, außerdem wisse niemand, ob die Ratten nicht wieder zurückkämen, kurz, er wollte den Mann mit einem Viertel des ausgesetzten Preises abfertigen. Der Fremde aber weigerte sich, das Geld anzunehmen und bestand auf den vollen versprochenen Lohn. Da warf ihm der Bürgermeister den Beutel mit dem geringen Sold vor die Füße und wies ihm die Tür. Der Rattenfänger ließ das Geld liegen und verließ mit finsterem Gesicht das Rathaus.

Einige Wochen vergingen. Eines Tages zeigte sich der Fremde wieder in der Stadt. Er war nun weit prächtiger gekleidet als das letzte Mal. Auf dem Hauptplatz zog er eine Pfeife aus der Tasche, die wie Gold funkelte. Als er sie an die Lippen setzte, gab sie einen so wunderbaren Ton von sich, dass alle Leute in der Stadt wie verzaubert wurden, andächtig lauschten und nichts sahen und nichts hörten, was rund um sie vorging. Nur die Kinder liefen aus allen Häusern, scharenweise folgten sie dem Fremden, der pfeifend zur Donau schritt. Am Ufer schaukelte ein Schiff, das mit bunten Bändern und wehenden Fahnen geschmückt war. Ohne in seiner Musik innezuhalten, bestieg der Pfeifer das Fahrzeug und alle Kinder trippelten hinter ihm drein. Als ihm das letzte gefolgt war, stieß das Schiff vom Ufer ab und fuhr immer rascher stromabwärts, bis es in der Ferne verschwunden war. Nur zwei Kinder waren in der Stadt zurückgeblieben; eines war taub und hatte die lockenden Töne nicht gehört, das andere war am Ufer umgekehrt, um seinen Rock zu holen.

Als die Korneuburger ihre Kinder suchten und außer den beiden keines fanden, war der Schmerz unvorstellbar groß und es gab ein fürchterliches Jammergeschrei in der Stadt. Denn da war keine Familie, die nicht den Verlust eines oder mehrerer Kinder zu beklagen hatte.

Das war die Rache des betrogenen Rattenfängers.

Niederösterreich

Die Feenkönigin auf dem Jauerling

Im Groisbachtal bei Spitz in der Wachau lag vor vielen Jahren tief im Wald eine einsame Mühle. Die einzigen Bewohner waren der Müller, seine Frau und eine dreizehnjährige Tochter. Die Frau war seit vielen Jahren krank; alle Ärzte, die der Müller mit großen Kosten von weit und breit hatte kommen lassen, waren sich darüber einig, dass das Leiden der Frau unheilbar sei. Der arme Mann war darüber fast verzweifelt, das Mädchen aber pflegte die kranke Mutter aufopfernd und las ihr jeden Wunsch von den Augen ab.

Eines Tages hörte das Mädchen, wie mitleidige Nachbarsleute ihrem Vater eine seltsame Geschichte erzählten. Es gebe ein Mittel, die Kranke zu heilen, so behaupteten sie, und zwar müsse eine Jungfrau um Mitternacht bei Vollmond hoch oben auf dem Jauerling die Wunderblume Widertod pflücken. Aber wer sollte diese kleine Blume finden, seufzten die Nachbarn. Es sei eine unscheinbare, winzige Blume und außerdem sei sie sehr selten. Wenn sie jemand finden könne, dann höchstens ein Sonntagskind, und das auch nur dann, wenn es Glück habe.

Das Mädchen überlegte nicht lange. Es liebte seine Mutter und hätte sie gar zu gern wieder gesund gesehen. Kein Weg schien der Kleinen zu beschwerlich, kein Schrecken zu groß zu sein, wenn sie nur der Mutter helfen konnte. Außerdem war das Mädchen an einem Sonntag geboren, und Sonntagskinder sollten ja, wenn sie Glück hatten, die Wunderblume finden. In der nächsten Vollmondnacht stahl sich das Mädchen aus dem Haus, stieg die Groisbachschlucht hinauf und kletterte im einsamen Wald die Hänge des Jauerlings empor. Das war freilich ein unheimliches Abenteuer. Disteln und Dornen zerstachen der Kleinen Beine und Arme, oft glitt sie auf den steilen Felsen ab und schürfte sich die Knie blutig. Aber sie dachte an ihre Mutter und stapfte unverdrossen weiter.

Der Mond stieg immer höher und sein Licht fiel bleich durch das Geäst. Plötzlich traten die Bäume zurück und vor dem Mädchen lag

Die Feenkönigin auf dem Jauerling

eine weite Wiese, auf der ein prächtiges Schloss stand. Die Kleine blieb verwundert stehen, dann ging sie zögernd näher. Als sie beim Tor angekommen war, öffnete es sich lautlos, eine schöne Frau stand unter dem Torbogen und winkte das Mädchen zu sich.

Das Mädchen folgte ohne Scheu der schönen Frau, und wenn es am Anfang auch noch ein wenig Angst gehabt hatte, so verflog diese rasch. Die Fee führte das Kind lächelnd durch einen Zaubergarten, in dem die seltsamsten und lieblichsten Blumen wuchsen, in einen hohen und glänzenden Saal.

Dort ließ sie sich auf einen edelsteingeschmückten Thron nieder und sagte: »Kind, was willst du von mir? Möchtest du bei mir bleiben? Du gefällst mir, ich will dich gern in meinem Schloss behalten und du wirst es gewiss nie bereuen.«

Doch das Mädchen schüttelte den Kopf. Freilich gefiel ihm das Zauberschloss nicht wenig und die schöne Frau gefiel ihm noch besser. »Hier zu leben«, dachte die Kleine, »müsste wunderschön sein!« Aber sie war ja nicht deshalb auf den Jauerling gestiegen, um ein schönes Schloss zu suchen, und so flüsterte sie: »Meine Mutter ist krank, schöne Frau, und ich wünsche mir so sehr, dass sie wieder gesund wird. Kannst du mir nicht die Blume Widertod geben, die sie heilen wird?«

Nochmals versuchte die Feenkönigin, das Mädchen zum Bleiben zu bewegen, sie schilderte ihm ein Leben in ewiger Freude, stellte ihm schöne Kleider und fröhliche Spiele in Aussicht, aber alle Versprechungen konnten den Sinn des Mädchens nicht ändern. Es bat die Feenkönigin, ihm nicht zu zürnen, aber es dürfe seine Mutter nicht verlassen.

Die schöne Frau lächelte und antwortete freundlich: »Du bist ein gutes Kind und sollst die Wunderblume haben. Deine Mutter wird wieder gesund werden und als Lohn für deine Treue wirst du zeitlebens glücklich sein.«

Bevor das Mädchen danken konnte, wankte der Boden unter seinen Füßen, alles schien sich aufzulösen und die Gestalt der schönen Fee versank langsam. Das Mädchen schloss taumelnd die Augen und hörte murmelnde Stimmen, die leiser und leiser wurden. Als es die Augen wieder öffnete, stand es auf der Lichtung mitten im Wald. Es war ganz still, kein Blatt bewegte sich an den Zweigen. Der Mondschein lag silbern auf der Lichtung.

Als das Mädchen heimkam, trat ihm schon unter der Tür die Mutter entgegen. Sie war gesund! Mitten in der Nacht war sie aufgewacht, hatte keine Schmerzen mehr gefühlt, leise nach ihrer Tochter gerufen, und als sie keine Antwort erhalten hatte, das Haus nach ihr abgesucht. Sie wollte gerade aus der Mühle laufen und nach ihrem Kind rufen – als es ihr fröhlich in die Arme flog.

Das Mädchen heiratete später einen hübschen und braven Bürgersohn, und nach dem Spruch der Feenkönigin war die Müllerstochter zeit ihres Lebens glücklich.

Die Geistergräfin von Fischamend

Vor vielen Jahrhunderten, als noch dichte Wälder die Gegend von Fischamend bedeckten, stand am Ufer der Fischa ein prächtiges Schloss, in dem eine stolze junge Gräfin wohnte. Sie war mit Leib und Seele der Jagd ergeben, und ihre Leidenschaft für das Waldwerk war so groß, dass sie alles andere darüber vergaß, sogar ihre Sonntagspflicht. Wenn die Glocken zur Kirche riefen, ließ sie das Hifthorn blasen und ritt inmitten ihrer kläffenden Meute in den Wald. Sie stürmte mit ihren Jagdgesellen im Galopp über die fruchtbarsten Felder, die Hufe ihrer Pferde zerstampften die Saat, und wenn ein Bauer sie anflehte, seine Ernte zu schonen, so jagte sie ihn mit Peitschenhieben fort.

An einem Sonntagmorgen ritt die tolle Schlossherrin wieder einmal zur Jagd aus. Bald hatten die Hunde einen Hirsch aufgestöbert, dem die Gräfin mit ihrer Meute immer tiefer in den Wald hinein nachhetzte. Einer nach dem anderen ihrer Begleiter gab die tolle Jagd auf und blieb zurück, sie aber trieb ihr Pferd durch Dickicht und Dornen; durch steinige Schluchten verfolgte sie das Wild, bis das todmüde Tier vor einem

Die Geistergräfin von Fischamend

hölzernen Kreuz zusammenbrach, das ein Einsiedler vor seiner Hütte aufgestellt hatte.

Der Alte trat aus der Hütte, stellte sich schützend vor das Tier, streckte abwehrend die Hände aus und rief: »Haltet ein, Gräfin! Der Himmel hat dieses unschuldige Geschöpf unter meinen Schutz gestellt. Entweiht nicht den Tag des Herrn durch Eure wilde Leidenschaft und gönnt den Tieren des Waldes doch wenigstens an diesem Tag ihren Frieden.«

Die hartherzige Jägerin aber lachte nur, spannte den Bogen und tötete den erschöpft daliegenden Hirsch. Der alte Einsiedler war über diese rohe Tat so entrüstet, dass er drohend die Faust schüttelte und rief: »Du hast das Kreuz geschändet, bei dem das arme Tier Zuflucht gesucht hat. Dafür sollst du in Ewigkeit verdammt sein, als Geist umherzuirren, keine Ruhe mehr zu finden und in diesen Wäldern bis ans Ende der Zeiten zu jagen.«

Man sollte glauben, dass die tolle Gräfin über den Fluch des alten Mannes nur lachte, und sie wollte es auch tun – doch das Lachen blieb ihr in der Kehle stecken. Plötzlich schauderte ihr. Der tote Hirsch, die hagere Gestalt des Einsiedlers und die völlige Stille der Wildnis rund um sie erweckten plötzlich in ihr, die sich noch nie in ihrem Leben gefürchtet hatte, Angst und Entsetzen. Sie wandte blitzschnell ihr Pferd und wollte zu ihrem Gefolge zurückkehren. Aber das gelang ihr nicht, denn sie wusste nicht mehr, wo sie war. Ringsumher erstreckte sich der riesige Wald – düstere, dunkle Bäume, dichtes Unterholz, sumpfige Moorlöcher und steinige Abhänge.

Bis zum späten Abend irrte die Gräfin umher, schrie sich die Kehle heiser, aber keine Menschenseele tauchte vor ihr auf, und schließlich überfiel sie eine tödliche Angst. Es war stockdunkel und sie hörte nur die unheimlichen Schreie der Nachtvögel. Und da geschah es, dass sie, die stolze, tollkühne Frau, vom Pferd stieg und Gott um Verzeihung bat. Plötzlich hörte sie von weit her, schwach und kaum zu vernehmen, den Ton einer Glocke. Es war die Glocke vom Turm zu Fischamend.

Die Gräfin sprang auf und voller Freude ritt sie dem Klang der Glocke nach. Endlich kam sie erschöpft in den Ort Fischamend. Sie warf sich vor dem Holzkreuz nieder, das an der Mauer des Turmes stand, weinte und dankte Gott, dass er sie gerettet hatte. Später erfuhr die

Gräfin, dass niemand die Glocke geläutet hatte, dass sie von selbst zu klingen angefangen hatte. Zur Erinnerung an dieses Wunder gelobte die Gräfin, tagtäglich um die gleiche späte Abendstunde die Glocke läuten zu lassen, um jedem, der sich verirrt haben sollte, den Weg aus der Wildnis zu weisen.

Nach vielen hundert Jahren noch glaubten die Bewohner von Fischamend, dass der Fluch des Einsiedlers nach dem Tod der Gräfin in Erfüllung gegangen sei. Sobald es zu dunkeln beginnt, erzählten sie sich, fährt die Geistergräfin mit ihrer Meute gleich der wilden Jagd über die Felder und durch die Wälder. Wenn die Glocke vom Turm zu Fischamend geläutet wird, fängt die Gräfin an zu klagen und zu weinen; mit dem letzten Glockenschlag aber wird es totenstill und die Gräfin mit ihrer Meute ist verschwunden.

Die stolze Föhre im Marchfeld

Im Marchfeld nahe bei Marchegg stand einst ein uralter Baum, der die stolze Föhre genannt wurde, weil er so prächtig gewachsen war. In den alten Zeiten hauste in dem Baum eine gute Fee. Tagsüber saß sie, in ein altes hässliches Weib verwandelt, am Fuß der Föhre und bettelte die Vorübergehenden an, um ihre Freigebigkeit zu prüfen. Niemand vermutete in der zerlumpten Alten eine schöne, zauberkundige Frau.

In jenen Tagen wohnte in Marchegg ein geiziger Großbauer, der täglich mit seiner Magd, einer armen Waise, auf dem Weg zu seinen Feldern an dem Baum vorüberging. Das Mädchen hatte Mitleid mit der alten Frau und so teilte es jeden Morgen sein Frühstücksbrot mit ihr. Dem filzigen Bauern war es aber um jede Brotkrume leid, die für die Alte abfiel, und er schnitt seiner Magd von Tag zu Tag das Brot kleiner vor, bis er ihr eines Morgens gar keines mehr gab. Das arme Ding musste nun jeden Vormittag mit hungrigem Magen seine schwere Arbeit verrichten, am meisten tat es ihr aber Leid, dass die Bettlerin nun ganz

Die stolze Föhre im Marchfeld

leer ausging. Jedes Mal, wenn das Mädchen an der Föhre vorüberging, schien es ihm, als warte die Alte sehnsüchtig auf ein Stücklein Brot, und weil es ihr keines mehr geben konnte, weinte es.

Eines Tages wurde der Großbauer zu einer Hochzeit ins Nachbardorf eingeladen. Er wusste, dass es dort in Hülle und Fülle zu essen und zu trinken geben würde, und da ihm dabei keinerlei Unkosten entstanden, verließ der knausrige Kerl beizeiten sein Haus, aß und trank den ganzen Tag, stopfte sich den Bauch voll und machte sich erst gegen Mitternacht auf den Heimweg. Als er an der stolzen Föhre vorbeikam, war er nicht wenig überrascht, als statt des Baumes ein prächtiger, hell erleuchteter Palast dort stand. Aus den offenen Fenstern hörte er Musik.

Holla, dachte sich der Bauer, da muss ich doch nachsehen, was los ist! Vielleicht schaut für mich auch etwas heraus. Er trat neugierig durch das weit offen stehende Tor und gelangte schließlich in einen schön geschmückten Saal. Vor einer überreich gedeckten Tafel sah er das schönste Frauenzimmer sitzen, das er jemals gesehen hatte. Eine Schar winziger Zwerge trieb sich im Saal herum. Die Frau lud den Bauern freundlich ein, an der Tafel Platz zu nehmen und forderte ihn auf, nach Herzenslust zu essen und zu trinken. Das ließ er sich nicht zweimal sagen, denn er war so habgierig, dass er nie genug bekommen konnte. Obwohl er schon so reichlich gefeiert hatte, schlang er in sich hinein, was er nur konnte, bis er glaubte, fast zu platzen. Zwischendurch hatte er noch eingesteckt, was in seinen Taschen Platz fand, weil er sich für den nächsten Tag auch noch mit guten Bissen versorgen wollte. Als die schöne Dame nach einiger Zeit mit den Zwergen in den Tanzsaal schritt, beurlaubte sich der Bauer, denn vom Tanzen hielt er viel weniger als vom Essen.

Daheim erzählte er seinen Leuten das wunderbare Erlebnis und zog, um die Wahrheit zu beweisen, aus seinen Taschen die Kuchenstücke, Bratenreste und anderen Leckerbissen. Aber was war das? Nichts als Rossmist und Kuhfladen kamen zum Vorschein und der Duft dieser Dinge war nichts weniger als einladend. Der Bauer spuckte Gift und Galle und das laute Gelächter seiner Hausleute brachte ihn noch mehr auf. Er warf das Zeug wütend seiner Magd in die Schürze und rief: »Da hast du! Meinetwegen kannst du es morgen mit dem Bettelweib teilen!«

Die Magd ging wortlos in den Hof hinaus und wollte den Unrat in die Düngergrube leeren. Aber als sie die Schürze öffnete, hörte sie darin ein merkwürdiges Klirren, und – wer kann das glauben! – die Schürze war voller funkelnder Goldstücke. Die kleine Magd zögerte keine Minute. Der Tag graute schon, sie lief, so schnell sie konnte, zur alten Föhre, um ihren Schatz mit der armen Alten zu teilen. Aber vor der Föhre saß kein hässliches altes Weib, sondern eine wunderschöne Dame. Das Mädchen blieb stehen, starrte scheu auf die schöne Dame und wusste nicht, was es tun sollte. Die Fee aber trat auf das Mädchen zu, nahm es in die Arme und verriet ihm, dass sie es gewesen sei, mit der es Tag für Tag sein Brot geteilt hatte.

Die Fee überhäufte das junge Ding mit Geschenken und so wurde aus der kleinen armen Magd ein reiches Mädchen, das noch dazu wunderschön war, denn die Fee hatte es sich nicht nehmen lassen, dem freundlichen Mädchen ein klein wenig von ihrer eigenen Schönheit zu verleihen. Und auch nur eine Spur Feenschönheit ist wahrlich genug für ein Menschenkind. Kein Wunder, dass unsere Magd bald die Braut eines bildhübschen jungen Grafen wurde, mit dem sie so glücklich wurde, wie sie es verdiente.

Der geizige Bauer hingegen hauste ab und starb bald danach, wie die Leute sagten: aus lauter Neid über das Glück seiner Dienstmagd.

Das Wichtelmännchen von Baden

Ein Schneidermeister in Baden, der seine Kundschaft gern um ein Stückchen Tuch verkürzte und deshalb jede Hose und jeden Rock eher ein wenig zu kurz und zu klein als zu lang und zu groß machte, bemerkte seit einiger Zeit, dass die ersparten Reste immer auffallend kleiner wurden. Kaum hatte er vom Sonntagsrock eines Bauern eine Elle abgeknausert, schrumpfte sie über Nacht ein und war dann als Fleck zu groß, für die Weste des Nachbarn – die der Schneider daraus

Das Wichtelmännchen von Baden

hatte nähen wollen – aber bedenklich zu klein. Anfangs dachte der Schneider, er hätte sich verschnitten, aber die Sache wiederholte sich und kam ihm recht sonderbar vor. Er zerbrach sich den Kopf, wer in aller Welt ihm diesen Schabernack wohl spielen könnte. Endlich fasste er einen Entschluss, der seinem Verstand alle Ehre machte: Er spannte eine gut gemessene Elle feinen Tuches, das er an des Pfarrers neuem Rock erspart hatte, mit vier Nägeln auf seinen Arbeitstisch und legte sich dann beruhigt zu Bett.

Als er am Morgen seinen Tuchrest betrachtete, war er tatsächlich wieder kleiner geworden, aber – o Wunder – der Tisch zeigte acht Nagellöcher. Es musste also jemand bei Nacht den Fleck abgenommen, beschnitten und mit den Nägeln wieder sorgsam befestigt haben. Aber wer konnte der Täter sein, und wie war er in die Schneiderstube gekommen? Das einzige Fenster der Werkstatt war vergittert. Die einzige Tür fest versperrt. Der kluge Schneider stand vor einem Rätsel.

Ein richtiger Schneider aber weiß sich zu raten und zu helfen. Als er sich bei des Bürgermeisters neuer Hose wieder ein tüchtiges Stück Stoff erschwindelt hatte, ließ er es nicht über Nacht liegen, sondern nähte gleich daraus ein Leibchen für den Sohn des Mesners und hörte nicht früher mit der Arbeit auf, bis er fix und fertig war und das Leibchen der Kundschaft abliefern konnte. Auf diese pfiffige Art wurde ihm auch über Nacht kein Fleck mehr kleiner.

Auf die Dauer aber konnte es so nicht fortgehen. Erstens einmal arbeitete sich unser Schneidermeister die Seele aus dem Leib, und wenn er größere Aufträge bekam, musste er die abgesparten Reste doch wieder beiseite legen. Über Nacht schrumpften sie dann jedes Mal geheimnisvoll ein, mochte er sie nun auf den Tisch nageln oder in den Schrank sperren. Das konnte nicht mit rechten Dingen zugehen. So beschloss denn der Schneider, sich einmal nachts auf die Lauer zu legen. Bald ergab sich eine herrliche Gelegenheit dazu. Er hatte für den Gutsherrn einen neuen Rock anzufertigen, und das restliche Tuch, das auf eine prächtige Hose für den Schulmeister reichte, konnte er sich doch von dem rätselhaften Dieb nicht verschneiden lassen.

Gedacht, getan! Mit einem ordentlichen Knüppel bewaffnet, legte sich das mutige Schneiderlein zu Bett und stellte sich schlafend, um den seltsamen Dieb zu täuschen – schlief aber schon nach kurzer Zeit wie ein Murmeltier. Am Morgen war des Schulmeisters Hose beim Teufel; denn von dem prächtigen Tuchrest fehlte mehr als die Hälfte. Das war dem Schneider denn doch zu dumm. Ärgerlich saß er bei seiner Arbeit und verwünschte den Schlaf, den Dieb und das Tuch. Am Nachmittag aber hatte er sich wieder beruhigt. Der Jäger hatte ihm Stoff zu einem Mantel gebracht, und da blieb wieder so viel übrig, dass leicht auch noch die Hose herausgehen musste. Je näher der Abend kam, desto unruhiger wurde der Schneider, denn beides – Mantel und Hose – konnte er vor der Dämmerung unmöglich fertig stellen.

Was blieb dem Armen anderes übrig, als sich nachts wieder auf die Lauer zu legen, fest entschlossen, diesmal nicht einzuschlafen. Und so geschah es auch, denn ein richtiger Schneider kann alles, was er nur ernstlich will.

Zuerst sah der Horcher nichts. Der Fleck lag ruhig auf dem Tisch. Als aber die Uhr zwölf schlug, ging es los. Der Tuchfleck fing plötzlich zu tanzen an und ein kleines nacktes Männlein hüpfte auf dem Tisch umher, hatte eine große Schere in der Hand und schnitt und schnitt, dass es eine Freude war. Der Schneider hockte regungslos in seinem Versteck und musste zusehen, wie sich der kleine Mann gemütlich eine Hose anmaß, sie sorgfältig zuschnitt, dann den Zwirn einfädelte und schließlich nach Schneiderart lustig drauflosnähte. Die Arbeit ging dem kleinen Kerl flott von der Hand, und als die Uhr eins schlug, schnellte er kichernd von seinem Sitz in die Höhe, zeigte dem armen Schneider die lange Nase und war mit der Hose verschwunden, ehe der bestürzte Held die Fassung wiedergefunden hatte.

Nun sprang der Schneider schnell aus seinem Versteck und stürzte zum Arbeitstisch. Er glaubte geträumt zu haben, aber der Fleck war abermals kleiner, und aus der erhofften Hose für den Schulmeister war wieder nichts geworden.

Die Geschichte ging dem Schneider zu Herzen und von jener Nacht an schnipselte er sich keinen Tuchrest mehr ab, sondern schnitt ehrlich und gewissenhaft zu. Der kleine Dieb zeigte sich nie wieder in seiner Werkstatt und das Geschäft des Meisters ging von nun an so gut, dass er auch als Ehrlicher zu Wohlstand kam.

Der Sägefeiler und der Teufel auf der Ruine Dürnstein

Es war zu jener Zeit, als die Ritter ausstarben und ihre Burgen langsam verfielen. Auch das Schloss Dürnstein war von allen Bewohnern verlassen worden, zerbröckelte auf seiner Felsenzinne und schaute mit öden Fensterhöhlen traurig auf die Donau zu seinen Füßen hinab. Des Nachts aber, so erzählten die Leute, wurde es lebendig hinter den riesigen Mauern. Hunde bellten, allerlei gespensterhaftes Getöse war zu hören, und ganz Furchtsame im Donautal behaupteten, es sei am besten, ja keinen Fuß in die Burg zu setzen, weil dort der Teufel selbst herumgeistere.

Eines Abends kam ein wandernder Sägefeiler nach Dürnstein und suchte ein Nachtlager. Doch in den Wirtshäusern war kein Platz mehr, und weil der Mann ein wenig schäbig und abgerissen aussah, wie es sein Beruf mit sich brachte, fand er auch sonst nirgendwo Aufnahme. Schließlich riet ihm ein behäbiger Bürger, er möge doch in das verlassene Schloss hinaufgehen, dort gebe es Kammern genug, vielleicht finde er sogar noch seidene Betten. Freilich sei es ein wenig gruselig dort, warnte der Dürnsteiner den Fremden.

»Wenn's sonst nichts ist«, antwortete der Sägefeiler, »so soll's mich nicht verdrießen«, schwang seinen Schraubstock auf die Schulter und wanderte langsam zur Burg hinauf. Unterwegs begegnete ihm ein alter Mann, der vom Burgberg herunterkam und ihn fragte: »Wohin, guter Freund, so spät am Abend?«

»Ich muss im Schloss übernachten, weil im Ort kein Platz für mich ist«, entgegnete der Sägefeiler.

»Da oben«, antwortete der Alte, »wirst du die ganze Nacht keine Ruhe finden, weil der Teufel im Schloss haust.«

Aber der Sägefeiler meinte gelassen: »Er wird mich nicht gleich fressen«, setzte getrost seinen Weg fort und fand richtig in der Burg eine gute Schlafstelle, streckte sich aus, und müde, wie er war, schlief er auch sogleich ein. Um Mitternacht weckte ihn ein lautes Hundegebell, der Sägefeiler drehte sich ärgerlich um, stopfte sich die Finger in die Ohren und wollte weiterschlafen. Es fing aber ein richtiger höllischer Tanz an, ein Geschrei und Gebrüll, dass der Sägefeiler beim besten Willen nicht schlafen konnte. So setzte er sich im Bett auf und fing zum Zeitvertreib an, ein paar Nüsse aufzuknacken, die er in der Tasche seiner Joppe hatte.

Auf einmal stand ein kohlrabenschwarzer Teufel vor ihm, schaute ihn grimmig an und schrie: »Du Lump, du Lotterkerl, was treibst du denn da?«

»Nüsse essen«, antwortete seelenruhig der Sägefeiler.

»Gib mir auch ein paar!«, rief der Teufel und hielt die Hand hin.

Da griff der schlaue Bursche in die andere Tasche und gab dem höllischen Kerl einige glatte Kieselsteine, die er auf dem Weg aufgelesen hatte. Gierig griff der Teufel zu und steckte gleich eines der runden Dinger ins Maul. Wie er aber so nach Herzenslust hineinbiss, da krachten seine Zähne und Funken sprühten aus seinem Maul.

»Zum Donner«, schrie er wütend, »was ist das nur, ich kann die Nuss nicht aufknacken! Wieso bringst du das zu Stande?«

»Ja«, lächelte der Mann und biss mit Leichtigkeit wieder eine Nuss auf, »weißt du, ich bin Zahnfeiler und habe meine Zähne so scharf gefeilt, dass es mir keine sonderliche Mühe macht, so eine Nuss aufzubeißen. Wenn du willst, kann ich dir deine Zähne auch ordentlich schärfen. Du tust mir Leid, so ungeschickt, wie du bist.«

Gleich riss der Teufel sein ungewaschenes Maul auf und hielt es dem anderen hin. »Nein, nein«, wehrte der Sägefeiler ab, »so einfach geht das nicht. Du musst deinen Kopf in den Schraubstock einspannen lassen, damit er festhält und beim Feilen nicht hin und her wackelt.«

Der dumme Teufel beugte schön brav seinen Schädel nach hinten und ließ ihn zwischen dem Schraubstock einklemmen. Der Sägefeiler drehte rasch die Klammern zusammen, dass die Knochen des Teufels nur so krachten und der höllische Bursche zu jammern anfing: »Hör auf! O du höllisches Donnerwetter, du tust mir weh!« Der Sägefeiler stellte sich taub und drehte und drehte, dass sich der Teufel vor Schmerzen wand

Der Sägefeiler und der Teufel auf der Ruine Dürnstein

und winselte: »Lass los! Lass los! Lotterkerl! Ich halte das nicht aus!«

Jetzt brüllte der Sägefeiler: »So, jetzt habe ich dich fest, du vermaledeiter Höllenhund! Ich werde es dir zeigen! Ist das eine Art, jahraus und jahrein die Leute zu erschrecken? Du kommst mir nicht früher los, als bis du feierlich versprochen hast, niemals wieder in der Burg Dürnstein zu geistern.«

Was blieb dem Teufel anderes übrig, als dieses Versprechen zu geben, glaubte er doch schon, alle Knochen im Kopf wären ihm gebrochen. »Ich komme gewiss nie mehr her«, jammerte er kläglich. »Das ganze Dürnstein kann mir gestohlen werden. Es sieht mich nie wieder!«

Da schraubte der Sägefeiler seinen Schraubstock auf und der Teufel fuhr schnell wie der Blitz heulend von dannen. Die Ruine Dürnstein sah ihn nimmermehr, dem Sägefeiler aber hatte er insgeheim Rache geschworen, er wollte ihm sein Schelmenstück schon einmal richtig heimzahlen.

Dem Sägefeiler gefiel es in Dürnstein. Er blieb in der Stadt, und in einigen Jahren hatte er sich ein kleines Häuschen erwirtschaftet und ein junges, hübsches Mädchen geheiratet. Eines Sonntags ging das junge Paar fröhlich und nichts ahnend im Wald spazieren. Da sprang plötzlich der Teufel aus einem Gebüsch hervor und schrie: »Warte, du Halunke, jetzt sollst du deinen Lohn bekommen!«

Der Sägefeiler aber lachte nur und rief: »Komm nur her, hier habe ich meinen Schraubstock! Du willst ihn wohl wieder ein wenig zu kosten bekommen?« Als der Teufel das Wort Schraubstock hörte, bekam er eine solche Riesenangst, dass er mit eingeklemmtem Schwanz davonraste. Die Funken stoben nur so! Der Sägefeiler aber hatte von diesem Tag an für immer Ruhe vor ihm.

Niederösterreich

Die Teufelsmauer bei St. Johann in der Wachau

Schon geraume Zeit ärgerte sich der Teufel über die kleine Kirche von St. Johann in der Wachau. Dort hatte nämlich der heilige Albinus, der Patron der Donauschiffer, seinen Wohnsitz aufgeschlagen, und um der Wundertaten des heiligen Mannes willen kamen von weit und breit die Gläubigen nach St. Johann. Und nichts ist dem Teufel so zuwider, wie Scharen frommer Leute, die zu einer Kirche pilgern.

»Dieses ganze fromme Getue, flatternde Fahnen, geistliche Gewänder, Bittgesänge, Dankeshymnen – das alles wächst mir schon zum Hals heraus«, fluchte der Höllenfürst eines Tages grimmig vor sich hin, als er, hinter einem Felsblock kauernd, wieder einen langen Zug betender Wallfahrer daherwandern sah. »Ich werde ihnen die Suppe versalzen!« Und so fasste er den Entschluss, oberhalb von Spitz eine Mauer quer über die Donau bis zur Roten Wand bei St. Johann aufzurichten, und er kicherte schon insgeheim, wenn er daran dachte, wie das aufgestaute Wasser die Kirche überfluten würde. Der Herr erlaubte ihm seinen Plan unter der Bedingung, dass der Bau während einer Nacht bis zum dritten Hahnenschrei vollendet sein müsse. Nun gedachte der Teufel, dem lieben Gott ein Schnippchen zu schlagen, und kaufte alle Hähne in der Umgebung auf. Nur eine alte Frau in St. Johann ließ sich um alles Geld nicht bewegen, ihren Hahn herzugeben. »Ein einziger Hahn kann nicht mehr viel schaden«, dachte der Teufel und gab den Versuch auf, die Alte umzustimmen.

In bester Laune machte er sich am Abend an die Arbeit; eine Riesenschar höllischer Geister musste ihm dabei helfen. Diese Gesellen brachen mächtige Felstrümmer von den Höhen des Jauerlings los und schleuderten sie mit furchtbarem Getöse ins Tal hinunter. Der Teufel packte mit seinen kralligen Tatzen fest zu und türmte Stein auf Stein. Die gewaltige Mauer wuchs unheimlich schnell, und als der Morgen graute, stand sie fast fertig da.

Plötzlich aber krähte der einzige Hahn, der in St. Johann übrig geblieben war. Er saß hoch oben auf dem Kirchturm, und als der Teufel wütend weiterwerkte, krähte der Hahn zum zweiten Mal. Der Teufel sprang vor Zorn in die Luft, aber es half ihm nichts, der Hahn krähte zum dritten Mal. Zornbebend schoss der Teufel dem Hahn einen Pfeil durch den Leib, der heute noch im Körper des Turmhahnes steckt. Dann fuhr der Teufel in die Hölle.

Von seinem verunglückten Werk ist ein kleines Stück am linken Donauufer stehen geblieben, das die »Teufelsmauer« genannt wird.

Der Spuk auf Schloss Schauenstein

Der Dreißigjährige Krieg war zu Ende und die entlassenen Söldnerscharen machten sich auf den Weg in die Heimat. Viele aber wussten nicht mehr, wohin sie gehörten, hatten keine Familie mehr und keine Anverwandten, und so mancher wanderte planlos durch die Lande.

So geschah es, dass ein alter Krieger auf seiner Wanderfahrt auch in das Waldviertel kam. Spätabends erreichte er eine Schenke. Da selten Gäste zum Wirt kamen, setzte sich dieser sogleich zu dem Fremden und fing ein Gespräch mit ihm an. Er hörte sich den Jammer des abgedankten Soldaten an, und als der Söldner sagte, es wisse nicht, wo er morgen essen und schlafen werde, meinte der Wirt, er solle doch einmal sein Glück auf Schloss Schauenstein versuchen. Vor hundert Jahren sei das Schloss verzaubert worden, ein großer Schatz liege dort, der nur darauf warte, dass ihn ein Glücklicher für sich gewinnen könne. »Freilich«, sagte der Wirt zum Schluss, »hat bisher niemand Erfolg gehabt. Viele sind in das Schloss hineingegangen, aber keiner mehr heraus. Sie sind auf Nimmerwiedersehen verschwunden.«

Der alte Krieger hatte schon oft dem Tod ins Auge gesehen und meinte, ihn könne eine solche Warnung nicht abschrecken. Er ließ sich das Schloss zeigen, bat den Wirt um geweihte Kreide und eine geweihte Kerze, und am nächsten Abend stieg er den Schlossberg hinauf. Die

Niederösterreich

Fenster der Burg waren hell erleuchtet, das Burgtor stand offen; der Soldat ging hinein, tappte durch dunkle Gänge und kam schließlich in einen großen Saal, der im Licht von hundert Kerzen erstrahlte. Kein lebendes Wesen ließ sich erblicken. Der Soldat stellte die geweihte Kerze auf den Tisch und zog mit der Kreide einen weiten Kreis herum. Dann setzte er sich in den Kreis, hielt sein Schwert griffbereit in der Hand und wartete auf die Mitternachtsstunde. Und wie er so dasaß und wartete, gruselte es ihn, und am liebsten wäre er davongelaufen, aber in diesem Augenblick schlug die Glocke an.

Kaum war der zwölfte Schlag verklungen, sprang die Tür des Saales auf. Langsam und feierlich schritten vier ganz in Schwarz gekleidete Zwerge herein, die einen Sarg trugen, den sie am Kreidestrich niederstellten. Der Sargdeckel hob sich und ein Zwerg mit einer goldenen Krone auf dem Kopf stieg heraus. Dann füllte sich der Sarg sogleich bis zum Rand mit funkelnden Goldmünzen.

Der König der Zwerge trat zu dem Krieger und bat ihn: »Teile diesen Schatz in zwei gleiche Teile. Wenn du das vermagst, gehört eine Hälfte dir und ich bin erlöst. Vermagst du es aber nicht, so musst du sterben und ich muss weiter auf meine Erlösung warten.«

Einen Herzschlag lang zögerte der Soldat, dann fing er kaltblütig an, Stück für Stück der glänzenden Münzen zu zählen und sie auf zwei Haufen zu werfen. Zuletzt aber blieb ihm ein einzelnes Goldstück über. Da war es nun gut, dass er sein Schwert bei sich hatte, er nahm es kurz entschlossen und hieb die Münze mittendurch.

Im gleichen Augenblick erschütterte ein heftiger Donnerschlag das öde Schloss. Die Türen öffneten sich, Mägde und Reisige kamen herein. Aus dem winzigen Zwerg war ein stattlicher Ritter geworden, der zu dem beherzten Soldaten trat und sagte: »Ich war der letzte Herr auf Schauenstein, bevor dieses Schloss verzaubert wurde. Ich habe auf dich gewartet, alle diese langen Jahre. Denn auch du stammst aus meinem Geschlecht, obwohl du es bisher nicht gewusst hast. Nun aber kannst du das Erbe deiner Väter antreten.«

Ritter, Mägde und Reisige verschwanden. Das Schloss aber gehörte von nun an dem alten Krieger und seine Irrfahrten hatten ein glückliches Ende gefunden.

Der Tod im Matzener Weinfass

Rund um Matzen liegt ein sanftes, rebenbestandenes Hügelland; so mancher Eimer Wein wird dort geerntet und der »Matzener« hat keinen schlechten Ruf. Die Keller der Weinbauern sind gesteckt voller Fässer. Einer der reichsten Bauern war vor vielen, vielen Jahren der Höllen-Hoisl. Siebenhundert Fässer Wein lagerten in seinem Keller – das ist keine Übertreibung! – und auch seine Kornkammer konnte sich sehen lassen. Der Hoisl durfte sich nicht beklagen, er führte ein schönes Leben. Und weil es ihm so gut ging, wollte er auch nicht sterben. Aber gegen den Tod ist kein Kraut gewachsen, das wusste auch der Hoisl, und das verschaffte ihm so manche sorgenvolle Stunde.

Eines Tages saß er in seinem Keller, dachte über dies und jenes nach und grämte sich fast zu Tode, dass das Leben jedes Menschen einmal enden muss. Plötzlich stolperte ein dürrer, knochendürrer, klapperdürrer Mann die Kellerstiege herunter, trat auf den Bauern zu und klopfte ihm wie einen guten Bekannten auf die Schulter.

»Ich weiß schon, was dich bedrückt«, sagte der Fremde grinsend, »doch wenn du willst, kann ich dir helfen.«

Der Bauer brachte zuerst vor Schreck kein Wort heraus, aber nachdem er den knochendürren Besucher genauer angeschaut hatte, fasste er sich wieder, und in kurzer Zeit waren die beiden in ein vertrauliches Gespräch vertieft, als hätten sie sich von Kindheit an gekannt. Was sie sich da gegenseitig sagten, hätte vielleicht einem anderen Menschen wie dem Hoisl die Haare zu Berge stehen lassen, der Hoisl aber war kaltblütig. Kurz und gut, sie bekräftigten ihre Vereinbarung mit einem Handschlag und jeder von beiden hoffte dabei gut zu fahren. Was sie vereinbarten, war nicht wenig, es entschied über Leben und Tod: Der Fremde sollte von jedem Fass Wein kosten dürfen, dafür wollte er dem Hoisl das ewige Leben verschaffen.

Sie begannen gleich mit dem größten Fass. Der Gast legte sich auf den Boden, presste den breiten Mund an das Spundloch und soff in vollen Zügen das edle Getränk in sich hinein, als hätte er eine Pumpe im Leib, bis der letzte Tropfen aus dem Fass war. Dann ging es zum nächsten. Hier war es nicht anders. Als der Bauer ans Fass klopfte, klang es hohl. »Wo der Kerl das hinsäuft«, dachte der Hoisl entsetzt, »und man merkt ihm nicht einmal das Geringste an dabei. Das kann gut ausgehen!«

Der hagere, knochendürre Kerl soff weiter und weiter und dem Bauern wurde es immer unheimlicher zu Mute. Schließlich führte er den Fremden zu einem kleinen Fässchen, das den edelsten Wein barg, den »Ehrentagstrunk«, wie ihn der Hoisl insgeheim nannte. Zwei Gläser davon genügten, auch den trinkfestesten Burschen um seine Standfestigkeit zu bringen. Der dürre Kerl schlürfte einen Schluck, schmatzte vor Wohlgefallen und legte sich dann besser ins Zeug. Er soff und soff! Und als das Fässchen leer war, schwankte er, wollte sich aufrichten, aber das gelang ihm beim besten Willen nicht mehr. Knochenrasselnd schlug er der Länge nach hin.

»Hat's dich erwischt, Freundchen?«, lachte der Bauer. »Dacht' ich mir doch, dass der dich bändigen wird.«

Er beugte sich zu dem Fremden hinab, leuchtete ihm ins Gesicht und fuhr zurück, als hätte ihn eine Hornisse gestochen. Eiskalt rieselte es ihm über den Rücken und seine Hand zitterte so sehr, dass die Laterne hin und her schwang wie ein armes Irrlicht an einem Nebelabend. Kein Wunder, dass der Hoisl so sehr erschrocken war: Ein leibhaftiger Totenkopf grinste ihm unheimlich entgegen. Der Hoisl brauchte ziemlich lange, bis er wieder richtig atmen konnte, dann aber packte er den seltsamen Trunkenbold – federleicht war der Kerl! – und stieß ihm beim Spund des größten Fasses hinein. Er schlug den Zapfen fest, tappte noch immer ein bisschen wackelig auf zitternden Beinen die Kellertreppe hinauf und versperrte gewissenhaft die Tür. Draußen schien die Sonne, alles war grün und frisch ringsum, dem Hoisl wurde es ganz leicht ums Herz und er ging vergnügt pfeifend nach Hause. Er hatte den Tod ins Weinfass gesperrt und war darüber so glücklich wie kein Zweiter auf der Erde.

Und wirklich verging Jahr auf Jahr und der Tod ließ sich nicht mehr blicken. Hoisl war steinalt geworden, hatte einen schneeweißen Kopf bekommen und ging gebeugt, aber frisch und lebensfroh, durch seine Felder und Weingärten. Vom Sterben war keine Rede. Aber auch die anderen Leute starben nicht. Es wimmelte überall von Menschen. Korn, Wein und Wasser reichten nicht mehr aus – das ewige Leben war auf der Erde eingekehrt.

So etwas aber kann nicht ewig verborgen bleiben. Schließlich wurde die schlaue Tat des Hoisl sogar im Himmel bekannt. Der liebe Gott sandte eilig einen Engel in den Keller des Bauern und der Engel befreite den Tod aus seinem Gefängnis. Aufatmend kroch der Tod aus dem finsteren Loch, in dem er so lange eingesperrt gewesen war. Zuerst prüfte er sein knochendürres Klappergestell, ob alles noch in Ordnung war, dann bedankte er sich bei dem Engel und als Nächstes ging er an die Arbeit. Er musste Überstunden machen um alles nachzuholen, und es war ein Wunder, dass er sich dabei nicht überarbeitet hat, der arme Kerl! Um es sich leichter zu machen, ließ er Seuchen die Arbeit für ihn tun, da starben die Leute wie die Fliegen. Nur der alte Hoisl blieb verschont. Er wurde steinalt, schließlich war er schon so hinfällig, dass er sich selbst und den anderen zur Last fiel. Jetzt hätte er freilich am liebsten den Tod gebeten, ihn endlich zu erlösen. Der Tod aber bedankte sich schön – nein, ein zweites Mal wollte er nicht ins Fass hinein. Dem armen Hoisl blieb nichts anderes übrig, als rastlos in der Welt umherzuwandern und mit heißer Sehnsucht auf die Stunde zu warten, da der Tod alles heimholen wird, was auf Erden lebt. Noch heutzutage wandert der Hoisl umher – steinalt und schlohweiß und ganz gebückt. Stets aber macht der Tod einen weiten Bogen um ihn, wenn er in seine Nähe kommt.

Der Wackelstein bei Zelking

Im Tal der Melk, etwa zwei Gehstunden von der Stadt Melk entfernt, steht auf den bewaldeten Hängen des Hiesberges die malerische Burgruine Zelking. Heute ist es völlig ruhig und einsam dort, aber um die Mitte des 14. Jahrhunderts war die Burg noch keine Ruine, da herrschten dort angesehene Herren und die Burg konnte sich sehen lassen.

Niederösterreich

Ritter Albero von Zelking, der Burgherr, war sich der Macht seiner Familie wohl bewusst und wollte den Rittern in der Nachbarschaft und allen seinen Besuchern augenfällig die Größe seines Hauses zum Bewusstsein bringen. Deshalb wünschte er sich einen Diener von ungewöhnlicher Körperkraft. Er forderte alle Söhne seiner Untertanen auf, ins Schloss zu kommen und Proben ihrer Kraft abzulegen. Der stärkste der jungen Männer sollte dann in seinen Dienst treten.

Viele junge Burschen fanden sich im Hof der Burg ein und wollten ihre Kraft beweisen. Da sah man junge, kräftige Kerle, bärenstark und wohlgewachsen, und ihre absonderlichen Kraftproben versetzten die anwesenden Herren und Damen in Erstaunen. Einer der Bewerber warf ein Zentnergewicht dreimannshoch in die Luft. Der Nächste aber übertraf ihn schon – er schleuderte das Gewicht noch höher. Einer hob ein Pferd vom Boden auf, ein anderer rückte einen voll beladenen Wagen von der Stelle. Dann kam ein stiernackiger Kerl an die Reihe. Er ließ Holz auf seinem Rücken hacken. Der Nächste lief gar mit dem Kopf an eine Wand und brachte sie zum Einstürzen – allerdings war es nur eine Bretterwand.

Ein stämmiger Bursche aber war abseits stehen geblieben und schaute allen diesen prahlerischen, protzigen Kraftäußerungen lächelnd zu. Herrn Albero fiel das auf, er trat zu dem Burschen und fragte: »Nun, mein Lieber, willst du deine Kräfte nicht mit den anderen messen? Oder ist dir vielleicht bange geworden, als du gesehen hast, was jeder von ihnen im Stande ist?«

»Herr«, gab der Bauernbursche zur Antwort, »ich bin bereit meine Kraft zu beweisen und ich habe keine Angst, dass ich schlechter als die anderen bin. Dort oben im Wald liegt ein riesiger Felsblock, den sechs Männer mit ausgespannten Armen nicht umfangen können. Wenn es Euch recht ist, will ich ihn mit einer Hand zum Wackeln bringen.«

Nun kannten alle in der Burg diesen Felsblock. Er war so riesig, dass man es auch zehn der stärksten Männer nicht zugetraut hätte, ihn von der Stelle zu bewegen. Der Burgherr sah den jungen Kerl an und runzelte die Stirn. Angeber konnte er nicht leiden. Einer der Gäste rief: »Hüte deine Zunge, Bürschchen! Du willst wohl deinen Herrn um einer dummen Prahlerei willen in den Wald locken?«

Der Junge antwortete mit fester Stimme, er habe nichts Unmögliches versprochen und sei bereit, es zu beweisen. So führte ihn der Ritter auf den Hiesberg, war aber fest entschlossen, dem Burschen gründlich den Kopf zu waschen, wenn er sich als Großsprecher erweisen sollte. Viele Herren und Damen gingen mit. In der Nähe der Burg lag, eingeklemmt zwischen zwei Felsen, jener ungeheure Block, der ein Gewicht von vielleicht siebenhundert Zentnern haben mochte. Er ruhte derart im Gleichgewicht, dass ein Knabe fähig war, ihn merklich zum Schwanken zu bringen, wenn er nur an der richtigen Stelle zugriff. Sonst aber hätte ihn auch die Kraft von dreißig Männern nicht aus seiner Lage zu bringen vermocht. Der Junge wusste um dieses Spiel der Natur, er hatte es als Erster entdeckt, und vor den Augen des erstaunten Burgherrn und der Gäste berührte er den Felsblock mit einer Hand und tatsächlich begann der riesige Stein hin und her zu schwanken.

Dann sah der Bursche den Burgherrn lächelnd an und meinte gelassen, er habe nun sein Versprechen erfüllt. Albero von Zelking machte ihn auf der Stelle zu seinem Leibdiener. Und es heißt, der Burgherr habe nachher zu seinen Freunden gesagt, sein neuer Diener habe ihm eine gute Lektion erteilt: »Körperliche Kraft allein nützte nur wenig, wenn sie nicht mit Klugheit gepaart ist, und ein kluger Kopf beschämt oft den Starken.«

Die Gründung des Stiftes Klosterneuburg

Der Babenberger Markgraf Leopold III., später der Heilige genannt, hatte Agnes, die Tochter des Kaisers, geheiratet. Eines Abends stand er mit ihr auf dem Söller seiner neuen Burg auf dem Kahlenberg (so hieß damals der heutige Leopoldsberg). Der Schleier der Markgräfin wehte im Wind; sie sahen weit ins Land hinein, das zu ihren Füßen ausgebreitet lag. Ein neues Kloster sollte gegründet werden, ja, aber wo es stehen sollte, darüber konnten sich die beiden nicht einigen. Plötzlich riss ein heftiger Windstoß der Markgräfin den Schleier vom Kopf. Der Schleier tanzte über dem Gehölz, bis er in der Ferne verschwand. Nun sollte man glauben, eine Markgräfin hätte genug Putz und Tand in ihren Kästen, um sich über den Verlust eines Schleiers nicht allzu sehr zu grämen. Agnes aber trauerte um ihren Schleier. Es war ihr Brautschleier, und sie war über den Verlust nicht weniger betrübt als ein armes Mädchen, das den seinen verliert. Wochenlang ließ daher Leopold nach dem Schleier suchen, aber niemandem gelang es, ihn zu finden. Schließlich gelobte der Markgraf, an jener Stelle, wo der Schleier gefunden würde, das Kloster zu bauen.

Acht Jahre später jagte Leopold mit seinem Gefolge in den Wäldern, etwa eine Stunde weit entfernt von seiner Burg. Plötzlich schlugen die Hunde an. Der Markgraf zwängte sich durch das Gestrüpp, die Lanze wurfbereit in der Hand. Es war aber kein Wild, das die Hunde verbellten – auf einem Holunderstrauch leuchtete etwas Weißes. Neugierig trat der Markgraf näher und sah erstaunt, dass es der vermisste Schleier war. Weiß und ohne einen einzigen Riss hing er an den Zweigen. Der Markgraf konnte kaum an dieses Wunder glauben. Er erinnerte sich an sein Gelübde und er beschloss, an jener Stelle, wo der Holunderstrauch stand, eine Kirche und ein Kloster zu bauen.

So entstand das Stift, das ganz in der Nähe der damaligen Markgrafenburg lag und deshalb Klosterneuburg genannt wurde.

Noch heute zeigt man im Stift eine kostbare Monstranz, die einem Holunderstrauch nachgebildet ist, mit Blüten aus Perlen, über die ein Schleier geworfen ist. Zu Füßen des Strauches kniet der heilige Leopold mit seinen Hunden.

BURGENLAND

Burgenland

Der Fluch der Nixe vom Neusiedler See

In alten Zeiten – es ist so lange her, dass niemand mehr genau weiß, wann es gewesen ist – lebte einst in den klaren Fluten des Neusiedler Sees das muntere Volk der Nixen und Wasserfeen. Bisweilen geschah es, dass ein Mensch unvermutet eines dieser Wassergeschöpfe sah, und man erzählte sich viele wunderliche Geschichten über sie.

Damals lebte am Ufer des Sees ein alter, geiziger Fischer. Er legte täglich seine Netze im See aus und abends kehrte er mit reichem Ertrag in seine Hütte zurück. Da er die Fische mit gutem Gewinn verkaufte, hatte er von Tag zu Tag mehr Geld und wurde bald ein wohlhabender Mann. Er hätte es wahrlich nicht nötig gehabt, über jedes Netz, das nicht zum Bersten voll war, in lautes Jammern auszubrechen. Aber so ist es nun einmal: Mancher kann nie genug haben! Zu jener Sorte von Menschen gehörte unser Fischer. Je mehr Geld er besaß, desto unersättlicher wurde er.

Allmählich aber ließ der Fischreichtum des Sees nach. Der Fischer gab den Nixen und Wasserfeen die Schuld. »Diese nichtsnutzigen Wesen«, jammerte er, »ich möchte wissen, wozu sie auf der Welt sind! Sie verscheuchen mir nur die Fische mit ihrem unruhigen Treiben!« Er beschimpfte das Wasservolk mit hässlichen Worten.

Eines Tages stieg er in sein Boot und ruderte am Seeufer entlang. Auf einmal sah er in einer Bucht ein anmutiges Geschöpf, das sich vergeblich bemühte, vor ihm zu fliehen. Er ruderte näher. Es war eine schöne Wassernixe, die sich in einem seiner Netze verstrickt hatte, das sie bei ihren vergeblichen Versuchen, sich zu befreien, an einigen Stellen zerrissen hatte. »Hilf mir aus dem Netz!«, flehte sie. »Ich bin schon sieben Tage und sieben Nächte hier gefangen und ich kann mich nicht selbst befreien. Meine Kinder weinen nach mir.«

Der Fischer aber blieb taub für ihre Bitten. Er war wütend, weil ihm die Nixe das Netz zerrissen und ihm die Fische verjagt hatte. In seinem Zorn stieß er sie mit seiner Gabel nieder und tötete sie. Bevor die Nixe sterbend im See versank, verfluchte sie ihn. Nie solle er für diese schreckliche Tat zu den Seinen zurückkehren dürfen, rief sie ihm zu. Der Fischer holte ungerührt sein Netz ein, lachte über den Fluch der Nixe und ruderte weiter. Auf einmal verfinsterte sich die Sonne. Wolken überzogen den Himmel, es wurde am hellen Tag dunkelste Nacht. Ein Beben ging über den glatten Seespiegel. Der Sturm brach so unvermittelt los, dass der Fischer nicht mehr ans Ufer flüchten konnte. Mannshohe Wellen rissen seinen Kahn weit in den offenen See hinaus.

Wenn an stillen Abenden dünne Nebelschleier das Röhricht des Sees bedecken, hört man von fern ein leises Plätschern im See. Es ist der verdammte Fischer, der sein Boot dem Ufer zusteuern will. Doch sosehr er sich auch müht – das Boot weicht nicht von der Stelle und es gelingt ihm nie, den rettenden Strand zu erreichen.

Die Waldfee

Vor langer Zeit lebte in einem kleinen Dorf im südlichen Burgenland ein Bauernbursche, der Hans hieß. Er war munter und fröhlich und noch dazu hübsch, und es war kein Wunder, dass ihm sämtliche Mädchen im Dorf gut waren. Es gab keines, das ihn nicht gern zum Ehemann genommen hätte. Der Bursche war zu jedem der Mädchen freundlich und höflich, zu einer Heirat konnte er sich aber nicht entschließen. Letzten Endes bekam er Lust, das kleine Dorf zu verlassen und sich die Welt anzusehen, und so manches Mädchen weinte, als er fortzog.

Ein paar Jahre vergingen. Die jungen Mädchen fanden andere Bewerber und man hatte den hübschen Hans in dem kleinen Dorf fast vergessen. Eines Tages aber kehrte er zurück und er kam nicht allein heimgewandert. Ein fremdes Mädchen begleitete ihn. Sie trug ein blaues Kleid und war schöner als das hübscheste Mädchen im ganzen Burgenland. Bald darauf heiratete Hans die Fremde.

Burgenland

Niemand wusste, woher sie stammte, und die Dorfbewohner fingen an, sich den Kopf über sie zu zerbrechen. Sie hätten gar zu gern von Hans gewusst, wo und wie er die Schöne gefunden hatte, aber soviel sie auch fragen mochten, er zuckte nur immer lächelnd die Achseln. Bald gingen allerlei tolle Geschichten im Dorf um. Eine Waldfee sei die Fremde, sagten die biederen Leute, denn ein sterbliches Mädchen könne doch nicht so schön sein. Immer öfter steckten sie die Köpfe zusammen und tuschelten über das Geheimnis der schönen Fremden. Man wollte wissen, Hans habe seiner Geliebten versprochen, nie ihre Herkunft zu verraten, sie nie beim Namen zu rufen und sie auch nie aufzufordern zu tanzen und zu singen. Täte er das, wäre es mit dem gemeinsamen Glück zu Ende.

Hatten sie die Wahrheit erraten, die biederen Leute? Sie gönnten Hans sein Glück, aber wie es nun einmal ist, so hätten sie auch gar zu gern gewusst, was dahinter steckte – und wäre es auch auf Kosten des jungen Mannes gewesen.

Die Jahre vergingen – und nichts geschah! Die beiden jungen Leute lebten glücklich miteinander, schienen sich immer mehr zu lieben und hatten überdies zwei hübsche Kinder. Zwar gab es Tage, an denen die junge Frau allein das Haus verließ und sich stundenlang im Wald aufhielt. Das konnte doch nicht mit rechten Dingen zugehen? Die Dorfbewohner schüttelten die Köpfe. Hans wollte es zwar verheimlichen, wenn seine Frau ihn verließ, aber die anderen hatten doch auch Augen im Kopf, nicht wahr?

Der junge Mann aber stellte nie eine Frage an seine Frau, er ließ sie ohne Vorwurf gehen und freute sich, wenn sie zurückkam.

Einmal musste Hans das Dorf für mehrere Tage verlassen; es war das erste Mal, dass er längere Zeit von seiner Frau getrennt war. Er konnte den Augenblick kaum erwarten, da er sie wieder sehen würde, und eilte nach Hause zurück, so schnell er nur konnte. Da standen seine Frau und seine Kinder schon vor dem Haustor und warteten lächelnd auf ihn! Die Wiedersehensfreude ließ ihn alles vergessen und er rief: »Oh, liebe Vila! Sing doch und tanz wie damals, als ich dich auf der Waldwiese sah!«

Das Lächeln erlosch im Gesicht seiner Frau, ihre Arme sanken herunter, es war, als wollte sie zurückweichen und ins Haus fliehen. Aber

Die Waldfee

wie unter einem seltsamen Zwang begann sie zu tanzen, leichtfüßig und schwerelos wie kein anderes Mädchen. Mit leiser trauriger Stimme sang sie ein Lied.

Hans schaute ihr gebannt zu. Noch nie war sie ihm so schön erschienen wie in diesem Augenblick – so schön, aber auch nie so traurig. Und mit einem Mal wusste er, was er in seiner Wiedersehensfreude vergessen hatte: Er hatte sein Versprechen gebrochen! Er sprang hin zu seiner tanzenden Frau, packte sie und wollte sie festhalten. Aber es war zu spät. Die schöne Vila weinte: »Hans, mein Hans! Warum hast du das getan!« Und als er noch glaubte, seine Frau in den Armen zu halten, hatte sie sich aufgelöst und war verschwunden, ein flüchtiger Nebelhauch. Der Mann und die Kinder blieben allein zurück.

Nun wussten die Dorfbewohner, was sie hatten wissen wollen, aber sie konnten darüber nicht froh werden, im Gegenteil, das Dorf schien ihnen leer und traurig zu sein ohne die fremde Schöne. Und sie hätten viel darum gegeben, es nie erfahren zu haben, dass sie eine Waldfrau, eine Vila, gewesen war.

Am traurigsten aber war der junge Mann, der sie geliebt hatte. Zwar ist er nicht sein ganzes Leben lang so traurig gewesen wie in der ersten Zeit. Irgendwann einmal kommt die Stunde, wo wir uns alle über einen Verlust trösten, und mag er noch so schmerzlich gewesen sein. Seine Kinder, mit denen Hans noch viel Freude haben sollte, mögen ihm wohl auch geholfen haben.

Aber bis zum Ende seines Lebens eilte er jedes Mal, wenn abends oder morgens der Nebel aus den Wiesen aufstieg, hinaus ins Freie, immer wieder voll Hoffnung, seine schöne Vila sei zurückgekehrt, und immer wieder von neuem enttäuscht, dass es nur der flüchtige Nebel gewesen war, der ihm das Bild seiner Geliebten vorgegaukelt hatte.

Burgenland

Der Neusiedler See

Endlos weit breitet sich der Neusiedler See aus, mit schwankendem Schilf und Binsengestrüpp am Ufer, in dem allerlei seltene Vögel nisten. Aber nicht immer erstreckte sich die weite Wasserfläche über dem Talgrund. Einst lagen dort, wo sich heute der blanke Wasserspiegel ausdehnt, fruchtbare Felder und Dörfer, in denen glückliche Menschen lebten.

Einmal, so erzählt man sich, verirrte sich der Burgherr von Forchtenstein in diese Gegend und kam in das Dorf Mädchenthal. Dort sah er ein Mädchen, das ihm so gut und schön erschien, dass er nicht anders konnte, als es von ganzem Herzen zu lieben und seine eigene Frau darüber zu vergessen. Der Burgherr erzählte dem Mädchen, er sei ein einfacher Jäger, und verschwieg ihm, dass er verheiratet war. Dem Mädchen – es hieß Maria – gefiel der Jäger und es dauerte nicht lange, da fing auch sie an ihn zu lieben.

Immer wieder ritt der Burgherr im Gewand des einfachen Jägers nach Mädchenthal zu Maria, die nicht wusste, wer er war und dass sie kein Recht hatte, ihn zu lieben. Es wäre vielleicht alles gut gegangen, wenn nicht Samuel, der Diener des Schlossherrn, aus reiner Missgunst die Geschichte der Frau auf Forchtenstein erzählt hätte. Die Burgherrin fühlte sich zutiefst gedemütigt und dachte nur noch daran, das Mädchen zu beseitigen.

Bald darauf zog der Burgherr in den Krieg. Seine Frau zögerte nun keinen Augenblick. Als er fort war, ritt sie mit Samuel und ihrem Gefolge nach Mädchenthal, nahm Maria und deren Mutter gefangen und ließ die beiden ins Burgverlies werfen.

Das war nun freilich ein schwarzer Tag für Maria. Zugleich mit ihrer Freiheit hatte sie auch ihren Liebsten verloren, denn sie wusste nun, dass sie ihm verbotenerweise zugetan gewesen war. Aber Maria war nicht nur schön und gut, sie war auch mutig und unerschrocken. Gemeinsam mit ihrer Mutter beteuerte sie ihre Unschuld. Sie hätte nicht gewusst, wer jener sei, den sie geliebt habe. Hatte er ihr doch erzählt, er sei ein einfacher Jäger. Und Maria bat die Herrin, sie in Frieden in

Der Neusiedler See

ihr Dorf zurückkehren zu lassen. Sie werde den, der als Jäger um sie geworben habe, niemals mehr wiedersehen wollen.

Die Burgfrau aber wollte auf ihre Rache nicht verzichten. Sie bestach ein paar Bauern mit Geld und ließ sie gegen das Mädchen aussagen. Die Schuld Marias und ihrer Mutter schien erwiesen zu sein und nichts stand der Herrin von Forchtenstein im Weg, beide zum Tod zu verurteilen.

Als Maria sah, dass nichts mehr sie retten konnte, fügte sie sich still in ihr Schicksal. Ohne ein Wort zu sagen, schritt sie mit gebundenen Händen zum Dorfweiher. Den Männern aber, die sie ins Wasser stoßen sollten, wurde immer unbehaglicher zu Mute, als sie die ruhige Würde des Mädchens und seine Unerschrockenheit sahen.

Die Mutter freilich war verzweifelt. Es war aber nicht so sehr ihr eigener. Tod, der sie zur Raserei brachte, als der Tod ihrer unschuldigen Tochter. Bevor man sie ins Wasser stoßen konnte, verfluchte sie die Burgherrin und jene Männer, die gegen sie und ihre Tochter wissentlich ein falsches Zeugnis abgelegt hatten. Mit gellender Stimme, die jedermann im Dorf schrecklich in den Ohren klang, rief sie laut: »Noch bevor die Sonne zweimal untergeht, soll alle die gerechte Strafe treffen!«

Am nächsten Morgen war das Wasser des Weihers gestiegen. Der Himmel spiegelte sich in dem reinen Wasser und mit friedlichen Gesichtern und gekreuzten Händen schwammen darauf die beiden toten Frauen. Nun wurde es den Bauern grausig zu Mute. Sie glaubten an ein Wunder, und in aller Eile begruben sie die beiden Opfer der Burgherrin. Doch das Wasser hörte nicht zu steigen auf, ruhig und stetig schwoll der Weiher an, stieg über sein Ufer und überschwemmte die Häuser. Die entsetzten Dorfbewohner mussten fliehen. Der Weiher wurde zu einem See, der Meile um Meile des Landes unter sich begrub.

Die aus Mädchenthal geflüchteten Bewohner siedelten sich am nördlichen Ufer des neuen Sees an und nannten ihren Wohnsitz Neusiedl. Als man der Herrin von Forchtenstein die Nachricht von der Überschwemmung brachte und man ihr vom Untergang des Dorfes Mädchenthal und der anderen Dörfer erzählte, wurde ihr bewusst, was sie getan hatte. Alle Rachegedanken schienen ihr auf einmal nichtig, sie sah das schöne Mädchen vor sich, wie es seine Unschuld beteuerte.

Alles in der Welt hätte sie nun dafür gegeben, um ihr Unrecht wieder gutzumachen. Doch die Reue und das Klagen nützte nichts. Die früher so stolze Frau irrte durch ihre Burg, rang die Hände und weinte. Schließlich wurde sie ganz ruhig und still, sie wusste nicht mehr, was geschehen war, noch, wer sie selbst war. Sie war wahnsinnig geworden. Samuel, der Verräter, fühlte keine Reue. Er lachte nur, wenn ihm jemand sein Unrecht vorhielt. Wie zum Trotz fuhr er oft mit einem Kahn hinaus auf den weiten See. Eines Tages, als sein Boot wieder auf dem Wasser schaukelte, brach ein Unwetter los. Der Himmel überzog sich mit finsteren Wolken, ein heftiger Sturm peitschte das Wasser. Samuels Kahn kenterte und der Diener ertrank.

Nicht lange Zeit danach kam der Herr von Forchtenstein von seinem Heerzug zurück. Es war eine traurige Rückkehr. Seine Gattin war wahnsinnig, der See hatte die Dörfer überflutet und Maria war tot. Der Herr von Forchtenstein war untröstlich. Zum Andenken an das Mädchen ließ er am Ufer des Sees das Kloster Frauenkirchen erbauen. Dann pilgerte er nach Rom. Er wollte dort um Vergebung und Verzeihung für seine Sünden bitten.

Noch ragten Baumwipfel und Kirchturmspitzen aus der riesigen Wasserfläche. Aber langsam versanken auch diese letzten Zeugen; nichts mehr erinnerte an die Dörfer und fruchtbaren Felder, die einst im Talgrund gelegen hatten. Schilf wuchs am Ufer des Sees, Vögel nisteten darin – wie ein kleines Meer breitete sich der Neusiedler See aus. Und so ist es bis zum heutigen Tag.

Frauenhaid

Im Jahre 1201 kam ein tapferer Ritter aus Aragonien in das Burgenland. Er hatte sich durch treue Dienste die Freundschaft des Königs erworben, und zum Dank verlieh ihm dieser die Herrschaft Mattersburg samt Gut als Lehen. Der Ritter verpflichtete sich dafür, in Kriegszeiten die Grenzen des Landes zu verteidigen. Er und seine Nachkom-

Frauenhaid

men erfüllten ihre Pflichten stets getreulich, und das Geschlecht des Aragoniers wurde später in den Grafenstand erhoben.

Als die Scharen der wilden Tataren das Land überschwemmten und die Gegend von Mattersburg und Eisenstadt bedrohten, musste der zu jener Zeit lebende Graf nach Wiener Neustadt flüchten, wo er bald darauf starb. Seine zwei Söhne, Konrad und Emmerich, waren tapfere und mutige Burschen, aber auch rechte Hitzköpfe und noch jung und unerfahren. Wie es manchmal unter Brüdern vorkommt – sie konnten sich über die Teilung des Erbes nicht einig werden. Jeder glaubte sich im Recht. Vor allem stritten sie sich über die große Heide, die zwischen Mattersburg und Eisenstadt liegt. Da alle Schriften des alten Grafen durch die einfallenden Tataren vernichtet worden waren, konnte auch niemand genau sagen, wem die Heide nun wirklich zugedacht war. Die zwei jungen Hitzköpfe griffen schließlich zu den Waffen und bekämpften sich, und nicht einmal dem König gelang es, die beiden zu versöhnen.

Die Zwietracht unter den Erben wollte kein Ende nehmen und der König war des ewigen Zankes schon reichlich müde. So befahl er, dass ein Zweikampf der Brüder auf der umstrittenen Heide über das Erbe entscheiden sollte. Als Tag des Gottesurteiles wurde der Pfingstmontag des Jahres 1260 bestimmt.

Frühmorgens am festgesetzten Tag zogen die zwei feindlichen Brüder mit ihrem Gefolge auf die Heide hinaus. Emmerich kam aus Eisenstadt, Konrad aus Mattersburg. Ein Abgesandter des Königs war erschienen, begleitet von seiner Frau und großem Gefolge, und viele Adelige und Bauern umsäumten den Kampfplatz. Vor allem aber fehlte keiner der Untertanen der Brüder.

Die beiden jungen Grafen, im Schmuck ihrer Waffenrüstungen, gefielen den Versammelten, und es gab so manchen, der im Stillen traurig darüber war, dass sie sich nun auf Leben und Tod bekriegen sollten. Am niedergeschlagensten aber waren die Untertanen der jungen Grafen. Denn mochten die beiden auch ihre Fehler haben, mochten sie auch unbedacht und heißblütig sein, abgesehen davon waren sie aufrechte und edle Burschen und ihr Volk liebte sie.

Als die Brüder gebetet hatten, zogen sie das Visier über die Gesichter und sprengten aufeinander los. In diesem Augenblick warfen sich die Bauern zwischen die Kämpfenden, um den Brudermord zu verhindern. Da kamen die jungen Grafen wieder zur Vernunft, sie steckten beschämt die Schwerter ein, die Tränen rannen ihnen herunter über diesen Beweis der Treue ihrer Untertanen und sie gaben sich lächelnd den Versöhnungskuss. Keinem von beiden schien auf einmal der Besitz der Heide auch nur einen Schwertstreich wert zu sein.

Der Streit um das Erbe war zu Ende. Sie überließen es dem König, die Heide einem von ihnen zu übergeben.

An dem Ort der Versöhnung wurde eine Kapelle und später eine schöne Kirche erbaut, in der ein Muttergottesbild aus dem Forchtensteiner Schloss aufgestellt wurde. Die kleine Ortschaft, die neben der Kirche entstand, erhielt den Namen Kleinfrauenhaid.

Der Puchbacher Türke

Im Jahre 1532 fielen die Türken wieder einmal in das Land ein und vereinzelte Horden streiften raubend und plündernd auch in der Gegend des Neusiedler Sees umher. Auf ihren Raubzügen kamen sie bis in die Nähe von Purbach. Die Bewohner des Dorfes versteckten schleunigst alle ihre Habseligkeiten und flohen in das Leithagebirge.

Als die Türken kurze Zeit darauf in das Dorf eindrangen, fanden sie die Straßen leer und die Häuser verlassen. Voller Wut durchstöberten sie das ganze Dorf und aßen alles Essbare auf, das sie finden konnten, denn sie waren ziemlich ausgehungert. Auf der Suche nach Nahrungsmitteln drangen sie natürlich auch in alle Keller ein. In den Kellern aber hatten die Purbacher ihren guten Wein eingelagert, den sie nicht mit sich hatten fortschleppen können. Nun, die Türken hätten, wie es ihnen ihr Glaube vorschreibt, keinen Wein trinken dürfen. Aber sie waren verstaubt und verschwitzt, durstig und abgerackert, und sie entdeckten bald, dass Wein besser schmeckte als klares Wasser. Weil sie den Wein aber nicht gewöhnt waren, stieg er ihnen bald in den Kopf, sie wurden munter und kreuzfidel und zogen lärmend und in bester Laune weiter.

Der Puchbacher Türke

Nun war einer unter den Türken, der konnte nicht genug vom Wein haben. Er legte sich unter ein Fass und trank, bis ihm die Welt wunderschön erschien. Dann konnte er gerade noch mit Müh und Not die Kellerstiege hinauftaumeln. Oben angekommen, versagten ihm die Beine, er torkelte in eine Kammer, legte sich in eine Ecke und war bald selig eingeschlafen. Nach vielen Stunden erwachte er, war wieder nüchtern und wollte sich schleunigst davonmachen, als er Stimmen hörte, die in einer fremden Sprache redeten. Sein Kopf war wieder klar, der Rausch war verflogen und die Welt erschien ihm in diesem Augenblick alles andere als wunderschön. Seine Kameraden waren abgezogen, hatten ihn allein zurückgelassen, und die Dorfbewohner waren zurückgekehrt. Der Türke wusste, dass er bei hellem Tageslicht nicht ungesehen aus dem Dorf fliehen konnte, so verkroch er sich in den finstersten Winkel und wartete, vor Angst zitternd, auf die Nacht. Als es finster geworden war, tastete er sich entlang der Wände, bis er in die Küche kam. Durch den offenen Kamin fiel das Mondlicht in den düsteren Raum. Der Kamin schien dem Türken der sicherste Fluchtweg zu sein. So stieg also der Halbmondkrieger auf den Herd, zwängte sich in den Schornstein und kroch den engen Schlauch hinauf. Das war nun wirklich kein Vergnügen. Er glaubte, kaum Luft schnappen zu können, und der rußige Staub machte ihn halb blind. Aufatmend konnte er endlich seinen Kopf ins Freie stecken.

Die Nachtluft schien ihm wunderbar frisch und rein zu sein. Der Vollmond hing über den Hügeln und warf sein Licht über das Dorf. Vorsichtig guckte der Türke umher. Plötzlich hörte er ein lautes Geschrei und blitzschnell zog er sich in sein rußiges, unbequemes Gefängnis zurück. Unten auf der Straße stand eine Schar Bauern. Sie hatten ganz deutlich im Schein des Mondes einen Türkenkopf aus dem Kamin ragen sehen.

Nach einiger Zeit streckte der Türke wieder vorsichtig den Kopf aus dem Schornstein. Die Bauern unten schrien aufgeregt und drohten ihm mit den Fäusten. Flink verschwand oben der Bursche wieder im Schornstein und rührte sich nicht mehr.

Nachdem sich die Bauern heiser geschrien hatten und der Türke auf keinen Fall freiwillig aus dem Schornstein wollte, zündeten sie unten im Ofen ein Riesenfeuer an. Dem armen Kerl im Schornstein blieb nichts anderes übrig, als auf das Dach herauszusteigen, wenn er nicht ersticken wollte. Zitternd kletterte er auf den Erdboden herunter und die Purbacher Bauern empfingen ihn keineswegs freundlich, bearbeiteten ihn mit ihren Fäusten und schleppten ihn in den Dorfkotter.

Danach erfolgte eine große Beratung im Gemeindehaus. Die erste Wut der Bauern war abgekühlt, zuerst lachte einer über den armen Kerl im Schornstein und zum Schluss lachten alle, und das Leben des Türken war gerettet.

Freilich musste er versprechen, den christlichen Glauben anzunehmen, darauf bestanden die Bauern. Der Türke aber war heilfroh, so gut davongekommen zu sein, er hatte sich schon auf alle grässlichen Todesarten sterben sehen und versprach daher bereitwillig alles, was man von ihm forderte.

Damit er der Gemeinde nicht zur Last fiel, diente er als Knecht bei jenem Bauern, in dessen Haus man ihn gefangen hatte. Er trat zum Christentum über und war bald bei seinem Herrn und im ganzen Dorf beliebt.

Nach seinem Tod ließ der Bauer zur Erinnerung an diese lustige Begebenheit einen steinernen Türkenkopf am Schornstein seines Hauses anbringen. Dieser steinerne Kopf ist heute noch in Purbach zu sehen.

Die Türken in Güssing

Als die Türken die Stadt Güssing belagerten, versuchten sie vergeblich, die auf einem steilen Felsen gelegene Burg zu stürmen. Die Belagerten verteidigten sich tapfer und die Türken erkannten, dass sie die Burg mit Waffengewalt nicht erobern konnten, und wollten die Männer durch Aushungern zur Übergabe zwingen.

So sorgsam die Güssinger auch mit ihren Vorräten umgingen und sosehr sie sich auch einschränkten, wo sie nur konnten – mit jedem Tag der Belagerung schmolzen ihre Vorräte zusammen. Schließlich hatten

Die Türken in Güssing

sie kaum noch etwas zum Essen und wussten, dass sie die Burg nur noch wenige Tage halten konnten.

Niemand weiß, wer auf den Gedanken kam, die Türken mit List zu täuschen. Vielleicht hatten die Güssinger in alten Büchern gelesen und sich daraus Rat geholt. Wie es auch gewesen sein mag, der Burgherr ließ sich jedenfalls den Mehlvorrat der Güssinger zeigen. Es war nur noch herzlich wenig Mehl vorhanden, gerade so viel, dass man ein kleines Körbchen damit füllen konnte. In der nächsten Nacht stellten die Güssinger ein großes Mehlfass mit dem Boden nach oben auf die äußere Burgmauer. Auf den Fassboden hatten die Belagerten das Restchen Mehl geschüttet, das sie noch besaßen. Nun sah es aus, als wäre das Fass übervoll mit Mehl. Kaum graute der Morgen, so wurde der einzige Ochse, der in der Burg noch nicht geschlachtet und aufgegessen worden war, ein mageres, verhungertes Tier, hinter der Burgmauer hin und her getrieben. Die Güssinger schlugen ihn heftig mit Knütteln und das arme Tier brüllte vor Schmerz. Für die vor den Mauern lagernden Türken musste es sich so anhören, als wäre noch eine ganze Herde Schlachtvieh in der Burg vorhanden.

Die Türken ärgerten sich nicht wenig. Das übervolle Mehlfass schien ihnen wie zum Spott auf die Mauer gestellt worden zu sein. Sie glaubten, in der Burg gäbe es noch Vorräte im Überfluss, und hielten es für zwecklos, noch länger auf eine Hungersnot der Güssinger zu warten. Sie hoben die Belagerung auf und zogen noch am gleichen Tag, eine halbe Stunde vor Mittag, von Güssing ab.

Zur Erinnerung an die Rettung aus der Türkengefahr wurden seit jener Zeit täglich um halb zwölf Uhr die Glocken in der alten Pfarrkirche zu Güssing geläutet.

Burgenland

Der Kümmerlingstein von Kleinhöflein

Der Kümmerlingstein ist ein etwa mannshoher Felsen, der in der Nähe von Kleinhöflein steht. Seit alters her geht von ihm die Sage, dass er sich vor dem ersten Menschen, der am Morgen an ihm vorübergeht, tief verneigt und so gleichsam seine Ehrfurcht vor dem Fleiß des frühen Wanderers kundgibt.

»Seppl«, sagte einstmals ein Weinhauer zu seinem baumlangen, der Arbeit nicht sehr gewogenen Sohn, »Seppl, das eine möchte ich noch erleben, dass sich der Kümmerlingstein vor dir verbeugt.« Nun war der Seppl zwar gerade kein Frühaufsteher, aber er war neugierig und hätte gar zu gern gewusst, was an diesem Märchen Wahres daran sei.

Um sich nicht zu verspäten und als Erster auf dem Platz zu sein, nahm er eines Abends im Spätherbst eine dicke Wolldecke unter den Arm und begab sich in die Nähe des Steines. Dort wickelte er sich in die Decke und wollte geruhsam schlafen, bis ihn am Morgen die Schritte des ersten Weinhauers, der zur Arbeit ging, aus dem Schlaf wecken würden. Dann, dachte er, werde ich rasch aufspringen und noch vor dem anderen als Erster beim Kümmerlingstein sein.

Kurz nach Mitternacht war ihm, als hörte er das Geräusch vorübergehender Schritte. Er drehte sich um, halb im Schlaf noch, und wollte weiterschlummern, als ihn ein lautes Lachen völlig aufweckte. Er fuhr auf und sah einen Greis mit blauem Schurz und einer Butte auf dem Rücken am Stein vorbeigehen. Gleichzeitig sah er bestürzt, wie der Stein vor dem Alten eine tiefe Verbeugung machte. Der Seppl schlich nun höchst verwundert dem Alten nach, weil er gar zu gern gewusst hätte, wer dieser sei und was er so bald nach Mitternacht in den Weinbergen treibe. Zu seinem größten Erstaunen gewahrte er, wie der Alte mit den Händen segnend jeden Weinstock berührte. Er wusste nun, dass es der Leseähnl, der gute Geist der Weinberge, gewesen war, der ihm beim Kümmerlingstein ein Schnippchen geschlagen hatte.

Am Morgen aber waren die Beeren der Weintrauben, die tags vorher noch unreif und sauer gewesen waren, prall und honigsüß.

Der Teufelskirnstein bei St. Jörgen

In den alten Zeiten lebte einmal ein einschichtiger Teufel im Eichenwald am Scheibenberg bei St. Jörgen. Dieser Teufel hatte sich – niemand weiß, warum – mit dem Oberteufel in der Hölle verfeindet. Wahrscheinlich hatte der St. Jörgener Teufel irgend so ein höllisches Gesetz übertreten. Kurz und gut, wie es auch gewesen sein mag, der Teufel wurde aus der Hölle verstoßen und wanderte heimatlos und einsam umher. Schließlich wählte er den Eichenwald als seinen Teufelswohnsitz auf Erden. Er besaß nichts als eine lahme Kuh und eine blinde Geiß. Tagsüber führte er die beiden Tiere auf die Weide, die Nächte verbrachte er unter einem mächtigen Felsblock, der heute noch der Teufelskirnstein heißt.

Wenn am Abend die Sonne hinter das ferne Hochgebirge hinabtauchte und sich die Seehügel in dämmernde Schatten hüllten, stieg er auf den Stein und lockte mit heiserem Geschrei und lautem Peitschengeknalle seine weidenden Haustiere. Als Peitsche benützte er eine Schlange, die an Länge alle anderen Schlangen übertraf.

War unser Teufel auch aus der Hölle vertrieben, so hatte er doch noch seine Freude an einem rechten Höllenlärm, und er trieb es jeden Abend so arg, dass den armen Leuten in St. Jörgen die Haare zu Berg standen. Rinder, Schafe und Ziegen, die von der Weide heimkamen, erschraken zu Tode, wurden störrisch und sprangen wie wild umher. Den Milchkühen verschlug es die Milch und die armen Bauersfrauen wussten vor Ärger nicht aus und ein. Die Bauern verfluchten den bocksfüßigen Störenfried und wünschten den dummen Teufel zur Hölle.

Wenn die Bauern im Dorfwirtshaus saßen, mochten sie reden, über was sie wollten – über das Wetter, die Ernte und ihre tägliche Plackerei –, unweigerlich kamen sie immer wieder auf den teuflischen Nachbarn zu sprechen. Eines Abends trat ein fremder alter Mann in die Wirtsstube und setzte sich bescheiden in den dunkelsten Winkel.

»Woher kommt Ihr, Alter?«, fragte der Bürgermeister.

Burgenland

»Ich komme aus der Türkei«, antwortete der alte Mann. »Ich war lange Zeit dort gefangen. Als junger Bursche zog ich mit dem Kaiser gegen die Türken ins Feld, ich geriet in Gefangenschaft und mein Leben lang war ich dann an die Ruderbank eines türkischen Schiffes gekettet. Jetzt bin ich ein alter Mann, ich tauge zu nichts mehr und so haben sie mir die Freiheit gegeben.«

»Und was wollt Ihr nun anfangen?«, erkundigte sich einer der Bauern.

Der alte Mann zuckte müde die Achseln. »Ich weiß es nicht. Meine Heimat liegt im Schwabenland, aber dahin ist mir der Weg zu weit und es kennt mich ja auch niemand mehr dort.« Er seufzte und stützte den Kopf in die Hände. Nach einer Weile fuhr er fort: »Ich möchte meine Ketten, die ich aus der Gefangenschaft mitgebracht habe, der Muttergottes zu Loretto opfern und dann die paar Jahre, die ich noch zu leben habe, irgendwo in aller Stille als Einsiedler leben.«

Die Bauern steckten die Köpfe zusammen und flüsterten miteinander. Schließlich sagte der Bürgermeister: »Guter Alter, Ihr könnt in St. Jörgen bleiben. Wir wollen Euch Steine und Holz zum Bau der Einsiedelei geben. Und wenn Ihr Euch dankbar erweisen wollt, so könnt Ihr uns einen großen Dienst erweisen. Im nahen Eichenwald haust ein dummer Teufel, der uns schon lange viel Ärger verursacht. Wir würden viel darum geben, ihn loszuwerden. Und wer könnte das besser, als ein frommer alter Einsiedler?«

Der weißhaarige Alte dachte eine Weile nach, dankte dann den Bauern herzlich für ihr Angebot und versprach ihnen, den Teufel zu verjagen, falls das in seiner Macht läge. Am nächsten Tag wanderte er zum Scheibenberg, fand dort auch ein stilles Plätzchen, das ihm wunderbar für eine Einsiedelei zu passen schien. Die Bauern brachten Steine und Bauholz und der Alte fing an eifrig zu arbeiten.

Es dauerte nicht lange, so erschien der Teufel bei ihm. Teufel sind immer neugierig, der Scheibenberger Teufel machte da keine Ausnahme. Er hätte gar zu gern gewusst, was der alte Mann hier trieb. Der Alte schaute sich den Teufel an und antwortete dann mit einem listigen Blinzeln: »Die Gemeinde hat mir den Auftrag gegeben, hier an dieser Stelle für Euch und Eure Tiere einen Stall und eine Wohnung zu bauen.«

Der Teufelskirnstein bei St. Jörgen

Das hörte der Teufel mit großem Vergnügen. Es schien ihm ganz selbstverständlich, dass sich die Dorfleute um eine Wohnstätte für ihn kümmerten. Aus Freude und Übermut tobte er durch den Wald, sprang bocksfüßig hin und her und vollführte bis zum Morgengrauen einen solchen Höllenlärm, dass sich die armen Leute im Dorf die Ohren zuhalten konnten, so viel sie mochten, sie fanden doch keine Minute Schlaf.

In den nächsten Tagen erschien der Teufel pünktlich jeden Morgen auf der Baustelle. Der dumme Kerl! Er schleppte schwere Steine und riesige Balken und ging dem Alten zur Hand, wo er nur konnte. Endlich stand die Hütte fertig da. Im Dorf aber hatte man in aller Heimlichkeit eine kleine Glocke geweiht, die man verstohlen zur Einsiedelei brachte.

Als der Abend gekommen war, läutete der Alte zum ersten Mal die geweihte Glocke. Weithin hörte man ihre Stimme durch den stillen Wald. Der Teufel stand gerade auf seinem Felsblock und wollte mit seinem Peitschengeknall die Tiere herbeilocken. Der erste Glockenschlag ließ ihn von den Hörnerspitzen bis zu seinem Bocksfuß erschauern. Nichts kann ein Teufel weniger vertragen als das Läuten einer geweihten Glocke. Es ist für ihn eine wahre Höllenmarter, wenn er es anhören muss. Der Scheibenberger Teufel schlug vor Schreck ein Rad, kollerte vom Felsen herab, rappelte sich wieder auf und fuhr wie der Blitz auf und davon und wurde nie wieder gesehen.

Die Bauern von St. Jörgen aber hatten von dieser Stunde an ihren Frieden. Kein Höllenlärm schreckte sie mehr an den Abenden, nur das Geläute der kleinen Glocke aus der Einsiedelei klang weithin über die Felder.

Aus den Fußstapfen des Teufels am Felsen sprossen Farnkräuter. Nichts mehr erinnerte an ihn. Heute ist auch die Klause des Einsiedlers längst verfallen. Nur ein paar moosige Steine liegen dort, wo sie einst stand.

Burgenland

Die Entstehung von Bad Tatzmannsdorf

Vor vielen Jahrhunderten lebte in Oberwart ein fremder Arzt, der wegen seiner Heilkünste und Wunderkuren im ganzen Land ringsum bekannt und berühmt war. Niemand aber wusste um das Geheimnis des wunderbaren Mittels, mit dem er seine Kranken heilte.

In den finstersten Nächten wanderte der Alte verstohlen zu einer Quelle im Sumpfgebiet von Jormannsdorf. Dort füllte er alle Flaschen, die er mitgeschleppt hatte, mit dem heilkräftigen Wasser und gab es später seinen Patienten zu trinken. Kein Mensch hatte ihn bisher dabei beobachtet. Hier und da sah man nachts bei der Quelle ein Licht flackern, aber die Gegend galt als verrufen und die Leute glaubten, ein nächtlicher Spuk treibe dort sein Unwesen, bekreuzigten sich und schlichen sich rasch in ihre Häuser.

In der Nähe von Oberwart wurde damals nach Erz gegraben. Einmal kam auch ein junger Bergmann aus Deutschland nach Oberwart. Auf der Suche nach erzhaltigem Gestein durchstreifte er die Gegend, verirrte sich, und im sumpfigen Tal von Jormannsdorf überraschte ihn die Nacht. Er schlug unter einem Busch sein Nachtlager auf, aber bevor er einschlief, sah er in der Nähe den schwachen Schein eines Lichtes. Neugierig schlich er näher und bemerkte einen alten Mann, der aus einer Quelle Wasser schöpfte. Als der Alte sich entfernt hatte, bedeckte der Bergmann die Quelle mit grünen Zweigen. Er knickte auch einige Äste der Bäume ringsum, denn er wollte am nächsten Tag die Quelle wieder finden. Als der Morgen dämmerte, füllte er eine Flasche mit dem Quellwasser und wanderte zum Bergwerk zurück. Und weil der junge Bergmann neugierig war und wohl auch ahnte, warum sich der alte Mann von der Quelle Wasser geholt hatte, ließ er einen kranken Kameraden aus seiner Flasche trinken. Der Mann wurde wieder gesund und konnte seiner Arbeit nachgehen. Bald darauf fand man eine zweite, noch viel ergiebigere Quelle. Dies geschah auf folgende Weise:

Wo heute Bad Tatzmannsdorf liegt, breitete sich in den alten Zeiten ein weiter See aus. Am Ufer des Sees sprudelte am Fuß einer alten Erle eine Quelle aus dem Boden. Einmal hütete ein Hirte seine Schweine, die alle krank waren, in der Nähe der Quelle. Er trieb die Tiere zur Tränke und in kurzer Zeit wurden die Schweine gesund. Bald erzählte man sich überall von der Wunderkraft der Quelle, und von weit und breit kamen die Kranken zum See und tranken das Quellwasser, um von ihren Leiden geheilt zu werden. Nicht lange danach wurde Bad Tatzmannsdorf gegründet.

Das Neusonntagskind von Wörtherberg

In der Burgenländer Heide stehen die Sonntagskinder in großem Ansehen, weil man glaubt, dass sie Hellseher und Propheten seien. Wer in einer Neumondnacht zur Welt kommt, heißt Neusonntagskind. Nicht gut zu sprechen auf solche Neusonntagskinder sind die Hexen, ein Neusonntagskind kann nämlich nachts jede Hexe unter anständigen Menschen herauskennen. Aus diesem Grund sollen sich Neusonntagskinder vor dem Dunkel der Nacht hüten, weil ihnen da allerlei Übles von den Hexen zugefügt wird.

Einst lebte in Wörtherberg ein alter Müller, der ein solches Neusonntagskind war. Zeit seines Lebens verfolgten ihn die Hexen und er hatte viel unter ihnen zu leiden. War er mit seinem Fuhrwerk nach dem Gebetsläuten noch unterwegs, so kamen ganz gewiss die Hexen aus allen Windrichtungen herbei, versuchten ihn vom Wagen zu drängen, versprachen ihm das Blaue vom Himmel und wollten ihn in die Keller zu einem der Hexengelage locken. Der alte Müller hütete sich, den Wagen zu verlassen oder auch nur ein einziges Wort zu sprechen. Er wusste nur zu gut, dass er ihnen sonst mit Leib und Seele für diese Nacht verfallen war, und dazu hatte er nun einmal keine Lust. Er klammerte sich an den Bock an, und mochten es die Hexen auch noch so bunt treiben, er sah nicht nach rechts oder nach links und fuhr unbeirrt weiter. Später, als er schon gewitzigt genug war, zeichnete er vor jeder Ausfahrt mit einem geweihten Messer ein Kreuz vor die Pferde. Manchmal aber geschah es, dass der Müller zu tief ins Glas geguckt hatte, und dann konnte er seine Zunge nicht im Zaum halten. Auf der abendlichen Heimfahrt fing er dann an, die Quälgeister zu beschimpfen, doch kaum hatte er den Mund aufgemacht, als er schon ihrem Bann verfallen war. Die Hexen versäumten es nicht, ihm den Ärger heimzuzahlen, den er ihnen an seinen standhaften Tagen verursacht hatte. Sie trieben ein grausames Spiel mit ihm, hetzten ihn und die armen Pferde über Berg und Tal, bis er kaum mehr wusste, ob er seine Knochen noch alle beisammen hatte. Fühlte er sich gründlich elend und zerschlagen, so hüpften sie auf seinen Rücken, trieben ihn wie ein Pferd an und er musste sie zum nächsten Weinkeller reiten. Dort schlüpften sie durchs Schlüsselloch in den Keller, soffen den ganzen Wein aus und füllten stattdessen Jauchenwasser in die Fässer. Der arme Müller aber lag unterdessen vor dem Keller im nassen Gras, konnte weder Hände noch Füße bewegen und musste geduldig warten, bis die Hexen wieder herauskamen und ihn weiterquälten. Am Morgen nach einer solchen Schreckensnacht fand er sich dann irgendwo im Graben liegend, stundenweit von Wörtherberg entfernt, er fühlte sich erschöpft und zerschlagen und alle Glieder taten ihm weh. Und das kam leider oft vor; denn der Müller war einem guten Glas nicht abgeneigt.

Schließlich wusste sich der arme Kerl nicht mehr zu helfen und klagte seinen Jammer einer klugen alten Frau. Sie gab ihm den Rat, auf den Friedhof zu gehen, einen Sarg auszugraben und ein Stückchen von einem Brett herauszuschneiden, das ein Astloch habe. Am Pfingstsonntag solle er dann vor dem Kirchentor stehen und durch das Astloch blicken. Er werde so auch bei Tage jede Hexe des Dorfes erkennen. Der Müller dankte der alten Frau, folgte ihrem Rat und am Pfingstsonntag guckte er tatsächlich durchs Astloch. Was er sah, verschlug ihm beinahe den Atem. So manche ehrbare Bauersfrau trug – für alle anderen unsichtbar – nach Art der Hexen einen Melkkübel oder ein Butterfass auf dem Kopf.

Bei der nächsten Ausfahrt des Müllers nach dem Gebetsläuten kam die Hexenschar wieder daher und wollte ihr Spiel mit ihm treiben, der Müller aber, der nun jede Einzelne kannte, rief sie mit Namen an und sie erschraken so sehr, dass sie augenblicklich davonstürzten. Der Müller wurde nun sehr vergnügt, fühlte sich als Held und hatte keine Furcht mehr vor diesen nächtlichen Damen. Entdeckte er eine auf dem Tanzboden, wo sie unter ehrlichen Leuten tanzte, rief er sie als Hexe an, und ihr blieb nichts anderes übrig, als voller Gift und Galle davonzufliegen. Alle Hexen rundum schworen dem Müller bittere Rache, aber der alte Mann war klug genug, sich nie mehr von seinem geweihten Messer zu trennen, und da konnten sie ihm nichts tun, so gern sie ihm auch übel mitgespielt hätten. Das ärgerte die Hexen so sehr, dass eine nach der anderen das Dorf verließ. Nach einigen Jahren gab es weit und breit keine einzige Hexe mehr.

Das hatten die Wörtherberger dem Neusonntagskind zu verdanken.

OBER-ÖSTERREICH

Oberösterreich

Der Dank der Donaunixe im Strudengau

Im Hößgang, nahe der Insel Wörth, lebte einst ein junger Schiffer mit seiner Mutter in einer kleinen Hütte am Donauufer. Sein Tagewerk war nicht ohne Gefahren, denn er setzte seine Fahrgäste unweit der gefährlichen Strudel und Wirbel in der Donau über. Eines Tages ruderte er ein paar junge Bauernburschen über den Strom. Die Burschen hatten vorher allzu viel frischen Most getrunken, sie waren übermütig, neckten einander und schaukelten mit dem Boot. Als sie nahe der Insel Wörth waren, tauchte plötzlich bei einer Sandbank eine Donaunixe auf. Die ausgelassenen Burschen verspotteten die erschrockene Nixe und riefen ihr Dinge zu, die sie nüchtern wohl nicht auszusprechen gewagt hätten. Der junge Schiffer hörte ihnen eine Zeit lang schweigend zu, dann wurde es ihm zu bunt und er fuhr sie an: »Haltet doch endlich eure Schandmäuler! Schämt ihr euch denn nicht? Wer noch ein Wort zu sagen wagt, den tauche ich ins Wasser, bis er wieder nüchtern ist.« Der Schiffer war als starker Kerl bekannt, die Burschen sagten tatsächlich kein Wort mehr und die Nixe verschwand.

Zu jener Zeit waren die Türken in Österreich eingefallen und ihre Scharen zogen überall sengend und plündernd umher. In einer düsteren, stürmischen Nacht hörte der Schiffer ein Klopfen an der Tür, er sprang auf, trat vor das Haus und sah eine vornehm gekleidete Frau und drei hübsche Kinder vor sich. Die Dame bat ihn mit Tränen in den Augen, sie und ihre Kinder ans andere Ufer zu bringen. Die Türken hatten ihr Heim zerstört und es war ihr mit knapper Not gelungen, mit den drei Kindern zu flüchten. Doch war sie sicher, dass die Türken sie verfolgten.

Der Schiffer glaubte nicht, dass die Türken eine so einsame und abseits gelegene Hütte wie die seine finden würden, aber er hatte mit der zitternden Frau Mitleid. So nahm er eine Laterne und hieß die Frau und die Kinder in sein Boot steigen. Es war aber eine Nacht, wie sie übler nicht sein konnte. Der Sturm tobte durch das Donautal, die Wellen gingen hoch und jeden anderen hätte wohl der Mut verlassen, im

Der Dank der Donaunixe im Strudengau

nächtlichen Dunkel über den wild gewordenen Strom zu setzen. Den Schiffer aber schreckte die Gefahr nicht. Er murmelte ein Gebet, stieß ab, und schon hatte das dahinschießende Wasser sein Boot gepackt. Ein heftiger Windstoß löschte die Laterne, man sah die Hand vor dem Auge nicht mehr, und noch dazu erfasste die starke Strömung das Boot und riss es in Richtung der gefährlichen Strudel. Der Schiffer hörte das warnende Rauschen, aber er hatte jeden Richtungssinn verloren und wusste, dass er und die Frau und ihre Kinder in höchster Gefahr waren.

Während er sich verzweifelt bemühte, das Boot wieder in seine Gewalt zu bekommen, hörte er vom anderen Ufer eine sanfte, aber doch durchdringende Stimme: »Hierher!« Und noch einmal rief jemand: »Hierher!« Entschlossen steuerte der Schiffer in die Richtung des unbekannten Rufers. Bald sah er das jenseitige Ufer vor sich, er setzte die fremde Frau mit ihren Kindern an Land und brachte sie in eine nahe gelegene Schilfhütte, wo sie, vor dem Unwetter geschützt, den Morgen erwarten konnten.

Der Sturm war inzwischen noch heftiger geworden. Sich noch einmal auf den Fluss hinauszuwagen kam einem Selbstmord gleich. Doch der junge Schiffer überlegte nicht lange, er hatte Angst um seine Mutter, die er in der finsteren Nacht nicht allein lassen wollte, noch dazu, wenn Türken durch das Land strichen. Er stieß wieder ab und ruderte hinaus in die Dunkelheit. Aber er war noch nicht weit gekommen, als er die Führung über sein Fahrzeug verlor. Das leichte Boot drehte sich in Richtung der Strömung, wurde von den Wellen hin und her geworfen, und so sehr er sich auch abplagte, er bekam es nicht mehr in seine Gewalt. Trotz der Kälte rann ihm bald der Schweiß am ganzen Körper hinab, und schließlich war er so erschöpft, dass er das Ruder sinken lassen musste. Es war ihm, als treibe er rettungslos dem Untergang in den wild rauschenden Strudeln zu.

Er kauerte sich im Boot nieder und ergab sich in sein Schicksal. Plötzlich sah er vor sich im Dunkel eine seltsame Erscheinung auftauchen. Es war eine schöne Frau, von der ein grünlich schimmerndes Leuchten ausging. Er starrte die Frau wie gebannt an und war nicht fähig, auch nur einen Finger zu bewegen. Sie aber berührte mit leichter Hand das Ruder, das Boot wendete, und ruhig und sicher glitt es dem Ufer zu.

Noch hatte der Schiffer seine Fassung nicht wiedergewonnen, da lag das Boot schon am Strand. Bevor er ein Wort des Dankes sagen konnte, war das zauberhafte Wesen lautlos in den Wellen verschwunden. So dankte es ihm die Nixe, dass er sich ihrer damals angenommen hatte, als sie die Bauernburschen verspotteten. Man sah sie seitdem niemals wieder. Die fremde vornehme Frau aber kehrte nach dem Abzug der Türken wieder in ihr Heim zurück und belohnte den Schiffer für seine mutige Tat reichlich.

Der Krippenstein am Hallstätter See

In den alten Zeiten war der Krippenstein keine felsige Wildnis, sondern überzogen von grünen Almwiesen, auf denen besonders im Frühling unzählige Blumen blühten. Dieses Gebiet war das Eigentum des reichen Riesen Krippen, der dort wohnte. Der Riese hatte ein einziges Kind, eine wunderschöne Tochter, die er zärtlich liebte. Es gab keinen Wunsch, den er ihr nicht erfüllt hätte, sofern es in seiner Macht lag. Einen Wunsch vermochte er ihr allerdings nicht zu erfüllen: Das Mädchen war blind und das Augenlicht konnte er ihr nicht geben. Als die Jahre vergingen und kein Freier erschien, um das Mädchen heimzuführen, wurde der Riese Krippen allmählich immer bekümmerter und niedergeschlagener, denn er wusste nicht, was aus seinem Kind werden sollte, wenn er selbst einmal nicht mehr am Leben war.

In seiner Not wandte er sich an den Berggeist um Rat und Hilfe. Der Berggeist hatte Mitleid mit dem Riesen und erschien ihm als uralter Mann mit langem weißen Haar, das bis zum Saum des Mantels reichte. Er gab dem Riesen eine graue Rolle und sagte: »Geh mit deiner Tochter in der dritten Vollmondnacht auf jene Matte dort und lege dir die Rolle um die Schultern; sie wird zu einem Mantel werden und dich einhüllen. Dann setze deine Tochter auf den Mantel und warte. Wenn der Mond mitten über dem Berg steht, werden ihre Augen nicht mehr blind sein. Doch hüte dich, während dieser Nacht ein böses Wort zu sprechen oder auch nur einen schlimmen Gedanken zu hegen, sonst sind alle jene, die in der Nähe des Mantels sind, verloren.« Der Riese dankte dem Berggeist für den Rat und die wunderbare Gabe und wanderte heimzu.

In der festgesetzten Vollmondnacht ging er mit seiner Tochter zu dem angewiesenen Platz und führte den Befehl des Berggeistes aus. Die Rolle wurde tatsächlich zu einem weiten weichen Mantel, in dessen Falten Edelsteine glitzerten. Krippen zog seine Tochter an sich und wartete geduldig, bis der Mond über dem Gipfel des Berges stand. Plötzlich sah er im blassen Schein des Mondes eine kleine Gestalt heranschleichen. Es war ein habgieriger Ritter, der wegen seiner Kleinheit von allen Däumling genannt wurde. Sein Geiz trieb ihn dazu, um das blinde, reiche Mädchen zu freien. Als er in die Nähe des Riesen gekommen war, sah er die flimmernden Edelsteine im Mantel und griff gierig danach. Krippen vergaß, was ihm der Berggeist gesagt hatte, Zorn über den schäbigen, elenden Kerl ergriff ihn, er stieß einen Fluch aus und wollte sich nach einem Stein bücken, um den Ritter zu verjagen.

Im gleichen Augenblick aber schwankte der Erdboden, es donnerte und krachte ohrenbetäubend, und Schutt und Felstrümmer stürzten auf die grüne Matte. Der Riese und seine Tochter erstarrten zu Stein, und neben ihm stand, ebenfalls zu Stein geworden, der kleine habgierige Ritter.

Als die Talbewohner erschrocken aus ihren Hütten stürzten, sahen sie oben auf dem Berg, wo sich das Reich des Riesen ausgedehnt hatte, an Stelle der blühenden Almen nackte Felsen und wildes Geröll. Noch heute kann man in den Felsen den Körper des Riesen Krippen erkennen, an seine Schulter gelehnt aber schläft seine blinde Tochter. In einiger Entfernung von ihnen sieht man die zu Stein gewordene Gestalt des Däumlings.

Oberösterreich

Die Zwergenhöhle bei Obernberg

Ein Bauer aus der Gegend von Obernberg am Inn war in große Not geraten. Er hatte sich das ganze Jahr von früh bis spät geplagt, seine Felder bestellt, hatte gepflügt, gejätet und sich im Sommer mit seinen Kindern um die Ernte bemüht. Aber der Frost hatte schon im Frühjahr die Blüten der Obstbäume vernichtet, der Hagel schlug die Körner aus den Ähren, und als die Heuernte eingebracht werden sollte, regnete es wochenlang. Schließlich kam es so weit, dass er nicht mehr wusste, wie er mit seiner Familie bis zur Ernte des nächsten Jahres leben sollte. In früheren Jahren hatte er regelmäßig einen Teil seiner Feldfrüchte auf dem Markt verkaufen und mit dem Erlös seine Schulden zahlen können. Diesmal aber blieb ihm kein Hälmlein und kein Körnlein, das er zu Geld machen konnte. Und doch waren die Steuern fällig, seine Gläubiger erwarteten die Bezahlung der rückständigen Zinsen und in Haus und Hof waren viele Anschaffungen nötig.

Niedergeschlagen wanderte er eines Tages zu einem entfernt gelegenen Dorf, wo Verwandte seiner Frau wohnten. Er wollte sie um ein kleines Darlehen bitten, damit er die dringendsten Schulden und die Steuern bezahlen konnte. Dieser Gang fiel ihm nicht leicht, er war es nicht gewöhnt, anderen Leuten seine Not zu klagen, und machte sich auch nicht allzu viele Hoffnungen über den Erfolg seiner Bitte, weil die Verwandten selbst nicht gerade begütert waren.

Auf dem Weg zu dem Dorf kam er durch eine düstere Schlucht. Müde und verzagt setzte er sich auf einen Felsblock am Weg und murmelte vor sich hin: »Ach, wenn mir doch irgendein höheres Wesen, eine gütige Fee oder ein freundlicher Kobold zu Hilfe käme!« Er sah traurig dem munteren Spiel der Eichhörnchen zu, die auf den Bergkiefern herumtollten, hörte den fröhlichen Gesang der Vögel und wurde dabei selbst nicht fröhlicher. Plötzlich war es ihm, als vernähme er hinter seinem Rücken leise Stimmen. Doch als er sich umdrehte, sah er niemanden. Aber bald meinte er wieder Stimmen zu hören, stand auf und spähte durch die Zweige der Bäume. Er sah zwar kein menschliches

Die Zwergenhöhle bei Obernberg

Wesen, aber die Stimmen waren jetzt noch viel deutlicher zu hören, und zwar schienen sie ihm vom anderen Ende der Schlucht zu kommen. Er zwängte sich durch das dichte Gebüsch, das hier wucherte, die Stimmen wurden lauter und lauter, und plötzlich sah er am Rand des Dickichts auf einer grünen Waldwiese Hunderte von kleinen Gestalten, die fröhlich umhersprangen und miteinander spielten. Inmitten der Spielenden stand ein wunderschöner, weiß und goldfarben schimmernder Wagen, vor den sechs weiße Ziegenböcke gespannt waren. Im Wagen aber saß ein alter, ehrwürdig aussehender Zwerg, der einen purpurnen Mantel trug und eine glitzernde Krone auf dem Haupt hatte.

Der Bauer verharrte regungslos in seinem Versteck und beobachtete das fröhliche Treiben. Eine Weile blieb er hinter seinem Busch unbemerkt, dann aber entdeckten ihn plötzlich zwei der Männchen, die ganz nahe herangekommen waren. Mit einem lauten Schrei prallten sie erschrocken vor dem großen Menschen zurück, der da mit einem Mal vor ihnen stand. Die ganze Schar der Zwerge kam nun herbei und sie führten den Bauern zum König, der den fremden Eindringling auszufragen begann. Der Bauer klagte dem Zwergenkönig seine Not und dieser schien von seinen offenen Worten gerührt zu sein. Er rief die Zwerge zu sich und befahl ihnen, zu einem nahe gelegenen niederen Hügel voranzugehen und dort das unsichtbare Tor aufzuschließen. Dann fuhr er mit seinem glänzenden Gespann hinter seinem Volk nach und lud den Bauern ein mitzukommen. Ein langer, nur schwach beleuchteter Gang führte ins Innere des Hügels zu einem eisernen Tor, dessen Flügel weit offen standen.

Vor den Blicken des erstaunten Bauern lag in strahlendem Lichterglanz ein geräumiger Saal. An den Wänden entlang waren Gold, Silber und Edelsteine aufgeschichtet und aufs Schönste geordnet wie die Haufen von Körnerfrucht auf dem Schüttboden eines reichen Bauern. Während er noch fassungslos diesen unermesslichen Reichtum betrachtete, trat einer der Zwerge an ihn heran und forderte ihn mit freundlichen Worten auf, in den Nebenraum zu kommen, denn das Essen stehe bereit. Der Bauer folgte dem Zwerg in das andere Gemach, wo der König mit seinem Volk an einer festlich gedeckten Tafel saß. Da wurden nun Speisen und Getränke aufgetragen, dass sich die Tische bogen, und ein köstliches Gericht folgte dem anderen. So gute Sachen hatte der Bauer noch nie gesehen, geschweige denn gegessen. Immer, wenn er meinte, er könne keinen Bissen mehr hinunterbringen, legten ihm die freundlichen Zwerge ein neues Gericht vor, und der Bauer aß und aß, wie er es sein Lebtag noch niemals getan hatte.

Die festliche Schmauserei dauerte zwei Tage. Am dritten Tag ließ der König seinen Gast rufen und fragte ihn, wie es ihm hier gefalle und ob er nicht auf immer dableiben wolle. Da fielen dem Bauern ganz plötzlich seine Frau und seine Kinder ein, die ja nicht wussten, wo er war, und alle Not, die ihn und seine Familie erwartete, kam ihm wieder zum Bewusstsein. »Lieber Herr«, sagte er mit zitternder Stimme, »in Eurem Reich ist es wunderschön, hier gibt es keine Not und keine Sorgen und ich würde gern für immer dableiben. Aber droben auf der Erde leben meine Frau und meine Kinder in Armut und Elend. Sie wissen nicht, wo ich hingekommen bin, und haben gewiss schon Angst um mich. Ich bitte Euch, lasst mich wieder zu den Meinen nach Hause gehen!«

Der König der Zwerge nickte freundlich und antwortete: »Morgen sollst du wieder zu deiner Familie heimkehren. Aber vorher darfst du dir zum Andenken an uns aus meinen Schätzen auswählen, was du willst.«

Die Zwerge brachten ihm nun einen großen Sack und legten ihm Gold und Silber und Edelsteine zur Auswahl vor. Der Bauer aber packte in den Sack, was er nur glaubte schleppen zu können.

Am anderen Morgen nahm der Bauer Abschied von dem freundlichen Zwergenkönig und seinem vergnügten Volk und ging mit dem schweren Sack auf dem Rücken durch den langen Gang zum Ausgang der Höhle. Bald sah er sich wieder auf der grünen Waldwiese, wo er die Zwerge gefunden hatte, und in aller Eile wanderte er zu seiner Familie heim, die sich wegen seines langen Ausbleibens schon fast zu Tode gesorgt hatte. Denn er war nicht drei Tage fort gewesen, wie er gemeint hatte, sondern eine ganze Woche. Nun aber hatte alle Not ein Ende und der Bauer blieb den Zwergen sein ganzes Leben lang dankbar.

Das Faust-Stöckl bei Aschach

Gegenüber dem Ort Aschach erhebt sich auf einem Felsen des Landshaagberges ein schlossähnliches Gebäude, das im Volksmund das Faust-Stöckl heißt.

Der Erzzauberer Doktor Faust hatte seine Seele dem Teufel verschrieben und dieser musste ihm dafür eine lange Reihe von Jahren zu Diensten sein. Auf seinen weiten Reisen durch die Welt wurde Faust stets von dem bösen Geist begleitet, der in Gestalt eines Dieners alle Befehle seines Herrn zu erfüllen verpflichtet war, selbst wenn es sich, wie dies oft geschah, um die absonderlichsten Wünsche handelte. Doktor Faust schien es oft geradezu darauf abgesehen zu haben, seinen Diener vor scheinbar unlösbare Aufgaben zu stellen. Doch der Teufel erfüllte, ohne auch nur mit der Wimper zu zucken, alle Wünsche seines Gebieters.

Eines Abends kamen Herr und Knecht nach einer weiten und beschwerlichen Reise todmüde in der Nähe des Dorfes Landschach an die Donau. Als sie auf dem Landshaagberg standen, war Doktor Faust gänzlich erschöpft und konnte nicht mehr weiter. Da befahl er seinem Diener, ihm noch in der gleichen Stunde auf einem Felsen des Berges ein Haus zu erbauen, damit er über Nacht eine Ruhestätte habe. Der Teufel erfüllte den Auftrag seines Herr und schon nach einer Stunde konnte Faust das hübsche Schlösschen beziehen. Es gefiel ihm so gut, dass er beschloss, nicht sofort weiterzuziehen, sondern einige Zeit hier zu bleiben. Der Teufel musste ihm noch ein schönes Studierzimmer einrichten, wo er seine geheimnisvollen Forschungen betrieb und den Leuten, die ihn dort aufsuchten, die merkwürdigsten Zauberkunststücke zeigte, die seinen Namen im ganzen Donautal bekannt und berühmt machten.

Allmählich aber kam die Zeit heran, da der Teufel sein Anrecht auf Fausts Seele geltend machen konnte. Nun war es mit der Ruhe des Doktor Faust vorbei. Er lebte in Furcht und Schrecken vor seinem baldigen Ende. Ganze Nächte hindurch hörte man ihn gotteserbärmlich stöhnen und ächzen, sodass die Nachbarn in der Umgebung gar nicht mehr schlafen konnten.

Eines Nachts vernahmen sie ein fürchterliches Getöse, als stürze ein ganzer Berg ein. Es donnerte und blitzte, der Himmel war pechschwarz. Der Teufel brach in das verschlossene Haus ein, packte den sich heftig sträubenden Faust und fuhr mit ihm durch ein Mauerloch hoch in die Luft hinauf. Doktor Faust erfasste bittere Reue und er rief mit lauter Stimme: »Gnade, Gnade, o Gnade, ich bereue!«

Aber es war zu spät. Er starb in den Krallen des Teufels, der die Seele des armen Sünders packte und mit ihr zur Hölle fuhr.

Seit dieser Zeit wollte niemand mehr im Haus auf dem Landshaagberg wohnen. Die Leute aber nennen es das Faust-Stöckl und zeigen noch heute das große Mauerloch, durch das der Teufel mit Faust aus dem Haus gefahren ist.

Der schwarze Mönch auf Werfenstein

Mitten in der Donau unterhalb der Stadt Grein erhob sich auf mächtigen Felsblöcken einst die Raubritterburg Werfenstein. Die Herren von Werfenstein sperrten mit einer langen Kette, die über den Strom gezogen wurde, den Fahrzeugen die Talfahrt. Dann plünderten sie die Schiffe und setzten die Eigentümer im Teufelsturm der Burg gefangen, bis sich diese durch reiches Lösegeld die Freiheit erkaufen konnten, sonst mussten sie im Turm elend zu Grunde gehen. Noch in späteren Zeiten, als das Raubnest schon längst zerstört war, soll man in stürmischen Nächten das Wehklagen der Ermordeten gehört haben, deren Geister dort auf die Erlösung warteten.

In den Mauern dieses unheimlichen Turmes hauste auch der schwarze Mönch, dessen Seele zur Strafe für sein schlechtes Leben dorthin verbannt worden war und der keinen Frieden finden konnte. Sein Erscheinen zeigte Unglück an.

Der schwarze Mönch auf Werfenstein

Als im 11. Jahrhundert Kaiser Heinrich III. mit großem Gefolge die Donau abwärts fuhr, begleitete ihn auch Bischof Bruno von Würzburg. Am Werfenstein glaubte der Bischof plötzlich den schwarzen Mönch vor sich zu sehen, der drohend die Hand hob. Bleich vor Entsetzen fragte der Bischof, was das für eine Schreckensgestalt sei, aber außer ihm hatte niemand etwas gesehen.

Als man dann in Persenbeug an Land stieg, um in der Burg der Gräfin Richlita von Ebersberg Rast zu halten, hatte sich der Bischof von seinem Schrecken wieder erholt. Inmitten der anderen Gäste stand er in einem Saal der Burg neben der Schlossherrin und unterhielt sich mit ihr. Plötzlich brach der Fußboden des Saales ein und der Bischof stürzte mit allen Anwesenden in den darunter liegenden Raum. Der Kaiser und die anderen kamen heil davon, doch Bischof Bruno fand bei dem Sturz den Tod.

Das Erscheinen des schwarzen Mönches hatte dieses Unglück angezeigt, ebenso wie es hundert Jahre später zur Zeit der Kreuzzüge geschah, als der gespenstische Mönch einem vorbeifahrenden Kreuzfahrerschiff erschien. Alle Schiffsleute sahen ihn, bis auf einen Mann. Als das Schiff bald darauf an eine Klippe stieß und unterging, fand die ganze Besatzung den Tod bis auf den einen, dem sich der Mönch nicht gezeigt hatte.

Kurz bevor die Türken im Jahr 1529 das erste Mal Wien belagerten, konnte man auf dem Teufelsturm im Strudengau wiederholt den schwarzen Mönch sehen. Mit einem großen Zweihänderschwert führte er wuchtige Hiebe durch die Luft. Bald darauf kamen türkische Streitscharen bis in den Strudengau und brachten Unglück und Not.

In späterer Zeit wurde der Turm abgebrochen; die Steine verwendete man zum Bau von Schanzen gegen die napoleonischen Soldaten. Dennoch blieb der Ort noch lange Jahre verrufen.

Oberösterreich

Der Schütze von Losensteinleiten

Als die Türken im Jahre 1532 in Österreich einfielen, drang eine Schar von fünftausend Türken bis über die Enns vor und gelangte zum Schloss Losensteinleiten. Alle Bewohner des Schlosses waren geflohen, nur ein alter Jäger war zurückgeblieben, der die Tore verriegelt hatte und entschlossen war, der Übermacht standzuhalten.

Der feindliche Heerhaufen lagerte auf dem Leimannsdorfer Feld unweit des Schlosses; das Zelt des Paschas stand unter einer mächtigen Linde. Nach kurzer Zeit begannen die Türken mit ihren Vorbereitungen zum Sturm auf die Burg. Sie fällten Bäume, zimmerten Sturmböcke und Leitern, und der alte Jäger erkannte bald, dass nur eine List ihn und die Burg vor der Vernichtung retten könnte. Er rannte in die Rüstkammer des Schlosses, schleppte Harnische und Helme herbei und stellte in jedes Fenster der Burg einen hohlen eisernen Mann, neben dem er eine Büchse sowie Pulver und Blei zurechtlegte. So täuschte er eine starke Besatzung der Burg vor.

Am nächsten Morgen gingen die Türken zum Sturm vor. Da sie sich in dem Schloss reiche Beute erhofften, stürmten sie wie die Wilden heran. Nun musste der alte Jäger schnell handeln. Er eilte flink von Fenster zu Fenster, feuerte überall einen wohlgezielten Schuss auf die heranstürmenden Feinde ab und jeder Schuss fand sein Ziel, denn der alte Jäger war einer der besten Schützen im Ennstal. Den Türken voran ritt ihr Anführer auf einem Schimmel; als auch er tödlich getroffen vom Pferd stürzte, ergriff die feindlichen Krieger eine heillose Verwirrung, sie zogen sich zurück und gaben die Belagerung auf. Wahrscheinlich glaubten sie, die ganze Burg stecke voll geübter, treffsicherer Schützen und jeder Kampf sei zwecklos.

Als die Belagerer abgezogen waren und weit und breit kein Türke mehr zu sehen war, kam der Jäger aus seiner Festung heraus, fing sich den herrenlosen Schimmel ein und freute sich seiner wohlgelungenen List. So hatte der alte Meisterschütze die Türken vertrieben und das Schloss Losensteinleiten gerettet.

Der Donaufürst
im Strudengau

Wer in dunklen Nächten oder an Tagen, wenn dichter Nebel alles verhüllt und die Sicht behindert, im Strudengau am Ufer der Donau entlangwandert, der kann manchmal ein leises Seufzen oder auch ein dumpfes Klagen über den Wellen des Stromes vernehmen. Es sind die Klagen der Donaunixen, die ihren Herrn, den Donaufürsten, beweinen, den sie vor vielen Jahren verloren haben. Und das ging so zu:

Einst lebte ein alter Fischer mit seiner hübschen Tochter am Ufer der Donau. Frühmorgens ging der Alte auf Fischfang aus und kehrte erst spätabends in seine Hütte zurück, während sich das Mädchen um den Haushalt kümmerte. Als er eines Tages zur gewohnten Zeit die Netze einzog und wieder an Land stieg, fand er eine große Schar Menschen aufgeregt vor seiner Hütte versammelt. Er fragte erschrocken, was vorgefallen sei, und erfuhr zu seinem Entsetzen, dass der Donaufürst, als alter Mann verkleidet, seine Tochter geraubt habe.

Von da ab wurde der alte Fischer menschenscheu; stundenlang saß er, ohne sich zu rühren, in seiner Hütte und dachte darüber nach, wie er seine Tochter wieder aus der Gewalt des Donaufürsten befreien könnte. Oder er wanderte am Ufer der Donau entlang, rief den Namen des Mädchens und klagte und weinte. Schließlich erfuhr er von einem anderen alten Fischer, dass der Herr des Stromes sich in mondhellen, stürmischen Nächten jenem Fischer zeigt, der nichts Geweihtes am Körper trägt. Er beschloss sofort, in einer solchen Nacht die Fahrt mit seinem Kahn zu wagen und den Donaufürsten zu suchen.

In der nächsten mondhellen, stürmischen Nacht fuhr er also mitten auf den Strom hinaus. Plötzlich tauchte eine Gestalt aus den Wellen vor ihm auf, die wahrhaft Ehrfurcht gebietend war. Die Erscheinung trug einen purpurroten Mantel, blauschimmernde Haare und ein blauschimmernder Bart flossen bis zum Wasser hinab, auf dem mächtigen Haupt saß eine dreieckige glitzernde Muschelkrone. Der Donaufürst – denn er war es, der sich dem Alten gezeigt hatte – fragte den Fischer, was er für einen Wunsch habe. So pflegt er jeden zu fragen, der ihm begegnet, und zieht ihn dann hinunter in die Tiefe des Stromes, wo sich jeder Wunsch erfüllt.

Der Fischer sprach kein Wort, sondern starrte nur wie gebannt auf die strahlende Erscheinung, die langsam immer näher an sein Boot heranglitt. Als der Fürst aber nach dem Rand des Nachens griff, hob der Alte das Ruder und ließ es mit voller Wucht auf das Haupt des Donaufürsten niedersausen. Vier große glänzende Steine flogen in weitem Bogen aus der Krone in das Wasser oder ans Ufer. Um das Ruder hatte der Fischer vor der Ausfahrt einen Rosenkranz geschlungen. Dieser Rosenkranz schützte ihn, sonst wäre er sicher verloren gewesen.

Seit diesem Ereignis sind viele Jahrhunderte vergangen. Aber immer noch sucht der Herr des Stromes am Ufer und auf dem Grund der Donau nach den Steinen, die ihm der Fischer damals aus der Krone geschlagen hat. Erst wenn er sie gefunden hat, darf er wieder als Fürst in seinen Palast zurückkehren.

Weil der Donaufürst vier Steine verloren hat, darf jeder Mensch, der ertrinkt, vier Tage im Palast des Fürsten wohnen. Nixen bedienen ihn, die Tochter des Fischers aber windet einen Blumenstrauß und sendet ihn an die Oberfläche des Wassers hinauf, damit die Menschen oben wissen, dass wieder einer der Ihrigen im Strom den Tod gefunden hat.

Die Schenkin auf Burg Windegg

Unweit von Schwertberg stehen auf einem Hügelrücken die Überreste einer Ritterburg, deren Herren einst stolz und mächtig das weite Land beherrschten.

Die letzte Schlossfrau von Windegg war ihren Untertanen keine gütige Herrin. Sie nahm den armen Bauern das letzte Korn aus der Scheuer, die letzte Kuh aus dem Stall, wenn sie ihre Steuern nicht pünktlich auf den Tag bezahlten. Dabei herrschte im Schloss Überfluss und die

Die Schenkin auf Burg Windegg

Gräfin ließ sich nicht den geringsten Wunsch unerfüllt. Wagte sich aber ein armer Wanderer zum Burgtor, so verspottete und verhöhnte sie ihn und jagte ihn fort.

Eines Abends kam ein alter Pilger vor das Schloss, der sich auf dem Heimweg aus dem Heiligen Land befand. Er war vollkommen erschöpft und bat den Torwart um eine Kleinigkeit zum Essen und um ein Nachtlager. Die offensichtliche Schwäche des alten Mannes rührte sogar das Herz dieses rauen Burschen und er ließ ihn beim Schlosstor eintreten. Die Gräfin aber, die zufällig gerade im Schlosshof war, wusste nichts Besseres zu tun, als den alten Mann wieder fortzujagen. Sie überhörte seine demütigen Bitten, ja sogar einen Schluck Wein verweigerte sie dem zu Tode erschöpften Mann.

»Dort unten im Tal«, rief sie, »rinnt Wasser genug, dort magst du trinken, so viel du Lust hast. Hier im Schloss ist kein Platz für unnützes Bettelvolk!« Damit stieß sie den Alten zum Tor hinaus und schlug die Torflügel hinter ihm zu.

Der Alte schleppte sich den Hügel hinab, am Bach aber brach er vor Erschöpfung zusammen, sank ins Gras und verwünschte mit bebenden Lippen die hartherzige Schlossfrau, die einem Bittenden kein Dach über dem Kopf und nicht einmal einen Schluck Wein gewähren wollte.

Der Fluch des alten Mannes ging in Erfüllung. Noch in der gleichen Nacht traf die Burgfrau der Schlag und kurze Zeit darauf starb sie. Doch sie sollte im Grab keine Ruhe finden. Nachts wandert sie durch die Trümmer ihrer verfallenen Burg, aber nicht in den Kleidern einer Schlossherrin, sondern im Gewand einer Schenkenfrau. In der Hand trägt sie einen großen glühenden Becher voll Wein. Jammernd und klagend sucht die arme Seele nach einem durstigen Menschen, der einen Schluck aus ihrem Becher trinkt. Erst wenn sich einer findet, der dies vollbringt, ist die Schenkin von Windegg von dem Fluch erlöst, der auf ihr liegt.

Oberösterreich

Der Riesenhans im Mühlviertel

Einst lebte im oberen Mühlviertel der Riesenhans, ein großer, bärenkräftiger Bursche, der aus einer Riesenfamilie stammte. Mit siebzehn Jahren verdingte er sich bei einem Bauern als Pferdeknecht und der Bauer glaubte, mit dem Riesenkerl einen guten Fang getan zu haben. Aber schon beim ersten Frühstück verging ihm die Freude an dem neuen Knecht. Dem hungrigen Riesen konnte die Schüssel nicht oft genug mit Suppe gefüllt werden, dazu aß er zwei mächtige Brotlaibe auf. Nachher nahm ihn der Bauer zum Holzfällen in den Wald mit. Wie es üblich war, bezeichnete der Bauer die Bäume, die gefällt werden sollten, und dann wollte er sie mit Hilfe seines Begleiters fällen. Dem Riesenhans aber erschien dieses Verfahren zeitraubend und umständlich, er machte es viel einfacher, riss die Bäume mit der Wurzel aus und warf sie auf einen Haufen zusammen. Dem Bauern gruselte und schauderte es.

Beim Mittagessen hatte die Bäuerin schon mit dem tüchtigen Hunger der Holzfäller und auch mit dem Appetit des riesigen Knechtes gerechnet und in doppelter Menge angerichtet. Aber Hans war mit Fleisch und Knödeln so rasch fertig, dass die Bäuerin nochmals auftragen musste und bald entsetzt in die leeren Töpfe starrte. Nun begann sich der Bauer vor seinem Knecht zu fürchten und hätte ihn am liebsten aus dem Haus gejagt. Allein, er wagte es nicht, dem starken Burschen zu sagen, er solle sein Bündel schnüren und sich einen anderen Dienstposten suchen. So verfiel der Bauer auf die Idee, den Riesenhans ums Leben zu bringen.

Am Nachmittag befahl der Bauer dem Knecht, am Hang eine tiefe Grube auszuheben. Hans fragte nicht, warum und wozu, sondern machte sich gleich mit Fleiß und Eifer ans Werk. Als er schon drei Meter tief gekommen war, wälzte der Bauer große Steinblöcke herbei und ließ sie in die Grube rollen, um den unerwünschten Knecht zu erschlagen. Hans aber rief, der Bauer solle mehr Acht geben und nicht so viel Sand in die Grube rieseln lassen, das hindere ihn zu sehr. Der Bauer hatte den Riesen schon für erledigt gehalten, erschrak nun nicht wenig und meinte kläglich, es werde nicht wieder vorkommen.

Der Riesenhans blieb also bei dem Bauern, arbeitete für zehn, aß aber auch für zehn. Und letzten Endes kam dabei jeder auf seine Rechnung – der Bauer und der Riesenknecht.

Das Mühlmännlein und der Spielmann

In Haslach lebte einst ein lustiger Spielmann, der so unbekümmert und leichtsinnig seine Tage verbrachte, dass seine Frau ihre liebe Not mit ihm hatte.

Eines Tages wanderte dieser Spielmann durch das Tal der großen Mühl zu einer Hochzeit nach St. Oswald. Bei dem Schlösschen Lichtenau kam ein kleines Männlein auf ihn zu, das auf einem ebenso kleinen Pferd daherritt. Der Kleine sah seltsam genug aus. Er steckte in einem grünen Gewand, sein Gesicht war braun, Haare und Bart waren grün und seine Augen leuchteten wie brennende Kohlen. Seine Kleider und das Zaumzeug des Pferdes waren mit Sumpf- und Wasserpflanzen geschmückt.

»Wohin gehst du?«, fragte der sonderbare Zwerg den erstaunten Spielmann.

»Ich gehe nach St. Oswald«, antwortete der Bursche, »dort will ich bei einer Bauernhochzeit zum Tanz aufspielen.«

»Lass die St. Oswalder!«, befahl ihm das Männchen. »Die werden auch ohne dich auskommen. Ich halte ebenfalls heute Hochzeit, und wenn du mitkommst und mir aufspielst, so wird es dein Schaden nicht sein.

Der Spielmann überlegte nicht lange und folgte dem Männlein. Das Männlein führte ihn zur Mühl, und kaum setzte es den Fuß ins Wasser, als es sich teilte. Eine kristallene Stiege kam zum Vorschein. Der Spielmann tappte verwundert und höchst neugierig dem Männchen nach.

Am Fuß der Stiege öffnete sich ein eisernes Tor vor ihnen und sie traten in einen prächtigen, in den Felsen eingehauenen Saal, der im Glanz vieler Lichter strahlte. Der Spielmann schaute sich fast die Augen aus dem Kopf, gaffte und riss den Mund auf, aber lange ließ ihm das grüne Männchen nicht Zeit zum Staunen, jetzt hieß es zur Hochzeit aufzuspielen. Und der Spielmann geigte so schön wie noch nie zuvor. Beim ersten Geigenton sprangen an den Wänden viele Türen auf und ein kleines grünes Völkchen trat paarweise in den Saal. Sie fingen sofort zu tanzen an und konnten das besser als sämtliche Bauernburschen und Mädchen im Umkreis. Der kleine Bräutigam schwenkte begeistert seine zierliche grüne Braut.

Der Spielmann spielte sich die Finger wund, bis das Fest zu Ende war. Die kleinen Tänzer und Tänzerinnen schritten wieder paarweise aus dem Saal. Nur die Braut war zurückgeblieben und flüsterte dem Spielmann ins Ohr: »Zum Lohn für dein Spiel verlange nichts anderes, als was im Kehricht hinter dem Besen liegt.« Nach einer Weile kam der Bräutigam und fragte, was er für das Spiel schuldig sei.

»Ich verlange nichts anderes«, antwortete der Spielmann, »als was im Kehricht hinter dem Besen liegt.«

»Du hast keine schlechte Wahl getroffen«, rief das Mühlmännlein lächelnd. »Es sind nur drei Kreuzer, aber jeder Kreuzer kann dir einen Wunsch erfüllen.«

Der Spielmann war todmüde und hörte kaum, was der Zwerg sagte. Drei Kreuzer schienen ihm ein lächerlicher Lohn zu sein, er steckte sie unwillig in die Tasche und dachte daran, wie viel mehr Kreuzer er sich bei der St. Oswalder Hochzeit erspielt hätte, aber er war ein gutmütiger Bursche und ließ sich daher von seiner Enttäuschung nichts anmerken.

Das Mühlmännlein führte den Spielmann aus dem Saal, und mit einem Mal stand der Bursche wieder auf der Wiese am Ufer der Mühl und er wusste nicht, ob er träumte oder wach war. Der Mond hing am Himmel, alles lag in zauberhaftem Licht, der Spielmann sah das Schloss Lichtenau und rechts davon den mächtigen Turm von Haslach. Er kratzte sich den Kopf, wusste aber noch immer nicht, wie ihm geschehen war, und wanderte heim.

Das Mühlmännlein und der Spielmann

Seine junge Frau empfing ihn mit heftigen Vorwürfen. Kein Wunder, denn er hatte acht Tage im unterirdischen Saal gegeigt, ohne es zu wissen. Und was sollte sich seine Frau denken, wenn er sie eine Woche allein ließ ohne Abschied und ohne Erklärung? Sie hatte sich fast zu Tode gesorgt, denn, um die Wahrheit zu sagen, sie liebte ihren leichtsinnigen Spielmann, aber das hinderte sie nicht, ihn tüchtig auszuzanken und ihn an alles zu erinnern, was er ihr in seinem Leichtsinn schon angetan hatte. Ein Wort gab das andere – kurz und gut, es verging kaum eine halbe Stunde und sie stritten sich und waren aufeinander böse, als könnten sie sich nie mehr gut werden.

Plötzlich erinnerte sich der Spielmann an seine Wunschkreuzer, und obwohl er nun wirklich nicht mehr wusste, ob er alles nur geträumt hätte, griff er zornig in die Tasche, nahm eine der Münzen heraus und rief: »Wenn wirklich jeder Kreuzer einen Wunsch erfüllt, so wünsche ich dir, du Zankbesen, du spitzzüngiger Drache, dass dich der Teufel auf des Teufels Tanzboden am Ekkartsberg entführt!«

Kaum hatte er das gesagt, als sich ein schrecklicher Sturm erhob, der um das Haus fauchte und brauste, dass den beiden Hören und Sehen verging. Türen und Fenster sprangen auf und – hui – fort war die Frau! Was blieb dem armen Spielmann übrig, als sofort den zweiten Kreuzer herauszuziehen und seine Frau wieder zurückzuwünschen. Und schon stand sie vor ihm und zitterte und war lammfromm geworden; sie umarmten und küssten sich und die Lust zum Streiten war ihnen gründlich vergangen.

Dieses schreckliche nächtliche Ereignis wurde bald in der ganzen Umgebung bekannt und die Leute fingen an, den Spielmann und seine Frau zu meiden, denn sie meinten, es gehe nicht mit rechten Dingen bei ihnen zu. Da wurde der Spielmann immer nachdenklicher, er vergaß seinen früheren Leichtsinn und wurde von Tag zu Tag ernster und trübsinniger, und seiner Frau wäre es insgeheim lieber gewesen, er wäre noch der alte leichtsinnige Springinsfeld, den sie gelegentlich tüchtig auszanken konnte, als so ein trauriger Geselle. Schließlich beschloss der Spielmann, in die Fremde zu ziehen. Bevor er fortwanderte, nahm er den dritten Kreuzer und warf ihn schaudernd von sich. Seine Frau aber hob den Kreuzer auf und steckte ihn in seinen Geldbeutel.

So zog der Spielmann fort, kam weit herum, mit der Zeit verging seine Schwermut und er war wieder fröhlich und lustig wie vorher, nur mit dem einen Unterschied: Der Leichtsinn war ihm gründlich vergangen. Nach einiger Zeit bekam er Sehnsucht nach seiner Frau und beschloss wieder heimzukehren. Auf dem Heimweg musste er ein Stück mit dem Schiff über das Meer fahren. Als das Schiff mitten auf der See war, rundherum nur Wasser und Himmel, brach ein furchtbares Unwetter los. Seeleute und Kapitän wussten sich keinen Rat mehr.

An Bord des Schiffes befand sich auch ein Graf, und der arme Mann geriet derart in Angst, dass er jedem, der ihn retten würde, eine große Summe Geldes versprach. Nun erinnerte sich der Spielmann an den dritten Wunschkreuzer, den ihm seine Frau vor dem Fortgehen in die Tasche gesteckt hatte. Er bekam noch mehr Sehnsucht nach seinem Zuhause, als er ohnehin schon hatte, hatte überdies keine Lust, im Meer zu ersaufen, und zog daher flugs den Kreuzer aus dem Beutel und wünschte sich mit lauter Stimme eine ruhige glatte See und einen günstigen Wind zum Heimfahren. Kaum hatte er diese Worte ausgesprochen, als der Sturm abflaute, die Wogen sich glätteten und der Himmel strahlend blau wurde. Den Seeleuten und dem Grafen wurde es unheimlich zu Mute, sie betrachteten den seltsamen Spielmann mit Grauen, waren aber doch heilfroh, dass ihr Leben gerettet war. Der Graf übergab ihm das Gold, wie er es versprochen hatte.

Der Spielmann kam bald darauf glücklich und heil nach Hause und war, was den frohen Mut betraf, wieder ganz der Alte, aber sonst war er ein anderer Mensch geworden. Dass er einmal leichtsinnig gewesen war, das glaubte ihm niemand mehr. Seine Frau war überglücklich, und weil er ihr nie wieder Grund zum Zanken und Bösesein gab, wurden sie das glücklichste Paar, das man sich nur vorstellen konnte.

Mit des Grafen Gold richtete sich der Spielmann einen Laden ein, seine Frau half ihm getreulich dabei, und bald wurden sie wohlhabend und von allen Nachbarn geachtet. Nicht lange darauf wählten die Bürger den früheren Spielmann zum Marktrichter von Haslach, und er verwaltete sein Amt mit Umsicht und Gewissenhaftigkeit und sorgte für die Armen und Kranken. Als er in hohem Alter starb, wurde er von seinen Mitbürgern ehrlich betrauert.

Der Springerwirt zu Eferding

Vor dem Markt Eferding steht an der Landstraße ein altes Einkehrgasthaus, das seit jeher unter dem Namen »Zum Springerwirt« bekannt ist. Auf dem Wirtsschild, das über dem Eingangstor hängt, ist auch tatsächlich ein springender Harlekin dargestellt.

An einem heißen Sommertag saß eine durstige Gesellschaft biederer Eferdinger Bürger in der Gaststube des alten Wirtshauses. Wahrscheinlich tranken sie zweimal so viel, als sie vorgehabt hatten, und das war bei der glühenden Sommerhitze kein Wunder. Der Wirt döste schläfrig in einer Ecke des Raumes. Er war nicht gerade in bester Laune, denn in letzter Zeit waren die Gäste in seinem Haus immer seltener geworden. Ja, früher, da war an jedem Abend eine lustige Gesellschaft wie heute in der Stube gesessen, aber jetzt war es eine große Ausnahme, wenn die Leute zu ihm kamen.

Während der Wirt über die schlechten Zeiten nachgrübelte und dabei nicht vergnügter wurde, hörte er, wie draußen auf der Straße jemand ein fröhliches Liedchen sang. Im nächsten Augenblick öffnete ein schlanker junger Bursche die Tür, grüßte die versammelten Gäste freundlich und rief: »Heda, Herr Wirt, einen Krug vom Besten! Aber rasch! Die Hitze macht durstig, und doppelt gibt, wer schnell gibt!«

Der Wirt ließ sich nicht lange bitten, lief sofort in den Keller und schleppte einen vollen Krug seines besten Weines daher.

Der Fremde schlürfte genießerisch den Wein, verdrehte die Augen vor Wohlgefallen und meinte: »Kein schlechter Tropfen!«

»Das will ich meinen!«, antwortete der Wirt und fügte hinzu: »Mit Verlaub, kommt der Herr von weit her?«

»Zunächst von Eferding«, erklärte der Gast lächelnd, »aber ich habe schon viele fremde Länder und Städte gesehen.«

»Ihr seht mir aber gar nicht aus wie ein wandernder Handwerksgeselle«, erwiderte der Wirt.

»Das bin ich auch nicht«, versetzte der Fremde und fuhr nicht gerade bescheiden fort: »Ich bin ein studierter Mann, habe meine Gelehrsamkeit schon vor Kaisern und Königen beweisen können, bin ein Magister der freien Künste, der überall Aufsehen und Bewunderung erregt hat. Mein Name ist Rothard.«

Die Gäste steckten flüsternd ihre Köpfe zusammen und der Wirt sagte neugierig: »Da solltet Ihr uns doch von Eurer Kunst etwas zum Besten geben!«

»Ja, warum denn nicht!«, sagte der Magister und lächelte pfiffig. »Ihr könntet schon eine kleine Probe von mir haben. Wollt Ihr eine Wette mit mir wagen?«

»Es gilt!«, rief der Wirt.

Die Eferdinger Bürger waren dem Gespräch der beiden aufmerksam gefolgt und rückten nun neugierig näher. Der Fremde setzte schmunzelnd fort: »Nun gut, gebt also Obacht! Ich wette, dass ich höher springe als Euer Haus. Gelingt mir das, so habe ich die Wette gewonnen und Euer Haus gehört mir. Wenn ich aber verliere, so will ich fünfzig Humpen Eures besten Weines zahlen.«

Der Wirt lachte insgeheim, sah vor sich schon einen Beutel mit Goldstücken und sagte: »Top! Wir wollen es so halten!« Nachdem die Wette mit einem Handschlag bekräftigt worden war, stellten sich die Gäste neugierig im Kreis herum auf und der Wirt rief: »Nun los, zeigt, was Ihr könnt!«

Der Magister stellte sich mit einem verschmitzten Bubenlächeln in Positur. »Glaubt mir's oder glaubt mir's nicht, mein Lieber«, sagte er zu dem Wirt, »ich werde jetzt höher springen als Euer Haus.« »Freundchen«, lachte der Wirt, »das wird ein teurer Spaß für Euch werden. Lasst es lieber bleiben, die Wette habt Ihr schon verloren, und ich will gleich in den Keller gehen und das Fässchen vom Besten anstechen. Mein Haus ist zwei Stock hoch und Ihr wollt höher springen! Dass ich nicht lache!«

»Hoppla!«, rief der Fremde. »So haben wir nicht gewettet. Wartet nur, das Lachen wird Euch gleich vergehen.« Er wandte sich an die Gäste. »Ihr seid alle Zeugen, die Wette ist abgeschlossen und mit Handschlag besiegelt. Wenn ich höher springe als das Haus, so ist es mein Eigentum und der Wirt darf sich nicht drücken. Ein Vertrag ist ein Vertrag! Basta!«

Die Gäste gaben ihm Recht. Sie folgten dem Wirt und dem Fremden ins Freie. Der junge Bursche zog vor der Haustür seinen Rock aus und sagte: »So, und nun achtet genau, wie hoch ich springe!« Dann sprang er leichtfüßig in die Höhe, und es war ein beachtlicher Sprung, freilich kaum höher als über eine Tischkante.

»Freundchen«, sagte der Wirt, »das habt Ihr vom Prahlen!«

»Wieso?«, stellte sich der junge Kerl erstaunt und rief lachend: »Ich habe die Wette gewonnen! Euer Haus gehört jetzt mir. Und damit Ihr seht, dass ich auch sonst noch etwas springen lasse, so bringt schnell für jeden Gast einen Krug von Eurem besten Wein. Ich will ihn gern bezahlen.«

»Was!«, schrie der Wirt. »Wollt Ihr einen Narren aus mir machen? Mein Haus soll Euch gehören? Ihr seid kaum höher als dieses ebenerdige Fenster da gesprungen. Es wird Euch bald vergehen, dumme Späße zu treiben. Die Wette habe ich gewonnen und Ihr müsst die fünfzig Humpen bezahlen.«

»Geduld, Herr Wirt«, sagte der Magister, »Geduld! Ich bin gesprungen – nun mag Euer Haus springen. Hüpft es höher als ich, dann habe ich die Wette verloren. Nun los, du alter Kasten, spring einmal!«

Da hatte nun freilich der Student die Lacher auf seiner Seite. Nur der Wirt zog ein finsteres Gesicht, murrte vor sich hin und erklärte, so habe er die Wette nicht gemeint, Rothard möge nur gleich mit ihm zu Gericht gehen, und vor Gericht werde er, der Wirt, sich schon zu seinem Recht verhelfen. Die Gäste lachten noch immer und redeten auf die beiden ein, doch eitlen Vergleich im Guten zu schließen, denn man wisse ja, sagten sie, was bei Gericht herauskomme.

Der Wirt aber wollte von einer Versöhnung nichts wissen, bis ihn Rothard bei der Hand ergriff und vorschlug: »Meister Wirt, ich will nicht hartköpfig sein, ich bitte Euch gern als Erster um Versöhnung. Ich bin lange genug in der Welt umhergewandert. Wenn ich ehrlich bin, so hätte ich gern ein Plätzchen, wo ich in Ruhe bleiben kann. Nehmt mich in Eure Dienste und Ihr sollt mit mir zufrieden sein.«

Der Wirt machte gute Miene zum bösen Spiel und behielt den lustigen Springer im Haus. Er hatte es nicht zu bereuen, denn sein neuer Helfer hatte nicht nur den Mund auf dem rechten Fleck, sondern packte auch jede Arbeit tüchtig an. Die Gäste kamen auf ihre Rechnung. Sie wurden sorgfältig bedient und auch für ihre Unterhaltung war aufs

Beste gesorgt. Die Schwänke und lustigen Einfälle des Studenten lockten von weit und breit Gäste ins Haus und jeden Abend war die Wirtsstube übervoll. Allmählich wurde der Wirt immer wohlhabender und das hatte er nicht zuletzt dem übermütigen Gesellen zu verdanken.

Nach einigen Jahren brach eine Seuche im Land aus, und als der lustige Schankbursche krank wurde und starb, trauerten alle um ihn, die ihn gekannt hatten, und auch der Wirt weinte ihm manche Träne nach. Das Gasthaus aber heißt seit jener Zeit »Zum Springerwirt«.

St. Wolfgang

Wolfgang, der fromme Bischof von Regensburg, hatte sich schon lange im Geheimen gewünscht, Gott dem Herrn in der Einsamkeit durch Gebet und Betrachtungen dienen zu dürfen. Eines Tages verließ er den vornehmen bischöflichen Hof zu Regensburg und auf der Suche nach einem abgeschiedenen Ort kam er zum Abersee, der später nach ihm den Namen Wolfgangsee erhielt.

Am Nordufer des Sees fand Wolfgang eine Höhle im Falkenstein. Dort lebte er fünf Jahre als Einsiedler. Bevor die Sonne aufging, trat er jeden Morgen aus seiner Höhle und sang zur Ehre Gottes. Alles Getier im Wald horchte auf seine Stimme und schwieg, nichts regte sich um ihn. Bevor er dann am Abend sein einfaches Mooslager aufsuchte, dankte er wieder laut dem Herrn, und die Vögel in ihren Nestern und selbst die Bäume des Waldes lauschten stumm und ehrfürchtig seiner Stimme.

Täglich las der Heilige die Messe zur Ehre Gottes. Einmal verschlief er sich und seine Nachlässigkeit kränkte ihn so sehr, dass er seinen Kopf gegen die Felswand stieß. Aber der Stein gab wie weicher Lehm nach. Bald erzählte man sich überall in der ganzen Gegend von dem heiligmäßigen Leben des frommen Einsiedlers. Kranke und Leidende kamen zu ihm und baten ihn um Hilfe und Fürsprache bei Gott.

Nun gab es aber einen, dem behagte das fromme Leben des heiligen Mannes nicht, und das war der Teufel. Eines Tages, als St. Wolfgang

St. Wolfgang

hinunter ins Tal gehen wollte, riss der Teufel einen überhängenden Felsen auseinander, aber der Heilige stemmte Rücken und Hände gegen den stürzenden Felsblock und der harte Stein wurde so weich wie Wachs. Die Spuren der Hände sind noch heute im Felsen zu erkennen.

St. Wolfgang aber wurde der Nachstellungen des Teufels bald müde, ei-beschloss, sich eine andere Einsiedelei zu suchen, dem Herrn eine Kirche zu erbauen und ihm noch gewissenhafter zu dienen. Er nahm seine Axt und warf sie weit über den Felsen ins Tal hinunter und gelobte, dort die Kirche zu bauen, wo er die Axt wiederfinden würde.

Er musste lange suchen. Schließlich entdeckte er die Axt in einem dichten Wald, der auf einer felsigen Landzunge wuchs, die weit in den See hinausreichte.

St. Wolfgang zögerte nun nicht lange und fing an, Bäume zu fällen. Tagelang arbeitete er vom frühen Morgen bis zum späten Abend, alle Glieder schmerzten ihn, und schließlich hatte er kaum noch Kraft, die Axt zu schwingen. Niedergeschlagen hockte sich der Heilige eines Abends ins Moos. Er war zu schwach für die Aufgabe, die er sich vorgenommen hatte. Diese Gelegenheit ließ sich der Teufel nicht entgehen. Er stellte sich mit der freundlichsten Miene der Welt bei dem Heiligen ein, bedauerte ihn und redete honigsüße Worte. Schließlich bot er seine Dienste an. Er wolle in kürzester Zeit die Kirche schön und prächtig erbauen, wenn ihm St. Wolfgang dafür die Seele des ersten Pilgers verspreche, der die Kirche betreten werde.

Der Bischof bedachte sich nicht lange und nahm den Vorschlag an; die List und Zudringlichkeit des Teufels ärgerte ihn und er wollte ihm eine Lektion erteilen. Der Teufel stürzte sich sogleich in die Arbeit und flink wie ein Wiesel fällte er Bäume und setzte Stein auf Stein. Der Heilige aber betete die ganze Zeit zum Herrn, er möge keine menschliche Seele in die Hände des Bösen fallen lassen.

Der Teufel schuftete die ganze Nacht hindurch, und als die Sonne aufging, stand die Kirche da und nicht ein Nagel fehlte mehr. »Jetzt«, sagte der Teufel und trat zu dem Bischof, »will ich meinen Lohn haben.« Und er hoffte insgeheim, der Heilige werde nun voller Freude als Erster in die neue Kirche eilen und somit seine Beute werden.

Aber Wolfgang sagte nur sanft: »Gedulde dich eine Weile. Noch ist kein Beter über die Schwelle der Kirche getreten. Der erste soll dein sein.

Damit war der Teufel zufrieden. Er hockte sich auf einen Stein, schwang vor Vergnügen seinen Schwanz und stampfte mit dem Bocksfuß zu einer lustigen teuflischen Melodie, die er pfiff.

Der Heilige aber betete, ganz in sich versunken. So verging der Tag, und als es Abend wurde, kam ein mächtiger Wolf unter den Waldbäumen hervor. Der Wolf trottete zur Kirche, überschritt die Schwelle und lugte hinein.

»Mein lieber Teufel«, sagte St. Wolfgang, »hier ist dein Lohn!«

Der Teufel wusste sich vor Wut kaum zu fassen und schrie: »O Wolfgang, du hast mich betrogen! Diese Pilgerschaft werde ich nicht gelten lassen!«

St. Wolfgang aber erwiderte: »Nimm nur dein Opfer! Auf was wartest du? Haben wir nicht den ersten Pilger ausgemacht? Diesen da hat dir Gott zum Lohn geschickt. Nimm ihn!«

Der Teufel stieß ein so fürchterliches Geheul aus, dass die Bäume im Wald erzitterten und der Wolf mit eingezogenem Schwanz floh. Dann stürzte sich der Teufel in die Hölle und von dieser Stunde an ließ er den heiligen Wolfgang in Ruhe.

Wolfgang aber lebte noch zehn Jahre in einer Zelle neben der Kirche, wirkte Wunder und tat Gutes.

Eines Tages erschien ein Pilger in der Kirche, der vom Regensburger Hof des Bischofs kam. Er erkannte in Wolfgang seinen einstigen Herrn und berichtete daheim, wo und wie er den Bischof wiedergefunden habe. Die Regensburger hatten ihren geliebten Herrn schon sehr vermisst und voller Freude zogen sie zum Abersee, um Wolfgang heimzuholen. St. Wolfgang trennte sich schwer von seinem lieb gewordenen Leben in der Einsamkeit, aber er ließ sich dann doch bewegen, wieder nach Regensburg zurückzukehren.

Man sagt, seine kleine Kirche habe solche Sehnsucht nach ihm bekommen, dass sie stracks ebenfalls nach Regensburg eilen wollte, bis ihr Wolfgang gebot, auf ihren Platz am See zurückzukehren. Aber ob das eine hübsche Legende oder Wahrheit ist – wer weiß das!

Die Entstehung des Irrsees

Wo sich heute das dunkle Wasser des Zeller- oder Irrsees ausbreitet, lagen vor uralten Zeiten fruchtbare Felder, in deren Mitte sich ein prächtiges Schloss erhob. Das Schloss gehörte einem Zauberer, der von allen Leuten wegen seiner Bosheit gefürchtet war. Besonders hatte es dieser Kerl auf die Salz- und Bergarbeiter in Ischl abgesehen. Da er zeitlebens nie einen Finger in rechtmäßiger Arbeit gerührt hatte, ärgerte er sich über den Fleiß dieser Leute. Er nannte sie Maulwürfe, kriechende Erdwürmer und dergleichen mehr und schwor, sie seine Macht spüren zu lassen.

Eines Tages schickte er einen Boten mit einem verschlossenen Topf zu ihnen. In diesem Topf war angeblich Sole, die der Zauberer prüfen lassen wollte. Die Ischler aber waren zu ihrem Glück misstrauisch, wagten nicht, den sonderbaren Topf zu öffnen, und schickten den Boten wieder zurück.

Der Bote wanderte mit dem schweren Topf zu seinem Auftraggeber zurück. Es war ein heißer Sommertag, die Sonne stand strahlend am Himmel und dem armen Mann rann bald der Schweiß in Strömen herunter. Unweit des Zauberschlosses war er so erschöpft, dass er sich im Schatten eines Gebüsches hinsetzte, um ein wenig zu verschnaufen. Den Topf hatte er vor sich hingestellt. Er betrachtete ihn neugierig und hätte gar zu gern gewusst, ob sich wirklich Sole darin befand. Schließlich konnte er seine Neugier nicht länger bezähmen und hob den Deckel. In dem Topf wallte es auf, Wasser begann herauszufluten, und sosehr sich der arme Kerl auch mühte, den Deckel wieder auf den Topf zu drücken, es half nichts. Das Wasser strömte unaufhörlich, überflutete das Tal und rauschte um den Hügel, auf dem das Zauberschloss stand. Es riss die Erde weg und grub sich tiefe Höhlen in den Hang, und es dauerte nicht lange, da stürzte der Hügel ein, mit ihm das Schloss, und der Zauberer ertrank jämmerlich. So musste er selbst das Unheil erleiden, das er den Ischlern zugedacht hatte.

An der Stelle, wo einst das Schloss stand, breiten sich heute die Fluten des Irrsees aus. An klaren Tagen, wenn kein Lufthauch den Spiegel des Sees trübt, mag es sein, dass man tief unten am Grund die Zinnen des Schlosses aufglänzen sieht; wenn aber der Sturm über den See braust, soll so mancher Schiffer einem unheimlichen graubärtigen Mann begegnet sein, der mit seinem Kahn ziellos über den See fährt.

Burg Rannariedl

Unterhalb Engelhartszell erhebt sich am linken Ufer der Donau ein steiler Hügelrücken. Im Tal fließt die klare, plätschernde Ranna der Donau zu; oben auf dem Hügelrücken steht inmitten grüner Wälder die stolze Burg Rannariedl. Sie wurde auf den Trümmern der alten Burg erbaut, ist aber viel größer und prächtiger, als diese je war.

Als die alte Burg noch stand, lebte in ihr ein Ritter, der so glücklich war, wie er es sich nur wünschen konnte. Er hatte eine Frau, die ebenso schön wie gut war, und einen kleinen Sohn, den beide über alles liebten. Doch waren die Zeiten damals unruhig, feindliche Heerscharen zogen durch das Land und brannten Städte und Dörfer nieder. Auch das ruhige Donautal blieb von ihnen nicht verschont. Eines Tages erschien eine Horde vor der Burg Rannariedl und forderte den Ritter zur Übergabe auf. Der Ritter aber wollte sich mit seiner Frau und dem, kleinen Knaben nicht auf Gnade und Ungnade der wilden Schar ergeben. Er ließ die Zugbrücke aufziehen und die Burg auf die Belagerung vorbereiten.

Lange berannte die feindliche Schar vergebens die starke Burg. Der Kampf wurde immer erbitterter und so manche Bresche war schon in die starken Mauern geschlagen. Der Ritter wusste, dass sein Schicksal besiegelt war, aber er wollte bis zur letzten Stunde ausharren. Seine Frau war nicht bereit, ihn zu verlassen, sie hatte mit ihm gelebt und wollte mit ihm sterben. Der Anblick des kleinen Knaben aber füllte ihre Herzen mit bitterem Kummer. Sollten sie auch selbst sterben müssen, so wollten sie wenigstens das Kind retten.

Burg Rannariedl

Unter dem Burggesinde war eine kräftige, mutige Magd, die sich bereit erklärte, mit dem Kind donauabwärts zu flüchten und es vor den feindlichen Scharen zu verbergen. Noch in derselben Nacht ließ man die Magd mit dem Kind an einem Seil über eine steile, unwegsame Stelle des Burgfelsens in die Tiefe hinab. Am Morgen drangen die Feinde in die Burg ein, nach einem verzweifelten Kampf wurden der Ritter und seine Frau und alle Bewohner der Burg getötet. Rannariedl wurde in Brand gesteckt und bis auf die Grundmauern zerstört. Kein Stein blieb auf dem anderen.

Der Magd aber war es gelungen, sich im Schutz der Nacht zum Donauufer zu schleichen. Dort fand sie einen verlassenen Kahn. Sie legte das Kind unter die Ruderbank und löste die Kette des Bootes, aber im letzten Augenblick entdeckte sie eine Schar umherstreifender Söldner. Einer von ihnen hob den Bogen, zielte auf die Frau und traf nur zu gut. Mit einem Pfeil in der Brust stürzte die treue Beschützerin des Knaben lautlos ins Wasser. Das Boot aber trieb schaukelnd auf die Mitte des Stromes hinaus und die Wellen führten es donauabwärts.

Dort, wo an einem Berghang das Schloss Haichenbach steht, fand ein alter Fischer am nächsten Morgen ein Boot, das ans Ufer getrieben worden war. Unter der Ruderbank lag ein weinendes Kind. Der Alte nahm das Kind und brachte es ins Schloss Haichenbach. Die Burgherrin hatte Mitleid mit dem armen Wesen und zog es wie ihr eigenes Kind auf. Der Knabe wuchs und gedieh prächtig. Der Burgherr fand an dem hübschen Knaben nicht minder Gefallen wie seine Frau, er unterwies ihn in allen ritterlichen Tugenden und sandte ihn, als er herangewachsen war, an den fürstlichen Hof. Der junge Mann wurde frühzeitig zum Ritter geschlagen und kehrte mit goldenen Sporen, mit Gürtel und Wehrgehänge in die väterliche Burg zurück. Niemand wusste von seiner wahren Abstammung, er selbst hielt sich für einen Sohn des Burgherrn von Haichenbach.

Auf der Burg Haichenbach hörte der junge Ritter allerlei seltsame Geschichten. Man erzählte sich von reichen Schätzen, die in der zerstörten Burg Rannariedl begraben seien, aber niemand könne sie heben, weil ein Burggeist den Schatz bewache und noch jeden vertrieben habe, der auf die Burg gekommen sei. So mancher kühne Bursche, der

Oberösterreich

sein Glück trotzdem hatte versuchen wollen, war nie wieder zurückgekommen.

Der junge Ritter hörte sich die Geschichten an, und es war seltsam – er konnte davon nicht genug hören! Dabei reizten ihn weder Gold noch Schätze. Er war jung, er besaß alles, was er sich wünschen konnte. Und doch, er setzte es sich in den Kopf, den geheimen Schatz der Rannaburg zu suchen! Warum, das wusste er selbst nicht. Nach Art der jungen Leute zerbrach er sich auch nicht den Kopf darüber.

Eines Tages zog er aus, um der Sache auf den Grund zu gehen. Es nützte nichts, dass ihn seine hübsche Ziehschwester unter Tränen bat, es nicht zu tun. Er trabte fröhlich und guten Mutes das Donautal aufwärts und in seiner Fantasie sah er sich schon im grausigen Kampf mit dem Burggeist, den er durch Tapferkeit und Mut überwinden wollte. Nun, er war sehr jung, der hübsche Ritter, und konnte sich nicht vorstellen, dass ihm irgendetwas nicht gelingen könnte.

Als er aber über Schutt und Geröll, durch Gestrüpp und Dickicht in das halb verfallene Gemäuer des Burghofes einritt, erfasste ihn auf einmal ein seltsames Gefühl. Alle seine Fröhlichkeit war wie fortgeflogen. Die Vögel schienen ihm traurig zu singen, das Rauschen der Donau unten im Tal klang wehmütig in seinen Ohren und eine sonderbare Niedergeschlagenheit überfiel ihn. Er stieg zögernd vom Pferd und streifte durch die Trümmer. Schließlich entdeckte er eine mit Moos und Flechten überwachsene Tür in der Mauer. Während er sich bemühte, diese Pforte zu öffnen, sah er plötzlich ein kleines altes, verhutzeltes Männchen vor sich. Es hatte einen grauen Bart, der bis zum Boden herabhing, und es war in eine spinnwebgraue Kutte gekleidet. Das Männchen begrüßte ihn freundlich. »Ich habe lange auf dich gewartet«, sagte es, »und ich wusste, dass du eines Tages kommen würdest. Geh mit mir! Ich will dir zeigen, wo deine Eltern begraben liegen, und ich will dir auch den Schatz geben, der von Rechts wegen dir gehört und den ich viele Jahre für dich gehütet habe.«

»Meine Eltern«, antwortete der junge Ritter, »sind der Herr und die Herrin zu Haichenbach und ich weiß nicht, was deine Worte bedeuten sollen.«

Das graue Männchen schüttelte den Kopf und erzählte dem erstaunten jungen Mann jene traurige Geschichte seiner wirklichen Eltern, es

Burg Rannariedl

zeigte ihm auch den Platz, wo sein Vater und seine Mutter unter den Trümmern verschüttet lagen, und schließlich führte es ihn in ein unterirdisches Gewölbe. Dort lagen Gold- und Silbermünzen, so viele, wie der junge Mann sie noch niemals gesehen hatte.

»Dieses Gold«, sagte der Burggeist, »ist dein Eigentum. Nütze es in der rechten Weise.«

Unser junger Ritter glaubte zu träumen. Bevor er noch ein Wort zu dem Burggeist sagen konnte, war das Männlein verschwunden. Der junge Mann bückte sich und hob ein Goldstück auf. »Ich träume nicht«, murmelte er, »aber ich kann es nicht glauben.«

Langsam stieg er aus dem dunklen Gewölbe wieder ins Freie hinauf. Die Sonne schien. Auf den Trümmern wuchsen Blumen und Gras. Friedlich weidete sein Pferd im verlassenen Burghof. »Wenn alles wirklich wahr ist«, sagte sich der junge Mann, »wie könnte ich dann das Gold besser verwenden, als die Gebeine meiner Eltern würdig zu bestatten und ihre Burg wieder aufzubauen!« Er schwang sich aufs Pferd und ritt, so schnell er konnte, nach Haichenbach zurück.

In Haichenbach erzählte er sein sonderbares Erlebnis und erfuhr nun von seinen Pflegeeltern, dass er nicht ihr Sohn war, obwohl sie ihn wie einen Sohn liebten. In jenen Tagen, sagten sie, als die Burg Rannariedl zerstört worden war, sei er als Findling in einem Boot am Donauufer geborgen worden.

Gemeinsam mit dem Burgherrn von Haichenbach zog der junge Ritter aus, um den Schatz seiner Ahnen zu heben. Wenige Jahre später war Rannariedl keine Ruine mehr. Der junge Ritter hatte die Burg wieder aufbauen lassen und in der Schlosskapelle die Gebeine seiner Eltern beisetzen lassen. Er heiratete seine Pflegeschwester und zog mit ihr als neuer Schlossherr nach Rannariedl. Seinen Pflegeeltern blieb er bis zu ihrem Tod ein treuer Sohn.

Noch heute steht die Burg Rannariedl auf dem Hügel hoch über der Donau, dem Strom, der einst den Erbauer der Burg vor den Feinden gerettet hatte.

Oberösterreich

Das Brot der Bergmännchen von Reichraming

Bei Reichraming im Ennstal ragt vor dem Hochgebirge ein steiler Fels empor. In alten Zeiten, so erzählt man, hausten in diesem Felsen Bergmännchen, die im Innern des Gebirges nach Gold und Silber schürften. In den Klüften dieses unzugänglichen Felsens wuschen, kochten und backten sie.

Einmal ging ein Holzknecht in der Morgendämmerung am Fels bei Reichraming vorüber. Er hatte sich schon vor Tagesanbruch auf den Weg gemacht, weil er rechtzeitig zum Holzschlag kommen wollte. Gemächlich wanderte er bergan. Plötzlich sah er aus einer Felsspalte Rauch aufsteigen. »Wer kann so früh am Morgen schon bei der Arbeit sein?«, dachte er und trat neugierig näher.

Der Holzknecht war nicht wenig erstaunt, als er eine Schar kleiner Männlein bemerkte, die eifrig Brot backten. Einige kneteten den Teig und formten Laibe, andere trugen Holz herbei und schürten das Feuer im Backofen. Eine Weile schaute er ihnen zu und es gefiel ihm, dass sie so flink und geschickt werkten. Schließlich fasste er sich ein Herz und bat sie um einen Laib Brot.

»Gedulde dich ein wenig«, antwortete einer der kleinen Männer, »wir sind noch nicht fertig.« Auf den Holzknecht aber wartete die Arbeit im Wald, er wollte nicht zu spät kommen und wanderte weiter. Am Abend kam er wieder zu dem Felsen, wo er die Zwerge gesehen hatte. Ein Männchen trat aus der Kluft, ging zu ihm und sagte: »Warum hast du heute früh nicht länger gewartet? Hier hast du den versprochenen Brotlaib.« Und es überreichte dem Knecht einen großen Laib frisch gebackenen Brotes.

Der Bursche nahm das Geschenk dankbar an. Das Brot duftete köstlich und so setzte er sich gleich ins Gras und schnitt sich ein tüchtiges Stück ab. Wie groß aber war sein Erstaunen, als der Laib sofort wieder ganz wurde. Er schnitt noch ein Stück ab – wieder lag der Laib rund und ganz da. Nun tanzte der Bursche fast vor Freude, denn er hatte ein Brot erhalten, das nie zu Ende gehen konnte.

Der Laib blieb auch immer frisch und knusprig, und unser Holzknecht dachte schon, bis an sein Lebensende nie Hunger leiden zu müssen. Eines Tages aber teilte er das Brot mit seinen Kameraden im Holzschlag, schnitt Stück für Stück von dem Laib herunter und vergaß ganz, sich das letzte Stückchen aufzuheben. Und als der letzte Bissen verzehrt war, war es auch mit dem Segen zu Ende, der Bursche hatte leere Hände und trauerte seinem wunderbaren Brotlaib noch lange nach.

Die Reichraminger Zwerge sind längst verschwunden. Im Innern des Felsens aber soll ein riesiger Schatz an Gold und Silber liegen. Willst du den Schatz heben? Nun, dann such den goldenen Zapfen, der irgendwo im Berg steckt. Wer den Zapfen findet, kann den Felsen aufsperren und den Schatz in Besitz nehmen. Noch niemand hat den goldenen Zapfen gefunden. Vielleicht findest du ihn?

Der Wildschütz vom Toten Gebirge

Einst lebte in der Gegend von Hinterstoder mitten im tiefsten Wald ein armer Holzknecht mit seiner Familie und einem Gesellen. Freilich, wenn es nach dem Holzknecht gegangen wäre, so hätten die Bäume im Wald ewig stehen bleiben können. Er hatte zum Holzfällen wenig Lust, dafür umso mehr Freude an der Jagd. Aber er war ein armer Bursche und nur die reichen Herren durften den Rehen, den Hirschen und den Gämsen nachstellen. Ihn kümmerte das jedoch wenig, er scherte sich nicht um Gebote und Verbote und jahraus, jahrein war er hinter dem Wild her, sein Geselle desgleichen. Und so schlau und verwegen stellten es die beiden Burschen an, dass sie bisher noch kein Jäger ertappt hatte.

Als der Wilderer einmal allein im Gebirge einen stattlichen Gämsbock anpirschte, stand auf einmal, wie aus dem Boden gewachsen, ein riesiger schwarzer Jäger vor ihm. Der Wilddieb riss die Augen auf und ahnte sofort, wer der schwarze Kerl war, kein Geringerer nämlich als der Teufel höchstpersönlich. Der Bursche aber ließ sich seine Angst nicht anmerken, obwohl ihm ganz gewiss das Herz wild geklopft haben mag.

»Nun, mein Lieber«, sagte der Schwarze, »ich sehe, du jagst gern. Was würdest du mir geben, wenn ich dir eine Büchse gebe, aus der jeder Schuss ein Treffer ist?«

Dem Wilddieb leuchteten die Augen vor Verlangen. »Nicht übel«, sagte er, »aber ich bin ein armer Kerl und werde wohl kaum den Preis einer solchen Büchse bezahlen können.«

»Du kannst es«, erwiderte der Schwarze. »Der Preis ist nicht hoch und erst in zwanzig Jahren fällig.«

Weil nun der Wilderer nichts so sehr liebte wie die Kunst, nie das Ziel zu verfehlen, begann er mit dem Teufel zu unterhandeln. Schließlich wurden sie handelseins. Der Schwarze gab das nie fehlende Gewehr dem Wilddieb und verlieh ihm außerdem die Gabe, sich jedes Mal in einen Baumstamm zu verwandeln, wenn sich ein Jäger in der Nähe blicken lassen sollte. Dafür wollte sich der Teufel nach zwanzig Jahren zwischen zwölf und ein Uhr nachts an eben dieser Stelle die Seele des Wilderers holen. Der Wildschütz unterschrieb den Vertrag mit seinem Blut und der Schwarze verschwand in einer Felsspalte.

Nun war der Wilddieb der König des Waldes. Seine Kugel verfehlte nie das Ziel und kein Jäger konnte ihm etwas anhaben. Sooft sie ihm auch nachschlichen, er verwandelte sich stets rechtzeitig in einen Baumstock, und die Jäger waren die Genarrten.

So trieb es der Holzknecht zwanzig Jahre und lebte sorglos und noch dazu im Überfluss, denn seine Jagdbeute brachte ihm reichlich Geld ein. Schließlich aber nahte doch der Tag, an dem der Teufel seinen Preis abholen wollte. Unserem Wilderer aber wurde nicht bange, er war fest entschlossen, den Teufel zu überlisten.

Punkt elf Uhr in der vereinbarten Nacht ging er mit seinem Gesellen in den Wald und nahm ein Stück Kreide und Weihwasser mit. An der Stelle, wo ihm vor zwanzig Jahren der schwarze Jäger erschienen war, verwandelte er sich in einen Baumstock. Der Knecht zeichnete mit der Kreide drei Kreuze auf den Stamm und sprengte reichlich Weihwasser darauf. So erwartete der Wilderer seinen Partner.

Als die zwölfte Stunde gekommen war, trat der Teufel aus der Felsspalte und schaute sich nach dem Wilderer um. Aber vor ihm stand nur der Baumstrunk mit den drei kreidenen Kreuzzeichen. Der schwarze Jäger fluchte so wütend, dass sich sämtliches Getier im weiten Umkreis in seine Schlupfwinkel verkroch. Eine geschlagene Stunde tobte der Schwarze um den geweihten Stock herum, aber er konnte dem verwandelten Holzknecht nichts anhaben. Als die Glocke ein Uhr schlug, blieb dem Genarrten nichts anderes übrig, als heulend und zornsprühend in seine Felsspalte zurückzufahren, aus der er gekommen war.

Der Wildschütz jagte fortan aber ungehindert weiter und freute sich, dem Teufel ein Schnippchen geschlagen zu haben.

Die Gründung der Abtei Kremsmünster

Mehr als ein Jahrtausend ist vergangen, seit der Bayernherzog Tassilo über jenen Landstrich herrschte, wo sich heute im Tal der Krems der mächtige Bau des Benediktinerstiftes Kremsmünster erhebt. Damals waren die Hügel rings um das Stift von weiten, fast undurchdringlichen Wäldern bedeckt, in denen Bären und Wölfe, Hirsche und Eber zu Hause waren.

Als sich der Bayernherzog einst in Lorch aufhielt, jagte sein Sohn Gunter in den angrenzenden Wäldern. Im Eifer der Jagd ließ er sein Gefolge weit zurück und drang immer tiefer in den Wald ein, bis er zum Tal der Krems kam. Hier stöberte er einen riesigen Eber auf und griff ihn mit dem Jagdspieß an. Er verwundete das Tier schwer, aber sein Jagdspieß zerbrach. Der verletzte Eber wandte sich wütend gegen ihn, rannte ihn mit den Hauern nieder und riss ihm eine tiefe Wunde am Fuß. Einsam, verlassen und hilflos lag der junge Gunter im Moos unter den alten Bäumen und verblutete. Es war jene Stelle, wo heute der Gunterteich liegt.

Der treue Jagdhund des jungen Mannes führte das Gefolge zu seinem Herrn. Die Männer fanden Gunter tot neben dem verendeten Eber, jede Hilfe war zu spät gekommen und sie konnten nichts anderes tun, als dem Herzog die Nachricht vom Tod seines Sohnes zu bringen. Tassilo verließ sofort Lorch und eilte in das Tal der Krems. Bis tief in der Nacht saß er neben seinem Sohn und trauerte.

Plötzlich trat aus dem Dickicht ein weißer Hirsch hervor und näherte sich dem Herzog. Zwischen dem Geweih flackerte ein Licht, das die Form eines Kreuzes annahm. Der Hirsch blieb vor Tassilo stehen und verschwand dann wieder im Dunkel der Nacht – es war der St.-Hubertus-Hirsch gewesen.

Herzog Tassilo hatte wie gebannt auf die wunderbare Erscheinung gestarrt. Als er wie aus einem Traum aufwachte, beschloss er, seinem toten Sohn eine Erinnerungsstätte zu bauen.

Bald darauf ließ er an jenem Platz, wo Gunter verblutet war, eine hölzerne Kapelle errichten. Später wurde dort ein Kloster gegründet und bald stand an der Stelle der kleinen Kapelle eine stattliche Kirche. Seit der Gründung des Klosters im Jahre 777 wirken Benediktinermönche in Kremsmünster und zur Erinnerung an den Anlass der Gründung führt das Stift den Eber im Wappen.

Dietmar der Anhanger aus Ried

Im Jahre 1189 unternahm Kaiser Friedrich Barbarossa einen Kreuzzug ins Heilige Land. Viele Ritter und Herren hatten sich ihm angeschlossen. Im Fähnlein eines Grafen Eckart machte auch ein junger Müllersbursche aus Ried im Innkreis die Kreuzfahrt mit. Er hieß Dietmar, war ein munterer, beherzter Bursche und verstand das Schwert gut zu führen.

Das Heer des Kaisers zog die Donau abwärts. Nach vielen Gefahren und Entbehrungen und einer stürmischen Fahrt über das Meer kamen sie in das Land der feindlichen Sarazenen. Seuchen und Krankheiten

Dietmar der Anhanger aus Ried

hatten das Heer stark vermindert, aber der Rest war entschlossen, den Kampf mit den Sarazenen aufzunehmen. Die Sarazenen, schon seit langem Herren des Heiligen Landes, setzten den Truppen hart zu, doch rückte das Kreuzheer immer weiter vor und eroberte so manche Stadt.

Vor der festen Stadt Ikonia kam der Vormarsch zum Stehen. Die Sarazenen hatten sich hinter den gewaltigen Mauern verschanzt und schlugen alle Angriffe des Kreuzheeres zurück. Die Kreuzfahrer stürmten immer wieder an und es gelang ihnen, an einer Stelle die Mauern zu ersteigen und ihre Fahne dort aufzurichten. Aber die Sarazenen wehrten sich verbissen, immer mehr Schwerverwundete und Tote lagen vor den Mauern und langsam wurden die Ritter zurückgedrängt. Auf der Mauer flatterte ihre Fahne – die Fahne der Christen –, aber sie hatten den Mut verloren, begannen schon zu weichen, und es konnte nicht mehr lange dauern, bis die Fahne in die Hände der Sarazenen fiel.

Der junge Müllersbursche aus Ried aber dachte nicht ans Fliehen; er sprang vor, und weil er gerade nichts Besseres zur Hand hatte, zog er seinen Bundschuh aus, hängte ihn auf eine Lanze und schwang dieses absonderliche Feldzeichen vor den fliehenden Freunden. Erstaunt blieben sie stehen und starrten ihn an, und als nun der junge Kerl mit seinem Feldzeichen mutig gegen die Stadt vorstürmte, als wollte er sie allein im Sturm nehmen, vergaßen sie ihre Verzagtheit, schämten sich auch wohl ihrer Angst und folgten ihm und gingen mit solchem Feuer vor, dass sie im ersten Anlauf wieder die Mauer ersteigen konnten. Die Fahne war gerettet. Die Kreuzfahrer stürmten über die Mauer, und nach schweren Kämpfen, in denen auf beiden Seiten viele vortreffliche Männer getötet wurden, eroberten die Kreuzfahrer die Stadt.

Die Heldentat des Müllersburschen hatte die entscheidende Wendung gebracht. Der Herzog von Bayern ließ den jungen Kerl zu sich rufen, schlug Dietmar zum Ritter und gab ihm den Beinamen »der Anhanger«, weil er durch den angehängten Schuh den Sieg herbeigeführt hatte. Dietmar kehrte glücklich heim und erhielt zur Belohnung vom Herzog ausgedehnte Lehensgüter.

Seine Heimatstadt Ried aber führt seit jener Zeit den Bundschuh im Wappen – zur Erinnerung an ihren tapferen Sohn »Dietmar den Anhanger«.

Oberösterreich

St. Petrus und die Mühlviertler Krapfen

Als unser Herr noch auf Erden lebte, wanderte er einmal zur Sonnenwende mit St. Petrus durch das Mühlviertel. Sie waren schon lange unterwegs gewesen, und schließlich quälte den armen St. Petrus der Hunger so sehr, dass er den Herrn bat: »Meister, ich bin hungrig. Wäre es nicht an der Zeit, etwas zum Essen zu erbitten?«

Da sie gerade an einem Bauernhof vorübergingen, wies der Herr auf das Haus und sagte: »Dort wohnen gute Menschen. Geh hin und sie werden dich nicht abweisen.«

Petrus ging in das Haus und erhielt von der Bäuerin drei fettglänzende Krapfen geschenkt. Da dachte er: »Einer ist für den Herrn, einer für mich, den dritten aber will ich heimlich behalten und später essen, denn für meinen Hunger reicht einer nicht.«

Sie gingen weiter und aßen die Krapfen. Petrus hielt sich ein paar Schritte hinter dem Herrn, und als sie durch einen Wald kamen, zog er schnell den dritten Krapfen aus der Tasche. Aber jedes Mal, wenn er einen Bissen in den Mund gesteckt hatte, stellte der Herr irgendeine Frage an ihn, und weil Petrus nicht mit vollem Mund antworten konnte, ohne sich zu verraten, spuckte er das Stück Krapfen immer rasch wieder aus. So ging es den ganzen Waldweg entlang und der arme Apostel hatte nicht einen Bissen von dem dritten Krapfen gegessen.

Als es Abend geworden war, wanderten sie den gleichen Weg zurück und kamen wieder durch den Wald. Verwundert sah Petrus, dass aus dem Moos am Wegrand kleine gelbe Schwämme hervorlugten, die auf dem Hinweg ganz gewiss noch nicht da gewesen waren. Als er den Herrn erstaunt fragte, was das bedeuten sollte, sah ihn dieser an und lächelte.

»Sie sind dort hervorgewachsen«, antwortete er mild, »wo du die abgebissenen Krapfenstücke hingeworfen hast.«

Beschämt erkannte Petrus, dass ihn der Herr durchschaut hatte. Seit dieser Zeit wachsen um die Sonnenwende kleine gelbe Schwämme aus dem Moosboden hervor. Zur Erinnerung an St. Peters kleinen Betrug, der dem Herrn nicht verborgen geblieben war, haben sie ihre krapfengelbe Farbe behalten.

Die Leute nennen sie heute Eierschwämme.

Der Mondsee

Tief unten am Grund des Mondsees erhebt sich ein kleiner Hügel. Einst stand auf diesem Hügel ein wunderschönes Schloss, und dort, wo heute der Wasserspiegel des Sees das Tal bedeckt, lagen fruchtbare Äcker und Wiesen und eine hübsche kleine Ortschaft mit einer der heiligen Maria geweihten Kirche. Die Bewohner des Dorfes waren fleißige und gottesfürchtige Bauern: Wochentags gingen sie eifrig ihrer Arbeit nach und den Sonntag weihten sie dem Herrn.

Der Ritter freilich, der auf der Burg saß, war ein grausamer, wüster Kerl, der seinen Gefallen daran hatte, die Untertanen zu schinden und zu unterdrücken und die Nachbarsburgen zu überfallen und auszuplündern. Am Sonntag setzte er keinen Fuß in die Kirche, er feierte daheim in seiner Burg im Kreis gleichgesinnter Ritter tolle Festgelage.

Eines Nachts erschien dem Pfarrer des Dorfes im Traum die Muttergottes und forderte ihn auf, den Ort mit allen Bewohnern schleunigst zu verlassen, da sie sonst alle verloren wären. Der Pfarrer eilte in derselben Nacht in alle Häuser und warnte die Leute, und noch vor dem Morgengrauen zogen sie mit Sack und Pack und dem Vieh aus ihrer Heimat fort. Sie siedelten sich an jener Stelle wieder an, wo heute der Markt Mondsee liegt. Der Ritter betrachtete von der Burg aus mit seinen Zechkumpanen den Auszug der Dorfleute und verspottete sie laut. Dann kehrte er mit seinen Gästen zur Tafel zurück und sie verbrachten den Tag wie üblich mit Saufen und Spielen und Lästern, bis die Nacht hereinbrach.

Aber während der Burgherr und seine Gäste sich voll tranken, zog ein schweres Unwetter am Himmel auf. Blitz auf Blitz zuckte hernieder und schlug in die Burg ein. Flammen züngelten aus dem Gebälk, aus unterirdischen Spalten quoll Wasser und füllte das Tal mit rasender Schnelligkeit. Das brennende Schloss versank samt dem Burgherrn und seinen Gästen, sosehr sie auch fluchen und lästern mochten. Die steigenden Wasser schlossen sich über der Burg und überfluteten auch die von den Bewohnern verlassenen Häuser des Dorfes.

Am anderen Morgen aber breitete sich dort, wo Burg und Dorf gestanden hatten, ein weiter, weiter See aus. Wegen seiner mondförmigen Gestalt erhielt er den Namen Mondsee.

In längst vergangenen Zeiten soll man bei klarem Wetter tief unten in dem dunkelgrünen Wasser noch die Spitze des Kirchturms gesehen haben und auch die Zinnen der Burg. Und so mancher Fischer erzählte, er habe nicht selten auch die johlenden Stimmen des verwunschenen Burgherrn und seiner unseligen Gäste gehört.

Der Schusterstein bei Grein

Vor vielen hundert Jahren lebte in Grein ein Schustermeister, der zwar sehr viele Schuhe zum Sohlen und Flicken, aber wenig Lust zur Arbeit und zum Stillsitzen in der Werkstatt hatte. Viel lieber saß er in den Wirtshäusern, und anstatt Schuhe zu doppeln, trank er ein Doppelmaß Bier oder Wein nach dem anderen. Dass dabei sein Verdienst stets kleiner, seine Zechschulden aber bei allen Wirten in der Stadt immer größer wurden, durfte ihn selbst nicht wundern. Schließlich verging ihm das Saufen, weil ihm nichts mehr eingeschenkt wurde. Davon wurde er ganz trübsinnig. Das Trinken konnte er nicht lassen, die Arbeit aber hasste er wie einen Feind und er zerbrach sich vergebens den Kopf, wie er Geld auftreiben könnte, um sein früheres Lotterleben fröhlich weiterzuführen.

Eines Tages erschien er vergnügt wieder im Wirtshaus, bezahlte unaufgefordert seine Schulden, ließ das Geld in seiner Tasche klimpern

Der Schusterstein bei Grein

und bestellte einen großen Humpen Wein. Nicht nur das, er war in einer solchen Spenderlaune, dass er alle Zecher im Gasthaus einlud, mit ihm auf seine Kosten zu feiern. Der Wirt machte große Augen und schielte zuerst misstrauisch auf den gefüllten Beutel seines sonst so knapp mit Geld gesegneten Kunden. Aber schließlich – ihm sollte es recht sein, wenn er nur ein gutes Geschäft machte!

Tag für Tag erschien nun der durstige Schuster in der Schenke, oft beehrte er mehrere Wirte an einem Tag, und immer war es spät in der Nacht, wenn der ausdauernde Zecher heimtorkelte.

Eines Tages entdeckten die Leute von Grein zu ihrem Schrecken, dass der Schmuck des Gnadenbildes der Jungfrau Maria in der Pfarrkirche geraubt worden war. So eifrig man auch nachforschte, der Täter wurde nicht gefunden und der Rat der Stadt setzte einen hohen Preis für seine Ergreifung aus.

Unterdessen zechte der Schuster lustig weiter, graste alle Wirtshäuser ab und bezahlte überall mit klingender Münze.

Eines Nachts machte der Nachtwächter wie gewöhnlich seine Runde durch die Stadt. Die Lichter in den Häusern waren alle erloschen, die Straßen lagen im Dunkeln, nur die Laternen warfen ihren schwachen Schein auf die Straße. Der Nachtwächter war ein armer Mann mit einer Schar kleiner Kinder daheim. Wie er durch die Straßen wanderte, malte er sich aus, was er alles mit der Belohnung des Magistrates für den Kirchenräuber anfangen könnte. Ja, so sehr dachte der arme Mann an die Belohnung, dass er sich schon in ihrem Besitz wähnte und aus den schönen Träumen unliebsam aufwachte, als die Uhr der Kirche nebenan Mitternacht schlug.

Der Nachtwächter war im Schatten eines Hauses stehen geblieben; da sah er aus dem gegenüberliegenden Gasthaus einen späten Zecher heraustorkeln. Es war der letzte Gast, der trinkfrohe Schuster. Den Hut im Genick überquerte er schwankend den Platz. Er musste wohl wieder tief ins Glas geschaut haben, denn er plauderte lustig vor sich hin, lachte immer wieder laut auf und schien in der besten Laune zu sein. Der Nachtwächter sah ihm nicht ohne Neid zu, denn von dem Geld, das jener Fröhliche an einem einzigen Abend verzecht hatte, hätten er und seine Familie eine ganze Woche genügsam leben können.

Oberösterreich

Der Schuster kam zur Kirche, ohne den Nachtwächter zu bemerken, blieb stehen und rief übermütig: »Heute hast du meine Zeche bezahlt, liebe Maria, und morgen, mein Herr Petrus, kommt dein Opferstock dran!«

Der Nachtwächter horchte auf, wollte seinen Ohren zuerst nicht trauen, dann stürzte er auf den Betrunkenen zu, packte ihn am Arm und führte den Weinseligen, der sich kaum sträubte, auf die Wache. Am nächsten Tag wurde der Schuster vor den Richter geführt, und da er sich ja selbst verraten hatte, gestand er auch seine Schuld sofort ein. Nach den strengen Gesetzen jener Zeit wurde er wegen Kirchenraub zum Tode verurteilt.

Nun hatte der Schuster eine Frau, die ihn noch immer liebte, obwohl er sich so wenig um sie und seine Kinder gekümmert hatte. Aber so sind nun einmal Frauen! Sie fragte nicht, ob er ihre Liebe verdiente, sie hielt zu ihm, auch als alle ihn verurteilten, und flehte den Landgrafen um Gnade an. Dem Grafen gefiel die mutige Frau und er versprach den Schuster zu begnadigen, wenn er auf dem Felsen, der weit über den Donaustrudel hinausragte, ein Paar neuer Schuhe anfertigen könne. Das war nun allerdings ein halsbrecherischer Auftrag. Nur eine schmale Felskante erhob sich über dem Strom, unten brodelte und rauschte das Wasser in tiefen Wirbeln, und bei der geringsten unvorsichtigen Bewegung musste jener, der oben saß, in den Strom hinunterstürzen.

Der Graf ließ dem Schuster Leder, Nägel und Werkzeug geben und der leichtsinnige Kerl bestieg mutig seinen schmalen Schustersitz. Unten stand das Volk und schauderte, als es ihn oben sah, er aber machte sich an die Arbeit, schnitt und nähte und hämmerte, und er hütete sich, auch nur einen Blick in die grausige Tiefe zu werfen. Noch nie war ihm eine Arbeit so rasch vonstatten gegangen. Mit einem Freudenschrei hielt er schließlich das fertige Paar in die Höhe und schickte sich dann vorsichtig an, den schweren Weg nach unten anzutreten. Das Volk jubelte. Niemand dachte mehr daran, dass der Schuster ihre Kirche beraubt hatte, es war vergeben und vergessen, als sie ihn hoch oben über dem schäumenden Wasser so mutig und ohne Zögern den gefährlichen Auftrag hatten ausführen sehen.

Der Schusterstein bei Grein

Von jener Stunde an war der Schuster ein anderer Mensch geworden. So fleißig, wie er früher in den Wirtshäusern gesessen hatte, so fleißig saß er nun zu Hause in seiner Werkstatt, trank nur an Sonntagen ein Viertel Wein und mied seine Zechbrüder. Nach einigen Jahren war er ein wohlhabender Mann geworden und ein angesehener Bürger in Grein.

Der Felsen aber erhielt den Namen »Schusterstein« und heißt auch heute noch so.

SALZBURG

Salzburg

Das Bergmännlein auf der Gerlosplatte

Auf der Gerlosplatte zwischen dem Gerlosberg und dem Plattenberg hauste in den alten Zeiten ein Bergmännlein. Es trug ein erdgraues Mäntelchen, hatte einen grauen Hut auf dem Kopf und in der rechten Hand hielt es meist einen starken Birkenstock.

Dem Männchen mochte es wohl manchmal in seiner abgelegenen Behausung zu einsam sein, denn es suchte gern menschliche Gesellschaft auf, stieg oft ins Gerlostal, selbst ins Zillertal hinunter und trieb mit den Bauern und Hirten allerlei Kurzweil. Da saß es dann mitten im Kreis der biederen Landleute und sang mit ihnen um die Wette. Es hatte eine raue krächzende Stimme, aber die Leute hörten ihm doch gern zu, denn es besaß einen treffenden und zielsicheren Witz, und seine Lieder waren immer zum Lachen und zum Fröhlichsein. Das Männchen war aber nicht nur gesellig, es war auch hilfreich und gefällig gegen jene Menschen, die zu ihm freundlich waren. Jedoch geriet es auch leicht in Zorn, und da es eine wahre Bärenkraft besaß, hatte der nichts zu lachen, der sich den Kleinen zum Feind gemacht hatte.

Einem Senner geschah es einmal, dass sich ein paar Kühe aus seiner Herde auf der Madersbacherwand verstiegen hatten. Es war ein sehr stürmischer, regnerischer Tag; der Melker und Hannes, der Kühbub, hatten unter Lebensgefahr alle Hänge und Steige abgesucht und nach dem verlaufenen Vieh gesucht. Aber alle Mühe war umsonst gewesen und nun hockten sie niedergeschlagen in der Hütte; besonders der Kühbub war dem Heulen nahe, denn der Melker schob ihm alle Schuld zu und der Junge fürchtete, dass ihn der Bauer davonjagen würde.

Die Dämmerung war schon hereingebrochen, da bemerkte der Junge einige dunkle Gestalten über die Matte her auf die Almhütte zukommen. Im gleichen Augenblick schrie er auch schon laut vor Freude, denn er hatte die beiden verloren geglaubten Kühe erkannt, die soeben wohlbehalten auf den Stall zutrabten. Hinter ihnen trippelte ein kleines Männchen daher; vor der Hütte schüttelte es das Regenwasser von seinem runden Hut und trat dann ein. Melker und Kühbub sahen verwundert den sonderbaren Besucher an, der aber rieb sich vergnügt die Hände und sagte: »So, da wären wir nun – schaut mich nur an wie die Kuh das neue Tor! Kannst mir glauben, lieber Hannes, es war keine Kleinigkeit, die Kühe von der steilen Madersbacherwand herab und hierher zu treiben. Weil du mir aber in der vergangenen Woche eine so tüchtige Schüssel voll guten Grießbreis gekocht hast, dachte ich, eine Liebe ist der anderen wert, und habe eure Kühe gerettet.« Dann winkte er den beiden freundlich zu und verschwand.

Aber nicht alle Leute lernten das Gerlosmännlein von seiner guten Seite kennen. Es gab auch solche, denen es übel mitspielte, doch hatten sie es sich immer selbst zuzuschreiben.

König Watzmann

Vor vielen hundert Jahren herrschte über Salzburg und das angrenzende Bayern ein mächtiger König, der Watzmann genannt wurde. Er war seinen Untertanen kein gnädiger Herr, unterdrückte und quälte sie und ließ sie unbarmherzig seine Macht fühlen, wann immer er nur konnte. Bei den nichtigsten Anlässen verhängte er die härtesten Strafen. Sein stolzes Schloss stand am Ufer des Königsees.

Eines Tages ließ er seine armen Bauern vor den Pflug spannen und hetzte die Hunde hinter ihnen drein, damit die Arbeit rascher vor sich ging. Mit gebeugten Köpfen schleppten die Bauern den schweren Pflug und die eiserne Pflugschar riss tiefe Furchen in die Erde. Zufällig stieß dabei einer der Bauern mit dem Fuß an eine größere Erdscholle. Hinter der Scholle kam ein spannenlanges Männchen hervor und sprang dem Pflügenden auf die Hand. Der Bauer war so erschrocken, dass er nur mit Mühe einen Aufschrei unterdrücken konnte, aber der Kleine legte warnend den Finger an den Mund und hüpfte in die Rocktasche des Mannes.

Am Abend, als der Bauer zu Tode erschöpft seine armselige Hütte betrat, zog er den Kleinen behutsam aus der Tasche und stellte ihn vor

Salzburg

sich auf den Tisch. Das Männlein richtete sich auf und sagte mit einer feinen Stimme: »Bauer, merk dir gut, was ich dir jetzt sagen will. Ich bin der König der Erdmännlein und ich will dem Treiben eures grausamen Herrn nicht mehr länger ruhig zusehen. Ich werde eurer Not ein Ende machen und euch von ihm befreien. Ruf mir sofort die anderen Bauern zusammen!«

Der Bauer hatte stets geduldig sein Los ertragen, doch hatte die menschenunwürdige Behandlung seinen Mut nicht brechen können. Er rannte sofort zu den ärmlichen Hütten seiner Leidensgenossen und rief sie alle zusammen. Als der Letzte in seine Stube getreten war, sprang das Erdmännlein auf einen Holzklotz und rief: »Bevor ihr morgen zur Arbeit geht, füllt eure Taschen mit Kieselsteinen. Und wenn Watzmann wieder die Hunde auf euch hetzt, dann werft die Kieselsteine auf ihn. Fürchtet euch nicht, denn ich werde euch beistehen!«

Während das Männchen redete, war es kleiner und kleiner geworden, bis es plötzlich ganz verschwunden war. Die Bauern starrten verdutzt auf den leeren Holzklotz. In dieser Nacht schliefen sie nur wenig. Sollten sie es wagen, waffenlos und unbeschützt, wie sie waren, dem Befehl des sonderbaren Männchens zu gehorchen?

In der Frühe aber, als sie zur Arbeit kamen, hatte jeder von ihnen die Taschen voll gestopft mit Kieselsteinen. König Watzmann war nicht besser gelaunt als an den Tagen vorher, pfiff seinen Hunden und hetzte sie mit heiserem Hussa-Gebrüll auf die Bauern. Einen Herzschlag lang zögerten die Pflüger. Dann warf der Bauer, der das Erdmännchen in seine Hütte getragen hatte, als Erster einen Kieselstein auf den König. Die anderen folgten sofort seinem Beispiel. Und es geschah, dass die harmlosen kleinen Kieselsteine zu mächtigen und schweren Felsbrocken wurden, die auf König Watzmann und seine heulende Hundeschar niederfielen. Bald lagen Meute und Herr unter der Last der Felsblöcke begraben.

Dann sahen die erschrockenen Bauern, wie die Steine auf dem Boden lebendig wurden, sich zu bewegen anfingen und heranrollten; riesige Felsen, mannshoch und noch größer, rollten heran, wälzten sich übereinander, und an der Stelle, wo eben noch König Watzmann gestanden hatte, reckte sich ein mächtiger steinerner Berg in die Luft.

Den Bauern begann zu grausen, sie flohen aus dem Land und zogen in das nahe Tirol. Von dem Erdmännchen sah und hörte man nichts mehr.

Wenn aber um die Klüfte des Watzmanns der Sturmwind braust, dann sagen die Leute, es seien König Watzmanns Hunde, die heulend um ihren Herrn springen.

Das Geschenk der Untersberger

Vor langer Zeit wanderten vier arme, aber stets fröhliche Musikanten von Tirol nach Oberösterreich. Ihr Weg führte sie am Untersberg vorüber, von dessen Wundern und Geheimnissen sie schon viel gehört hatten. Als sie am Abend eines schönen Sommertages zur Brücke bei Niederalm kamen, schoss dem einen der vier munteren Gesellen ein übermütiger Gedanke durch den Kopf.

»Wie wär's, Freunde«, rief er, »wenn wir uns den Untersberg einmal näher anschauten? Wie wär's, wenn wir Kaiser Rotbart um Mitternacht ein Ständchen brächten? Vielleicht fällt von den Schätzen des Wunderberges auch etwas für uns ab und wir können die Reise mit Gold in den Taschen fortsetzen.«

»Sei still!«, wies ihn der Jüngste zurecht. »Wenn uns die Untersberger hören, werden sie zornig über uns sein.«

»Ach was!«, erwiderten die zwei anderen lachend. »Warum sollten sie über ein Ständchen zornig werden? Wir beide machen mit und du darfst uns nicht im Stich lassen, damit das Quartett vollzählig ist. Versuchen wir's doch einmal mit der Unterwelt; in der Oberwelt haben wir bisher noch keine Reichtümer sammeln können.«

Der Jüngste mochte sich noch so sehr wehren, sie schleppten ihn lachend halb mit Gewalt auf den Untersberg.

Der Mond war aufgegangen und hatte die Kuppen der Berge mit Licht übergossen. Die friedliche Nacht beruhigte den Jüngsten. Und

Salzburg

als die Glocke vom Kirchturm zu Niederalm Mitternacht schlug und die Freunde stehen blieben und ihre Instrumente hervorkramten, hatte er seine Angst vergessen. Sie fingen zu spielen an. Schon nach wenigen Minuten teilten sich die Büsche und ein schönes junges Mädchen trat vor die überraschten Musikanten. Es war die Tochter des Kaisers. Sie lud die vier Burschen ein, mit ihr zu kommen. Der Berg teilte sich vor ihnen, und als sie eintraten, lag vor ihnen eine prächtige Kaiserhalle. Mitten im Saal saß der alte Kaiser auf einem goldenen Thron, den Kopf in die Hand gestützt. Sein langer Bart war um den marmornen Tisch herumgewachsen, der vor dem Thron stand. Rund um den Kaiser scharte sich sein zahlreicher Hofstaat, viele niedliche, prächtig gekleidete Gestalten.

Die Prinzessin winkte den vier Burschen und sie fingen zu spielen an, zuerst mit ziemlichem Herzklopfen, als aber der Kaiser ihnen freundlich zuwinkte, wurden sie mutiger und spielten eine fröhliche Tanzweise nach der anderen. Nachher durften sie an einem gedeckten Tisch Platz nehmen, und die kleinen zierlichen Männchen setzten ihnen Speise und Trank vor, köstliche Gerichte und den besten Wein, so gut, wie sie noch keinen getrunken hatten. Unsere vier Musikanten ließen sich nicht lange bitten, sie aßen und tranken und konnten sich an der Pracht des Saales nicht satt sehen. Überall funkelte es von Gold, Silber und edlen Steinen, und Hunderte von Kerzen brannten, in deren Licht die Schätze blinkten und glitzerten.

Als sie beim besten Willen keinen Bissen mehr hinunterbringen konnten, forderte sie die Tochter des Kaisers auf, ihr Spiel wieder fortzusetzen. Und nie vorher hatten sie so gut gespielt! Die drei älteren konnten nur noch daran denken, welchen reichen Lohn sie bestimmt für diesen Abend erhalten würden, der Jüngste aber dachte nicht an Geld, das wunderbare Erlebnis schien ihm Belohnung genug zu sein. Sie spielten bis zum Morgen, dann entließ sie der Kaiser freundlich. Die drei Musikanten sahen sich schon als reiche Leute und konnten es vor Ungeduld kaum noch erwarten, bis ihnen die Taschen gefüllt wurden. Doch wie groß war ihre Enttäuschung! Eines der kleinen Männchen führte sie aus dem Berg hinaus; als sie wieder im Freien standen, verabschiedete es sich und gab lächelnd jedem von ihnen einen grünen Zweig und war verschwunden, bevor sie noch recht begriffen hatten, dass dies ihr ganzer Lohn sein sollte.

Die drei Älteren fluchten über den Geiz des Kaisers und seiner Tochter, schauten zornig ihre Zweige an und warfen sie fort. Nur der Jüngste dachte noch immer voller Entzücken an das wunderbare Erlebnis und wollte den grünen Zweig zum Andenken an diese Zaubernacht stets aufbewahren. Verdrossen und schweigsam stapften die anderen den Berg hinunter, er aber blieb heiter und fröhlich.

Als sie nach einiger Zeit in ihre Heimat zurückkamen, schenkte der junge Musikant seiner Frau den Zweig und erzählte ihr von dem Abenteuer, das er und seine Freunde im Wunderberg bei Salzburg erlebt hatten. Plötzlich merkte seine Frau, wie der Zweig in ihrer Hand schwerer und schwerer wurde, und als der Musikant seine Erzählung beendet hatte, fiel ihr der Zweig fast aus den Händen, so groß war sein Gewicht geworden. Aber nicht weniger groß war das Erstaunen und die Freude der beiden jungen Leute: Die Blätter des Zweiges hatten sich in Gold verwandelt und das Geäst in Silber.

So war der junge Musikant reich belohnt worden, weil er das Geschenk der Untersberger in Ehren gehalten hatte. Als seine Kameraden von der wunderbaren Verwandlung erfuhren, ärgerten sie sich gründlich. Zum Untersberg aber wagten sie sich nicht mehr zurück, sie fürchteten die Strafe der Untersberger, weil sie deren Geschenk missachtet hatten.

Der Zwergenstein am Untersberg

Es gab einmal eine Zeit, da kamen die Untersberger Zwerge oft aus ihrem unterirdischen Reich herauf und zeigten sich ohne Scheu den Menschen. Damals trug es sich zu, dass ein Bauer auf dem Untersberg Holz fällte. Er hatte sich sein Leben redlich geplagt und war doch stets arm geblieben. Als er gerade die Axt an einen Baum setzte, stand auf einmal ein eisgraues, langbärtiges Männchen vor ihm. Rock und Hose des Männchens waren grau und in der Hand hielt es einen winzigen Stab. Es fragte den Bauern, wie er denn heiße.

Der Bauer ließ sich bei seiner Arbeit nicht stören, nannte seinen Namen und war nicht im Mindesten über das plötzliche Auftauchen eines Zwerges erschrocken. Der Kleine aber machte plötzlich mit seinem Stab ein paar sonderbare Zeichen in die Luft und stieß drei gellende Pfiffe aus. Als der Bauer verwundert aufschaute, standen ein paar hundert Zwerge um ihn, als hätte sie urplötzlich der Boden ausgespuckt. Nun bekam es unser mutiger Bauer doch mit der Angst zu tun. Die Schar der grauen Männchen drängte sich lautlos immer näher an ihn, und sie starrten ihn neugierig an, als hätten sie noch nie im Leben einen solchen Riesen wie ihn gesehen. Der Bauer überlegte schon, wie er sich am besten davonmachen könnte, als das eisgraue Männchen, das ihn zuerst angesprochen hatte, ruhig sagte: »Du brauchst keine Angst zu haben, es wird dir nichts geschehen. Ich will von dir nur wissen, ob du uns Zwergen einen Dienst erweisen möchtest.«

Der Bauer antwortete aufatmend: »Recht gern, wenn es mir möglich ist.« Das Männchen lächelte freundlich und bat ihn, ihm zu folgen. Mitten durchs dichteste Gestrüpp, auf einem Pfad, der kaum zu erkennen war, wanderten sie nun den Berg hinauf, durch düstere Schluchten und vorbei an zerrissenen Graten. Plötzlich standen sie vor einer steilen Felsenwand, die ihnen den Weg versperrte. Der Zwerg schlug mit seinem Stab dreimal an den Felsen, der lautlos auseinander rückte und einen langen dunklen Gang freigab. Das Männchen schritt in den Gang hinein und der Bauer folgte mit klopfendem Herzen. Wie lange sie durch die Dunkelheit gingen, wusste er nicht, schließlich aber kamen sie zu einer eisernen Tür, die sich von selbst öffnete. Geblendet hob der Bauer die Hand vor die Augen. Vor ihm lag ein Saal, der den Glanz von tausend Lichtern widerspiegelte; an den marmornen Wänden und an den silbernen Bodenfliesen brach sich das Licht in glitzernden Reflexen. Mitten im Saal stand ein goldener Thron, geschmückt mit Hunderten von Edelsteinen, die in allen Farben des Regenbogens funkelten.

Auf dem Thron saß ein altes, ehrwürdiges Männchen in einem Purpurmantel, das auf dem Kopf eine edelsteinverzierte Krone trug und in der Hand ein goldenes Zepter hielt. Es war der König der Zwerge.

Der Zwergenstein am Untersberg

So viel Glanz und Herrlichkeit hatte der Bauer noch nie in seinem Leben gesehen. Er starrte wie gebannt auf die funkelnde Pracht und wagte nicht, auch nur einen Schritt näher zu treten. Der König aber winkte ihm freundlich zu sich und rief: »Komm nur zu mir, mein Sohn!«

Zögernd schritt der Bauer zu dem Thron und verbeugte sich.

»Bist du mutig?«, fragte der König. Der Bauer wusste nicht, was er antworten sollte, aber da er stets ein unerschrockener Bursche gewesen war, so nickte er. »Willst du uns den Stein der Zwerge bringen?«, fragte der König weiter.

»Ja«, antwortete der Bauer, »wenn Ihr sagt, was ich tun muss.«

»Wir leben hier glücklich«, sagte der König, »und doch sehnen wir uns danach, im Licht des Tages zu leben und wie ihr Menschen zu sein. Aber nur jener Zwerg, der diesen Stein berührt, wird in einen Menschen verwandelt, und darum wünschen wir uns seit langer Zeit, dass ein Mensch, der mutig und stark ist, uns den Stein bringt.«

Dann teilte er dem Bauern mit, wo der Stein vergraben sei. »Ich will dir aber nicht verschweigen«, fuhr der König fort, »dass ein Riese den Stein bewacht und dass es nicht ungefährlich ist, ihn auszugraben. In längstens drei Tagen musst du zurück sein und während der ganzen Zeit darfst du nicht ein Wort sprechen, sonst ist alles vergebens gewesen. Ich muss dich auch warnen – es kann dich dein Leben kosten. Gelingt dir aber die Aufgabe, so will ich dich zum reichsten Mann der Welt machen.«

Dem Bauern war recht sonderbar zu Mute, aber er dachte an sein armseliges Dasein, an all die Mühe und Plackerei und meinte, er würde gewiss nicht so töricht sein, die Anweisungen des Zwergenkönigs zu missachten. Er versprach, sein Bestes zu tun, und die Zwerge führten ihn zu jener Stelle, wo der Stein vergraben liegen sollte, und ließen ihn allein. Er machte sich eifrig an die Arbeit. Schon hatte er ein ziemlich tiefes Loch gegraben, als drei Zwerge aus der Grube heraussprangen und ihn fragten, was er denn da treibe. Fast hätte er ihnen geantwortet, aber zum Glück fiel ihm noch rechtzeitig ein, dass er kein Wort sprechen durfte. Er schüttelte abweisend den Kopf und setzte seine Arbeit stillschweigend fort. Aber die Zwerge ließen ihm keine Ruhe und wollten ihn auf alle mögliche Weise zum Reden bringen. Schließlich ergriff er zornig einen Prügel und verjagte die drei Kobolde.

Ungestört arbeitete er weiter. Die Grube wurde tiefer und tiefer und schon glaubte der Bauer nun bald im Besitz des kostbaren Steines zu sein. Die Nacht brach herein, er grub und grub. Schließlich konnte er vor Müdigkeit nicht mehr weiter und nickte in der Grube ein. Aber er schlief nur ein paar Stunden. Die erste Nacht, der zweite Tag verging. Er kam nur langsam vorwärts. Immer wieder stieß er auf riesige Steinplatten, die er kaum ausscharren und aus der Grube werfen konnte. Dann waren Hacke und Spaten stumpf und es dauerte lange, bis er sein Werkzeug wieder geschärft hatte. Schweißüberströmt arbeitete er weiter. Und endlich lag der Stein vor ihm! Freudestrahlend warf er den Stein aus der Grube, kletterte nach und eilte, so rasch er nur konnte, zum König der Zwerge zurück, um nur ja nicht die Frist zu versäumen. Knapp vor dem Eingang der großen Halle kamen ihm ein paar Zwerge entgegen. Sie winkten ihm zu und riefen:

»Bringst du den Stein?« Da dachte der Bauer in seiner Freude nicht mehr an das Schweigegebot und rief laut: »Ja!«

Kaum war dieses Wort über seine Lippen, als ein schrecklicher Donnerschlag den Berg erzittern ließ. Der Stein fiel aus der Hand des Bauern und kollerte den Berg hinunter. Noch heute soll er in den Tiefen des Untersbergs stecken. Niemand hat sich gefunden, der ihn je wieder ausgraben konnte, und die Zwerge sehnen sich vergeblich danach, Menschen werden zu dürfen.

Was aber war mit dem unglücklichen Bauern geschehen? Als ihm der Stein aus der Hand fiel, fühlte er eine seltsame Schwäche. Es wurde dunkel vor seinen Augen und es schien ihm, als fiele er selbst in einen tiefen Schacht.

Erst viele Tage später fanden ihn die anderen Bauern tot auf dem Grund einer unwegsamen Schlucht.

Frau Perchta als Bettlerin bei Radstadt

Im ganzen Salzburgerland glaubte man in früheren Zeiten an die gütige Frau Perchta. Wenn ihr nicht jemand vorwitzig entgegentrat, war sie den Menschen wohlgesinnt, und viele Geschichten wurden über sie erzählt, wie sie armen Leuten aus der Not geholfen hatte.

An einem späten Nachmittag wanderte einst ein armer Bauer von Radstadt heim zu seinem kleinen Hof in den Bergen. Unterwegs traf er eine alte Frau, die am Wegrand saß. Sie war in Lumpen gekleidet, allem Anschein nach ein Bettelweib, stützte sich auf ihren Tragkorb und schluchzte leise vor sich hin.

»Was fehlt dir, Mütterchen?«, fragte der Bauer gutmütig und blieb neben der Alten stehen. »Ist dir dein Korb zu schwer geworden? Komm mit mir, ich werde ihn dir tragen.«

»Freilich«, seufzte die alte Frau, »der Korb ist sehr schwer. Aber was würden die Leute sagen, wenn du den Korb eines alten Bettelweibes schleppst.«

»Das soll mich nicht kümmern«, lachte der Bauer, nahm den Korb auf und ging langsam neben der Alten weiter.

Als sie nach Altenmarkt kamen, wunderten sich die Leute nicht wenig, den Bauern mit einem halb durchlöcherten Tragkorb auf dem Rücken Seite an Seite mit der zerlumpten Alten daherkommen zu sehen. Manche blieben stehen und schauten dem ungleichen Paar lachend nach. Doch der Bauer achtete nicht auf ihren Spott. Bald kamen sie zu seinem Hof und seine Frau fragte ihn verwundert: »Mann, wen bringst du mir da heute mit?«

»Eine arme Bettlerin«, antwortete der Bauer, »die gern ein Nachtquartier möchte.«

»Wenn es weiter nichts ist«, antwortete die Bäuerin gutherzig, »dem kann geholfen werden! Komm herein, Mütterchen. Du bist gewiss hungrig.« Sie wies der Alten einen Platz neben der Ofenbank an, setzte ihr eine Schale Milch und einen Teller Rohrnudeln vor und hieß sie ordentlich zugreifen. Nach dem Abendessen führte sie die erschöpfte Alte in eine kleine Kammer und richtete ein Lager für sie her.

Als der Bauer am nächsten Morgen die alte Bettlerin aufwecken wollte, war sie verschwunden, nur ihren Korb hatte sie zurückgelassen. Der Bauer und die Bäuerin glaubten fest, dass sie wiederkommen würde, um ihr Eigentum zu holen. Aber Stunden und Tage vergingen und die alte Bettlerin ließ sich nicht mehr blicken. Schließlich schauten sie in den Korb, weil sie hofften, irgendetwas darin zu finden, das Aufschluss darüber geben könnte, wer die Bettlerin gewesen sei.

Neugierig griff der Bauer in den Korb. Es waren aber nur alte Lumpen, die er hervorzog. Als er sie auf den Boden warf, hörte er ein eigentümliches Klirren. Nun untersuchte er das Lumpenbündel genauer und da glänzte ihm auch schon ein Silbertaler entgegen – und noch einer und wieder einer. Schließlich lag ein glitzernder Haufen stattlicher Taler vor den erstaunten Bauersleuten und sie wussten, dass sie Frau Perchta in der Gestalt einer armen Bettlerin aufgenommen hatten. Die Armut der beiden hatte ein Ende und sie blieben zeit ihres Lebens Frau Perchta dankbar.

Das Loferer Fräulein

Bei Lofer befindet sich in den Steinbergen eine große Höhle, das Loferer Loch, in dem ein verzaubertes Fräulein lebt, das große Schätze besitzt. Das Fräulein darf ihr Heim im Innern des Berges nicht verlassen und muss den Schatz hüten, bis es einmal einem Menschen gelingt, sie aus ihrer Verzauberung zu erlösen. Viele haben es schon versucht, aber noch keinem ist es gelungen. Vor dem Eingang der Höhle liegt nämlich ein tiefer Tümpel, in dem jeder für immer versinken würde, der sich darüber wagt. Nur sündenlose Menschen dürfen ohne Gefahr den Versuch unternehmen. Einmal wäre die Erlösung fast geglückt. Das kam so:

Das Loferer Fräulein

Im Dorf lebte ein armes Ehepaar, das nur Not und Elend kannte und manchmal nicht wusste, was es seinen hungrigen Kindern zu essen geben sollte. Schließlich blieb den Eltern nichts anderes übrig, als ihre Kinder einem alten Bettler anzuvertrauen, der mit ihnen von Haus zu Haus ging und um Almosen bat. Einmal nun führte der Bettler die Kinder zum Loferer Loch und befahl ihnen hineinzugehen. »Ihr bekommt dort gewiss nicht nur zu essen und zu trinken«, sagte er, »sondern auch reiche Geschenke. Ich kann euch nicht begleiten, denn für mich ist der Eingang durch das Wasser verschlossen, ihr aber werdet sicherlich durchkommen. Ich will hier draußen auf euch warten.«

Die Kinder waren noch so klein, dass sie nicht wussten, was eine Sünde war, das Wasser versickerte vor ihnen und sie kamen trockenen Fußes in die Höhle. Sie fassten sich an den Händen und wanderten hinein in den Berg. Bald sahen sie vor sich eine schöne grüne Wiese, auf der zwei prächtige Häuser standen. Während die zwei Kinder verwundert auf die Pracht starrten, trat ein schönes junges Mädchen auf sie zu; die Kinder erinnerten sich an ihre Aufgabe und baten um eine kleine Gabe.

Das Mädchen hörte sie lächelnd an, lud sie ins Haus und führte sie in ein vornehm eingerichtetes Zimmer, wie es die Kleinen noch nie gesehen hatten. Das Fräulein gab den Kindern zu essen und zu trinken, und als die Kinder satt waren und beim besten Willen keinen Bissen mehr hinunterbringen konnten, sagte es: »Bleibt heute Nacht bei mir. Morgen sollt ihr so viel von mir bekommen, als ihr nur tragen könnt, und euren Eltern wird für immer damit geholfen sein. Merkt euch aber gut: Was immer ihr in dieser Nacht sehen und hören werdet, und sei es noch so grässlich – ihr braucht keine Angst zu haben. Fürchtet euch nicht. Gott liebt die Kinder und euer Schutzengel behütet euch. Wenn ihr tut, was ich euch morgen sagen werde, könnt ihr mich erlösen und ihr werdet immer reich und glücklich sein.«

Nach dem Essen führte das Fräulein die beiden Kinder in sein eigenes Schlafzimmer. Zwei niedliche Betten standen für die Kleinen bereit, und sie schliefen auch sogleich ein. Um Mitternacht weckte sie lautes Prasseln und greller Feuerschein. Erschrocken fuhren sie auf und sahen, wie das Bett des Fräuleins lichterloh brannte. Das Fräulein selbst wälzte sich stöhnend im Feuer. Und sooft es zu erlöschen drohte, fachten unheimliche Spukgestalten den Brand wieder an. Die Kinder sprangen weinend aus den Betten und wollten hin zu dem Fräulein laufen, aber was sie sahen, war so grausig, dass ihnen die Sinne schwanden und sie ohnmächtig wurden.

Als sie am Morgen aufwachten, war alles wie am Tag zuvor. Das Bett des schönen Mädchens war unversehrt und sie selbst saß lächelnd am Lager der Kinder. Da meinten sie, alles nur geträumt zu haben. Das Fräulein aber sagte, es sei kein Traum gewesen, jede Nacht müsse sie diese Qualen ertragen. »Nur unschuldige Kinder wie ihr«, fügte sie hinzu, »können mich erlösen.« Dann nahm sie die Bettelsäcke der Kinder, füllte sie mit Goldstücken an und befahl ihnen, heimzugehen und das Geld ihren Eltern zu geben.

»Sagt ihnen«, fuhr sie fort, »mit diesem Geld sollen sie allen, die so arm sind wie sie, helfen und beistehen. Nur dem alten Bettler, der euch hierher geführt hat, dürfen sie nichts geben. Er ist ein böser und schlechter Mensch und er hatte nichts Gutes vor, als er euch zu mir schickte. Ihr dürft auch den Berg nicht auf dem gleichen Weg verlassen, wie ihr gekommen seid. Der Bettler sitzt noch immer vor der Höhle und wartet auf euch, er will euch das Geld wegnehmen und euch töten. Merkt euch, was ich euch gesagt habe, und richtet euch genau danach. In dreimal sieben Tagen aber kommt wieder hierher, dann will ich euch sagen, wie ihr mich erlösen könnt.«

Die Kinder versprachen, alles zu tun, was ihnen aufgetragen worden war. Das Fräulein zeigte ihnen einen Gang ins Freie, und ohne dass der Bettler es bemerkte, verließen sie die Höhle.

Mit klopfendem Herzen liefen die Kinder nach Hause, stellten mit glänzenden Augen ihre vollen Säcke auf den Tisch und erzählten ihr Erlebnis und plauderten munter und vergnügt, wie es eben die Art der Kinder ist. Da herrschte nun nichts als Freude und Glück in der armen Hütte, die Eltern lachten und küssten ihre Kinder und dankten der unbekannten Wohltäterin, als ob sie sie hören könnte. Nun hatte alle Not ein Ende. Auch die anderen Armen erhielten ihren Anteil an dem unverhofften Segen, nur der alte Bettler ging leer aus.

Dieser schlechte Kerl wusste sich aber klug zu verstellen, nahm eine unschuldige Leidensmiene an und weinte und jammerte, als sei ihm das bitterste Unrecht widerfahren. Er klagte die Eltern an und sagte, sie seien durch ihn reich geworden und ließen ihn nun im Stich, der doch immer ihr Freund gewesen sei, kurzum, er machte seine Sache so geschickt, dass die Kinder und ihre Eltern gerührt wurden und meinten, dem armen Mann wäre wirklich Unrecht geschehen. Aus Dankbarkeit schenkten sie ihm schließlich eine schöne Summe Geldes.

Als dreimal sieben Tage um waren, gingen die Kinder wieder zur Loferer Höhle. Aber diesmal stand der Eingang unter Wasser, und so tief war der Tümpel, dass sie nicht wagen durften, ihre Füße hineinzusetzen. Am Eingang der Höhle stand das Fräulein ganz bleich und traurig und weinte. Der Bettler war den Kindern nachgeschlichen, er kam nun aus dem Gebüsch hervor und lachte boshaft. »Nun ist's mit der Erlösung zu Ende«, schrie er und rieb sich die Hände. »Ihr seid dem Fräulein ungehorsam gewesen und habt mir Geld gegeben. Das ist eine Sünde, und sündige Menschen können nie die Höhle betreten.« Noch immer schadenfroh kichernd, schlich er fort, der abscheuliche Kerl!

Das Fräulein aber war verschwunden und die Kinder und ihre Eltern saßen am Ufer des Tümpels und weinten vor Mitleid. Seit dieser Zeit ist es niemandem mehr gelungen, die Höhle bei Lofer zu betreten. Das schöne Fräulein wartet noch immer auf das reine, unberührte Menschenkind, das es von seinen Qualen erlösen wird.

Die »Übergossene Alm« am Hochkönig

Habt ihr gehört, wie es kam, dass sich oben auf dem Hochkönig ein weites Gletscherfeld ausdehnt, glitzernd und funkelnd mit tausend Eiskristallen? Nun, so lasst es euch erzählen! Einst lagen dort freundliche Wiesen und Matten, das Gras wuchs kniehoch und friedliche Rinderherden grasten in der üppigen Weide. Die Almhütten waren behaglich, die Sennerinnen hübsch und sangen bei ihrer Arbeit. Und Arbeit hatten sie genug, denn die Kühe gaben mehr Milch als anderswo, und das mochte an dem weichen Gras und den würzigen Kräutern liegen, die allenthalben wuchsen. Schließlich konnte man Käse und Butter und Milch gar nicht mehr wegschaffen, so reichlich strömte der Segen. Die Sennerinnen wurden reich und hatten viel Geld in den Taschen, und es ist nicht verwunderlich, dass das gute Leben sie übermütig machte und sie bald nicht mehr wussten, was sie mit ihrem Reichtum anfangen sollten.

Die Glocken am Hals ihrer Kühe mussten von reinem Silber sein. Die Silberglocken klangen sehr hübsch, und die Sennerinnen fanden, dass die Stiere nicht leer ausgehen durften, also wurden die Hörner der Stiere mit gediegenem Gold überzogen und funkelten und glänzten in der Sonne. Das war aber den Sennerinnen noch nicht genug. Sie aßen und tranken im Überfluss, wollten das klare Bergwasser nicht mehr ansehen und ließen sich den besten Wein fässerweise aus dem Salzburger Stiftskeller bringen. Zu ihren ausgelassenen Festen luden sie die lustigsten Jägerburschen von weit und breit ein und tanzten und sangen mit ihnen ganze Nächte lang.

Früher einmal waren sie fromm gewesen, jetzt vergaßen sie auf den lieben Gott und gingen mit seinen Gaben um, als wären sie nicht dazu erschaffen worden, dass der Mensch davon lebte, sondern nur zu ihrem Vergnügen. Die Dirnen wollten zarte und feine Gesichter und Hände wie die Gräfinnen haben, sie badeten in Milch und schütteten sie nachher schaffweise fort. Die Wege zwischen ihren Hütten pflasterten sie aus reinem Übermut mit runden Käselaiben und füllten die Fugen dazwischen mit frischer Butter aus und sagten lachend, das geschähe deshalb, damit der arme Teufel auch etwas zu fressen habe, wenn er nachts mit seinen Gesellen komme. Aus goldgelber Butter formten sie Kugeln und spielten damit – kurz und gut, sie wussten nicht mehr, was sie vor Übermut tun sollten.

Aber als einmal ein armer Wanderer auf die Alm kam, der sich vor Erschöpfung kaum mehr weiterschleppen konnte, da jagten sie ihn mit harten Worten davon. »Der Teufel«, riefen sie, »soll dir eine Unterkunft geben, wir brauchen keinen ungebetenen Gast!« Und weil der arme Kerl nicht im Stande war, sich schnell genug aus dem Staub zu machen, fielen sie mit ihren Besen zornig über ihn her.

Kaum war der Wanderer von der Alm verschwunden, da wälzten sich von den Teufelshörnern dunkle, unheimliche Wolken heran. Ein wütender Sturm erhob sich, es hagelte Eis und Schnee auf die zu Tode erschrockenen Weiber herab. Vergebens versuchten sie ins Tal hinab zu flüchten. Der Schneesturm begrub sie mit Hütten und Herden und ewiges Eis deckte die freundlichen Wiesen für immer zu.

Noch heute liegen sie unter dem Eis, und der weite Gletscher unter dem Gipfel des Hochkönigs heißt seit jener Zeit die »Übergossene Alm«.

Der Putz von Neukirchen im Pinzgau

Unweit des Dorfes Neukirchen im Pinzgau liegt die fichtenbewachsene Dürrnbachau, durch die der Dürrnbach fließt.

In längst vergangener Zeit, als das Faustrecht noch herrschte, als überall Fehden und Kämpfe das Land unsicher machten, lebte auf der Burg Neukirchen ein Ritter, der in den Krieg fortziehen musste. Da nahm er alle seine Schätze, trug sie in die Dürrnbachau und vergrub sie an einem versteckten Platz. Der Ritter fiel im Kampf und kehrte nicht mehr in die Heimat zurück. Zu Lebzeiten war er aber ein arger Geizhals und Bösewicht gewesen, und nun konnte er im Grab seine Ruhe nicht finden. Er wurde zur Strafe für seine Sünden in ein kleines graues Männchen verwandelt und dazu verdammt, seine Schätze zu hüten.

Seitdem treibt dieser Kobold, der »Putz«, wie ihn die Leute nennen, in der Dürrnbachau sein Unwesen; er führt Wanderer in die Irre, hüpft ihnen bald als zuckendes Flämmchen, bald als kleines, kaum drei Spannen langes Männchen vor den Füßen hin und her. Er liebt es, den Menschen jeglichen Schabernack anzutun, und ist auch schon manchem als grunzendes Schwein eine Strecke weit nachgelaufen.

Dann zeigte sich der Putz auf einmal jahrelang nicht mehr und man glaubte schon, er sei für immer verschwunden. Eines Tages kam ein

Bauer in die Dürrnbachau und wollte ein paar Stämme für Brennholz fällen. Als er die Axt an einem Baum setzte, rief ihm eine Stimme zu: »Den nicht – geh nur weiter!« Der Mann schaute erschrocken umher, sah aber niemanden. Er ging ein Stück weiter und kam zu einer freien Stelle, die rings von Fichten umstanden war. Da hörte er wieder die Stimme: »Hier schlag Holz, dass die Späne fliegen!«

Wieder schaute der Bauer umher und diesmal sah er oben auf einem Fichtenast ein kleines, graues Männchen sitzen und wusste, dass das nur der Putz sein konnte, von dem man ihm als Kind so viel erzählt hatte. Er ahnte nichts Gutes und wollte schleunigst das Weite suchen, als ihm der Kleine zurief: »Bleib nur, ich bin doch dein Taufpate und meine es gut mit dir. Darum habe ich dir heute einen einträglichen Platz zum Holzfällen zugewiesen. Schau nur, dass du den richtigen Stamm auswählst!«

Der Holzfäller besah sich die Stämme im Umkreis und ging zuletzt auf den Baum zu, in dessen Ästen das Männchen saß. Weil er glaubte, der Kleine könne nicht herunterklettern, wollte er diesen Baum fällen, um dem Männchen zu helfen. »He, Pate«, sagte er, »wenn ich mich an diesen Baum mache, um dir von da oben herabzuhelfen, so gibt das ein tüchtiges Stück Arbeit, aber ich hoffe, es wird dir dann um einen guten Schluck Wein nicht Leid tun!«

Doch der Putz machte ein so bitterböses Gesicht, dass dem Mann alle Lust zum Scherzen verging und er am liebsten davongelaufen wäre. Endlich aber fasste er sich doch ein Herz und begann auf den Stamm loszuhauen. Schon beim dritten Streich neigte sich der Baum und stürzte krachend zu Boden. Der Stamm war hohl, aus dem Loch aber kollerten glänzende Dukaten heraus. Der Kobold hatte sich zur Erde fallen lassen und schrie dem Holzfäller zu: »Nimm dir, was du kannst!« Dann war er verschwunden.

Der Bauer ließ sich das nicht zweimal sagen und füllte sich die Taschen mit den funkelnden Münzen. Dann setzte er seine Arbeit fort, doch das Gold in seinen Säcken hinderte ihn, so leerte er alles auf die Erde – das aber hätte er nicht tun dürfen! – und werkte fleißig drauflos. Als am Abend ein tüchtiger Holzstoß aufgerichtet war, stopfte er sich das Gold wieder in die Taschen und wanderte fröhlich nach Hause.

Als er jedoch daheim die Hosen- und Rocksäcke umstülpte, fielen statt der Dukaten nur taube Haselnüsse heraus. Dazwischen lag ein Zettel, auf dem etwas geschrieben stand, und zwar in einer altertümlichen Schrift. Mühsam buchstabierte der Bauer: »Die Erde verschlingt den Menschen und ebenso auch das Erz. Menschen und Erz bilden den Samen, aus dem eine Fichte wachsen wird, die in ihren Zweigen ein Kreuz trägt. Erst wenn sich einmal diese Fichte in ihrem Wuchs so weit gedreht hat, dass das Kreuz nach der Kirche schaut, hat die Stunde meiner Erlösung geschlagen. Du hättest mich heute erlösen können, wenn du das Gold nicht wieder auf die Erde gelegt hättest.«

Und so muss der arme Putz so lange auf seine Erlösung warten, bis jene Fichte gewachsen ist, die in den Zweigen ein Kreuz trägt.

Der Weinfuhrmann

Es mag mehr als hundertfünfzig Jahre her sein, da brachte ein Weinfuhrmann mit seinem Wagen eine Ladung Wein von Tirol nach dem Land Salzburg, wo er sie in der Stadt Hallein verkaufen wollte. Als er zur Almbrücke bei Niederalm, einem Dorf am Fuß des Untersberges kam, trat ihm ein Zwerg entgegen, der aus dem Wunderberg stammte, und fragte ihn, was er auf dem Wagen habe. Der Fuhrmann erwiderte, er wolle eine Ladung Wein nach Hallein zum Verkauf bringen. Da sagte das Männchen: »Fahre mit mir, ich will dir den Wein mit barer Münze bezahlen, du sollst mehr dafür erhalten, als du in Hallein dafür einlösen würdest.«

Der Fuhrmann weigerte sich entschieden und meinte: »Ich muss doch den Wein dem Herrn bringen, der ihn bestellt hat.« Dabei knallte er mit der Peitsche und wollte die Pferde antreiben.

Aber der Zwerg fiel den Pferden in die Zügel und rief dem Mann zornig zu: »Fuhrmann, wenn du nicht mit mir fahren willst, sollst du auch nicht nach Hallein kommen. Ich will dich so in die Irre führen, dass du Weg und Richtung verlierst.«

Salzburg

Diese Drohung schüchterte den Fuhrmann ein. Er wusste nicht, wie er dem Männchen entkommen noch was er anfangen sollte. Der von dem Zwerg versprochene Kaufpreis für den Wein schien ihm zwar sehr unsicher und nebelhaft, aber um nicht alles zu verlieren, fügte er sich schließlich ins Unvermeidliche und gab dem Kleinen zu verstehen, dass er sich eines Besseren besonnen habe und mitfahren wolle.

Das Männchen nickte zufrieden mit dem Kopf, bestieg den Kutschbock und der Fuhrmann setzte sich daneben. Nun ging's in flotter Fahrt geradewegs auf den Berg zu, und so glatt und eben schien der Weg zu sein, als wäre er die schönste und beste Straße, auf der sie fuhren.

Plötzlich überkam den Fuhrmann große Müdigkeit; er war nicht im Stande, sich wach zu halten, und schlief ein. Als er wieder aufwachte, fuhr der Wagen gerade auf ein prächtiges Schloss zu, das sich auf einem steilen, künstlich behauenen Felsen erhob. Die Mauern waren aus rotem und weißem Marmor erbaut, eine Reihe kristallener Fenster leuchtete im Abendrot und das kupferne Dach des mächtigen Turmes ragte glänzend in den farbenprächtigen Himmel. Rings um das Schloss lief ein breiter, tiefer Graben und außerdem verwehrte eine mächtige Ringmauer den Zugang. Wollte man in das Schloss hineingelangen, so musste man sieben Brücken und Tore und ebenso viele Fallgatter passieren.

Staunend lenkte der Fuhrmann seinen Wagen durch alle diese Befestigungen hindurch und kam in einen großen Schlosshof. In allen Fenstern sah er neugierige Gesichter, die ihn und sein Fuhrwerk anstarrten. Bald kamen auch viele kleine Männchen in den Hof gelaufen, manche in schönen Röcklein, andere nur halb bekleidet; sie mochten zur Dienerschaft oder zum arbeitenden Gesinde gehören. Einer der Zwerge war ohne Zweifel der Kellermeister. Ein grauer Bart wallte über sein dickes Bäuchlein herab und eisgraue Haare hingen ihm auf den Rücken. An der Seite trug er eine Tasche und einen Schlüsselbund.

Er trat an den Wagen heran und musterte mit Kennerblick den geladenen Wein. Dann wandte er sich an den zitternden Fuhrmann und sagte: »Willkommen, lieber Freund! Hab keine Angst; du sollst reichlich bewirtet werden. Ich will dir zu essen und zu trinken herbeischaffen lassen, was dein Herz begehrt.« Aber trotz der freundlichen

Der Weinfuhrmann

Worte schlotterten dem Fuhrmann die Knie und er konnte vor Angst keinen Laut hervorbringen.

Auf einen Wink des Kellermeisters sprangen ein paar der umstehenden Männlein herbei, spannten die Pferde aus und führten sie in den Stall. Andere nahmen den ängstlichen Fuhrmann in ihre Mitte und geleiteten ihn in eine freundliche Stube im Erdgeschoss des Schlosses, wo ein sauber gedeckter Tisch bereitstand. Die Zwerge eilten geschäftig hin und her und brachten blitzblank geputztes Zinngeschirr. Es dauerte nicht lange, so schleppten wieder andere Speisen und Getränke in Hülle und Fülle herbei. Als sich der Fuhrmann nach seiner reichlichen Mahlzeit behaglich zurücklehnen wollte, luden sie ihn freundlich ein mitzukommen; sie wollten ihm das ganze Schloss und alle ihre Herrlichkeiten zeigen.

Nun hatte der Mann so viel gegessen, dass er davon ganz müde und schläfrig geworden war und lieber noch ein wenig sitzen geblieben wäre, um sich auszuruhen, aber er wagte keinen Widerspruch und folgte seinen liebenswürdigen Gastgebern. Sie führten ihn über eine Stiege von fünfunddreißig mattvergoldeten Stufen in einen großen, prächtigen Saal, dessen Wände mit kostbaren Stickereien bedeckt waren. Durch hohe, breite Fenster fiel reichlich Licht herein. Von hier aus gingen sie in einen zweiten Saal, der den ersten an Schönheit weit übertraf. Der Fußboden war mit blanken Marmorplatten belegt, in denen sich das leuchtende Gold der Wände und die prächtigen Zierrate der hochgewölbten Decke in hellem Glanz spiegelten; das Kristall der mächtigen Bogenfenster zerlegte die einfallenden Sonnenstrahlen in vielfältigen Schimmer und die Halle glänzte und gleißte in allen Farben. Das merkwürdigste aber waren vier aus edlem Metall gegossene Standbilder, die riesengroß waren. An den Armen trugen sie alle goldene Ketten, als wären sie Gefangene. Ein zierliches Bergmännchen mit einer goldenen Krone auf dem Kopf hielt die vier Enden der Ketten.

Der Fuhrmann betrachtete die vier metallenen Männer geraume Weile. Schließlich fragte ihn einer seiner kleinen Begleiter: »Fuhrmann, verstehst du, was diese Riesen mit den goldenen Ketten und das kleine Männchen mit der Krone für die Zukunft bedeuten sollen?«

Salzburg

Der Fuhrmann meinte, das wisse er nicht; da sagte das Männlein nichts weiter und niemand hat später das Rätsel gelöst. Manche glauben, die vier Riesen und das Bergmännlein bedeuten, dass einst in vier Weltteilen ein Krieg ausbrechen wird oder dass die vier größten Herrscher von dem kleinsten abhängig werden.

Im Weitergehen sah der Fuhrmann in diesem Saal noch eine große Menge kostbarer, mit Gold und Edelsteinen verzierter Rüstungen, Helme und Schwerter. An den Wänden erblickte er zahlreiche Tische, ob aus Stein oder edlem Metall, konnte er nicht unterscheiden, doch waren alle mit blinkendem Gold und funkelnden Edelsteinen reich verziert.

Nun traten sie in einen dritten Saal, der sich an Schönheit und Pracht mit dem soeben verlassenen wohl messen konnte. Da standen wohl geordnet in Reihen prächtige Lagerstätten, die zierliche Schmiedearbeit aufwiesen und mit edelsteinglänzenden Verzierungen geschmückt waren.

Hier machten sie Halt und einer der Zwerge setzte sich an den Tisch und lud den Fuhrmann ein, neben ihm Platz zu nehmen. Dann zog er einen großen Beutel mit Gold aus der Tasche, zählte dem freudig überraschten Mann hundertachtzig Dutzend Dukaten vor und sagte: »Hier hast du den versprochenen Kaufpreis. Kaufe mit dem Geld einen anderen Wein, du wirst damit dein Leben lang Handel treiben können und alles wird dir immer gut ausgehen! Von dem, was du hier im Berg erlebt hast, sprich aber, solange du lebst, zu keinem Menschen ein Wort.«

Der glückliche Fuhrmann verwahrte sein Geld, dann geleiteten ihn die Zwerge in den Schlosshof hinaus, wo schon andere Männlein dabei waren, die Pferde aus dem Stall zu führen und an den Wagen zu spannen, der sorgfältig entladen worden war. Als die Zwerge bemerkten, dass eines der Pferde blind war, nahmen sie einen Stein, der einen roten und blauen Glanz ausstrahlte. Mit diesem Stein strichen sie über die Augen des Pferdes und sofort konnte es wieder sehen. Den Stein schenkten sie dem Fuhrmann und sagten, er möge damit anderen blinden Pferden helfen. Dann verabschiedeten sie sich von dem Mann.

Voller Staunen und Verwunderung über all das, was er gesehen und gehört hatte, fuhr der Mann fort und sah sich plötzlich wieder an der Stelle, wo er mit dem ersten Männchen zusammengetroffen war. Er erreichte glücklich seine Heimat und konnte fortan ein sorgenfreies Leben führen. Die hundertachtzig Dutzend Dukaten vermehrten sich zwar nicht, aber sie gingen auch nicht zu Ende, obwohl er stets freigebig zu den Armen war.

Getreu dem Gebot der Bergmännchen sprach er niemals ein Wort von dem, was er im Wunderberg gesehen und gehört hatte. Erst als er auf dem Sterbebett lag, offenbarte er alles, was ihm damals zugestoßen war.

Theophrastus Paracelsus in Salzburg

Die sonderbarsten Geschichten erzählt man sich über das Leben und Wirken des berühmten Arztes Theophrastus Paracelsus, der lange in Salzburg lebte und auch dort begraben ist.

Er war nicht nur in Salzburg berühmt, auch aus den Ländern ringsum kamen Kranke und Leidende zu ihm und suchten Rat und Hilfe. Da ihm die schwierigsten Kuren glückten, hieß es im Volk bald, Paracelsus wirke Wunder, verfüge über geheime Zauberkräfte und besitze ein wundertätiges Lebenselixier, von dem ein Tropfen genüge, alle Krankheitskeime zu vernichten, Halbtote zum Leben zu erwecken und das Leben auf hundert Jahre zu verlängern. Man flüsterte sich zu, der Arzt könne Gold machen und verstehe die Sprache der Tiere und Pflanzen. Seine Feinde und Neider dagegen sagten ihm alles Üble nach und behaupteten sogar, er stehe mit dem Teufel im Bund.

Als Theophrastus noch in Innsbruck studierte, ging er fast jeden Morgen in den Wald, um in der Einsamkeit über sich und die Welt nachzudenken. Wie er einmal so dahinwanderte, hörte er seinen Namen rufen, sah aber niemanden.

»Wer ruft mich?«, fragte er.

»Ich!«, war die Antwort. »Erlöse mich aus dieser Tanne, in der ich eingeschlossen bin!«

»Wer ist dieses Ich?«, erkundigte sich Theophrastus.

»Man nennt mich den Bösen«, antwortete der Unsichtbare, »aber du wirst sehen, dass ich zu Unrecht so heiße, wenn du mich befreist.«

»Wie kann ich das?«

»Schau dort rechts an der alten Tanne empor! Siehst du das Zäpfchen mit den drei Kreuzen? Ich kann es von innen nicht herausstoßen. Ein Geisterbeschwörer hat mich hier eingeschlossen.«

»Und wenn ich dich befreie, welchen Lohn bekomme ich?«

»Was verlangst du?«

»Erstens eine Arznei, die jede Krankheit zu heilen vermag. Zweitens ein Mittel, das alles zu Gold verwandelt, was ich damit berühre.«

»Beides sollst du haben!«

»Wer bürgt mir, dass du mich nicht betrügst?«

»Ich! So wahr ich der Teufel bin!«

»Nun gut, ich will versuchen, dich zu befreien.«

Theophrastus trat zu dem Baum, lockerte das Zäpfchen mit seinem Messer und zog und zerrte, bis er das Zäpfchen in der Hand hielt. Gebannt starrte er auf das kleine Loch im Stamm und wartete, was nun geschehen würde. Aus dem Loch kroch eine große schwarze Spinne, ließ sich an einem Faden auf das Moos herab und war plötzlich verschwunden. Dafür stand vor dem erstaunten Studenten – dessen Herz nun doch ziemlich heftig klopfte – ein langer, hagerer Mann mit einem spitzen teuflischen Gesicht. Ein weiter roter Mantel reichte bis zur Erde herab, konnte aber den Pferdefuß des Gesellen nicht verbergen.

»Komm mit!«, rief der Teufel, riss sich eine Haselrute ab und schritt mit Theophrastus zum nächsten Felsen, der zwischen den Tannen emporragte. Der Teufel schlug mit der Gerte auf den Felsen und das Gestein spaltete sich. »Warte eine Weile, ich bin gleich wieder da«, befahl der unheimliche Geselle und schlüpfte in die Kluft. Schon nach wenigen Minuten erschien er wieder und reichte dem Studenten zwei Fläschchen. »Hier hast du, was ich dir versprochen habe«, erklärte der Teufel. »In dem gelben Fläschchen ist die Goldtinktur, in dem weißen die Arznei.«

Der Teufel grinste behaglich und fügte hinzu: »Geh mit mir nach Innsbruck. Ich hätte gar zu gern Lust, diesen verfluchten Burschen zu holen, der mich in den Baumstamm hineinbeschworen hat. Was für Augen wird er machen, wenn er mich so rasch aus dem Loch befreit sieht!«

Theophrastus aber hatte mit diesem Mann Mitleid und wollte ihn retten. Warnen konnte er ihn nicht – er wusste ja nicht einmal, wie er hieß und wo er wohnte. Auch war der Teufel gewiss viel flinker als er! Plötzlich kam ihm ein guter Gedanke: Er wollte den Teufel bei seiner Eitelkeit packen. Als sie an der Tanne vorüberkamen, in der der Teufel gesteckt hatte, sagte Theophrastus: »Dieser Geisterbeschwörer muss aber viel Macht haben, wenn er im Stande war, Euch in dieses kleine Loch hineinzuzwängen! Ihr selbst brächtet es wohl kaum zu Wege, Euch in eine so winzige Spinne zu verwandeln!«

»Mein Lieber, da irrst du dich gewaltig«, antwortete der Teufel und grinste überlegen. Er blähte sich auf und prahlte: »Der Teufel kann manches, wovon ihr armseligen Erdenkinder keine Ahnung habt. Was gilt's? Ich werde mich vor deinen Augen sogleich wieder in die kleine Spinne verwandeln und in das Loch hineinkriechen.«

»Ja, wenn Ihr dazu im Stande seid«, rief der Student, »dann sollt Ihr die beiden kleinen Flaschen wieder haben! Um ein solches Kunststück zu sehen, wäre mir kein Opfer zu groß.«

»Du wirst gleich Augen machen!«, rief der Teufel und verwandelte sich flugs in eine schwarze Spinne. Die schwarze Spinne krabbelte den Baumstamm hinauf und verschwand in dem kleinen Loch.

Kaum war sie drinnen, ergriff Theophrastus den Zapfen und trieb und hämmerte ihn mit aller Kraft in den Baumstamm. Der Teufel im Stamm heulte jämmerlich, aber der Student ließ sich nicht irremachen und schnitzte zu guter Letzt mit dem Messer noch drei neue Kreuze in den Zapfen. Dann lief er aus dem Wald und überließ den Teufel seinem Schicksal. Auf der Wiese vor dem Wald blieb er stehen, verschnaufte zuerst und schaute sich dann fröhlich um. Alles erschien ihm an diesem Morgen besonders wunderbar: die Blumen im Gras, der blaue Himmel und die weißen Wolken. Er setzte sich ins Gras und sagte: »Jetzt möchte ich doch einmal sehen, ob mich der Teufel nicht etwa betrogen hat!« Er öffnete das gelbe Fläschchen und ließ einen Tropfen daraus auf seine

Hand fallen. Und wirklich, der Tropfen in seiner Hand wurde schwerer und schwerer und verwandelte sich in gediegenes Gold. Der Student pfiff vergnügt vor sich hin und nahm sich vor, das zweite Fläschchen an dem ersten Kranken auszuprobieren, der ihm über den Weg lief. Er fand auch auf seinem Heimweg nach Innsbruck in einer einfachen Hütte einen kranken Jäger. Theophrastus gab ihm ein paar Tropfen der Medizin zu trinken – und der Mann stand von seinem Lager auf und war gesund.

Nun kannte die Freude des Studenten keine Grenzen mehr. In kurzer Zeit wurde er der berühmteste Arzt im ganzen Land ringsum. Jahrelang übte Theophrastus seine Kunst und heilte viele Kranke, die von den anderen Ärzten schon aufgegeben gewesen waren. Sein Ansehen und sein Ruhm wuchsen, freilich auch der Neid und der Ärger der übrigen Ärzte in Salzburg, die allmählich ihre ganze Kundschaft verloren. Insgeheim trachteten sie ihm nach dem Leben, aber ihre Pläne glückten niemals. Schließlich aber fiel Theophrastus doch der Heimtücke eines seiner Rivalen zum Opfer. Diesem Rivalen gelang es nämlich, Paracelsus zerriebene Diamantkörner unter das Essen zu mischen. Theophrastus Paracelsus, der so vielen Menschen geholfen hatte, konnte sich selbst nicht retten, denn gegen die tödliche Wirkung der Diamantkörner gab es kein Mittel, und sogar die Wundermedizin des Teufels versagte.

Als Theophrastus sterbenskrank in seinem Wohnhaus am »Platz'« in Salzburg darniederlag und fühlte, dass sein Ende nahe war, rief er seinen Diener, gab ihm ein Fläschchen mit gelber Flüssigkeit und befahl ihm, es in die Salzach zu schütten. Der Diener aber glaubte, in dem Fläschchen sei der Zaubertrank, mit der sein Herr so viele Wunderkuren ausgeführt hatte. »Ich wäre ein Narr«, dachte der Diener, »wenn ich dem Befehl meines Herrn gehorchen würde. Das Fläschchen ausschütten? Niemals! Das ist die beste Gelegenheit, in kurzer Zeit reich und angesehen zu werden.«

Er wanderte zur Salzach, spazierte am Ufer hin und her, hielt das Fläschchen aber gut in seiner Rocktasche versteckt und kehrte nach einiger Zeit zu seinem Herrn zurück und sagte: »Herr, ich habe getan, was Ihr mir befohlen habt.«

»Und als die Flüssigkeit ins Wasser rann«, fragte Theophrastus, »was hast du da gesehen?«

»Nichts«, antwortete der Diener verwundert.

Paracelsus fuhr zornig von seinem Lager auf und rief: »Du nichtsnutziger Bursche, ist das die Art und Weise, meine Befehle auszuführen? Du hast mich betrügen wollen! Geh sofort und schütte die Flüssigkeit wirklich in die Salzach, oder, bei Gott, du wirst es bereuen!«

Der Diener eilte erschrocken fort, stürzte zur Salzach und schüttete den Inhalt des Fläschchens ins Wasser. Als sich das Elixier mit den Fluten der Salzach vermischte, glänzte das Wasser wie lauteres Gold. Seitdem führt die Salzach Goldkörner auf ihrem Grund.

Theophrastus Paracelsus aber starb nach wenigen Tagen in seinem Wohnhaus am »Platzl« in Salzburg.

Die Weitmoser im Gasteiner Tal

Wer von den reichen Bergschätzen im Gasteiner Tal und in der Rauris erzählen will, darf den Namen Weitmoser nicht vergessen. Diese Familie ist mit dem Glück und dem Untergang der Bergwerke in jenem Gebiet aufs Engste verbunden.

Erasmus Weitmoser war ein einfacher Bauer, der zu Gadaunern im Gasteinertal den Pflug über die kargen Felder führte, die ihn und seine Familie ernährten. Das Leben dieser Bauern war hart und der Ertrag ihrer Felder gering. Erasmus aber war ein Mann, der sich nicht damit zufrieden gab, sich zu plagen und zu mühen wie seine Vorfahren, um dann seinen Kindern wiederum nichts als Plage und Mühe zu hinterlassen. Wenn er auf seinen Feldern arbeitete, sah er die Berge vor sich – und über diese Berge und die darin eingeschlossenen Schätze grübelte und sann er nach, bis er eines Tages seinen Bauernrock mit dem Bergmannskittel vertauschte und nach Gold zu schürfen begann.

Salzburg

Er war fest überzeugt, dass die Berge Gold führten und ließ sich von keinen Schwierigkeiten abhalten. Er grub und grub, er warb Arbeitskräfte an und schließlich förderte er viel versprechendes erzhaltiges Material zutage. Aber die goldhaltigen Gänge lagen tiefer und bevor er auf die wirklichen Goldadern stieß, erschöpften sich seine Geldmittel. Es fand sich kein Mensch, der in diese unsichere Sache noch weiter Geld stecken wollte. Seine Gläubiger – denn er hatte sich bereits reichlich Geld ausborgen müssen – bekamen es mit der Angst zu tun und hörten nicht auf, ihn zur Rückzahlung zu drängen. Vergebens bat er um eine kurze Frist, um ein wenig Geduld und um ein weiteres Darlehen. Sie lehnten einfach alle seine Bitten ab. Und schließlich kam die Geschichte auch dem Salzburger Erzbischof, Leonhard von Keutschach, zu Ohren. Der Erzbischof – neugierig geworden – ließ den Weitmoser in die Residenz rufen. Nun war der Weitmoser ein ehrlicher, aufrechter Mann, der so gar nicht nach einem Fantasten aussah, und der Erzbischof schenkte ihm Glauben. Er streckte ihm eine größere Summe Geldes vor und trug ihm auf, die Arbeit wieder fortzuführen. Erasmus ließ sich das nicht zweimal sagen, er schürfte und förderte und seine Ausdauer sollte ihren Lohn finden. Noch bevor das geliehene Geld völlig aufgebraucht war, kam edles Erz zutage. Die Knappen brachten ihm freudestrahlend gold- und silberhaltiges Gestein.

Immer freigebiger spendete der Berg seine Schätze. Das Gold häufte sich und bald war Erasmus Weitmoser der reichste Mann im Tal geworden. Sein ganzes Leben lang nahm der Segen kein Ende, und selbst als er im Sterben lag, kamen Knappen zu ihm und berichteten, dass eine neue mächtige Goldader entdeckt worden sei.

Das Bergmannsglück blieb auch seinem Sohn Christoph treu. Das Volk hielt seinen Reichtum für so groß, dass man sich im Geheimen erzählte, Herr Christoph Weitmoser habe auf der Erzwiese beim Wald einen riesigen Schatz vergraben, und in seinem Haus liege ein so großer Haufen Goldstücke, dass man ein Pferd samt Reiter darunter verstecken könnte.

Christoph Weitmoser erwarb überall Gruben und Besitzungen, er kaufte stattliche Höfe und prächtige Schlösser und er wurde so reich, dass sich um seine Töchter Grafen und Fürsten bewarben und dass er

Die Weitmoser im Gasteiner Tal

jeder viele tausend Goldgulden in die Ehe mitgeben konnte. Seinen drei Söhnen aber soll er eine Million Goldgulden als Erbe zugedacht haben. Überall war der Weitmoser angesehen und geachtet und selbst Fürsten zählten zu seinen Freunden.

Seine Frau war schön und stolz, aber auch hartherzig. Der Reichtum verdrehte ihr den Kopf, und statt dankbar für das Glück ihrer Familie zu sein, sah sie verächtlich auf das einfache Volk herab, lebte üppig und ausschweifend und verspottete jene, die in Armut und Elend lebten. Sie stolzierte in den kostbarsten Gewändern umher und behängte sich mit wertvollem Schmuck, um den sie jede Fürstin beneidet hätte. Ihre Eitelkeit und ihr Hochmut waren im ganzen Land bekannt und bald war sie als die hartherzigste Frau weit und breit verrufen.

Eines Tages ritt sie auf ihrem weißen Pferd, wie eine Königin mit edel-steinverzierten Gewändern geschmückt, durch die enge Klamm entlang der schäumenden Ache nach Gastein. Keinem, dem sie begegnete, vergönnte sie auch nur einen Blick, und als ihr Pferd jäh scheute, stieg ihr die Zornröte ins Gesicht. Eine alte, zerlumpte Bettlerin saß neben dem Weg, hatte die Hände ausgestreckt und bat um eine kleine Gabe. Der reichen Weitmoserin war dieser Anblick lästig. Sie rümpfte die Nase, schaute verächtlich vom Pferd herab und rief: »Pack dich und verschwinde! Ich möchte wirklich wissen, warum ich nirgends Ruhe vor diesem unverschämten Bettelvolk habe!«

Sie wollte ihr Pferd antreiben, aber die Alte hatte sich mühsam aufgerappelt und verstellte ihr den Weg. Mit zitternder Stimme sagte sie: »Bettelvolk beschimpfst du mich und weißt doch nicht, ob du nicht trotz deiner schönen Kleider morgen an meiner Stelle sitzen wirst!«

Nun war die Weitmoserin nicht nur stolz und eitel, sie war auch jähzornig und unbeherrscht, und die Worte der alten Bettlerin brachten sie wahrhaftig in Wut. Sie zügelte ihr Pferd so ungestüm, dass es sich aufbäumte, riss ihren kostbaren Ring vom Finger und hielt ihn der Alten hin. Der riesige Diamant an dem Ring blinkte und funkelte in der Sonne. »Du armselige Kreatur!«, stieß die Weitmoserin hervor. »Ich und betteln gehen! Da, schau her!« Sie schleuderte den Ring in das schäumende Wasser der Ache, lachte laut und rief: »Der Ring ist fort, für immer! So wenig dieser Ring wieder zum Vorschein kommt, ebenso wenig wird eine Weitmoserin je betteln gehen!« Und mit zornrotem Gesicht gab sie dem Pferd die Sporen.

Einige Wochen vergingen. Die Weitmoserin hatte ihren Ring und das Bettelweib längst vergessen, da meldete sich eines Morgens der Fischer vom Weitmosergut im Herrenhaus und brachte eine Forelle, die so groß war, wie man nie eine zuvor gesehen hatte. Er hatte sie in der Ache gefangen. Zufällig gab Christoph Weitmoser an diesem Tag ein Festmahl und er ordnete an, dass der prächtige und ungewöhnliche Fang die Tafel zieren sollte. Als man den Fisch zerteilte, fand sich in seinem Inneren ein Ring mit einem prächtigen, blitzenden Diamanten. Die Weitmoserin fuhr auf und wurde totenbleich. Es war jener Ring, den sie in die Ache geschleudert hatte. Und von jenem Augenblick an war sie wie verwandelt. Tag und Nacht konnte sie den Ring nicht vergessen. Eine geheime Angst vor kommendem Unheil begann sie zu quälen. Sollte das Schicksal sie beim Wort nehmen? Hatte sie dem Haus der Weitmoser Unglück gebracht?

Was in den nächsten Jahren geschah, war nicht angetan, ihre Gewissensbisse zu vertreiben. Allmählich begann das Glück vom Haus der Weitmoser zu weichen. Reiche Goldadern versiegten, Stollen und Schächte stürzten ein. Wildwasser ersäuften die reichsten Gruben und ein Unheil folgte dem anderen. Die Weitmoser gerieten in Schulden und verarmten, ihre Häuser und Schlösser verfielen und schließlich gaben nur Ruinen Zeugnis von ihrem einstigen Reichtum.

Mit ihnen ging ein Geschlecht zu Grunde, das berufen gewesen war, zu seiner Zeit Großes zu vollbringen. Längst ist das Haus der Weitmoser ausgestorben, aber in der Sage leben sie weiter. In den Hängen und Schluchten des Gamskarkogels zeigt sich den Jägern manchmal ein alter Gamsbock – so erzählt man sich. Aber wenn der Jäger sein Gewehr anlegt, verwandelt sich der Bock in irgendeinen bekannten Talbewohner. Es ist der alte Weitmoser, glauben die Leute, der als Gamsbock ruhelos um die grauen Felsen des Gamskarkogels streift, nach vergrabenen Schätzen sucht und den alten, versunkenen Goldlagern nachspürt. Erst wenn er diese gefunden hat, kann er zur ewigen Ruhe eingehen.

Doktor Faust und der Salzburger Kellermeister

Es war in jenen Tagen, als rund um die Stadt Salzburg noch grüne Weinrebenhügel lagen. Zur Fastnachtszeit, wenn jedermann, der nicht griesgrämig ist, Scherz und Kurzweil treibt, hatte Doktor Faust einen Kreis fröhlicher Gesellen um sich versammelt. Es waren Studenten und anderes junges Volk. Doktor Faust bewirtete sie mit Wein und feinen Leckerbissen, die jungen Leute tranken fleißig, scherzten und lachten, und das übermütige Gelage dauerte bis spät in die Nacht hinein. Schließlich bekam Doktor Faust Lust, eine Fahrt über Land zu machen und zur Abwechslung einen anderen Wein auszuprobieren. »Kommt mit mir!«, rief er seinen Freunden zu. »Wir wollen eine Kellerpartie machen! Der Bischof von Salzburg soll seinen Keller vortrefflich mit Wein bestellt haben. Warum, liebe Freunde, sollten wir uns nicht ein paar Gläser Bischofswein vergönnen? Kommt, der hochehrwürdige Herr wird uns schon ein bisschen Freude nicht missgönnen.«

Die schon mehr als fröhlichen Burschen waren mit diesem Vorschlag nur zu gern einverstanden. Ausgelassen und lachend liefen sie in den Garten hinaus. Doktor Faust, der Zauberkundige, sah sich nach einem geeigneten Gefährt um und entdeckte eine Leiter, die an der Wand lehnte. Die Burschen legten auf seinen Befehl die Leiter um, hockten sich auf die Sprossen und ihr Meister setzte sich auf die Leiterspitze rittlings wie auf ein Pferd. Er murmelte eine Beschwörungsformel und fort ging's im Hui in sausender Fahrt durch die Luft, dass die Mützen der Fahrgäste flogen und die Mäntel im Wind flatterten.

Mitternacht war längst vorüber, als sich das seltsame Gefährt in der bischöflichen Stadt Salzburg zur Erde senkte und durch ein offenes Fenster geradewegs in den Keller des Bischofspalastes hineinfuhr. Nichts rührte sich in dem Palast. Der Bischof und seine Domherren und die Diener schliefen längst.

Doktor Faust schlug Licht und die Augen der durstigen Burschen fingen zu glänzen an. In dem weiten, dämmrigen, kühlen Gewölbe lag

Salzburg

Fass an Fass. Faust und seine Freunde machten es sich an den Tischen bequem und kosteten alle Fässer der Reihe nach durch, bis sie das Fass mit dem besten Wein herausgefunden hatten. Sie tranken es leer und glaubten, im siebten Himmel zu sein.

Wohl eine Stunde hatten sie lachend und singend gezecht, als sich plötzlich die Tür öffnete und der Kellermeister mit einer Laterne in der Hand eintrat. Der dicke Kerl hatte nicht einschlafen können und beschlossen, sich einen Schlaftrunk zu holen.

Er sah Licht in dem Gewölbe, hörte den fröhlichen Lärm und blieb entsetzt stehen. Vor Schreck hätte er beinahe die Laterne fallen lassen. Aber er fasste sich bald, und als er sah, dass er es nur mit einer Rotte Betrunkener zu tun hatte, die kaum noch auf den Füßen stehen konnten, schrie er: »Ihr unverschämtes Diebsgesindel! Euch wird bald die Lust an fremdem Wein vergehen. Wartet nur, ihr werdet eure Frechheit teuer bezahlen müssen!« Und er hielt eine Strafpredigt, dass ihn die weinschweren Gesellen mit offenen Mündern verblüfft anglotzten.

Als sich der Kellermeister den ersten Zorn von der Seele geredet hatte, wollte er aus dem Gewölbe stürzen und die Diener im Palais aufwecken. Doktor Faust aber packte ihn blitzschnell an den Haaren und hielt ihn fest. Dann befahl er seinen Begleitern, noch rasch ein paar Flaschen von der besten Sorte einzustecken und wieder die Leiter zu besteigen. Mit einem Schwung setzte er den Kellermeister vor sich auf das Zaubergefährt, und ehe der dicke Kerl noch recht wusste, wie ihm geschah, erhob sich das hölzerne Flugzeug und schwebte zum Fenster hinaus.

Halb aus Zorn, halb aus Angst stimmte der unfreiwillige Fahrgast ein so mörderisches Geschrei an, dass sich alle Katzen, die auf den stillen Dächern der Stadt umherstreunten, schleunigst mit eingezogenem Schwanz verkrochen. Dem Doktor und seinen Freunden taten bald die Ohren weh. Schließlich wurde ihnen das Zetergeschrei zu viel, und als sie über einen großen Wald dahinsegelten, setzte der Doktor den sich sträubenden und vor Angst heulenden Kellermeister auf dem Wipfel einer mächtigen Tanne ab. Der Kellermeister glaubte, seine letzte Stunde habe geschlagen, und hörte nicht auf zu schreien. Als nichts weiter geschah und das unheimliche Fahrzeug verschwunden war, stellte der

Doktor Faust und der Salzburger Kellermeister

Kellermeister fest, dass er noch lebte, und atmete auf. Aber da hing er nun, der arme Kerl, an dem höchsten Wipfel einer schwankenden Tanne, klammerte sich verzweifelt an den Stamm und wusste nicht ein noch aus. Der Angstschweiß trat ihm auf die Stirn. Es war eine stockdunkle Nacht und weit und breit war kein Mensch zu sehen oder zu hören. Sooft er den Versuch wagte, nach unten zu klettern, bogen sich die Äste unter seinem Gewicht und schwankten so bedrohlich hin und her, dass er alle Gedanken an eine Flucht von dem hohen Baum herunter rasch wieder aufgab, sich still hielt und zitternd den Stamm umklammerte. Seufzend und stöhnend wartete der arme Kerl, bis der Morgen anbrach, während Doktor Faust und seine Gefährten längst wieder zu Hause waren und sich über das Abenteuer der Nacht zu Tode lachen wollten.

Die Sonne stieg über die Salzburger Berge empor. Der Kellermeister auf seinem Hochsitz war vor Kälte halb erstarrt. Schließlich sah er ein paar Bauern daherkommen, die mit Buckelkörben voller Eier zur Stadt wanderten. Der Kellermeister fing laut um Hilfe zu schreien an und die Bauern blieben erstaunt stehen. Als sie den Mann auf dem höchsten Wipfel der Tanne kleben sahen, konnten sie nicht begreifen, wie dieser dicke Tannenzapfen da hinaufgekommen sein mochte. Doch dann erkannten sie in dem Jammernden den bischöflichen Kellermeister, schüttelten verwundert die Köpfe und wollten ihren Augen nicht trauen.

Der Kellermeister oben im Wipfel versprach ihnen das Blaue vom Himmel, wenn sie ihn nur herunterholen wollten, die Bauern wagten aber nicht, den dicken Kerl ohne Hilfe herabzubefördern. Sie liefen eilig in die Stadt, im bischöflichen Palais glaubte ihnen aber zunächst kein Mensch. Erst als der Kellermeister trotz eifrigen Suchens nirgends zu finden war, beschloss man, nach dem Vermissten im Wald zu suchen. Eine Schar bischöflicher Knechte folgte den Bauern, und weil sich die wunderliche Begebenheit herumgesprochen hatte, lief ihnen eine ganze Schar neugierigen Volkes nach.

Als man im Wipfel der höchsten Tanne tatsächlich Seiner Bischöflichen Gnaden Kellermeister hocken sah, brachen alle in ein lautes Gelächter aus und es dauerte eine ganze Weile, bis die Knechte im Stande waren, ihre Rettungsaktion zu beginnen. Die Mutigsten kletterten an der Tanne hoch, schlangen ein Seil um den dicken Bauch des Kellermeisters und lotsten den Ärmsten mit viel Mühe und Plage und ebenso viel Gelächter auf den sicheren Erdboden herunter. Der arme Kerl war nicht mehr im Stande, auch nur einen Schritt zu tun, und er war so schwach, dass man ihn in einer Sänfte in die Stadt zurückbringen musste. Dort übergab man ihn seinem bischöflichen Herrn, dem er die Abenteuer der Nacht noch immer angstschlotternd erzählte, und der Bischof mag im Geheimen ebenso herzlich gelacht haben wie alle anderen Salzburger. Wer aber die Weindiebe gewesen waren und wer den Kellermeister auf die unfreiwillige Luftfahrt mitgenommen hatte – das wusste niemand.

Erst viele Jahre später verbreitete sich das Gerücht, bei der Zauberfahrt habe der berühmte Doktor Faust seine Hand im Spiel gehabt. Dem Kellermeister aber war seit jener Zeit die Lust vergangen, sich noch spätabends einen Schlaftrunk zu holen. Alles Gold der Erde hätte ihn nicht dazu gebracht, nach dem Abendläuten nochmals in den Keller zu gehen.

Kaiser Karl im Untersberg

Seltsames erzählt man sich vom Untersberg. In diesem mächtigen Felsmassiv unweit von Salzburg sollen wunderbare Wesen hausen und riesige Schätze liegen. Zwerge und Riesen, Helden und Fürsten wohnen dort und es soll auch das Heim der wilden Frauen sein, die den Menschen wohlgesinnt sind. Das größte Geheimnis des Berges aber ist der alte Kaiser, der im Inneren der Felsen schläft, bis seine Zeit gekommen ist. Nur selten, alle hundert Jahre einmal, zeigt er sich einem sterblichen Menschen.

Einmal weidete ein armer Hirtenjunge seine Herde am Fuß des Untersberges. Der Junge hockte auf einem moosbewachsenen Stein und

Kaiser Karl im Untersberg

schnitzte vergnügt an einer Weidenpfeife. Plötzlich stand wie aus dem Boden gewachsen ein Zwerg vor ihm. »Heda, lieber Junge«, begrüßte ihn der Zwerg, »willst du Kaiser Karl im Untersberg sehen?« Das Bürschlein war nicht verlegen und antwortete sofort: »Ja, das will ich!« In den alten Zeiten, in denen so vieles anders war als heute, kam es nicht selten vor, dass die Untersberger Zwerge den Menschen über den Weg liefen, und unser Hirte hatte keineswegs Angst vor dem kleinen Männchen.

»Komm!«, forderte der Zwerg den Jungen auf, winkte und ging voran. Der Junge folgte ihm ohne Zaudern durch Gebüsch und über Felsgeröll, durch Schluchten und Klüfte tief hinab in das Innere des Berges, bis sie endlich vor einer eisernen Tür anlangten, die fest verschlossen zu sein schien.

Nirgends war ein Schloss oder ein Schlüssel zu sehen und der Hirtenjunge wartete gespannt, was jetzt geschehen würde. Der Zwerg aber hob nur die Hand und mit einem donnerähnlichen Krachen sprang die Tür auf. Ehe der Junge recht wusste, was geschehen war, stand er in einer großen prächtigen Halle. Die Wände glänzten wie Silber, überall strahlten Edelsteine. Um den staunenden Burschen herum lagerten stumm und starr und wie aus Stein gehauen Ritter und Reisige.

In der Mitte des riesigen Saales saß der alte Kaiser auf einem goldenen Stuhl. Vor ihm stand ein mächtiger Tisch mit einer schweren marmornen Platte. Der Junge starrte auf die prächtige Krone und wagte kaum zu atmen. Die Augen des Kaisers waren wie im Schlummer geschlossen. Sein silberweißer, glänzender Bart hatte sich schon zweimal um den Tisch aus Marmor geschlungen. Viele edle Herren, Grafen, Fürsten und geistliche Würdenträger, in glänzenden Rüstungen und kostbaren Gewändern, saßen um den Kaiser, die Köpfe in die Hände gestützt, auch sie stumm und ohne Bewegung und gleich ihrem Herrn in schweren, tiefen Schlaf versunken.

Der Junge konnte sich an der Pracht und Herrlichkeit nicht satt sehen und schaute sich fast die Augen aus dem Kopf. Dann aber fiel ihm plötzlich ein, wie ungebührlich es sei, vor einem so hohen Herrn zu stehen und ihn anzustarren, er beugte seine Knie vor dem Kaiser und grüßte so höflich, wie er es nur konnte. In diesem Augenblick hob der Kaiser den Kopf, die Lider öffneten sich halb, und ein traumverlorener

Blick traf den Knaben. »Kind«, sprach der Kaiser, »fliegen die Raben noch immer um den Berg?«

»Ja«, antwortete der Junge, »sie fliegen noch immer, Herr!«

Der Kaiser senkte den Kopf und murmelte klagend: »Dann muss ich noch hundert Jahre weiterschlafen!« Seine Augen schlossen sich, er versank wieder in tiefem Schlummer und alle Ritter und Herren, die mit ihm erwacht waren, erstarrten wieder.

Der Zwerg winkte dem Knaben und führte ihn stillschweigend aus der Halle und durch den Berg zurück ins Freie zu der Herde, die ruhig weidend auf ihren Hüter wartete. Das Männchen gab dem Jungen ein reiches Geschenk und verschwand dann so plötzlich, wie es erschienen war.

Die Eulenmutter von Zell am See

Einst lebte in Zell am See ein reicher Bauer, der wegen seines Fleißes und seiner Rechtschaffenheit im ganzen Ort und weit im Umkreis angesehen und beliebt war. Seiner Frau hingegen sagte man nicht gerade das Beste nach. Sie war nachlässig, faul und verschwenderisch und kümmerte sich kaum um ihre beiden Kinder. Es geschah aber, dass der Bauer schwer krank wurde und nach kurzer Zeit starb.

Die Frau übernahm das Anwesen und freute sich, dass niemand mehr da war, dem sie Rechenschaft schuldig war.

Sie warf das Geld mit vollen Händen um sich und war so grenzenlos leichtsinnig, dass sie bald nichts mehr besaß. Ohne sich darüber Gedanken zu machen, lieh sie Geld von allen Seiten, der Hof war bald gänzlich verschuldet und musste zuletzt versteigert werden.

Nun war die Frau auf die Mildtätigkeit gutherziger Menschen angewiesen. Sie zwang ihre Kinder, betteln zu gehen, und was die Kleinen ihr von den Bettelgängen nach Hause brachten, war bald wieder vertan. Wenn die Kinder einmal weniger Geld erbettelten, als sich die Mutter erhoffte, gab sie ihnen nichts zu essen, schlug und schmähte sie.

Die Eulenmutter von Zell am See

Eines Tages waren die Kinder mit leeren Händen nach Hause gekommen und die Mutter verurteilte sie zum Fasten. Die beiden Kleinen, die auch an den vorhergegangenen Tagen nur wenig zu essen erhalten hatten, fingen an zu weinen und bettelten um ein Stück Brot. Ihr Weinen war der Frau so lästig, dass sie zornig ausrief: »Wenn doch endlich dieses Gejammer ein Ende nähme! Ich wollte, ihr wäret aus Stein, dann hätte ich endlich Ruhe!«

Kaum hatte sie diese Worte ausgesprochen, als sich der Himmel plötzlich mit dichten schwarzen Wolken bedeckte. Ein schweres Gewitter brach los, wie es in dieser Gegend noch niemand je vorher erlebt hatte. Als der Himmel wieder klar wurde und sich der Wind beruhigte, lagen an jener Stelle, an der die beiden Kinder gestanden hatten, zwei Steinblöcke, die ihnen in Aussehen und Gestalt glichen. Die Frau schrie entsetzt auf. Jetzt, da es zu spät war, erwachte plötzlich die Mutterliebe in ihr, sie warf sich auf die Steinblöcke, umarmte sie, jammerte und klagte. Aber ihre Kinder waren zu kaltem Stein geworden, wie sie es selbst gewünscht hatte.

Die Frau verschwand aus dem Ort. Einige Tage später sahen die Dorfbewohner eine Eule, die mit klagendem Geschrei die Steinbilder umkreiste. Es war die Mutter der beiden armen Kinder. Bei Tag umflatterte sie als Eule die Steine, nachts aber wanderte sie in menschlicher Gestalt ruhelos umher. In den alten Zeiten soll sie noch mancher Wanderer gesehen haben, wie sie in finsterer Nacht weinend um die Steine huschte.

STEIERMARK

Steiermark

Der Schatz der Stubenberger in der Schöcklhöhle

Vor vielen Jahrhunderten herrschten auf der Burg Oberkapfenberg im Mürztal, die heute längst eine Ruine ist, zwei Brüder aus dem Geschlecht der Stubenberger. Es waren wilde und unbändige Herren, die ein echtes Raubritterdasein führten und mit den benachbarten Rittern ständig in Streit lebten. Da sie auch dem Kloster Schaden zufügten, wo sie nur konnten, wurden sie vom Papst in Acht und Bann getan. Sie ließen sich aber dadurch in ihren tollen Streichen nicht behindern und trieben es schließlich so arg, dass die Ritter der Umgebung gemeinsam gegen ihre Burg zogen. Die Stubenberger waren dem nicht gewachsen, noch dazu fiel ein Teil ihrer reisigen Knechte von ihnen ab. Deshalb rafften sie ihre erbeuteten Reichtümer zusammen, verließen die Burg Oberkapfenberg und zogen mit wenigen Getreuen in die damals fast unzugänglichen Waldschluchten am Nordfuß des Schöckls. Dort erbauten sie die Feste Stubegg, deren Ruinen noch heute am Eingang der Raabklamm zu sehen sind.

Bald darauf rüstete Kaiser Friedrich II. zu einem Kreuzzug ins Heilige Land und der Herzog von Österreich schloss sich ihm an. Nach der Überlieferung hatte ein Ahnherr der Stubenberger als römischer. Hauptmann am Grab Christi Wache gehalten. Aus diesem Grund wollten die beiden Brüder mit ins Heilige Land ziehen, auch hofften sie, durch den Kampf gegen die Ungläubigen vom Kirchenbann befreit zu werden.

Bevor sie ihre Heimat verließen, brachten sie ihre Schätze in Sicherheit. Der weglose, wilde Schöckl schien ihnen der richtige Platz, nach einem Versteck zu suchen. Am Fuß des Schöcklkreuzes fanden sie schließlich zwischen Geröll und zerklüfteten Felsen eine geräumige Höhle, und in einer dunklen Nacht schleppten sie mit Hilfe ihrer treuesten Knechte die Schätze und Kostbarkeiten in einer eisernen Truhe hinauf auf den Schöckl. Den Eingang zur Höhle verschlossen sie mit einer starken Eisentür, auf die sie Steine häuften. Die Fugen verstopften sie sorgsam mit Moos, bis kein Mensch mehr ahnen konnte, dass dahinter eine Tür verborgen lag. Die Schlüssel zur Truhe und zur Eisentür nahmen die Ritter an sich, übergaben die Burg der Obhut eines treuen Vogtes und zogen mit Helfern und Mitwissern ins Welschland. Dort schlossen sie sich den anderen Kreuzfahrern an.

Einige Jahre verstrichen. Da kam eines Tages ein Pilger aus dem Heiligen Land nach Stubegg und überbrachte dem Burgvogt die traurige Nachricht, dass die Herren von Stubenberg im Kampf ums Heilige Land ihr Leben gelassen hatten. Er selbst, so berichtete der Pilger, habe einem der beiden Brüder die Augen zugedrückt und dieser habe ihm vor seinem Tod das Geheimnis des verborgenen Schatzes anvertraut und ihm die beiden Schlüssel übergeben. Der Burgvogt solle den Schatz den Nachkommen der beiden Stubenberger übergeben. Der Vogt war nicht wenig erstaunt, brach sofort mit dem Pilger auf und zog mit ihm zum Schöcklkreuz. Wochenlang suchten sie nach der Höhle und nach dem Schatz, konnten aber das Versteck nicht finden. Zu guter Letzt verloren sie im Geröll auch noch die beiden Schlüssel. Sie gaben nun die Suche auf, der Schatz der Stubenberger blieb unentdeckt und geriet allmählich in Vergessenheit.

Vielleicht hundert Jahre mochten vergangen sein. In Gschaid bei Weiz lebte damals ein stubenbergischer Untertan, ein armer Bauer, der Georg Greßhuber hieß. Er hatte kein Brot in seiner Hütte, dafür aber umso mehr Kinder. An einem kalten Wintertag kurz vor Weihnachten suchte er in der Nähe des Schöcklkreuzes nach Klaubholz, damit seine Kinder wenigstens an den Feiertagen eine warme Stube hatten. Verdrossen schleppte er dürre Äste und Zweige zusammen, seufzte auch manchmal und merkte in seinem Elend gar nicht, dass ein kleiner Hirtenbub aufgetaucht war und ihn die ganze Zeit beobachtete.

»He du!«, rief der Junge den Holzsammler plötzlich an. »Warum plagst du dich denn so sehr? Und warum seufzt du?« Der Bauer schaute sich erschrocken um, sah den Jungen und antwortete niedergeschlagen: »Soll ich nicht traurig sein, wenn mir der Magen knurrt und daheim fünf Kinder auf Brot warten und ich nicht weiß, woher ich es nehmen soll!«

»Komm doch mit mir!«, forderte ihn der Hirtenbub auf. »Das wird dir mehr helfen als das mühselige Holzklauben.«

»Was soll es mir helfen?«, brummte der Bauer und besah sich den Kleinen näher. Die Dämmerung war schon hereingebrochen und es schien ihm, als glühten die Augen des Jungen wie feurige Kohlen. Dem Mann wurde unheimlich zu Mute.

Der Junge lachte leise, fasste ihn bei der Hand und sagte: »Du brauchst dich nicht zu fürchten, es wird dir kein Leid geschehen. Wenn du mit mir gehst, will ich dir einen Schatz zeigen, der dich dein Leben lang reich machen wird.«

Nun hatte der Bauer wirklich Angst bekommen und wäre am liebsten umgekehrt und den Berg hinuntergeflüchtet. Aber der Junge hatte so zutraulich die Hand auf seinen Arm gelegt, dass der Bauer sich seiner Angst zu schämen begann. Außerdem war er neugierig, was an den Worten dieses seltsamen Hirtenbuben wahr sein mochte. So folgte er ihm und nach kurzer Zeit kamen sie zu einem Wacholderstrauch, und hinter dem Strauch lag, zwischen Steinen und Moos versteckt, eine eiserne Tür. Der Hirtenjunge zog zwei Schlüssel aus der Tasche und forderte seinen Begleiter auf die Tür aufzusperren. Mit klopfendem Herzen steckte der Mann den Schlüssel ins Schloss und drehte ihn um. Die Tür bewegte sich knarrend in den rostigen Angeln; eine dunkle Höhle lag vor den beiden. Der Junge hielt plötzlich eine Fackel in den Händen und im flackernden Licht sah der Bauer schaudernd, dass der Junge neben ihm schwarz wie Kohle war und seine Augen unheimlich funkelten und glänzten.

Zögernd und mit zitternden Beinen folgte der Bauer dem Jungen, der ihn in drei große gewölbte Kammern führte. In der ersten und zweiten Kammer lag je ein mächtiger Kohlenhaufen, in der dritten aber standen sieben große eiserne Truhen, die ein riesiger schwarzer Hund bewachte. Die glühenden Augen des schwarzen Jungen schienen größer und größer zu werden und dem Mann klopfte das Herz so rasend, dass er kaum hörte, was sein Begleiter sagte. »Hast du dir alles gut angeschaut?«, fragte der Junge. Der Bauer nickte wortlos. »Komm mit mir in die zweite Höhle zurück«, forderte ihn der Junge nun auf. Dort befahl er ihm: »Steck dir zwei Hände voll Kohlen in die Taschen!«

Der Bauer gehorchte zitternd. Dann gingen sie wieder ins Freie hinaus, und obwohl die Nacht fast hereingebrochen war und der Himmel über

Der Schatz der Stubenberger in der Schöcklhöhle

den Bergen dunkelte, war es dem Bauern, als wäre ihm das Tageslicht nie so freundlich erschienen.

»Schau dir doch die Kohlen an«, forderte ihn plötzlich der Junge freundlich auf. Da sah der Bauer, dass sich die Kohlen in Goldstücke verwandelt hatten. »Solange du lebst«, ermahnte ihn der Hirtenjunge ernst, »darfst du täglich hierher kommen und dir jedes Mal zwei Hände voll Kohlen mitnehmen. Aber nur von dem Haufen, der in dem mittleren Gewölbe liegt. Und sei verschwiegen und wahre dein Geheimnis, sonst geht es dir schlecht. Wenn man dich aber einmal zwingen sollte, dein Stillschweigen zu brechen, dann übergib der Obrigkeit die beiden Schlüssel und den Pergamentstreifen, der daran hängt.«

Der Bauer versprach, das Gebot zu halten. Als er die eiserne Tür wieder versperrt und den Schlüssel zu sich gesteckt hatte, war der Junge verschwunden, als hätte ihn der Erdboden verschluckt.

Aus dem armen Bauern war nun ein reicher Mann geworden. Tag für Tag wanderte er zur Schatzhöhle auf dem Schöckl, nahm zwei Hände voll Kohlen, die sich im Freien zu Gold verwandelten. Seine Kinder brauchten keine Not mehr zu leiden. Er kaufte Äcker, Wiesen und Weingärten. Kisten und Kasten füllten sich mit blinkenden Goldstücken. Aber als er nach einem Jahr seine armselige Hütte abreißen ließ und sich einen stattlichen Bauernhof baute, wurden seine Nachbarn neidisch. Sie nannten ihn einen Zauberer und Schlimmeres.

Schließlich erfuhr von dem zauberhaften Reichtum auch sein Grundherr, Graf Ulrich von Stubenberg, ein Nachkomme der beiden Brüder. Er ließ den Bauern zu sich kommen und fragte ihn, woher er das Geld habe, mit dem er so verschwenderisch umgehe.

Der Bauer erwiderte trotzig: »Ich habe es nicht gestohlen! Woher es stammt, ist mein Geheimnis. Aber Euch als Grundherrn will ich jeden Tag eine Hand voll Gold bringen.« Und wirklich erschien der Bauer schon am nächsten Tag mit einem faustgroßen Goldklumpen, den er vor dem erstaunten Grafen niederlegte. Da erinnerte sich der Stubenberger an die Sage vom verschwundenen Schatz seiner Vorfahren und war sicher, dass der einfache Bauer das Versteck gefunden hatte.

Georg Greßhuber aber wollte sein Geheimnis nicht verraten, ja selbst als ihn der Graf foltern ließ, kam kein Wort über seine Lippen. Schließlich ertrug er aber die Schmerzen nicht länger und erzählte von dem seltsamen Hirtenjungen und wie dieser ihm die Höhle gezeigt habe. Er versprach dem Grafen, ihm das Versteck des Schatzes zu zeigen, und als er sich von seiner Folter wieder erholt hatte, führte er ihn auf den Schöckl zu jenem Wacholderstrauch, wo die Tür zum Schatz der Stubenberger lag. Sie fanden den Strauch, aber ringsum war nur Geröll und Gestrüpp, die eiserne Tür war verschwunden und niemand hat bis zum heutigen Tag den Schatz wieder entdeckt.

Die beiden Schlüssel, die der Bauer dem Grafen übergeben hatte, sind im Besitz der Familie Stubenberg. Die Schrift auf dem Pergamentstreifen lautet: Die Herren von Stubenberg sollen den Pergamentstreifen und die Schlüssel behutsam aufheben, es wird ihnen dadurch einmal noch ein großes Glück beschert werden.

Die Hexe von Gleichenberg

Im oststeirischen Grenzland ragt auf einem steil abfallenden Felsen eine mächtige Burg empor, das Schloss Gleichenberg. Vor Hunderten von Jahren, an einem schönen Sommertag, stand die Schlossherrin im Burghof, ihr Kind in den Armen. Sie achtete nicht auf das Treiben in der Burg, wiegte ihren kleinen Sohn und liebkoste ihn, aber das Kind lag kraftlos und bleich in ihren Armen und atmete kaum noch. Seit Wochen war der Kleine krank und wurde von Tag zu Tag schwächer und kein Arzt und keine zauberkundige Frau hatten der verzweifelten Burgherrin bisher helfen können.

Plötzlich schreckte die Burgherrin auf. Der Vogt und seine Helfer zerrten ein schreiendes, junges Zigeunerweib in die Burg, trieben es mit wüstem Schimpfen und Schlägen vorwärts, das Weib aber wehrte sich aus Kräften, kratzte und biss und wollte nicht weitergehen.

»Eine verdächtige Dirne, gnädige Frau«, rief der Vogt der erschrockenen Herrin zu. »Diesem Zigeunergesindel ist nicht zu trauen.« Die

Die Hexe von Gleichenberg

Zigeunerin riss sich los, warf sich vor der Frau auf den Boden, umklammerte weinend ihre Füße, beteuerte ihre Unschuld und flehte um Erbarmen. Mitleidig hob die Herrin das Weib auf und tröstete es. Dann schickte sie die Männer fort und sagte, es sei heute nicht der Tag, an dem einem Geschöpf, und sei es noch so elend, ein Leid geschehen sollte. Dann nannte sie die Zigeunerin einen »armen kleinen Vogel« und sagte, sie wüsste selbst, was Leid bedeute, die Zigeunerin solle keine Angst haben und wieder fortfliegen.

Die junge Dirne sprang auf, küsste die Hand der Frau und schaute mitleidig auf das kranke Kind. »Herrin«, sagte sie, »Ihr seid gut und mild und ich will es Euch nie vergessen. Erlaubt mir, dass ich Euch meine Dankbarkeit zeige, ich weiß ein Mittel, das die bleichen Wangen Eures Sohnes wieder rot machen kann. Ich kenne ein Wasser, das schon viele Krankheiten geheilt hat. Jeden Abend will ich Euch einen Krug davon hierher zu diesem Stein bringen.« Nach diesen Worten duckte sie sich und schlüpfte durch das Gesträuch rund um den Schlossberg fort.

Am nächsten Abend fand die Schlossherrin tatsächlich neben dem Stein einen Krug voll Wasser, das seltsam prickelte und perlte. Schaden kann es nicht, dachte sie und flößte dem Kind das Wasser ein. Jeden Abend wiederholte sich der gleiche Vorgang; mit immer größerem Vertrauen ließ die Schlossherrin ihr Kind von dem Wasser trinken. Die Wochen vergingen. Die Wangen des Knaben wurden rot und voll und der kleine magere Körper rund und kräftig. Das Wasser der Zigeunerin schien wirklich Wunder zu wirken. Und als drei Monate vergangen waren, saß eine glückliche Mutter auf dem Stein und vor ihr im Gras spielte ein fröhliches und gesundes Kind. Plötzlich teilten sich die Zweige und das braune Zigeunermädchen stand vor der Schlossherrin, lachte zutraulich und streichelte den Kleinen. Als ihr die Schlossherrin reichen Lohn versprechen wollte, schüttelte das junge Ding den Kopf und sagte: »Lasst es gut sein, hohe Frau, meinen Lohn habe ich schon erhalten. Gott schütze Euch und Euer Kind!«

Die Schlossherrin löste vom Hals des Knaben eine goldene Kette, an dem ein Medaillon mit dem Bild des Kleinen hing. »Nimm wenigstens das zum Andenken!«, bat sie. Die Zigeunerin nahm Kette und Medaillon, lächelte der Schlossherrin noch einmal zu und war wieder im Gebüsch verschwunden.

Die Jahre vergingen. Aus dem kleinen Knaben war ein stattlicher Ritter geworden, der sich in so manchem harten Kampf erprobt hatte. Die Zeiten waren stürmisch, rebellische Bauern verwüsteten das Land und zerstörten und eroberten viele der Burgen ringsum. Aber an den festen Mauern der Burg Gleichenberg rannten sie sich vergeblich ihre Köpfe blutig. Schließlich baten sie um Verzeihung und der Ritter war nur zu gern bereit, wieder Frieden mit ihnen zu schließen.

Eines Tages drängte sich ein Haufen lärmender Bauern vor dem Burgtor und verlangte vor ihren Herrn geführt zu werden. In ihrer Mitte schleppten sie ein armes, misshandeltes Zigeunerweib, das sich kaum noch auf den Füßen halten konnte.

»Herr«, riefen sie, »wir bringen hier eine Hexe. Sie ist gewiss schuld an unserem Unglück, sie hat unser Vieh verzaubert und unsere Felder ruiniert.«

Der Vogt und seine Knechte fragten sie aus, aber sie leugnete alles. Schließlich wollten sie die Knechte in die Folterkammer schleppen und in ihrer Angst und Not schrie sie so gellend auf, dass es durch die ganze Burg hallte: »Edler Herr von Trauttmannsdorff, helft mir! Helft mir, edler Herr!«

Der Schlossherr, der gerade mit seinem Gefolge in den Burghof gekommen war, hörte die Frau schreien und befahl seinen Dienern, sie vor ihn zu bringen. Die Knechte schleiften sie herbei, sie warf sich dem Ritter vor die Füße und flehte: »Herr, habt Mitleid mit mir! Ich bin's, der Eure Mutter vor vielen Jahren diese goldene Kette geschenkt hat.« Sie löste die Kette stöhnend von ihrem Hals und hielt sie dem Ritter hin. Er öffnete das Medaillon und erkannte staunend sein eigenes Bild.

»O Gott, die Arme!«, rief er erschüttert. »Sie hat mir das Leben gerettet, als ich ein Kind war. Rasch, nehmt ihr die Fesseln ab und helft ihr.«

Es war aber zu spät. Die erlittenen Misshandlungen waren über die Kräfte der alten Frau gegangen. »Edler Herr«, flüsterte sie, »lasst mich in Frieden sterben. Doch vorher will ich Euch die Quelle zeigen, die

Euch gesund gemacht hat. Sie wird noch vielen Leidenden helfen. Aber eilt Euch! Ich fühle, dass ich sterben muss.«

Der Ritter und sein Gefolge trugen die Sterbende hinunter ins Tal und sie zeigte ihnen die Quelle. »Diesen Brunnen hat Gott geschaffen«, sagte sie, »zum Segen für Euch und für die Menschen.«

Das alte Weib starb friedlich. Der Brunnen in Gleichenberg aber ist eine Segensquelle für die Menschen bis zum heutigen Tag geworden.

Gerold von Liechtenstein

Zur Zeit Karls des Großen lebte im fruchtbaren Eichfeld ein tapferer Krieger, der Aribo hieß. Er wohnte mit seiner Frau Oda in einem aus Steinen erbauten Haus, das mit starken Mauern und breiten Wallgräben befestigt war. Die beiden hatten nur einen einzigen Sohn, den sie Gerold getauft hatten. Der Junge war gut gewachsen, stark und kräftig, ein aufgewecktes, kluges und hübsches Kind, auf das seine Eltern nicht ohne Grund stolz waren.

Als einst die Awaren die Grenzen des Landes verwüsteten, zog Aribo zum Kampf gegen sie aus. Viele Wochen warteten Oda und ihr Sohn auf die Heimkehr des Vaters. Er kam aber nie wieder, er war im Kampf gegen die Awaren gefallen.

Die Jahre vergingen. Gerold wuchs zu einem kräftigen jungen Mann heran, der das Waffenhandwerk erlernte, um die Heimat wie sein Vater verteidigen zu können. Er sollte auch nicht lange mit seiner Mutter in Frieden leben dürfen. Eine Schar räuberischer Awaren fiel in das Eichfeld ein und umzingelte das Haus, in dem sich Gerold mit seiner Mutter und den Knechten aufhielt. Die Eingeschlossenen verteidigten sich tapfer, sahen aber, dass sie das Haus auf die Dauer gegen die Übermacht nicht halten konnten. So zündete Gerold mit eigener Hand das Gebäude an, damit es den Awaren nicht in die Hände fiel, und schlug sich durch die Reihen der Belagerer durch. Die Awaren zogen bald danach ab.

Steiermark

Zurück blieben die Trümmer des früheren Heims und verwüstete Felder. Gerold verlor aber den Mut nicht, er griff selbst zum Pflug und arbeitete vom frühen Morgen bis zum späten Abend. Als er einmal mit seinen Stieren den Acker pflügte, sah er plötzlich in einer frisch aufgeworfenen Erdscholle einen herrlich glänzenden Stein. Er steckte den Stein in die Tasche, pflügte weiter und vergaß beinahe auf seinen Fund. Die Dunkelheit brach herein, er zog mit seinem Gespann heimwärts, und zu Hause angelangt erinnerte er sich wieder an den Stein und legte ihn auf den Tisch. Die Mutter hatte das Herdfeuer noch nicht entzündet, es war ziemlich düster in der Stube, aber kaum lag der Stein auf dem Tisch, als der ganze Raum plötzlich hell erleuchtet war. Mutter und Sohn starrten fassungslos auf den Stein, von dem der wunderbare Schein ausging.

»Ein Wunder!«, riefen sie fast gleichzeitig. Sie konnten sich an dem zauberhaften Glanz nicht satt sehen und begriffen nicht, wie aus einem toten Stein so lebendige, funkelnde Strahlen hervorbrechen konnten. »Diesen Stein hat uns Gott geschenkt«, sagte Gerold. »Er ist gewiss sehr wertvoll. Ich will ihn morgen nach Judenburg tragen und dort verkaufen. Vorher aber will ich unseren Freund, den alten Einsiedler, fragen, was er dazu sagt.«

Im Wald auf dem Weg nach Judenburg lebte damals ein frommer alter Mann, der wegen seiner Klugheit von allen Menschen sehr geachtet wurde. Das Landvolk zog ihn gern zu Rate, wenn es irgendeine schwierige Sache zu entscheiden galt. Am nächsten Tag wanderte Gerold zu dem Einsiedler und erzählte ihm von seinem Fund. Der Alte sah den wunderbaren Stein lange an und sagte schließlich: »Gott hat dich mit einem sehr kostbaren Fund gesegnet. Verkaufe diesen Stein nicht! Umgürte dich mit deinem Schwert, mein Sohn, und ziehe zu Kaiser Karl nach Aachen. Gib ihm den Stein als Geschenk und überlasse alles Weitere dem Himmel!«

Niemand konnte froher sein als Gerold, als er den Rat des Einsiedlers hörte. Es war schon lange sein sehnlichster und geheimer Wunsch gewesen, an den Hof des Kaisers zu ziehen, ihm zu dienen und ein Krieger wie sein Vater Aribo zu werden. Eines aber machte ihm Sorgen: Wer würde für seine Mutter Oda sorgen? Aber der alte Mann versprach ihm, sich selbst darum zu kümmern, und sagte, Gerold dürfe sicher sein, dass alle Landsleute ringsum die Äcker seiner Mutter abwechselnd bestellen würden. So zog Gerold seinen Harnisch an, umgürtete sich mit seinem Schwert, bat die Mutter um ihren Segen und ritt an einem schönen Sommermorgen nach Aachen an den kaiserlichen Hof.

Zu jener Zeit kämpfte der Kaiser gerade mit den aufständischen Sachsen. Gerold hörte das nicht ungern – er war noch jung und dachte nicht an die Leiden und Schrecken eines Krieges, sondern sehnte sich danach, sich vor dem Kaiser im Kampf auszuzeichnen.

Der Kaiser nahm den jungen Mann freundlich auf und Gerold hatte bald durch seine Tapferkeit und Unerschrockenheit die Herzen seiner Kameraden gewonnen. Er war überall gern gesehen und sein Feldhauptmann hatte ihn besonders ins Herz geschlossen. Gerold war nicht wenig stolz, als ihm sein Vorgesetzter einmal erzählte, er habe seinen Vater Aribo gut gekannt, der im Kampf gegen die Awaren ein Vorbild an Mut und Entschlossenheit gewesen sei.

Eines Tages wurde das kaiserliche Lager von einer Schar Sachsen überfallen. Der Kampf währte den ganzen Tag; die Sachsen kämpften mit dem Mut der Verzweiflung. Als die Dunkelheit hereinbrach, erinnerte sich Gerold an seinen Wunderstein, den er immer bei sich trug. Er befestigte den Stein an seinem Helm, und der Stein blitzte und funkelte und warf so feurige Strahlen von sich, dass es schien, als wäre die Sonne mitten in der Nacht aufgegangen. Die Sachsen konnten sich dieses Zauberlicht nicht erklären, glaubten, die Überirdischen hätten die Partei ihrer Feinde ergriffen, und stürzten Hals über Kopf davon. Gerold gab seinem Pferd die Sporen und schlug mit seinen Leuten die Sachsen vollends in die Flucht. Das kaiserliche Heer hatte gesiegt.

Als man dem Kaiser die seltsame Geschichte von dem wunderbaren Stein auf dem Helm des jungen Mannes erzählte, ließ er Gerold zu sich rufen. Gerold verneigte sich tief und legte den Stein zu Füßen des Kaisers nieder. Da lag der Stein, funkelte und glänzte, und dem Kaiser und seinen Herren war es, als hätten sie niemals zuvor etwas so Herrliches gesehen. Nach einer Weile sagte der Kaiser: »Ich nehme diesen Stein gern als Geschenk an. Zum Lohn für deine Tapferkeit erhebe ich dich zum Ritter und Edlen meines Reiches. Dein Haus soll den Namen ›Liechtenstein‹ führen und ich wünsche deinen Nachkommen ein Schicksal, das so glänzend sei wie dieser Stein.«

Die Freude und den Stolz des jungen Gerold kann man sich vorstellen! Als der Kriegszug beendet war, kehrte der erste Liechtensteiner wieder in seine oststeirische Heimat zurück und nahm die Lehensgüter in Besitz, mit denen ihn Kaiser Karl belohnt hatte.

Bei Judenburg erbaute dann Gerold die Feste Liechtenstein und er wurde der Ahnherr des Geschlechtes derer von Liechtenstein, das seinem Vaterland noch viele bedeutende Männer geschenkt hat.

Das Natternklönlein

Es lebte einmal in der Steiermark ein kleines Büblein, das hatte keine Eltern mehr und war so arm, dass es gar nichts auf der Welt besaß. Es musste reihum bei den Bauern essen gehen und zufrieden sein, wenn es das bekam, was vom Mittagstisch der anderen übrig blieb; oft waren es auch nur Abfälle.

Einmal ging der Junge in den Wald und suchte nach Beeren. Da begegnete ihm eine Frau in einem schneeweißen Gewand und schenkte ihm ein bunt glitzerndes, seltsames Ding. Der Junge nahm das sonderbare Geschenk, betrachtete es eine Weile und wusste nicht, was er mit dem glitzernden Gegenstand anfangen sollte. Schließlich steckte er ihn hinter das Band auf seinem Hut und ging weiter.

Nicht lange darauf begegneten ihm ein paar Leute. Sie sahen ihn verwundert an und fragten, warum er denn sein Geld auf den Hut gesteckt habe. Der Junge nahm den Hut neugierig herunter und fand hinter dem Band einen funkelnagelneuen Kreuzer. Er freute sich nicht wenig und steckte den Kreuzer in den Sack. Aber kaum war der Kreuzer im Sack, hing schon wieder ein neuer Kreuzer am Hut, und das ging so fort den ganzen Tag und das ganze Jahr lang, sodass der Junge mit dem Kreuzerabnehmen kaum nachkommen konnte. Und als ein Jahr um war, hatte er sieben Kornsäcke voll Geld.

Das Natternklönlein

Die Jahre vergingen. Aus dem armen Jungen war ein reicher Mann geworden, der sich Äcker, Wiesen und Felder gekauft hatte und einen großen Bauernhof besaß. Bald war er reicher als der Graf, der wohl ein großes Schloss, doch kein Geld, dafür aber viele Schulden hatte. Der Graf ärgerte sich immer mehr, als er den Reichtum des anderen sah, und da er bald heraußen hatte, warum der Bauer so reich war, dachte er Tag und Nacht nur noch daran, wie er sich das Natternkrönlein beschaffen könnte, denn ein Natternkrönlein war das seltsame Geschenk der weiß gekleideten Frau gewesen.

Als nun der Bauer mit seinen Leuten eines Tages auf dem Feld arbeitete und sein Haus leer stand, schlich der Graf in den Wald, zog dort ein altes, zerlumptes Bettelgewand an, beschmierte sein Gesicht mit Pech und Ruß und stieg wie ein Dieb in des Bauern Hof ein. Er durchwühlte und durchsuchte alles nach dem heiß begehrten Krönlein. Endlich hatte er es gefunden, hörte aber im gleichen Augenblick Schritte im Vorraum; da er nicht wusste, was er mit dem kostbaren Ding tun sollte, verschluckte er es. Dann sprang er beim Fenster hinaus und lief in den Wald, um das Bettelzeug mit seinen guten Kleidern zu vertauschen, die er im Buschwerk verborgen hatte.

Doch das Krönlein in seinem Leib bewies seine geheimnisvollen Kräfte. Sooft auch der Graf den schmutzigen Bettlerrock herunterreißen wollte, jedes Mal saß er ihm wieder am Körper, und nicht viel besser ging es ihm mit der zerlumpten Hose. Das Krönlein wirkte von innen heraus und erneuerte das, was er vom Körper streifte und wegwarf.

Dem armen Gräflein blieb nichts anderes übrig, als in seinem schmierigen Bettelgewand heim in sein Schloss zu gehen. Natürlich wollte er nicht, dass ihn die Dienerschaft in diesem Aufzug sah. So stieg er an einer versteckten Stelle über die Gartenmauer und wollte unbemerkt in seine Gemächer schleichen. Als er aber von der Mauer sprang, ging zu seinem Unglück gerade der Torwart vorüber. Der sah den abgerissenen Mann mit dem geschwärzten Gesicht und glaubte einen Dieb oder Räuber vor sich zu haben. Er ergriff einen Knüttel und begann auf den Grafen einzuhauen. Und nun kam die geheime Kraft des Krönleins auch über den Torwart. Er hatte kaum den Prügel niedersausen lassen, als der Prügel wieder und wieder auf den armen Grafen fallen musste.

So schlug der Wächter zu, ohne einhalten zu können, immerzu, den ganzen Abend und die ganze Nacht hindurch.

Der Graf wurde elend zugerichtet und war bald voll Beulen und blauer Flecke. Endlich wurde ihm totenübel und er spie das Krönlein von sich. Im gleichen Augenblick konnte der Torwart zu schlagen aufhören und der Graf war im Stande sein Bettelmannsgewand abzustreifen. Aber er hatte genug von dem Krönlein und gab es dem Bauern wieder zurück. Nun sollte man meinen, der Bauer habe in Reichtum und Glück ein zufriedenes Leben bis an sein Ende geführt. Dem war aber nicht so. Der Besitz des Krönleins, das ihm Geld herbeischaffte, sooft er nur wollte, machte ihn leichtsinnig und liederlich, und als er einmal die ganze Nacht im Wirtshaus hockte, spielte und trank, verschwand das Krönlein und kam nicht mehr zum Vorschein. Nun blieb dem Bauern nichts anderes übrig, als sein liederliches Leben aufzugeben und wie alle anderen Menschen redlich um sein Auskommen arbeiten zu müssen. Der schöne Bauernhof brachte ihm aber noch immer genug ein, sodass er niemals mehr Not leiden musste und schließlich doch zufrieden und glücklich – wenn auch nicht mehr so reich wie früher – seine Tage verbrachte.

Die Bewährungsprobe auf dem Masenberg bei Pöllau

Zwischen den beiden Dörfern Pöllau und Vorau erhebt sich der waldige Masenberg. Seine Hänge sind mit Geröll und dürftigem Gras bedeckt. Dort weidete einst ein armer Schäferjunge Tag für Tag die ihm anvertraute Herde. Oft lag er bäuchlings auf einem Felsblock und sah den kleinen Lämmern zu, die munter umherhüpften und im Geröll nach Gras und Kräutern suchten. Wenn es dann der Mittagszeit zuging und die Sonne heiß auf ihn und sein vierbeiniges Volk niederbrannte, trieb er seine Schützlinge zusammen und suchte mit ihnen den kühlen Schatten des nahen Waldes auf. Dort setzte er sich auf einen bequemen

Die Bewährungsprobe auf dem Masenberg bei Pöllau

Stein unter einem Haselstrauch und aß sein karges Mittagsmahl, das meist aus einem Stück Schwarzbrot und einer Hand voll selbst gepflückter Beeren bestand. In der Nähe floss eine klare Quelle aus dem Felsen und so hatten er und die Tiere wenigstens genug frisches, klares Wasser zu trinken.

Als er wieder einmal so dasaß und hungrig über seine ärmliche Mahlzeit herfiel, dachte er an seine Armut und fing über seine traurige Lage zu klagen an. »Ach«, sprach er vor sich hin, »ich und meine Schafe, wir sind wohl recht arm daran. Mein ganzer Lohn besteht in diesem Stück Schwarzbrot – davon werde ich nicht einmal satt! Und meine armen Schafe müssen sich jeden Tag ihr Futter auf dieser mageren Weide zusammensuchen und sind gewiss nicht weniger hungrig als ich. Ach, wäre ich doch nur ein bisschen reich! Mir würde es dann besser gehen und meinen Schafen würde ich den fettesten Weideplatz verschaffen, den ich finden könnte!«

Kaum hatte der Junge diese Worte zu sich gesprochen, als er einen alten Mann vor sich stehen sah, den er noch niemals im Tal getroffen hatte. Der alte Mann schaute ihn eine Weile ernst und nachdenklich an und sagte dann: »Mein liebes Kind, klage nicht! Du bist jung und kannst noch immer dein Glück machen. Schon mancher arme Junge ist zu Ansehen und Wohlstand gekommen, wenn er es nur verstanden hat, die gebotene Gelegenheit richtig zu erfassen und festzuhalten. ich habe dir zugehört – du hast nicht nur an dich, sondern auch an deine Tiere gedacht. Das gefällt mir. Komm mit, ich will dich für deine Gutherzigkeit belohnen.«

Der seltsame Alte wanderte mit dem erstaunten Jungen in eine abseits gelegene Felsenschlucht. Ein langer, dunkler Gang führte dort in den Berg hinein. Der Junge trottete mit klopfendem Herzen seinem Führer nach. Schließlich kamen sie zu einem dunklen unterirdischen Gewässer, über das ein schmaler Steg gelegt war. Auf der anderen Seite befand sich eine verschlossene Tür, die sich aber von selbst vor ihnen öffnete. Als der Junge mit dem alten Mann über die Schwelle getreten war, sah er sich in einem weiten, lichten Gewölbe, in dessen Mitte eine große eiserne Truhe stand. Diese Truhe war mit glänzenden Goldstücken gefüllt.

Steiermark

»Schau her«, sagte der alte Mann, »hier ist ein Schatz, der dich reich und glücklich machen kann. Nimm dir davon, so viel du willst; aber gebrauche ihn richtig und sag vor allem niemandem ein Wörtchen darüber, wie du zu dem Gold gekommen bist!«

Mit freudeglänzenden Augen versprach der Junge alles und füllte sich dann die Hosensäcke mit Gold an, bis sie so schwer geworden waren, dass er kaum noch zu gehen vermochte. Dann verließ er mit seinem Begleiter den Saal. Die Tür schloss sich wieder hinter ihnen und über den Steg und durch den dunklen schmalen Gang gelangten sie ins Freie.

Als der Junge draußen im hellen Tageslicht stand, sich umsah und sich den Weg zur Schatzkammer fest einprägen wollte, sah er nichts als steile Felswände um sich. Auch der geheimnisvolle Alte war verschwunden. Der Junge fuhr mit den Händen in die Hosentaschen, denn er konnte es nicht glauben, dass sie wirklich mit Goldmünzen gefüllt waren, und dachte, ein böser Traum habe ihn genarrt. Aber es waren wahrhaftig lauter glänzende Dukaten, die er herauszog. Da sprang er vor Freude wie toll umher, vergaß auf alles, was er dem Alten versprochen hatte, und rief: »Nun mag Schafe hüten, wer da will, mich sehen die dummen Tiere nicht mehr! Ich bin reich und weiß mir etwas Besseres zu tun als Schafe zu hüten.«

Er rannte schnurstracks in das Dorf und erzählte atemlos und voller Freude allen Leuten, was er erlebt hatte. Dann griff er in seine Taschen und wollte die Wahrheit seiner Geschichte beweisen, aber er zog nur – eine Hand voll Kieselsteine heraus. Nun hatte er zum Schaden auch noch den Spott. Die einen lachten über ihn, die anderen ärgerten sich über das lügenhafte Geflunker des Hirtenbuben, glaubten, er wolle sie zum Besten halten, und schickten ihn mit einer Tracht Prügel zu seinen Schafen zurück.

Heulend und zornig rannte der Junge zum Masenberg. Schon von weitem sah er den seltsamen Alten auf einem Stein sitzen. Er fuhr auf ihn los und beklagte sich bitter über den Streich, den er ihm boshafterweise gespielt hatte. Aber der Alte antwortete ihm ernst: »Du hast die Probe nicht bestanden und dich im Glück nicht bewährt. Du hast deine Herde im Stich gelassen und hast auf dein Versprechen vergessen, das du mir gegeben hast. Deshalb verwandelten sich die Goldstücke in Kieselsteine.«

Nach diesen Worten stand der Alte auf und verschwand plötzlich. Der Schäferjunge aber musste weiter seine Schafe hüten und hatte tagaus, tagein Zeit und Muße genug, sich über seinen Eigennutz und seine Dummheit zu ärgern und darüber nachzudenken, wie schön es gewesen wäre, wenn er es verstanden hätte, das Glück beim Schopf zu fassen und festzuhalten.

Der Meineid auf dem Kühberg bei Neumarkt

In der Nähe von Neumarkt liegt der fast ganz mit Wald bedeckte Kühberg, nach dem dort wohnenden Wasenmeister auch Schinderberg genannt. Das Gebiet ist jetzt vollständig Eigentum des Marktes. Früher gehörte nur ein Teil des Berges den Bürgern, während die benachbarten Bauern den übrigen Grund besaßen. Da die Bürger von Neumarkt aber den ganzen Berg haben wollten, suchten sie mit allen Mitteln zu beweisen, dass die Bauern ihren Anteil am Kühberg widerrechtlich erworben hätten und sie selbst die rechtmäßigen Eigentümer wären. Der Streit zog sich in die Länge, bis der Richter zur endgültigen Entscheidung beide Parteien vor sich lud und die Ablegung eines Eides verlangte.

Auf einer kleinen Ebene auf dem Kühberg fanden sich an dem dazu bestimmten Tag Richter und Rat, Bürger und Bauern ein, um hier unter Gottes freiem Himmel den Streit auszutragen. Der Richter erhob sich von seinem Sitz, las beiden Parteien ihre bisherigen Angaben vor und forderte sie dann auf, gewissenhaft anzugeben, was sie als Beweise vorzubringen hätten. Sie sollten aber streng bei der Wahrheit bleiben, da sie alle Aussagen durch einen Eid bekräftigen müssten.

Lange stritten nun Bürger und Bauern hin und her; jeder suchte sein Anrecht auf den strittigen Grund zu beweisen. Alles Reden und Bewei-

Steiermark

sen nützte jedoch nichts, keiner wollte nachgeben und schließlich stand Aussage gegen Aussage. Der Richter forderte sie zu guter Letzt auf, ihre Aussagen zu beschwören. »Zwei von jeder Partei«, sagte er, »sollen vortreten und für alle den Schwur ablegen. Jedem aber soll freistehen, auf was er schwören will.«

Zwei Neumarkter Bürger hatten sich im Einverständnis mit dem Richter, der es heimlich mit den Marktbewohnern hielt, schon früher verabredet, den Eid für ihre Mitbürger zu leisten. Der eine hatte einen Suppenschöpfer unter dem Hut verborgen, der andere Erde von seinem Garten in die Schuhe getan. Diese beiden traten nun vor und erklärten, den Eid für die anderen ablegen zu wollen. Der Erste erhob die Hand zum Schwur, ohne wie üblich das Haupt zu entblößen, und sagte: »So wahr der Schöpfer nahe über meinem Haupte ist, gehört der Grund uns Bürgern von Neumarkt!« Der andere sagte: »So wahr ich auf meiner eigenen Erde stehe, ist der Grund unser Eigentum!«

Nun wäre die Reihe an den Bauern gewesen, ihre Sache zu beschwören. Doch die guten Bauern waren viel zu verdutzt über die Schamlosigkeit der Bürger, die sich nicht gescheut hatten, einen Meineid zu schwören, dass sie nachgerade unsicher im Glauben an ihr gutes Recht wurden. Sie wagten es daher nicht, den Eid abzulegen, denn sie dachten in ihrer Einfalt, wenn sie doch im Unrecht wären, hätten sie dann einen Meineid zu verantworten.

Nur einer von ihnen war so überzeugt von seinem Recht, dass er vortrat und sagte: »Wir wollen nicht schwören, obwohl die Anteile am Kühberg unser vollkommen rechtmäßiges Eigentum sind. Würden auch wir einen Eid ablegen, wie es die Bürger getan haben, müsste eine Partei einen falschen Eid abgelegt haben. Da aber die Bürger immer eher Recht haben als wir Bauern, würde man sagen, wir hätten einen Meineid geschworen. Davor behüte uns Gott! Lieber sollt ihr den Grund haben! Aber so wahr ihr falsch geschworen habt, soll auf der Stelle, wo die beiden Meineidigen standen, kein Halm Gras mehr hervorwachsen.«

Der Grund wurde den Neumarktern zugesprochen.

Der Platz auf dem Kühberg, wo sich dieser Handel begab, heißt im Volksmund heute die »Schwörtratte«. An einer Stelle tritt der nackte Felsen zutage, dort sollen die beiden Meineidigen gestanden haben und des Richters Tisch und Stuhl. Nicht das winzigste Grashälmchen wächst dort.

Auch der Richter, der es mit den Meineidigen hielt, soll vom Fluch der Bauern getroffen worden und dem Teufel verfallen sein.

Der Wildsee auf dem Zirbitzkogel

Wo heute der Wildsee am Zirbitzkogel liegt, stand vorzeiten eine kleine Bergkirche, in der die Senner und Sennerinnen der umliegenden Almen an Sonntagen eine Messe hören konnten. Einmal aber geschah es, dass die Burschen und Mädchen in ausgelassener Stimmung in der Kirche ein Zechgelage abhielten, in ihrem Übermut die Glocken läuten und die Orgel spielen ließen und in der Kirche zu tanzen anfingen. Sie trieben es immer toller, bis plötzlich eine unbekannte alte Frau in der Kirche erschien, die ein Gefäß mit Wasser in der Hand hielt. Die Alte verwünschte die tanzenden jungen Leute und goss aus ihrem Krug Wasser in die Kirche. Das Wasser aus dem Krug hörte nicht zu fließen auf, es stieg höher und höher, die Burschen und Mädchen ertranken und die Kirche selbst versank in den Fluten des Sees, der sich an jener Stelle bildete, wo sie gestanden hatte. Nur die Spitze des Kirchturms ragte ein wenig über den Seespiegel empor.

Viele Jahre später lebte in der Umgebung ein frommer Bauer, der eines Nachts träumte, die Kirche könne aus dem See gezogen werden, wenn zwei Stiere, die von einer Kuh auf einmal geworfen und von ihr durch sieben Jahre gesäugt worden seien, vor den Kirchturm gespannt würden. Als bald darauf eine seiner Kühe zwei Stierkälber warf, fasste er den Entschluss, mit ihnen die Kirche aus dem Wasser zu heben. Er befahl seiner Magd, die ganze Milch der Kuh den beiden Stieren zu überlassen und die Kuh nie zu melken, weil nach seinem Traumbild den Stieren kein Tropfen Muttermilch entzogen werden durfte.

Die Magd befolgte den Auftrag des Bauern bis zum letzten Tag des siebenten Jahres. An diesem Tag vergaß sie darauf und molk die Kuh. Am nächsten Morgen wurden die beiden Stiere feierlich zum Wildsee geführt. Eine lange Kette wurde um die Turmspitze geschlungen und mit dem Ochsengespann verbunden. Am Ufer des Sees stand eine große Menge Volkes und unter der erwartungsvollen Stille aller Versammelten begannen die beiden Stiere ihre Arbeit. Die Kirche hob sich immer mehr und mehr aus dem Wasser, schon zeigte sich die Schwelle der Kirchentür und es bedurfte nur noch eines kleinen Rucks, um die Kirche ganz aus dem Wasser zu ziehen – da erlahmten die Kräfte der Tiere, weil ihnen am letzten Tag die Milch entzogen worden war.

Langsam sank die Kirche wieder ins Wasser zurück, immer tiefer und tiefer, bis auch die Turmspitze im Wasser verschwunden war. So ruht sie nun auf dem Grund des Sees und kein Menschenauge wird sie je wieder erblicken.

Agnes von Pfannberg

Etwa eine Wegstunde südlich von Frohnleiten ragt auf einem Vorberg des Gebirgszuges ein mächtiger Turm gegen den Himmel empor. Etwas unterhalb des Turmes liegt das halb verfallene Gemäuer einer Kapelle, während rings im Umkreis immer wieder im Dickicht und Dorngestrüpp eingestürzte Mauerreste und Schutt und Geröll zu finden sind. Das ist alles, was von der stolzen Festung Pfannberg übrig geblieben ist, die im Jahr 1269 von den Söldnern des Böhmenkönigs Ottokar II. zerstört wurde.

Die Herren dieser Burg, die Brüder Bernhard und Heinrich von Pfannberg, waren im Heer des Böhmenkönigs, der damals auch Herzog der Steiermark war, mit vielen anderen Rittern gegen die Preußen und Litauer zu Felde gezogen. Bald darauf wurden sie mit einigen anderen steirischen Rittern fälschlich der Untreue und des Verrates gegen König Ottokar bezichtigt und in Gewahrsam genommen. Ende Mai des Jahres

Agnes von Pfannberg

1269 erschienen die Söldnerscharen des Böhmenkönigs vor dem Schloss Pfannberg und forderten die Besatzung der Burg zur Übergabe auf.

Frau Agnes, die Gemahlin Bernhards von Pfannberg, war über die Gefangennahme ihres Mannes aufs Höchste erbittert und zur Gegenwehr entschlossen. Sie lehnte die Übergabe der Festung ab und die ihrer Herrin treu ergebene Besatzung der Burg empfing die anrückenden Böhmen mit einem dichten Hagel von Geschossen aller Art. Ein mehrmaliger Versuch, die Burg im Sturm zu nehmen, kam den Angreifern teuer zu stehen. Sie büßten fast ein Drittel ihrer Leute ein, ohne den geringsten Erfolg zu erzielen. Daher beschlossen sie die von allen Seiten umzingelte Burg zu belagern und auszuhungern.

Schon zwei Wochen lagen die Böhmen vor der Festung, und es schien, als wäre die Belagerung aussichtslos. Eines Tages aber sahen die feindlichen Söldner einen kleinen Knaben, der an einer steilen Stelle des Burgfelsens unbekümmert herumkletterte. Sie beobachteten ihn längere Zeit und sahen auf einmal, dass er in eine Felsspalte schlüpfte und nicht wieder zum Vorschein kam. Es war der kleine Sohn des Burgvogts gewesen, der am sonnigen Hang nach Erdbeeren gesucht hatte. Ein mutiger Söldner kletterte nun nachts auf den Schlossberg und untersuchte die Felsspalte. Dabei entdeckte er, dass sie durch einen am Ende abgesperrten Gang mit dem Innern der Burg in Verbindung stand. Nun, beschloss der feindliche Befehlshaber, sich durch List der Burg zu bemächtigen.

Als die Belagerten am nächsten Tag nach dem Gegner Ausschau hielten, sahen sie zu ihrer Freude, dass die Feinde ihr Lager abbrachen und fortzogen. Aber die armen Schlossbewohner jubelten zu früh! Am Abend saßen alle feiernd im Schlosshof beisammen, keiner dachte an einen neuerlichen Kampf und sogar die Wachtposten beteiligten sich am Fest. Niemand in der Burg bemerkte, dass sich gegen Mitternacht einzelne Bewaffnete vorsichtig dem Schlossberg näherten und den Hang hinaufkletterten. Bald hatten sie die Felsspalte gefunden, in der der Sohn des Burgvogtes verschwunden war. Die schwache Eisentür, die den schmalen Zugang ins Innere der Burg abschloss, wurde ohne sonderliche Mühe aufgebrochen und die feindlichen Söldner konnten ungehindert bis in den Burghof vorstoßen.

Steiermark

Während ein Teil der eingedrungenen Feinde sich auf die völlig überraschte Besatzung stürzte, öffneten die Übrigen das Tor und ließen eine andere Schar ein, die im Schutz der nächtlichen Dunkelheit unbemerkt den Berg auf der anderen Seite erstiegen hatte. Ein erbitterter Kampf begann, der damit endete, dass fast alle Verteidiger niedergemetzelt wurden. Nur etwa zwanzig Mann gelang es, sich in den festen Turm zu retten.

Als die Feinde in den Burghof eindrangen, hatte sich Agnes, die Schlossherrin, gerade in einem ihrer Turmgemächer aufgehalten. Ans Fenster tretend, erkannte sie sofort die verzweifelte Lage ihrer Mannen. Sie vergeudete aber nicht die Zeit mit Klagen oder schwächlichem Jammern, sondern lief in die Rüstkammer, bewaffnete sich mit Schild und Schwert und eilte zu den wenigen ihr noch verbliebenen Getreuen. Sie forderte die Männer auf, sich mit ihr einen Weg durch die Schar der Feinde in die Freiheit zu bahnen und lieber im Kampf zu sterben, als sich mutlos in schmähliche Gefangenschaft zu begeben.

Die Worte ihrer tapferen Herrin versetzte die kleine Schar in helle Begeisterung. Das Tor des Turmes wurde geöffnet und wie ein Ungewitter stürmten die tollkühnen Männer mit ihrer Herrin in der Mitte auf den ihnen weit überlegenen Feind ein. Die Söldner waren so überrascht, dass sie zurückwichen, und es gelang der kleinen Schar, sich bis in die Nähe des Burgtores durchzuschlagen, schon glaubten sie gerettet zu sein, als ein feindlicher Speer Agnes von Pfannberg am Schenkel verwundete. Sie stürzte nieder und ihre Männer waren darüber so erschrocken, dass sie einen Augenblick wie gelähmt dastanden. Bevor sie sich noch von ihrem Schrecken erholt hatten, waren sie von den Feinden umzingelt und fielen trotz tapferer Gegenwehr Mann für Mann, bis auf zwei, denen es glückte, der allgemeinen Vernichtung zu entkommen.

Agnes von Pfannberg kämpfte trotz ihrer Verwundung weiter. Mit übermenschlicher Anstrengung streckte sie noch zwei der böhmischen Söldner nieder, die sich auf sie geworfen hatten, dann fiel sie selbst unter den Schwerthieben der Böhmen.

Der Kampf war zu Ende. Die Sieger feierten ein übermütiges Freudenfest. Alle Vorräte der Burg wurden zusammengeschleppt und die Keller geplündert. Als die Sonne aufging, raubten sie die Gefallenen aus und suchten nach dem Leichnam der Schlossherrin, denn sie hatten den Auftrag, Pfannberg zu zerstören, die Frau des Burgherrn aber tot oder lebendig König Ottokar auszuliefern. Trotz allen Suchens fanden sie aber die tote Schlossherrin nicht. Jene zwei Männer, die sich hatten retten können, waren während des nächtlichen Gelages noch einmal unbemerkt in den Burghof geschlichen und hatten den Leichnam ihrer Gebieterin mit sich fortgenommen.

Bevor die Sieger abzogen, steckten sie die Festung in Brand. Nur der große Turm blieb erhalten.

Alljährlich in einer Vollmondnacht des Monats Juni kann man zur mitternächtigen Stunde Rossgewieher und Stimmen aus der verfallenen Burg vernehmen. Auf einem vorspringenden Mauersockel erscheint eine hohe Gestalt in einem flatternden weißen Gewand, auf dem Haupt einen blinkenden Helm. Schild und Schwert erglänzen in ihren Händen und hinter ihr drängt sich die geisterhafte Schar ihrer Getreuen. Es ist Agnes von Pfannberg, die tapfere Verteidigerin des Schlosses, die in der Geisterstunde mit ihrem Gefolge erscheint um nachzusehen, ob ihre Heimat frei von Feinden und fremden Bedrängern ist.

Grünhütl und Grauhütl von Obdach

In der Nähe von Obdach lebte vor langer Zeit, als die Wälder noch bis nahe an den Ort heranreichten, ein Holzfäller mit seiner Frau und einem kleinen aufgeweckten Sohn. Eines Tages erschlug ein stürzender Baum den Vater und bald waren in der Hütte der Witwe Hunger und Not ständig zu Gast. Es gab Tage, an denen sie und ihr Sohn nicht einmal ein Stück Brot zu essen hatten und nur die Milch ihrer beiden Ziegen sie vor dem Hunger rettete. Doch die Frau verlor den Mut nicht. Sie sorgte und rackerte sich jahraus und jahrein ab und brachte sich und den Knaben über alle Not hinweg. Dabei vergaß sie nicht, den

Steiermark

Jungen, der prächtig heranwuchs und überall gern gesehen wurde, zu einem tüchtigen Menschen zu erziehen.

Als aus dem Kleinen ein hübscher Jüngling geworden war, trug er, so gut es ging, zum Lebensunterhalt bei. Aber sosehr er sich auch Mühe gab, es gelang ihm nicht, regelmäßige Arbeit zu finden. In der Gegend dort gab es nicht viel Ackerboden und die wenigen Bauern hatten genug Arbeitskräfte. Daher beschloss der junge Mann in das viel fruchtbarere Eichfeld auszuwandern, wo fleißige Menschen stets gern gesehene Arbeiter waren. Zwar fiel ihm der Abschied von der Mutter schwer, aber es musste sein, und Mutter und Sohn trösteten sich mit der Hoffnung, dass er ja nicht für immer fortging.

So zog der junge Mann in die Welt hinaus und fand bei einem Bauern in der Nähe von Fohnsdorf einen guten Arbeitsplatz. Der neue Herr war mit dem fleißigen jungen Menschen zufrieden, und dieser hatte sich über die Behandlung, die ihm zuteil wurde, nicht zu beklagen. Bald war er die rechte Hand des Bauern, der ihm jede Arbeit anvertrauen konnte, weil sie stets zur vollen Zufriedenheit ausgeführt wurde. Sooft es möglich war, besuchte der Bursche seine Mutter und brachte ihr jeden Groschen seines Verdienstes, den er erübrigen konnte.

Das ging so Jahre hindurch. Die Mutter wurde allmählich immer älter und humpelte, auf einen Stock gestützt, einher, der Sohn aber war zu einem kräftigen Mann geworden, der noch immer auf demselben Bauernhof arbeitete, weil ihm dieser zur zweiten Heimat geworden war.

Einmal, zur Weihnachtszeit, wollte der junge Mann seine Mutter besuchen. Die gutmütige Bäuerin hatte den Ranzen des Knechtes mit allerlei guten Dingen bis zum Rand gefüllt und mehrere harte Taler ersparten Lohnes klimperten in seinen Taschen. So machte sich der Knecht ziemlich spät am Heiligen Abend auf.

Es war ein klarer Winterabend. Der Mond stieg über die Wipfel des nahen Waldes empor und der Schnee glitzerte in seinem Licht. Der junge Mann wanderte an der Stadt Judenburg vorbei und bald kam der Berg Liechtenstein in Sicht, auf dem damals noch eine Burg stand. Als der junge Mann dorthin blickte, sah er zu seinem Erstaunen auf dem steilen Hang einen Mann in grüner Kleidung stehen, von dessen

Grünhütl und Grauhütl von Obdach

grünem Hut eine lange grüne Feder herabhing. Auf dem Rücken trug der Fremde eine Armbrust, in der Rechten hielt er einen langen Jagdspieß. »Das muss ein Jäger sein«, dachte der Knecht. »Aber es ist nicht recht, dass diese Leute auch an einem so heiligen Tag, wie es der heutige Abend ist, ihrem Beruf nachgehen und die Waldtiere nicht einmal an einem so hohen Festtag ihre Ruhe haben. Wenn einer am Heiligen Abend mit der Waffe in der Hand durch die Felder streift, so kann er doch kein guter Mensch sein.«

Plötzlich hörte der junge Mann, wie ihm der Jäger zurief: »He, wohin so spät in dieser Heiligen Nacht?«

»Nach Obdach, zu meiner Mutter!«, antwortete der junge Mann nicht gerade freundlich.

»Da könntest du mir einen Gefallen erweisen«, fuhr der Jäger fort.

»Wenn es mir möglich ist, warum denn nicht!«

»Hör mir also zu!«, rief der Jäger weiter. »Dein Weg führt dich an der Burg Eppenstein vorüber. Dort wirst du auf der Lehne des Schlossberges einen Jäger sehen, der so gekleidet ist wie ich, nur ganz in Grau. Sag ihm, Grünhütl lässt Grauhütl schön grüßen.«

»Ich werde Euren Gruß ausrichten, wenn ich Euren Freund treffe«, antwortete der Knecht und dachte: Das sind mir saubere Jäger, die in der Heiligen Nacht nichts Besseres zu tun wissen, als auf die Jagd zu gehen.

Er wollte gerade weitergehen, als ihm der unheimliche Jäger nachrief: »Für deine Gefälligkeit sollst du auch einen Lohn haben!« Mit diesen Worten warf er drei schwarze Steine vor die Füße des erstaunten Knechtes. Die Steine glitzerten merkwürdig im Mondschein. Der junge Mann hob sie auf und steckte sie in die Tasche. Dann beeilte er sich weiterzukommen und war bald an Maria Buch mit seiner kleinen Kirche vorbei. Vor seinen Augen lag der fruchtbare Murboden.

Vom Kirchturm zu Weißkirchen hörte er nun die Glocke anschlagen, die die Gläubigen zur Mette rief. Dem einsamen Wanderer wurde ganz feierlich zu Mute. Unterdessen war die Burg Eppenstein vor ihm aufgetaucht und schon von weitem gewahrte er auf dem schneeglänzenden Burghang einen dunklen Punkt. Als er näher kam, erkannte er den Jägersmann, dem er den Gruß des Grünen ausrichten sollte. Dieser Jäger war ganz in Grau angezogen und eine gebogene graue Feder nickte von seinem grauen Hut.

Der junge Mann rief laut zu dem Grauen empor: »Du, Jäger, ich habe eine Botschaft deines Freundes für dich. Das Grünhütl lässt das Grauhütl schön grüßen!«

»Ich danke dir für diese Nachricht«, antwortete der Jäger und fügte hinzu: »Hier hast du deinen Lohn!« Und auch er warf drei glänzende schwarze Steine vor die Füße des Boten.

Der Knecht bedankte sich, hob die Steine auf, steckte sie in die Tasche und machte, dass er weiterkam. Er musste sich nun beeilen, wollte er die Mette in der Kirche von Obdach nicht versäumen. Weil er aber immerfort an sein seltsames Erlebnis mit den beiden Jägern dachte, merkte er gar nicht, wie schnell die Zeit verging und wie nahe er seinem Ziel schon war. Ganz unerwartet sah er auf einmal sein Heimatdorf vor sich liegen. Es dauerte nicht mehr lange, bis er seine Mutter begrüßen konnte. Und als die Glocken zur Mette riefen, gingen Mutter und Sohn in weihnachtlicher Stimmung zur Kirche.

Erst am nächsten Morgen erinnerte sich der junge Mann wieder an sein nächtliches Erlebnis und an den merkwürdigen Lohn, den ihm die beiden Jäger gegeben hatten. Er griff in die Tasche und wollte seiner Mutter die sonderbaren schwarzen Steine zeigen. Wie groß war aber sein Erstaunen, als er statt der Steine pures Gold in den Händen hielt. Er erzählte nun seiner Mutter von den beiden Jägern. Die alte Frau aber hatte Angst und riet ihm, zum Pfarrer zu gehen und die Steine segnen zu lassen. Waren sie ein Werk des Teufels, so würde der Spuk gewiss vergehen und die Steine würden wieder ihre natürliche Gestalt zurückerhalten. Blieben sie aber unverändert aus Gold, so war das ein Beweis, dass es sich um keinen Teufelsspuk handelte.

Der Sohn befolgte den Rat seiner Mutter und erzählte dem Pfarrherrn, was ihm in der Heiligen Nacht widerfahren war. Der Pfarrer war sofort bereit, die Probe zu machen. Er segnete die Steine und besprengte sie mit geweihtem Wasser. Und siehe da – das Gold blieb weiterhin pures Gold! Da sagte der Pfarrer: »Du brauchst dich nicht zu fürchten, mein Sohn. Nimm dieses Gold als ein Geschenk des Himmels zum Lohn für deine Liebe, die du deiner Mutter stets erwiesen hast!«

Voller Freude gab der junge Mann dem Geistlichen zwei der Goldstücke für die Armen der Pfarre; aus dem Erlös der übrigen kaufte er sich ein schönes Besitztum, auf dem er, nun nicht mehr getrennt von der Mutter, seine eigene Wirtschaft am »Obdacher Sattel« führte.

Das Goldloch bei Mautern

Im Felsen des Kalvarienberges bei Mautern liegt eine Höhle, die das Goldloch genannt wird. Hier soll ein alter Geizhals seine Schätze vergraben haben und das Volk erzählt sich folgende Geschichte:

In Mautern lebte einst ein Wirt, der ein solcher Geizhals war, dass ihm kein Mittel zu schlecht war, wenn es ihm half Geld zusammenzuraffen. Er betrog seine Gäste, wann immer er nur konnte, schenkte verwässerten Wein aus, hielt es mit Räubern und Dieben und kaufte ihnen um ein Spottgeld ihre Beute ab und verschacherte das Diebsgut mit Gewinn weiter. Er häufte Taler um Taler und verbarg das zusammengescharrte Geld fein säuberlich in einer großen eisernen Truhe, die sich immer mehr füllte. Sein Hunger nach Geld hätte längst nachlassen können, denn bald war er einer der reichsten Männer im ganzen Tal.

Aber Meister Kautz – so hieß der Wirt – war mit seinem Reichtum noch lange nicht zufrieden. Je voller die Truhe wurde, desto größer wurde seine Gier nach Geld und desto mehr plagte ihn der Geiz. Er begann sich den Heller vom Mund abzusparen und lebte wie ein Bettelmann. Wenn spät in der Nacht der letzte Gast die Schenke verlassen hatte und die Haustür fest versperrt war, schlich er in seine Kammer, riegelte die Tür hinter sich zu, huschte zu den dicht verhängten Fenstern und lauschte. Hörte er von draußen keinen Laut, dann zog er mit zitternden Händen den Schlüssel hervor, öffnete seine Schatztruhe und ließ die klingenden Münzen durch seine Finger gleiten. Er vergaß den Hunger, der ihn quälte, vergaß die eisige Kälte im Zimmer, die ihn erschauern ließ, er dachte nur noch daran, wie er seinen Reichtum noch vergrößern konnte.

Steiermark

Tag und Nacht quälte ihn der Gedanke, dass ihm jemand seinen Schatz stehlen könnte. Er hielt es nachts nicht mehr in seinem Bett aus und schlief auf der harten Truhe. Aber auch das gab ihm die Ruhe nicht zurück, denn tagsüber musste er ja in der Schenke stehen und konnte seinen Schatz nicht bewachen. Nicht auszudenken, was während dieser Zeit alles geschehen konnte! Wie leicht konnte sich ein Dieb in die Kammer schleichen und alles Gold forttragen!

Eines Nachts schlich der Wirt selbst wie ein Dieb aus dem Haus, schleppte die schwere Truhe fort und versteckte sie im sichersten Schlupfwinkel, den er hatte finden können. Seit dieser Zeit sahen ihn die Leute aus der Umgebung nachts oft am Ufer der Liesing in der Nähe des Kalvarienberges auf und ab gehen. Bei Tag raffte er Geld zusammen, nachts wachte er wie ein Hund über seinen Schatz. Meist kam er erst beim Morgengrauen von seinen seltsamen Spaziergängen zurück. Er versagte sich selbst das Notwendigste, darbte und hungerte, kratzte das übrig gebliebene Essen von den Schüsseln seiner Gäste; seine Kleider fielen ihm fast vom Leib und waren fadenscheinig und hundertmal geflickt.

Eines Tages kam der Wirt am Morgen nicht mehr zu seiner Schenke zurück. Und von da an behaupteten die Leute, der böse Kautz habe sich in einen Hund verwandelt und bewache seinen Schatz, den er im Goldloch vergraben habe. Mancher wollte sein Glück versuchen und in die Höhle einsteigen, aber ein großer schwarzer Hund verjagte jeden Eindringling.

Einmal aber träumte einem armen Bauern, der ohne eigene Schuld in Not geraten war, er hätte den Schatz des Wirtes im Goldloch gefunden. Der Traum war so lebhaft gewesen, dass er davon wach wurde, er sprang auf, zündete eine Kienspanfackel an und eilte zum Kalvarienberg. Ganz wohl war ihm bei diesem Unternehmen nicht, und vor dem Loch, das in die Höhle führte, zögerte er, dann aber sprach er ein Stoßgebet und kroch entschlossen hinein. Die Höhle wurde innen immer weiter und plötzlich sah er im Schein der Fackel eine große verrostete Truhe vor sich, auf der ein riesiger schwarzer Hund saß, der ihn zähnefletschend anknurrte.

In der Truhe ist gewiss der Schatz des Meisters Kautz, dachte der Bauer, aber er wagte es nicht, zu dem Tier hinzukriechen oder gar die

Truhe zu berühren. Plötzlich kam ihm ein seltsamer Gedanke. »Meister Kautz«, sagte er sich, »hat sich doch immer so gierig auf die Brotrinden der alten Bettler gestürzt, vielleicht ist der Köter da auch begierig nach Bettlerbrot. Ich will's einmal damit versuchen.«

Langsam und vorsichtig kroch er aus der Höhle zurück. Am nächsten Tag kaufte er den Bettlern im Dorf um ein paar Silbergroschen ihre Brotrinden ab. Nachts kroch er mit der Fackel und den Brotrinden und einer großen Tasche wieder in die Höhle. Wie in der vorhergegangenen Nacht saß das schwarze Tier auf der Truhe und bewachte sie. Der Bauer warf dem Hund die Brotstücke hin. Blitzschnell sprang der Hund von der Truhe, stürzte sich gierig auf die Brocken und würgte sie heißhungrig hinab.

Mit zitternden Händen öffnete der Bauer die Truhe. Sie war bis oben mit glänzenden Goldstücken gefüllt. Eilig stopfte er die Münzen in die Tasche, aber es waren so viele, dass er kaum die Hälfte unterbringen konnte. Den Rest ließ er in der eisernen Truhe zurück und lief nach Hause, nur zu froh, dass sein Abenteuer gut ausgegangen war und er nun genug Geld hatte, um aller Not ein Ende zu machen. Das Goldloch aber suchte er nie wieder auf.

Der Berggeist vom Schöckl

In der Gegend am Schöckl, in den Schluchten um Weiz und Passail, besonders aber am Lantsch soll – so glaubten früher viele Leute – edles Erz in den Bergen stecken. Von nah und fern, auch aus dem fernen Welschland, kamen die Schatzsucher. Nun lebte damals in der Nähe von Weiz ein ehrlicher, fleißiger Bauer, der zwar nicht arm, aber auch nicht reich war und gerade so viel aus seinem Hof erwirtschaften konnte, was er und seine Familie zum täglichen Leben brauchten. Er war aber stets zufrieden und guter Dinge und hätte mit niemandem getauscht. Mochten andere Leute von geheimen Schätzen in den Bergen träumen – er hatte dafür nichts übrig. Er pflügte fröhlich seinen Acker und lachte über die Leute, die in den Bergen nach Erz gruben und die Erde aufwühlten.

Eines Tages arbeitete unser Bauer auf seinem Feld, als er zwei Fremde bemerkte. Er wollte sie schon freundlich grüßen, da fiel ihm auf, dass sie sich recht sonderbar benahmen. Sie schlichen gebückt dahin, spähten umher und verschwanden im Dickicht des Waldes. Der Bauer hielt sie für Schatzsucher, ihr seltsames Verhalten hatte ihn aber neugierig gemacht und er wollte wissen, was sie vorhatten. So band er seine Ochsen an einen Baum am Ackerrain, schnitt sich einen derben Prügel zurecht und folgte den Spuren der beiden Männer. Nachdem er eine steile Geröllhalde hinaufgeklettert war, kam er zum Eingang einer Höhle, vor der die beiden Fremden standen. Jeder hatte sich eine Hand voll Sand vom Boden der Höhle aufgenommen und ließ ihn prüfend durch die Finger gleiten.

Als der Bauer sie anredete, erschraken sie, sahen sich bedeutsam an und wechselten ein paar Worte miteinander, die der Bauer nicht verstand. Dann aber kümmerten sie sich nicht weiter um ihn, gingen in die Höhle hinein und einer ließ sich an einem Seil in die Tiefe hinab. Nach kurzer Zeit zog ihn der Zweite wieder herauf. Der Bauer, der nicht wusste, was er davon halten sollte, beugte sich über den Rand des Abgrunds und spähte hinunter. In diesem Augenblick warfen sich die beiden Fremden auf ihn und stürzten ihn kopfüber in die Tiefe. Im Fallen hörte er noch ihr lautes Gelächter, dann schlug er hart auf und verlor das Bewusstsein.

Als er die Augen öffnete, sah er nichts – es war vollkommen dunkel. Alle Knochen taten ihm weh und der Kopf schmerzte ihn unerträglich. Er hatte aber den Sturz ohne eine wesentliche Verletzung überstanden und konnte, wenn auch mühsam, aufstehen und umhergehen. Aber das nützte ihm wenig. Er hatte sich zwar seine Knochen nicht gebrochen, dafür drohte ihm der Hungertod, und diese Aussicht schien ihm ganz und gar nicht erfreulich. Er versuchte die Felsen hinaufzuklettern, aber die Wände waren glatt und steil; er schrie nach Hilfe, aber niemand hörte ihn. Mit der klaren Erkenntnis seiner Lage überfiel ihn die schwärzeste Verzweiflung – er war lebendig begraben tief unten im Berg. Er hockte sich nieder, schlug die Hände vors Gesicht und weinte

Der Berggeist vom Schöckl

wie ein Kind. Nach einiger Zeit beruhigte er sich, er wollte nichts unversucht lassen und tastete sich in der Dunkelheit weiter, immer noch voller Hoffnung, vielleicht doch einen Ausweg, einen Spalt ins Freie zu finden. Aber obwohl er stundenlang umherirrte, entdeckte er nirgends auch nur den kleinsten Lichtstrahl. Schließlich konnte er nicht mehr weiter, kniete todmüde nieder und betete.

Plötzlich war es ihm, als höre er eine leise, zauberhafte Musik. Er glaubte zu träumen, aber als er aufblickte, sah er in der Ferne ein purpurnes, seltsames Licht, das langsam näher kam. Es wurde größer und immer strahlender. Dann ging der Purpurglanz in sanftes Blau über, und dem Bauern war es, als befinde er sich in einer Zaubergrotte, in der sich ein prachtvoller Regenbogen von einem Ende zum anderen spannte. Unzählige Sterne flimmerten an der weiten Decke über ihm, an den Wänden funkelten Kristalle und Rubine. Vor sich aber sah der Bauer einen weiten See, dessen silberglänzende Fläche sich in der Ferne verlor. Kleine blaue Flämmchen huschten über das Wasser. Die leise Musik wurde lauter und das anfangs dämmerige Licht wich allmählich einer blendenden Helligkeit.

Der Bauer stand mit offenem Mund da, vergaß sein Elend und staunte über diese nie gesehene Pracht. Er wollte seinen Augen nicht trauen, als über das spiegelnde Wasser ein schöner Nachen heranglitt. Der Kiel schien aus Rosenquarz zu sein, der Mast glänzte wie pures Gold und das Segel war so blau wie der Himmel. Je näher das seltsame Fahrzeug herankam, desto leiser wurde die Musik. In dem Schiff lag auf einem Lager aus silbernem Moos ein schlanker, schöner junger Mann mit grünlich schimmernden Locken, in denen er einen Kranz funkelnder. Edelsteine trug. Der Schultermantel war mit grünen Smaragden bestickt und rötliche Korallen schmückten den Gürtel.

Der Bauer glaubte zu träumen. Noch nie – so schien es ihm – hatte er einen Jüngling wie diesen hier gesehen, dessen Gesicht jugendfrisch glänzte und doch einen Ernst zur Schau trug, wie ihn nur die Weisheit des Alters verleihen kann.

Es war der Berggeist, der ewig junge. Er schaute den Bauern ernst an und befahl ihm, näher zu treten. »Was willst du in meinem Reich?«, fragte er.

Steiermark

Der Bauer war nicht wenig verlegen. Er schämte sich seiner einfachen Kleider und seiner abgearbeiteten Hände, sah aber trotzdem dem Berggeist offen ins Gesicht und erzählte, auf welche Weise er hierher gekommen war. Zum Schluss sagte er: »Ich bitte dich um nichts anderes, als mir zu erlauben, dass ich bald heil und gesund meine Frau und mein Kind wiedersehen kann.«

Das aber wollte der Berggeist nicht glauben, er schüttelte den Kopf und rief: »Ihr Menschen wollt doch von uns immer nur Gold und Edelsteine. Es wird mit dir auch nicht anders sein. Nimm dir nach Belieben hier unten, was dir gefällt. Füll dir deine Taschen und deine Mütze an!«

Der Bauer schaute sich um. Rings um ihn funkelte und glitzerte es prächtig. Gold und Silber, Smaragde und Rubine, Edelsteine, wie sie nie in eines Königs Schatzkammer gelegen waren, gab es da zur Auswahl. Aber das Funkeln und Glitzern machte den Bauern nur traurig, er musste an seine bescheidene Hütte daheim denken, an seine Frau und an seine Tochter, bekam immer mehr Sehnsucht nach ihnen, und all das blendende Zeug bedeutete ihm gar nichts im Vergleich zu dem Glück, das ihn daheim erwartete. »Ich brauche kein Gold, wirklich! Ich habe zwei Hände und kann arbeiten, ich habe meine Ochsen, meinen Pflug und meine Äcker. Herr, verzeiht mir, wenn ich nicht an Gold denken kann! Ihr seid sehr freundlich, aber ich habe solche Sehnsucht nach meiner Frau und nach meinem Kind. Bringt mich zu ihnen!«

Der Berggeist sah ihn lange und prüfend an und sagte dann: »Aber bedenke doch, was du zurückweist! Fürsten und Könige würden dich um diese Gelegenheit beneiden. Entscheide dich! Die Zeit, in der ich deine Wünsche erfüllen kann, ist bald vorüber.«

»Herr!«, rief der Bauer, »bringt mich zu meiner Frau und meiner Tochter zurück! Das ist alles, was ich mir wünsche.«

Der Berggeist aber wies auf das Gewand des Bauern und rief mit freundlichem Spott: »Du willst nichts von mir und doch sind deine Kleider von meinem Eigentum bedeckt und deine Taschen sind voll von Schätzen, die mir gehören.«

Der Bauer sah sich erschrocken an und bemerkte, dass sein Gewand einen hellen Glanz ausstrahlte und wie besät von unzähligen Lichtfunken war. Als er in die Tasche griff, spürte er, dass sie mit nassem Sand gefüllt waren. »Das muss geschehen sein, als ich in die Schlucht stürzte«, wollte er sich entschuldigen, aber der Berggeist ließ ihn nicht ausreden. Lächelnd fiel er ihm ins Wort: »Behalte den Sand und Schlamm zum Andenken daran, dass du im Reich des Berggeistes gewesen bist. Niemand soll mir nachsagen, dass ich einen guten Menschen ohne Geschenk fortziehen lasse.«

Er winkte freundlich zum Abschied, die zauberhafte Musik setzte wieder ein und das Schiff entschwand langsam über das Wasser. Der Bauer aber fühlte, wie ihn unsichtbare Hände emporhoben und verlor zum zweiten Mal das Bewusstsein. Als er zu sich kam, lag er vor der Höhle auf dem moosigen Boden. Er setzte sich auf und glaubte, aus einem seltsamen Traum zu erwachen. Aber seine schmerzenden Knochen, der Sand und Schlamm auf seinen feuchten Kleidern und das unheimliche Loch der Höhle belehrten ihn bald, dass er nicht geträumt hatte.

So rasch er konnte, eilte er nach Hause und erzählte das seltsame Erlebnis. Es dauerte einige Tage, bis er sich wieder frisch und gesund fühlte. Seine nassen Kleider hatte er in der Dachkammer zum Trocknen aufgehängt. Als seine Tochter sie vom Sand und trockenen Schlamm reinigen wollte, kollerten ihr erbsengroße Goldkörner in den Schoß, und statt Sand steckten die Taschen voller Gold. Die Mutter und das Mädchen schlugen vor Verwunderung die Hände über dem Kopf zusammen, der Bauer aber konnte sich plötzlich vor Freude kaum fassen, fiel zuerst seiner Frau und dann seiner Tochter um den Hals und rief: »Das ist gewiss das Geschenk des Berggeistes, weil ich ohne Gewinnsucht sein Reich betreten habe!«

So war aus dem armen Bauern plötzlich ein reicher Mann geworden. Er und seine Familie blieben rechtschaffen wie bisher, arbeiteten auch fleißig und gebrauchten den unverhofften Schatz in kluger Weise. Sie lebten glücklich und zufrieden und ohne Sorgen, und solange sie lebten, behielten sie den Berggeist in freundlichem Angedenken.

Es versteht sich, dass sich die Kunde vom Glück des Bauern bald im ganzen Land herumsprach, er selbst machte ja auch kein Geheimnis daraus und erzählte seine Geschichte jedermann, der sie hören wollte.

Hunderte von Leuten kamen nun, stiegen in die Höhle am Schöckl hinab, scheuten keine Mühe und keine Plage, kamen mit zerkratzten Knien und zerschundenen Gliedern wieder herauf – aber keiner hat den Berggeist je wieder gesehen. Denn für alle, die nur Habgier und Gewinnsucht in sein Reich führen, hat der Berggeist nicht einmal das kleinste Goldkörnlein übrig.

Der Drachentöter von Mixnitz

In alten Zeiten – so lange ist es her, dass niemand mehr genau weiß, wann es war – hauste in den Mixnitzer Kogellucken ein ungeheurer Drache. Er war ein scheußliches Ungetüm, sah einer riesigen Schlange ähnlich, trug aber einen schuppigen Panzer, hatte zwei zackige Flügel und vier scharfkrallige Beine. Das Untier richtete im ganzen Land viel Schaden an, überfiel Menschen und Tiere, und es war kein Wunder, dass alle Leute im Murtal in Furcht und Entsetzen lebten.

Nun hatte auch ein Bauer aus Pernegg, der in der Nähe von Röthelstein einen großen Hof besaß, die Gefräßigkeit des Drachen zu spüren bekommen. Das gräuliche Vieh verschlang zwei Rinder aus seiner Herde und tötete auch einen Hirtenjungen. Der Bauer versprach daraufhin jedem, der den Drachen töten würde, eine hohe Belohnung, und es gab genug junge Burschen im Land, die um des blinkenden Geldes willen den Kampf wagen wollten. Aber es gelang keinem, den Drachen zu töten. Die meisten der tapferen Drachentöter begnügten sich damit, mit Worten zu prahlen, einige stapften zwar mutig zur Höhle, aber kaum sahen sie das scheußliche Vieh von weitem, so ergriffen sie schon mit schlotternden Beinen die Flucht. Ganz wenige versuchten den Kampf, waren aber heilfroh, wenn sie sich elend zerschlagen wieder aus den Krallen des Drachen retten konnten, und ein paar besonders Tapfere wurden nie wieder gesehen. Schließlich fand sich niemand mehr, der Lust hatte, sein Leben zu riskieren. Der Drache streunte weiter raubend und mordend im Land umher und fast alle Knechte und Mägde verließen den gefährdeten Hof.

Auf dem Hof arbeitete auch der Ziehsohn des Bauern, ein fröhlicher, kluger Bursche. Als er einen Dienstboten nach dem anderen vom Hof wegziehen sah und jeden Tag von einem neuen Gräuel des Drachen hörte, fasste er den Entschluss, selbst den Kampf zu wagen. Er wusste aber, dass er viel zu schwach war, um dem Drachen offen entgegentreten zu können. Ohne irgendjemandem etwas zu verraten, dachte er sich eine List aus und traf in aller Stille seine Vorbereitungen.

Zunächst schlich er sich auf den Berg, versteckte sich im Geröll und kundschaftete das Lager des Drachen aus. Der Bursche entdeckte bald, dass der Drache sich vom Berg bis ins Tal eine Rinne ausgewühlt hatte, die vollkommen glatt und ohne Steine und Schroffen war. Der junge Kerl war nicht wenig verblüfft darüber, schloss dann aber ganz richtig, dass das Untier auf der Bauchseite eine weiche, zarte Haut haben müsse. »Das«, sagte unser junger Drachentöter und pfiff vergnügt und voller Zuversicht vor sich hin, »müsste mir einen klugen Plan einfallen lassen, wenn mich nicht alles täuscht!«

Als der Wind an einem Abend günstig stand und der Drache ihn nicht wittern konnte, schlich sich der junge Bursche zu der Rinne und vergrub eine große Anzahl von Sicheln und Sensen in den Boden und zwar so, dass die Spitzen, zum Berg hinaufgerichtet, aus der Erde ragten. Dann versteckte er sich in einem Gebüsch und wartete, was weiter geschehen würde.

Jeden Abend wälzte sich der Drache von seiner Höhle im Berg ins Tal hinunter, um an einem Bach seinen Durst zu stillen. Der Bursche brauchte auch an diesem Abend nicht lange zu warten, bald hörte er das Vieh schnaubend und brüllend den Berg heruntertrampeln. Er sah die Augen des Ungeheuers leuchten, hörte, wie es zischend den feurigen Atem ausstieß, und sein Herz klopfte nicht wenig. Als der Drache zu jener Stelle kam, wo die scharfen Spitzen der Sensen und Sicheln aus dem Boden ragten, begann er plötzlich so schrecklich zu brüllen und zu heulen, dass dem jungen Mann hinter dem Gebüsch vor Angst totenübel wurde und er kaum zu atmen wagte. Die Sensen und Sicheln hatten sich in den weichen Bauch des Tieres gebohrt, als es darüber geglitten war.

Der Drache bäumte sich auf, fiel wieder nieder und noch einmal bohrten sich die eisernen Spitzen in seine Eingeweide. Rasend vor Schmerz und Wut wälzte sich der Drache hin und her und schlug mit dem riesigen Schwanz und den krallenbewehrten Flügeln so mächtig um sich, dass ganze Bäume geknickt und große Felsblöcke aus dem Boden gerissen wurden. Aber je mehr der Drache wütete und tobte, desto tiefer drangen die Sensen und Sicheln in seinen Körper ein. Tödlich verwundet ballte sich der Drache endlich zu einem scheußlichen blutbefleckten Klumpen zusammen, rollte hilflos ins Tal hinab und verendete.

Die Freude im ganzen Land war riesengroß und von allen Seiten strömte die Bevölkerung herbei, um das tote Untier anzusehen. Es gab niemanden, dem es nicht kalt über den Rücken lief, denn der Drache war noch im Tod schrecklich anzusehen mit seinem schuppigen Riesenleib und dem zähnestarrenden Rachen. Schließlich verscharrten einige kräftige Männer den Kadaver in einer großen Grube, wobei sie sich redlich plagen mussten, denn es war keine einfache Sache, den schweren plumpen Riesenkörper in die Grube zu wälzen.

Der Bauer schenkte dem klugen und mutigen Ziehsohn zum Lohn für seine tapfere Tat den Hof und alle Leute im Murtal priesen den Burschen als ihren Retter und Befreier aus der Drachennot.

Das Venedigermännlein bei Knittelfeld

In alten Zeiten, als im Gebirge noch reichlich Gold verborgen war und Quellen und Wildwässer es immer wieder an die Oberfläche brachten, stieg in den Bergen oft seltsames Volk umher, das auf geheimnisvolle Weise wusste, an welchen Plätzen Gold zu finden war. Da diese Leute zumeist aus dem Welschland, vor allem aus Venedig stammten, nannte man sie Venediger.

Zu einem Bauern, dessen Hof in Landschach bei Knittelfeld stand, kam lange Jahre hindurch im Winter ein kleiner Mann, bat um Un-

Das Venedigermännlein bei Knittelfeld

terkunft und hielt sich dann einige Tage im Haus auf. Beim Abschied ließ er stets eine reichliche Belohnung zurück. Der kleine Besucher war freundlich und bescheiden und bei dem Bauern gern gesehen. Woher der seltsame Gast kam und was er in Landschach trieb, darüber wusste niemand Bescheid. Wegen seiner Sprache und seiner dunklen Haut, der schwarzen Haare und Augen hielt man ihn aber für einen Venediger. Sonderbarerweise trieb sich das fremde Männchen zur Nachtzeit meist hinter dem Haus auf dem Krautacker des Bauern herum. Er kam auch stets ohne Gepäck, aber wenn er abreiste, schleppte er ein paar schwere, prall gefüllte Säcke mit sich. Der Bauer und seine Familie wunderten sich darüber, aber sie sagten nichts und ließen den kleinen Mann gewähren.

Eines Tages verendete der Hofhund und der Bauer schaffte sich einen jungen Hund an, der sehr bösartig und bissig war. Den Hausbewohnern tat er freilich nichts zu Leide, fremde Leute aber mussten sich vor ihm in Acht nehmen. Als nun der Venediger wie jedes Jahr wieder ins Haus kam und nachts auf den Krautacker hinausgehen wollte, fiel ihn der Hund an. Der Venediger wehrte sich aus Kräften und schrie um Hilfe, und wäre nicht der Bauer herbeigeeilt, der Hund hätte den kleinen Fremden wohl zerrissen. Der Venediger bat nun den Bauern, den Hund erschießen zu lassen, doch davon wollte der Bauer nichts wissen. Am nächsten Tag reiste der seltsame Gast ab und erklärte, er werde nicht wiederkommen. Tatsächlich wurde er später nie wieder in der Gegend von Knittelfeld gesehen.

Nach vielen Jahren trat der Bauer eine Wallfahrt nach dem Süden an. Auf der Rückreise kam er nach Venedig. Voller Staunen betrachtete er die kunstvoll verzierten Häuser und die prachtvollen Paläste und konnte sich an den Kanälen und den vielen schönen Brücken nicht satt sehen. Als er so dahinwanderte, fiel ihm ein besonders stattliches Haus auf, und er dachte, der Besitzer eines solchen Palastes müsse über ungeheure Reichtümer verfügen. Schon wollte er wieder weitergehen, als ihm jemand auf die Schulter klopfte. Er wandte sich um und sah einen Fremden, der wie ein Bediensteter gekleidet war und ihn freundlich aufforderte, in das schöne Haus zu kommen.

Nur zögernd schloss sich der Bauer seinem unbekannten Führer an, doch die Neugierde besiegte bald sein anfängliches Misstrauen und er folgte seinem Begleiter über eine marmorne Treppe in eine prächtige Halle empor, die mit Gemälden und Statuen geschmückt war. Der Diener führte ihn über teppichbelegte Gänge und durch kostbar eingerichtete Gemächer in einen kleinen Raum, wo ihn der Herr des Palastes lächelnd begrüßte. Wer kann sich das Erstaunen des Bauern vorstellen, als er in dem vornehmen Herrn den fremden welschen Mann erkannte, der sich früher so oft in seinem Haus in Landschach aufgehalten hatte und nachts immer auf den Krautacker gegangen war.

Der vornehme Herr nahm den Bauern mit freundlichen Worten auf, führte ihn in seinem Palast umher und zeigte ihm alle seine Schätze und Kostbarkeiten. Schließlich lud er ihn zu einem reichlichen Mahl ein, und während sie Wein tranken, sagte er: »Ihr werdet Euch wundern, wenn ich Euch sage, dass alle meine Reichtümer von Eurem Krautacker stammen. In Eurem Acker liegt noch genügend Gold. Grabt danach und Ihr braucht Euch nie mehr in Eurem Leben zu plagen.«

Der Bauer schüttelte den Kopf und antwortete, das könne er nie und nimmer glauben. Sein Acker sei doch nur ein armseliger, ganz gewöhnlicher Krautacker. Der Herr führte dann den Bauern in ein abseits gelegenes Zimmer und sagte, er werde jedes seiner Worte beweisen. In dem Zimmer stand ein großer Spiegel in einem goldglänzenden Rahmen. Der Venediger wies auf den Spiegel und erklärte: »Seht einmal hinein! Dann werdet Ihr glauben, dass ich die Wahrheit spreche!«

Der Bauer schaute in den Spiegel und zu seiner Verwunderung sah er nicht sein eigenes Bild im Glas, sondern eine sich stets verändernde Landschaft. Die Städte und Dörfer seiner Wallfahrt tauchten vor ihm auf, zogen wieder vorüber und schließlich erschien die Stadt Knittelfeld im Spiegel, machte seinem Heimatdorf Landschach Platz, und dem Bauern klopfte das Herz nicht wenig, als er endlich sein eigenes Haus, die Stallungen und Wirtschaftsgebäude sah, auch seine Frau und seine Kinder, seine Wälder und Felder. Dieses Bild blieb ruhig im Spiegel und veränderte sich nicht mehr. Als er genauer hinsah, bemerkte er, dass die Erde seines Krautackers stellenweise stark mit Goldkörnern durchsetzt war.

Der Hausherr erklärte dem staunenden Bauern, dass dieser wunderbare Spiegel ein »Bergspiegel« sei, der seinem Besitzer alles Gold und alle verborgenen Schätze anzeige, und seien sie auch im entferntesten Winkel der Erde.

Dem Bauern kam das Ganze wie ein Traum vor, er kratzte sich den Kopf und murmelte zweifelnd: »Das alles scheint mir so wunderbar, dass ich es nicht glauben kann.«

Der Hausherr antwortete: »Ich will Euch noch einen Beweis von der Wahrheit meiner Worte geben. Wenn Ihr wieder nach Hause kommt, könnt Ihr Euch mit eigenen Augen dann überzeugen. Seht Ihr im Spiegel Euren Hund, von dessen Zähnen Ihr mich einst gerettet habt?«

Der Bauer nickte.

»Erlaubt Ihr mir, ihn von hier aus auf der Stelle zu töten?«

Nun musste der Bauer doch lachen, denn das schien ihm gar zu unglaubhaft. Er gab dem Venediger die gewünschte Erlaubnis und schaute neugierig in den Spiegel. Der Hund lag vor der Haustüre und schlief.

Nun nahm der vornehme Herr eine Pistole und schoss auf den Hund im Spiegel. Das Glas splitterte nicht und kein Flecken Pulverrauch war zu sehen. Klar und ungetrübt zeigte der Spiegel noch immer das Bild des Bauernhofes. Der Hund aber war aufgesprungen und gleich darauf tot zu Boden gestürzt. Dem Bauern wurde es unheimlich zu Mute und er begann sich zu wünschen, er wäre nie in dieses seltsame Haus gekommen.

Der Venediger bemerkte die Unruhe seines Besuchers, verabschiedete sich freundlich von ihm und drückte ihm zuletzt noch einen Beutel voll Dukaten in die Hand.

Unser biederer Bauer nahm das Geschenk voller Freude an, verließ aber nur zu gern den Palast, der ihm ebenso wie der Besitzer nicht mehr ganz geheuer erschien. Als er die Stadt hinter sich hatte, beeilte er sich mit dem Heimkommen, und schon nach einigen Tagen langte er zu Hause an. Nun rann es ihm erst recht kalt den Rücken hinunter, als er erfuhr, dass sein Hund vor kurzem von einem unbekannten Täter erschossen worden sei. Er erkundigte sich nach Tag und Stunde der Tat – wirklich war es am gleichen Tag und zur selben Stunde geschehen, als der vornehme Herr seine Pistole abgefeuert hatte.

Der Bauer glaubte nun alles, was ihm der seltsame Venediger erzählt hatte. Er durchwühlte den Krautacker nach Gold, aber die Ausbeute war gering, da er sich nicht auf die Scheidekunst verstand und ihm auch der wunderbare Spiegel fehlte, der ihm die verborgenen Schätze hätte anzeigen können.

So blieb dem Bauern nichts anderes übrig, als seine Landwirtschaft weiterzuführen, aber das Gold, das er gefunden hatte, genügte doch, ihm das Leben leichter zu machen. Oft und oft dachte er an das freundliche »Venedigermännchen« und erinnerte sich an sein seltsames, wunderbares Erlebnis in der fremden Stadt.

Der Wechselbalg von Wildon

Am Fuß des Schlossberges von Wildon entspringt zwischen grünen Wiesen eine klare Quelle, die das Volk das Trudenbrünnchen nennt. Hier sollen zu gewissen Zeiten allerlei geheimnisvolle Geschöpfe –Hexen, Kobolde, Irrwische – ihr Unwesen treiben. Lange Zeit war diese Quelle auch der Lieblingsaufenthalt einer boshaften Trude, die stets von einem kleinen, dicken koboldartigen Wesen von erschreckender Hässlichkeit begleitet war.

Einst ritt ein Ritter von Wildon in einer mondhellen Nacht den steilen Burgweg hinab. Er war so tief in Gedanken versunken, dass er gar nicht merkte, wohin sein Pferd trat, ließ es dahintraben und schaute weder rechts noch links. So kam es, dass er das hässliche alte Weib nicht sah, das am Trudenbrünnlein neben dem Weg hockte. Die Alte starrte stumpfsinnig in die Quelle, trübte das Wasser mit einem Stock und riss Blumen ab, die sie achtlos wieder fortwarf. Des Ritters Pferd hätte das alte Weib unfehlbar niedergetreten, wäre nicht ein kleiner hässlicher Junge aus dem nahen Gesträuch hervorgesprungen und dem Pferd in die Zügel gefallen. Knapp vor der Alten kam es zum Stehen.

Der Ritter fuhr auf und schaute die Alte erschrocken an. Sie rappelte sich auf, stützte sich auf ihren Stock und humpelte ganz nahe an den Ritter heran. »Viel Glück auf dem Weg, Herr Ritter«, begrüßte sie ihn spöttisch. »Denkt an mich, wenn Ihr zu Eurem Kind kommt, und reitet fortan etwas vorsichtiger umher!« Sie grinste widerlich und der hässliche Bube lachte laut auf; dann waren beide verschwunden. Dem Ritter rann es kalt über den Rücken und er trieb schleunigst sein Pferd an.

Aber bald hatte er das unheimliche Weib wieder vergessen, vor allem, weil er nun Anlass zur Freude hatte: Seine Frau schenkte ihm nämlich einen kleinen Knaben, der außerordentlich hübsch war. Der Ritter nahm das neugeborene Kind in die Arme und war so glücklich wie noch nie zuvor in seinem Leben, als er plötzlich aus dem Burghof einen gellenden Pfiff hörte. Es schien ihm, als sähe er das hässliche Weib vom Brunnen unten durch den Hof schleichen, aber schon war die Erscheinung wieder verschwunden. Der Ritter glaubte nur zu gerne, er habe sich getäuscht, herzte den Knaben und vergaß alles rasch wieder. Nach einigen Tagen wurde das Kind getauft und ein großes Fest gefeiert. Und wieder war es dem Ritter, als husche die unheimliche Alte durch den Saal und verschwände im Schlafgemach seiner Frau. Er stürzte dem Weib nach, konnte es aber nirgends mehr finden. Nachts schlief er lange nicht ein und wälzte sich voller Unruhe auf dem Lager umher. Endlich, schon gegen Mitternacht, fielen ihm aber doch die Augen zu. Da schlüpfte das Trudenbüblein beim Fenster herein, setzte sich auf seine Brust und drückte ihm die Kehle zu. Der Ritter wachte auf, rang nach Atem und glaubte einen schrecklichen Traum geträumt zu haben. Er schalt sich zwar unvernünftig und dergleichen mehr, hielt es aber nicht mehr auf seinem Lager aus, stand auf und lief in das Schlafgemach seiner Frau. Als er zu ihrem Bett trat, sah er voller Schrecken, dass sein hübscher, blonder kleiner Sohn verschwunden war. Stattdessen schlief ein derb gebautes rothaariges Kind neben seiner Frau.

Der Ritter erinnerte sich nun nur zu gut an die drohenden Worte der alten Hexe vom Brunnen und wusste, dass sie ihre Hand dabei im Spiel gehabt und das Kind ausgetauscht hatte. Ein so großer Zorn packte ihn, dass er den Wechselbalg beim Fenster hinauswerfen wollte, aber seine sanfte Frau ließ es nicht zu. Sie hatte Mitleid mit dem fremden

Kind. Zwar weinte sie bitter um ihren verlorenen Kleinen, pflegte und erzog aber den fremden Knaben wie ihren eigenen Sohn.

Bald erzählte man sich dieses sonderbare und traurige Ereignis im ganzen Land. Überall suchte man nach dem Sohn des Schlossherrn. Knappen und Diener wurden ausgeschickt und durchstreiften das Land. Aber von dem verschwundenen Kind war keine Spur zu finden und die ausgesandten Boten kehrten unverrichteter Dinge zu ihrem Herrn zurück.

Der Ritter aber wollte und wollte es nicht glauben, dass sein hübscher kleiner Sohn für immer verschwunden sein sollte. Und obwohl alle Diener und Knappen versichert hatten, sie hätten jeden entlegensten Winkel des Landes durchforscht, brach er doch selbst auf, gönnte sich keine Rast und Ruh und suchte landauf und landab nach dem Knaben.

Einmal, als er schon fast alle Hoffnung aufgegeben hatte, musste er in einem entlegenen, einsamen Wald vor einem nahenden Gewitter in einer rußigen Köhlerhütte Schutz und Obdach suchen. Die Köhlersfrau trat ihm entgegen und begrüßte ihn freundlich. Auf den Armen hielt sie einen hübschen blondlockigen Knaben. Dem Ritter blieb fast das Herz stehen. Es war sein eigener Sohn! Er erkannte ihn sofort wieder, denn dieses Köhlerkind hatte auf der linken Wange das gleiche Mal, wie es sein Sohn gehabt hatte. Er riss der erstaunten Köhlerin das Kind aus den Armen, herzte und küsste es und weinte und lachte zugleich. Dann fragte er die Köhlersleute, wie sie zu dem Kind gekommen seien. Die Frau antwortete, es sei nicht ihr eigenes Kind – Gott sei's geklagt –, sie liebe es herzlich, aber ihr eigenes Kind sei es nicht! Sie habe einen kräftigen rothaarigen Knaben geboren, doch bald nach der Geburt hätte ihn ein Unbekannter gegen dieses schwache, zarte Geschöpf ausgetauscht. Nun erzählte der Ritter seine Geschichte und berichtete, dass das rothaarige Köhlerkind wohlbehalten auf der Burg Wildon sei.

Kaum war das Gewitter vorüber, verließ der Ritter mit seinem wiedergefundenen Sohn die Köhlerhütte und eilte zurück auf die Burg. Der rothaarige Köhlerbub wurde seinen Eltern zurückgebracht, und es lässt sich nicht sagen, wo die Freude größer war: in der Köhlerhütte oder im Ritterschloss.

Als dann der Köhlerknabe zu einem stattlichen Burschen herangewachsen war, trat er in die Dienste des jungen Ritters und folgte ihm als treuester seiner Knappen auf allen Fahrten und Kriegszügen.

Von der Alten vom Trudenbrunnen und ihrem hässlichen Jungen aber hat niemand mehr etwas gesehen oder gehört.

Die Entdeckung des Erzberges

Folgt man dem Lauf des Erzbaches talab, gelangt man dort, wo der Abfluss des Leopoldsteiner Sees herabrauscht, in einer engen Talschlucht hart an der Straße zu einer grottenartigen Vertiefung im Felsen. Ein unheimlicher, tiefer, dunkler Wasserspiegel blinkt aus der Grotte. Hier soll es gewesen sein, wo vor vielen tausend Jahren, zu König Davids Zeiten, manchmal eine sonderbare Gestalt aus dem schwarzen Höhlenwasser auftauchte und sich an der Sonne wärmte. Das seltsame Wesen hatte einen schuppigen Fischleib und die Bergbewohner hielten es für einen Wassermann. Obwohl sie Angst vor ihm hatten, beschlossen sie doch, ihn zu fangen. Sie fürchteten aber, der schlüpfrige Leib des Geschöpfes würde ihren Händen entgleiten. So beschmierten sie einen alten Mantel mit Pech und warfen ihn über das Männchen, als es einmal am Rand der Grotte schlief. Dann fesselten sie es an Armen und Beinen und gaben ihm zu essen und zu trinken. Das kleine, seltsame Geschöpf schien zuerst eine unwiderstehliche Abneigung gegen menschliche Nahrung zu haben, nachdem es aber gekostet hatte, wurde es ganz vergnügt und folgte den Männern talaufwärts. Sie hatten es vorsorglich an eine Leine gebunden, es leistete jedoch keinen Widerstand und schien nicht ans Fliehen zu denken.

Als die Männer mit ihrem Gefangenen aber zu jener Stelle gelangten, wo man den Erzberg aufragen sieht, wurde der Wassermann widerspenstig und weigerte sich weiterzugehen. Er sträubte sich, geriet in hellen Zorn und verlegte sich, als alles nichts nützte, aufs Bitten und

Betteln. Schließlich bot er den Männern einen hohen Lohn für seine Freilassung an.

»Lass hören, was du uns bieten kannst«, antworteten sie.

Der Kleine erwiderte: »Wählt euch selbst aus, was ihr wollt. Ich kann euch Goldminen auf ein Jahr geben, Silberminen auf zehn Jahre oder Eisenminen für immer.«

Ohne lange zu zögern riefen die Männer: »Gib uns Eisenminen für immer!«

»Ihr habt gut gewählt«, antwortete der Wassermann. »Seht, dort steht der Berg, der euch Eisenmetall in alle Ewigkeit spenden wird. Verwendet es gut zu eurem und eurer Nachkommen Glück und Segen!« Bei diesen Worten wies er auf den massigen Erzberg in der Ferne.

Die Männer aber gaben dem Wassermann nicht sofort die Freiheit; sie wollten zuerst die Ergiebigkeit des Berges erproben.

Ein halbes Jahr lang bauten sie den Berg ab, an dessen Hängen das rötliche Eisenerz offen zu Tage lag. Und wirklich, nach dieser Zeit hatten sie so viel reichhaltiges Erz gewonnen, dass niemand mehr an der Wahrhaftigkeit des Wassermannes zweifelte. Nun säumten sie nicht länger und gaben ihm die Freiheit wieder. Sie brachten ihn zu der Grotte, neben der sie ihn gefangen hatten, und er tauchte sofort in das dunkle Wasser der Höhle unter. In diesem Augenblick bebten die Felsen und das schwarze Wasser färbte sich blutrot. Die erschrockenen Leute glaubten eine spöttische Stimme zu hören: »Um das Beste habt ihr zu fragen vergessen: um den Karfunkelstein und die Bedeutung des Kreuzes in der Nuss.«

Was der Wassermann damit hatte sagen wollen, das weiß bis heute niemand. Mancher hat herumgerätselt und doch nicht die Bedeutung herausfinden können. Bergleute glauben, der Karfunkelstein sei das beste und sicherste Grubenlicht und das Kreuz in der Nuss müsse wohl mit der Verwendung des Kompasses im Bergwerk zusammenhängen.

Der Wassermann zeigte sich von da an nie wieder, weder in der Grotte noch im Leopoldsteiner See. Der Erzberg aber ist zum ewigen Segen für das ganze Land geworden.

Der Untergang des Silberbergwerkes in Zeiring

In Zeiring wurde ehemals ein reicher Silberbergbau betrieben. Große Mengen Silbererzes wurden zu Tage gefördert und die Knappen erhielten nicht nur einen ausreichenden Lohn, sondern auch einen Anteil an der Ausbeute. Man kann sich also vorstellen, dass sie Geld im Überfluss hatten. Anfangs ging alles seinen rechten Gang, sie freuten sich über das gute Leben, das sie führen konnten; aber wie es nun einmal ist, mit der Zeit wurden sie übermütig und trieben allerlei tolle und lustige Streiche. Das hätte auch noch hingehen können, aber sie wurden stets ausgelassener und schließlich schreckten sie selbst vor bösen Taten nicht mehr zurück.

Früher hatten sie Kleider aus gewöhnlichem Tuch oder Loden getragen. Das genügte ihnen jetzt nicht mehr. Es musste Samt und Seide sein und sie stolzierten bald herausgeputzt umher wie Grafen oder Fürsten. Nur der teuerste Wein durfte aufgetischt werden, das beste Wildbret aus den herrschaftlichen Wäldern war ihnen gerade gut genug und die verbotenen Fischwässer lieferten ihnen die schönsten Forellen und Saiblinge. Wenn sie nicht im Bergwerk arbeiteten, so schmausten und zechten sie, soffen und würfelten um die Wette und trieben tolle Streiche.

Als die Knappen wieder einmal in das Bergwerk eingefahren waren, blieben vierzehn von ihnen zurück. Sie hatten keine Lust, an diesem Tag zu arbeiten, standen faul in der Sonne, schwatzten miteinander und erzählten sich lachend die vergnügten Streiche, die sie tags zuvor ausgeführt hatten. Da stand plötzlich, wie aus dem Boden gezaubert, ein altes, silberweiß glänzendes Männchen vor ihnen. Der kleine Körper war in einen silbernen Mantel eingehüllt, der Kopf war viel zu groß und von einem ebenfalls silbernen Hut bedeckt. Haar und Bart waren weiß und reichten bis an den Gürtel. Das Seltsamste an der Erscheinung war aber, dass auch das Gesicht des Zwerges wie silbernes Mondlicht strahlte.

Die Knappen starrten die sonderbare Gestalt erschrocken an, das Männchen aber hob drohend die Hand und rief: »Ich bin der Herr al-

Steiermark

ler dieser Gruben, und alle Schätze, die hier im Berg liegen, sind mein Eigentum. Ich habe euch lange genug zugesehen! Statt den Reichtum vernünftig zu verwenden, wie es einem Menschen ziemt, verschleudert ihr mein Geschenk und treibt es jeden Tag ärger. Ich habe bisher die Wasser in diesem Berg sorgsam gehütet, wenn ihr euch aber nicht bessert, werde ich die Gruben überschwemmen und den ganzen Bergbau zerstören. Ihr selbst aber werdet ein grausiges Ende im Berg finden. Ich gebe euch sieben Jahre Zeit!«

Der Berggeist verschwand ebenso spurlos, wie er plötzlich aufgetaucht war. Die Knappen schnappten nach Luft und stürzten mit schreckensbleichen Gesichtern in die Stollen hinunter, alarmierten ihre Kameraden und erzählten ihr unheimliches Erlebnis. Daraufhin allerdings änderten die Knappen ihre Lebensweise und eine Zeit lang hatte der Berggeist gewiss seine helle Freude an ihnen. Sie lebten ruhig und gesittet, arbeiteten fleißig, aßen mäßig, tranken wenig und zu tollen Streichen war ihnen die Lust vergangen.

Nach einigen Monaten allerdings vergaßen sie langsam den ausgestandenen Schrecken und ihre guten Vorsätze. Und als wieder ein paar Monate verstrichen waren, lachten sie sich gegenseitig aus, weil sie sich ins Bockshorn hatten jagen lassen; die vierzehn Knappen wurden vom Morgen bis zum Abend wegen ihres Märchens verspottet, bis sie selbst glaubten, alles nur geträumt zu haben. Und nun fing wieder das alte ausgelassene Treiben an, ja, die Knappen gebärdeten sich noch toller und wilder als je zuvor. Tagelang hielten sie sich in den Schenken auf; mit erhitzten Köpfen saßen sie streitend und fluchend ganze Nächte hindurch beim Würfelspiel. Sie schoben mit silbernen Kugeln nach silbernen Kegeln, denn hölzerne genügten ihnen schon nicht mehr.

Einmal, als sie mehr als üblich getrunken hatten, gerieten sie in Streit, und einer von ihnen erschlug in sinnloser Wut einen kleinen Jungen, der gerade mit seiner Großmutter an der Schenke vorbeiging. Die alte Frau trug ein Gefäß mit Mohnsamen; als sie sich auf ihren Enkel stürzte und ihn retten wollte, entfiel es ihren zitternden Händen. Sie hob den Kleinen auf und presste ihn an sich. Aber alle zärtlichen Worte, die sie flüsterte, konnten ihn nicht mehr ins Leben zurückrufen. Da richtete sie sich auf, starrte auf den verstreuten Mohnsamen und verfluchte die

Bergknappen: »So viele Mohnkörner wie hier auf der Erde liegen, so viele Jahre soll der Berg in Zeiring versiegen!«

Als der Mord an dem Knaben geschah, waren gerade sieben Jahre vergangen, seitdem der silberne Herr des Berges die Knappen gewarnt hatte.

Am nächsten Morgen fuhren die Knappen wieder zur Arbeit in das Bergwerk ein. Eintausendvierhundert Knappen stiegen in das nächtliche Dunkel hinab und sahen das Tageslicht nie wieder.

Ein alter, tauber Bergmann glaubte ein unheimliches Rauschen aus dem Berginnern zu hören, er warnte seine Kameraden und bat sie, an diesem Morgen nicht einzufahren. Die Knappen aber lachten nur und fuhren lustig und übermütig in die Grube hinab. Nur der Alte blieb oben.

Kurze Zeit darauf bebte die Erde. Riesige Wassermassen ergossen sich mit unheimlicher Schnelligkeit in die Schächte und Gräben und vernichteten das Bergwerk mit allen Knappen, die eingefahren waren. Eintausendvierhundert Knappen starben an diesem Morgen und seither ruhen die reichen Schätze, bedeckt von Wasser, ungehoben im Innern des Berges. Noch aber sind nicht so viele Jahre vergangen, als damals Mohnsamen auf dem Weg lagen, und niemand weiß, wann die Zeit kommt, da das letzte Mohnkorn abgegolten ist.

Die silbernen Buben von Arzberg

Südlich von Passail am Eingang der Raabklamm liegt das Dorf Arzberg. Unweit des Dorfes wurde lange Zeit nach Silber gegraben und das Bergwerk dort soll reichlichen Gewinn abgeworfen haben. Noch heute sagt man, der Name Arzberg käme von der früheren Erzgewinnung. Die in der Nähe aufsteigenden Gösserwände sind im Innern stark zerklüftet, dort soll das Silbererz liegen und von seltsamen Bergmännchen, den silbernen Buben, behütet werden.

Steiermark

Einst kam ein armer, aber fröhlicher Bergknappe namens Jakob in die Gegend von Arzberg und wollte hier sein Glück im Bergbau versuchen. Er stieg in den Bergen herum, kroch über alle Felshänge, klopfte die Wände ab und untersuchte herausgebrochene Felsbrocken nach Proben von erzhaltigem Gestein. Einmal kam er auch zu den Gösserwänden und klopfte und hämmerte drauflos; aber nirgends zeigte sich eine der gesuchten Erzadern. Am Abend war er todmüde und erschöpft, doch vergnügt wie immer – dass er wieder einmal vergeblich gesucht hatte, darüber ließ er sich keine grauen Haare wachsen. Er legte sich ins Gras und wollte sich ein wenig ausruhen. Bald war er aber fest eingeschlafen.

Als er aufwachte, ging es gegen Mitternacht. Ein voller Mond hing am Himmel und tauchte das Land in einen magischen Schimmer. Der Bursche stand auf und wollte sich auf den Heimweg machen. Sein Nachtquartier hatte er in der Hütte eines armen Bauern aufgeschlagen. Zufällig fiel sein Blick auf einen kleinen Wiesenfleck, der im hellen Mondschein unten im Tal jenseits des Flusses lag. Dem Burschen lief ein Schauder durch den Körper. Was für seltsames, kleines Volk trieb sich da unten herum! Zuerst stand der Knappe da und staunte mit offenem Mund, dann stieg er vorsichtig den Hang hinunter und schlich sich im Schutz des Gebüsches zu der Wiese hin. Im Zwielicht des Mondes tanzte und sprang eine Schar fröhlicher Knaben auf dem Rasen umher. Sie waren wie Bergmänner gekleidet, doch glänzte ihr Gewand wie Silber. Einige pochten mit kleinen Hämmern an die Felswände oder schlugen auf das Gestein, dass die Funken sprühten, andere lasen die losgebrochenen Brocken auf und schafften sie fort. Wie mutwillige Knaben bewarfen sie sich mit kleinen glänzenden Steinen. Alles vollzog sich aber so ruhig und lautlos, dass es dem Bergknappen unheimlich wurde und er sich rasch davonmachen wollte. Doch schon nach wenigen Schritten bemerkten ihn die silbernen Buben und begannen nun, ihn mit den kleinen Steinchen zu bewerfen, ohne aber ein einziges Wort zu sprechen. Der gute Jakob lief davon, so schnell er konnte, die silbernen Buben blieben ihm auf den Fersen und verfolgten ihn bis zu der Hütte des Bauern.

Am nächsten Morgen erzählte Jakob dem Bauern sein nächtliches Erlebnis. »Nun«, sagte der Bauer, »dann würde ich an deiner Stelle nicht eine Minute zögern und sofort an jener Felswand nach Silber zu schürfen beginnen!«

Jakob war zwar ein fröhlicher, aber kein leichtsinniger Bursche, und es war ihm nicht ganz wohl zu Mute, sich wieder in den Bereich der Kobolde zu begeben. Schließlich aber redete er sich selbst Mut zu, lieh sich den Wagen des Bauern aus, spannte die Pferde davor und fuhr ins Gebirge. Auf seiner Fahrt lief ihm einer der silbernen Buben über den Weg, der Kleine winkte ihm vergnügt zu und schien ganz und gar nichts dagegen zu haben, dass der Knappe ihm nachfolgte.

Jakob war nun sicher, dass er ohne Gefahr nach Silber suchen durfte, und er hatte tatsächlich Glück: Schon nach wenigen Tagen stieß er auf eine reiche Silberader. Nun war aus dem armen Burschen ein reicher Mann geworden. Er nahm andere Bergknappen in seine Dienste und baute das Silber bergmännisch ab.

Das Glück des armen Jakob aber erweckte bald den Neid habgieriger Leute. Einen Teil seines Gewinnes musste Jakob nach dem Recht der damaligen Zeit an den Besitzer der nahen Burg Stubegg abliefern. Der Graf von Stubenberg war damals nicht im Land und der Verwalter war ein hartherziger, neidischer Kerl. Er versuchte Jakob auf jede Weise zu betrügen, und als der Bergmann sein Recht wahren wollte, ließ er ihn ins Gefängnis werfen.

Nun glaubte der Verwalter leichtes Spiel zu haben und sich das Bergwerk aneignen zu können. Er stieg sofort in den Berg ein, wurde vor Gier halb verrückt, als er die reichen Schätze sah, die dort noch aufgespeichert waren, und rannte wie ein Verrückter durch die Stollen. Den silbernen Buben aber gefiel das nicht. Immer weiter lockten sie ihn in das Innere des Berges hinein, bis er sich in den dunklen Gängen des Bergwerks rettungslos verirrt hatte und nie mehr ans Tageslicht kam.

Kurze Zeit darauf kehrte der Graf auf seine Burg zurück, er entließ Jakob sofort aus dem Gefängnis und setzte ihn wieder in all seine Rechte ein. Zum Dank für seine Befreiung ließ der Bergmann die Kirche zum heiligen Jakob in Arzberg erbauen.

Das Bergwerk wurde jahrhundertelang betrieben, bis allmählich die Adern taub wurden und der Erzabbau zum Stillstand kam. Die silbernen Buben hat man seit jener Zeit nicht mehr gesehen.

Steiermark

Die Schlangenkönigin bei Judenburg

In einem sonnseitig gelegenen Steinbruch auf dem Weg von Eppenstein nach Kathal im Bezirk Judenburg wimmelte es vorzeiten von Schlangen. Sie lagen auf den Steinen und sonnten sich, schlängelten sich durch die dürren Gräser, huschten in Erdlöcher, kurz und gut, es war ein rechtes Schlangenparadies. In alten Zeiten, als es noch manches Wunderbare gab, was man heute nicht mehr erleben kann, soll dort auch manchmal eine weiße Schlange zu sehen gewesen sein, eine weiße Schlange mit einem Krönlein auf dem Haupt, die Schlangenkönigin. Nur alle hundert Jahre einmal findet man so eine gekrönte Schlange. Ihre Krone wird von Zwergen im Innern der Berge geschmiedet. Die Zauberkräfte dieser Schlangenkrone sind allgemein bekannt.

In der Nähe des Steinbruches stand damals eine arme Hütte. Dort wohnte ein Steinbrecher mit seiner Frau und seiner kleinen Tochter. Das Kind saß oft vor der Tür und löffelte eine Schale Milch aus, in der Brotstücklein eingebrockt waren. Als die Kleine eines Abends wieder ihre Mahlzeit verzehrte, lockte der Duft der Milch die Schlangenkönigin an. Sie kam herbeigekrochen und leckte begierig an der Milch, während das Kind ruhig weiterlöffelte und der Schlange neugierig zusah. Nach einiger Zeit aber sagte das Kind zu der Schlange: »Du darfst nicht nur die Milch schlecken, du musst auch die Bröcklein essen.« (Mit solchen oder ähnlichen Worten mochte die Mutter die Kleine wohl oft ermahnt haben.) Die Schlange freilich kümmerte sich um die kindliche Mahnung nicht und leckte und schleckte mit dem spitzen Zünglein weiter nur an der Milch. Da rief die Kleine erbost: »Du willst nicht, da werde ich dir aber helfen!«, und sie schlug der Schlange mit dem Löffel auf den Kopf. Das Krönlein fiel dem Kind in den Schoß, die Schlangenkönigin aber kroch eilends fort.

Die Mutter des Mädchens hatte aus dem Fenster mit angesehen, wie das Kind nach der Schlange schlug. Entsetzt stürzte die Frau aus dem Haus, die Schlange aber war längst fort und das Kind saß unverletzt auf der Schwelle. Der Schreck der Frau war so groß gewesen, dass sie sich nur langsam beruhigen konnte, sie drückte ihr Kind an sich und herzte und küsste es. Die Kleine aber plapperte fröhlich, erzählte der Mutter von der Schlange und zeigte das glitzernde Krönlein, das es in der Hand hielt.

Kurz darauf, als die Kleine in ihrem Bett schlief, betrachteten die Steinbrecherleute beim Schein der Kerze voller Staunen und stummer Bewunderung das schimmernde Gebilde, das ganz aus Gold und Edelsteinen angefertigt war.

Plötzlich wurden sie durch ein unheimliches Zischeln und Rasseln aufgeschreckt. Sie fuhren auf und starrten zum Fenster. Schlangen, unzählige Schlangen glitten zischelnd und züngelnd am Fenster hin und her und stießen mit den Köpfen an die Scheiben. Der Steinbrecher packte seine Frau entsetzt bei der Hand! Auch am gegenüberliegenden Fenster sahen sie nichts als Schlangen, die in die Stube eindringen wollten. Die Steinbrecherhütte war von einem Heer wütender Schlangen belagert.

Eine halbe Stunde vielleicht wagten der Mann und die Frau sich nicht zu rühren, sie saßen stocksteif neben dem Tisch, starrten wie gebannt auf die Fenster und waren außer sich vor Angst. Schließlich kam dem Mann ein rettender Gedanke. Er nahm das Krönlein, öffnete ein kleines Schiebefenster und warf das Krönlein blitzschnell hinaus. Die Schlangen verschwanden sofort von den Fenstern. Kurze Zeit noch hörten die Steinbrecherleute das Zischeln und Rasseln und Züngeln, dann trat allmählich Ruhe ein. In dieser Nacht aber konnte das Ehepaar lange nicht einschlafen und immer wieder fuhren sie aus dem Schlaf hoch und glaubten, das Zischeln der Schlangen zu hören.

Als der Mann am nächsten Morgen vorsichtig die Haustür öffnete und hinausblickte, war alles wie an jedem anderen Morgen auch. Die Schlangen waren verschwunden. Nur im Gras vor der Tür lag unbeweglich eine große weiße Schlange. Es war die Schlangenkönigin, die von ihren Gefährtinnen getötet worden war, weil sie ihre Krone verloren hatte.

Hundert Jahre aber müssen wieder vergehen, bis die Schlangen eine neue Königin finden werden.

Steiermark

Der Höllentorwart von Mariazell

In der Nähe von Mitterbach bei Mariazell stand vor vielen, vielen Jahren ein kleines Wirtshaus. An Sonn- und Feiertagen kamen dort die Holzknechte aus der Umgebung zusammen. Sie spielten und sangen, waren kreuzfidel und tranken nicht wenig, und zum Schluss gab es jedes Mal nach altem Holzknechtbrauch eine ordentliche Rauferei. Einer der Holzknechte trieb es dabei besonders arg. Er soff sich an jedem Sonntag voll wie ein Fass, und wenn es nachher nicht eine Rauferei gab, die sich gewaschen hatte, wäre er ganz und gar unglücklich gewesen. Wegen seiner Wildheit hieß er der »schreckliche Sepp«.

Einmal, am Fest Christi Himmelfahrt, kamen von weit und breit andächtige Wallfahrer nach Mariazell. Auch der schreckliche Sepp machte sich auf den Weg dorthin. Er hatte sich prächtig herausgeputzt. Seine Lodenjacke war grün ausgeschlagen, sein Brustlatz rot, er trug eine gamslederne Kniehose, grüne Strümpfe und Nagelschuhe. Sein grüner Hut war mit einem mächtigen Gamsbart verziert und den Spielhahnstoß hatte er unternehmend nach vorn gerichtet – eine Aufforderung an alle Entgegenkommenden zum Raufen.

Nun darf niemand glauben, dass Sepp nach Mariazell wanderte, um in die Kirche zu gehen! Während er dahinstapfte, malte er sich schon aus, was für eine prächtige Rauferei es an einem Ort geben würde, der randvoll mit Menschen steckte wie Mariazell. Aber als er dort angekommen war, stolzierte er vergeblich von Wirtshaus zu Wirtshaus. Niemand hatte an einem so hohen Feiertag Lust zum Raufen und Streiten und Fluchen, und Sepp mochte noch so viele spitze Reden führen, noch so grimmig dreinschauen und unverschämt poltern – alle Leute blieben lammfromm bei den Tischen sitzen.

Als es Mittag wurde, war Sepp mit sich und der Welt zerfallen. Er torkelte aus Mariazell – denn er hatte sich in den Schenken tüchtig voll laufen lassen – und grölte: »Gerauft muss heute noch werden! Potz Blitz und Donnerschlag! Gerauft muss heute noch werden!« Er stänkerte alle Entgegenkommenden an, aber die machten nur einen weiten Bogen um ihn und ließen ihn allein. Schließlich tröstete er sich: »In der Wirtskeusche bei Mitterbach wird es wohl noch ein paar anständige Leute für unsereins geben. Himmelherrgottkreuzelend! Diese Lumpenkerle, diese schlottrigen Halsabschneider! Gerauft muss heute noch werden!« Die Wirtskeusche in Mitterbach war voller Holzknechte und sonstiger Sonntagskumpane. Aber es war wie verhext. Auch hier fand sich keiner, der auch nur im Entferntesten Lust auf eine Rauferei hatte.

»Sepp«, mahnten die Holzknechte, »heute ist ein heiliger Tag! Setz dich nieder und sei ruhig und trink in Frieden deinen Schnaps!« »Nein!«, schrie Sepp wütend und meinte, er müsse vor Zorn platzen. »Ich muss noch raufen. Da hilft nichts, da gibt es nichts dagegen! Und wenn sonst niemand will, dann muss halt der Teufel herhalten.« Und er stürmte zur Tür hinaus und schrie und brüllte aus Leibeskräften, der Teufel sei ein elender Feigling, wenn er nicht jetzt auf der Stelle zu einer hübschen Rauferei herbeikäme. Den Holzarbeitern in der Keusche rann es kalt über den Rücken, als sie aus dem Wald ein ebenso lautes Geschrei hörten, wie es der Sepp ausstieß. »Hurra!«, brüllte der Sepp. »Da drinnen steckt einer, der raufen will. Freundchen, ich komme! Jetzt kann's losgehen!« Und wie ein Bär oder ein Wildschwein stürzte er sich ins Dickicht und verschwand.

Seinen Kameraden war nicht wohl zu Mute. Ihnen wollte es ganz und gar nicht gefallen, was da vor sich gegangen war. Stundenlang warteten sie auf die Rückkehr des wilden Sepp. Er kam aber an diesem Tag nicht mehr zurück. Auch am nächsten Tag war weit und breit nichts von ihm zu sehen. Wochenlang warteten die Holzknechte auf ihn, aber Sepp blieb verschwunden.

Drei Jahre waren vergangen. Wieder war das Fest Christi Himmelfahrt gekommen und die Holzknechte gingen wie üblich von ihrem Arbeitsplatz im Wald nach Mariazell zum Gottesdienst. Wie immer zu Christi Himmelfahrt dachten sie an den wilden Sepp und trotteten wortlos und bedrückt dahin. Als sie in die Nähe der Keusche ihres verschwundenen Kameraden kamen, sagte einer: »Ich möchte wissen, was aus dem Sepp geworden ist! Heute sind es gerade drei Jahre, seitdem er verschwunden ist. Himmel! Mir läuft's jetzt noch kalt über den Rücken, wenn ich an das Geschrei aus dem Wald denke!«

Unterdessen waren sie zur Hütte gekommen und sahen – o Wunder – den wilden Sepp! Er hockte auf einem Holzklotz vor der Hütte, war voller Ruß und Schweiß, gebückt und gekrümmt.

»Sepp! Sepp!«, riefen die Holzknechte und umringten ihn. »Wo kommst du denn her? Wo hast du so lange gesteckt? Warum hast du gar nichts von dir hören lassen?«

Der Sepp aber hob nur abwehrend die Hand und krächzte: »Wasser!« Seine Kameraden sahen es ihm an, dass er nahe am Verdursten war, einer stürzte gleich los und holte einen Krug kalten Wassers. Sepp setzte den Krug an den Mund und soff ihn in einem Zug aus, dann wischte er sich das rußige Gesicht ab, stellte den Krug auf den Boden, streckte seinen gekrümmten Rücken ein wenig und sah schon wieder etwas mehr nach dem früheren wilden Sepp aus. »Wenn ihr's wissen wollt«, begann er zu erzählen, »mir ist etwas Schreckliches zugestoßen. Es ist so schrecklich, dass ich gar nicht davon reden will – nur euch zuliebe tu ich's! Also, passt auf! Damals lauf ich wie ein Wilder in den, Wald hinein, Potzdonner, die Zweige brechen nur so, es hat einen schönen Höllenlärm gemacht. Und einer kommt mir entgegen, ein Riesenkerl, ein Kerl mit Bärenpratzen, gerade so ein rauflustiger Bursche wie unsereins braucht. Ich schrei ihn an: ›Freundchen, los geht's‹, und fall über ihn her. Aber der Kerl packt mich und mir vergeht Hören und Sehen, nicht einen Finger kann ich rühren, und im gleichen Augenblick öffnet sich die Erde unter unseren Füßen. Hinein geht's in den schwarzen Schlund, immer tiefer und tiefer, und schließlich landen wir in der Hölle. Und der Teufel – denn kein anderer ist's gewesen, der im Wald gebrüllt hat –, der Teufel also lacht mich gründlich aus und sagt, ich wär' ein feiner Braten und gerade richtig für die Hölle. Und weil ich einen hohen Feiertag mit einer Rauferei hab entweihen wollen, müsste ich zur Strafe in der Hölle den Dienst eines Torwarts versehen. Ach Gott, ach Gott! Zu Essen bekam ich genug, aber nichts zu trinken, keinen Schluck Wasser, nicht einmal einen Tropfen, denn in der Hölle ist so eine vermaledeite Hitze, dass alles gleich verdampft. Und wenn ihr glaubt, dass ich auch nur ein einziges Mal die Augen hab' zumachen können, dann täuscht ihr euch. Ständig gab es Arbeit! Man sollte gar nicht glauben, wie viel Leute täglich in die Hölle wandern, feine Leute, arme Leute, gescheite

Leute, dumme Leute. Kaum hatte ich eine Partie abgefertigt, war schon wieder eine neue da. Kurzum, ich habe in den ganzen drei Jahren kein Auge zugetan! Zum Schluss war ich schon so hundsmüde, dass mir beinahe eine Partie neuer Höllenbewohner entwischt wäre. Da wurde ich von meinem Dienst abgelöst und der Teufel erlaubte mir, dass ich mir eine Ecke zum Schlafen suchte. Höllisch heiß war es überall, so suchte ich gar nicht lang und legte mich in den nächsten Winkel. Als ich aufgewacht bin, lag ich hier vor der Hütte. Liebe Kameraden, bringt mir schnell noch einen Krug Wasser, ich verdurste!«

Er trank noch einen Krug Wasser in einem Zug aus, dann wusch er sich im Bach, wechselte die rußverschmierten Kleider und sah wieder aus wie früher, nur nicht mehr so wild, er hatte lammfromme Augen bekommen. Hernach ging er mit den anderen Holzknechten nach Mariazell in die Gnadenkirche. Und ob ihr's glauben wollt oder nicht – von da an war dem wilden Sepp die Rauflust ein für alle Mal vergangen!

Der Teufelsberg in Seckau

Es war an einem Johannistag, als die Tochter eines reichen Bauern in Seckau am frühen Morgen das väterliche Haus verließ. Sie wollte im nächsten Dorf Verwandte besuchen. Der Morgen war schön und sonnig, und so wanderte sie nicht auf der Straße dahin, sondern wählte einen kürzeren Weg, der über den Gamskogel führte. Nach einer Stunde etwa gesellte sich ein altes Weiblein zu ihr und bald unterhielten sich die beiden so gut miteinander, dass sie nicht auf den Weg achteten, den sie eingeschlagen hatten. Gegen Mittag merkte das Mädchen, dass sie vom richtigen Weg abgekommen waren. Ganz in der Nähe lag eine schattige Schlucht, und da beide – die Alte und das Mädchen – schon ziemlich hungrig waren, beschlossen sie dort eine Mittagsrast zu halten.

Steiermark

Die Alte ging voran und das Mädchen folgte ihr. Auf einmal blieb das alte Weib vor einer Felswand stehen und das Mädchen sah erstaunt, wie ihre Begleiterin an den Felsen klopfte und eine vorher unsichtbare Tür aufsprang. Die alte Frau trat rasch ein und winkte dem Mädchen ihr zu folgen. Dem Mädchen schlug freilich das Herz rascher als sonst, es trat aber doch über die steinerne Schwelle. Wie groß war sein Erstaunen, als es sich in einer weiten, hohen Höhle sah, deren Wände von Gold und Edelsteinen blitzten. Diamantene Säulen trugen die Decke und auf dem Boden lagen wahllos Goldklumpen und kostbare Steine umher. Das Mädchen war so verwirrt, dass es mit großen Augen dastand und staunte und kaum atmen konnte. Als es wieder zu sich kam, wollte es die alte Frau fragen, was das alles bedeuten solle. Die Frau aber war spurlos verschwunden und vor dem Mädchen stand ein hübscher, junger Bursche in Jägerstracht. Er forderte es freundlich auf, sich die Taschen und den Korb mit dem umherliegenden Gold und mit Edelsteinen zu füllen. Das Mädchen stopfte sich Taschen und Korb mit dem glänzenden Zeug voll und lief dann rasch ins Freie. Als es sich umwandte, waren der hübsche junge Mann und das Tor im Felsen nicht mehr zu sehen; nur eine glatte steile Wand ragte in die Höhe.

Das Bauernmädchen fuhr sich in die Taschen – wahrhaftig, sie waren voller Gold und edler Steine! Da wollte es so schnell als möglich heimlaufen, aber zu seinem Schrecken merkte es, dass es sich in einer ihm gänzlich unbekannten Gegend befand.

Erst spät in der Nacht kam es zum Haus ihres Vaters zurück. Als es anklopfte, geriet der ganze Hof in Aufruhr. Vater und Mutter stürzten ihr entgegen und weinten und lachten zugleich, als könnten sie es nicht glauben, dass ihre Tochter vor ihnen stand. Das Mädchen war viele Monate von zu Hause fort gewesen und seine Eltern hatten es schon als tot beweint.

Die Kunde von diesem wunderbaren Ereignis verbreitete sich rasch und lockte manchen Schatzsucher auf den Berg. Doch keiner fand das geheimnisvolle Felsentor. Einmal aber kam ein fremder Bursche in das Dorf, dem man ebenfalls die seltsame Geschichte erzählte. Es war ein tollkühner Kerl, der vor nichts zurückscheute; er ließ sich den Weg genau beschreiben, fand wirklich die geheimnisvolle Schlucht und –

Der Teufelsberg in Seckau

o Wunder – sogar das offene Tor im Felsen. Geblendet vor Gier stürzte er in die Höhle und stopfte sich seine Taschen an, bis er die Last kaum noch tragen konnte. Dann schleppte er seine kostbaren Schätze aus der Höhle, aber bevor er den Ausgang der Schlucht erreicht hatte, fiel er tot zu Boden.

Als er nicht wieder im Dorf erschien, machten sich die Leute auf die Suche und fanden ihn schließlich beim Ausgang der Schlucht tot auf. Seit dieser Zeit nennen die Bewohner der Gegend den Gamskogel den »Teufelsberg«; in der Johannisnacht aber sollen an jener Stelle, wo einst der tote Bursche gelegen war, blaue Flämmchen aus dem Boden züngeln.

KÄRNTEN

Kärnten

Der Wörther See

Vor vielen hundert Jahren lag dort, wo sich heute das Südufer des Wörther Sees zu den bewaldeten Berghängen hin erstreckt, eine große Stadt mit prächtigen Gebäuden, in denen viele glückliche Menschen lebten. Aber der Reichtum machte die Bewohner übermütig, sie vergaßen auf Gott und alle guten Sitten und trieben es von Tag zu Tag ärger. Einmal saßen sie am Vorabend des Ostertages bei einem fröhlichen Gelage.

Plötzlich öffnete sich die Tür des Festsaales und ein kleines eisgraues Männchen trat ein. »Ihr gottlosen Verschwender«, rief es, »wisst ihr denn nicht, dass morgen ein hoher Feiertag ist? Geht heim, bevor es zu spät ist und der Himmel euch bestraft!«

Die Feiernden aber lachten über die Worte des Männchens, tanzten nur noch ausgelassener und riefen ihm zu, es solle doch mitfeiern. Als der Alte zornig fortging, wurde das Fest immer wilder und zügelloser, und man hörte das wüste Geschrei der Betrunkenen bis auf die Straßen hinaus. Kurz vor Mitternacht erschien das Männchen noch einmal im Saal. Es trug ein kleines Fass unter dem Arm und drohte den Feiernden mit Strafe und Unheil. »Wenn ihr mir nicht folgt«, sagte es, »öffne ich den Hahn dieses Fässchens und ihr werdet alle sterben.«

Nun konnten sich die Betrunkenen kaum vor Lachen halten. »Öffne doch den Hahn!«, riefen sie. »Wir sind durstig und jederzeit zum Trinken bereit.« Da schlug es Mitternacht.

Im gleichen Augenblick erloschen die Lichter, die Erde bebte, die Mauern und Häuser wankten und aus den Wolken brachen wahre Wasserfluten hervor. Das Männchen war verschwunden, das Fässchen aber lag mit geöffnetem Hahn mitten im Saal. Aus dem Spund strömte unaufhörlich Wasser und niemand konnte ihn schließen. Der Saal, das Haus, die ganze Stadt füllten sich mit Wasser, es stieg höher und höher, reichte bis an die Dächer, und noch immer stieg es, bis die Stadt überflutet war und kein Stein mehr aus dem Wasser ragte. Die Stadt ging zu Grunde und die Bewohner ertranken.

Heute dehnt sich ein weiter, spiegelnder See dort aus, wo einst Menschen lebten. Städte, Kirchen und Dörfer ruhen auf dem Grund des

Sees. Nur Fische und Wasserschlangen hausen in den zerfallenen Palästen. Noch heute soll man an stillen Abenden die Glocken der versunkenen Kirchen hören. Manch einer sah wohl auch weit unten in den klaren Fluten die Spitze eines Kirchturms heraufschimmern.

Am östlichen Ufer des Sees erhebt sich das Schloss Loretto mit seiner Marienkapelle. Vor langer, langer Zeit soll in dieser Kapelle eine große prächtige Orgel gestanden haben. Einmal musste sie zerlegt und ein Teil nach Maria Saal gesandt werden. Als die Orgel forttransportiert wurde, läutete man die Glocke der Kapelle. Über den vermeintlichen Verlust der Orgel soll die kleine Glocke so betrübt gewesen sein, dass sie sich vom Turm losriss und in den See sprang. Sie soll, zwischen zwei Steinen eingeklemmt, auf dem dunklen Seegrund liegen. Ein großer Krebs sitzt darauf und bewacht sie. So viele Mutige auch hinuntergetaucht sind, um die Glocke zu bergen – niemandem ist es gelungen.

Im Rosental, so erzählt die Sage weiter, werden einmal Zwillingsstiere zur Welt kommen, die dazu berufen sind, die Glocke von Loretto aus dem Wörther See zu ziehen und auf die Höhe des Matzenberges zu schaffen.

Der Lindwurm im Wappen von Klagenfurt

Einst gab es eine Zeit, da war die Gegend zwischen Wörther See und Drau ein wüster sumpfiger Landstrich. Moos und dichtes Gestrüpp bedeckten den Boden, Bären und Wildschweine hausten dort und niemand hatte Verlangen danach, diese gottverlassene Wildnis aufzusuchen. An den Hängen der Berge ringsum aber hatten die Menschen den Wald gerodet und Rinderherden weideten auf den Matten. Doch kam es oft vor, dass ein Rind aus der Herde spurlos verschwand, und wagte sich ein Knecht auf der Suche nach dem verlorenen Tier in die sumpfige Wildnis, so kam er nicht wieder zurück. Kein Wunder, dass dieser Landstrich schließlich gänzlich verrufen wurde. Manchmal, besonders bei schlechtem Wetter, wenn dichter Nebel über dem Sumpf lag, hörte man daraus ein dumpfes Geheul und Gebrüll. Der Herzog des Landes hätte viel darum gegeben, das geheimnisvolle Ungeheuer aufzuspüren und es zu vernichten, aber niemand wollte sich mehr in die unheimliche Einöde hinauswagen. Da empfahl der Herzog, das Untier mit List aus seinem Schlupfwinkel herauszulocken.

Am Rand des Sumpfes ließ er auf einer erhöhten Stelle einen festen Turm errichten und verkündete: »Wer es wagt, das Tier mit List oder Gewalt zu töten, der erhält den Turm und alles Land, das das Ungeheuer jetzt beherrscht. Er sei sein eigener Herr, und wäre es auch ein Leibeigener.«

Nun fand sich tatsächlich eine Schar mutiger Knechte, die ihr Glück versuchen wollten. Sie nahmen einen feisten Stier mit sich und banden ihn mit einer starken Kette am Turm an. An der Kette aber hing der stärkste Widerhaken, den ein Schmied je gemacht hatte. Der Bulle zerrte wütend an seiner Kette und brüllte so laut, dass man es im ganzen Land ringsum hörte. Die Knechte im Turm aber konnten sehen, wie das Ungeheuer aus dem Sumpf hervorkam. Die Erde bebte und der Gischt sprühte haushoch auf. Schließlich schoss ein Lindwurm aus dem Nebel heraus. Vor Schreck wurden die armen Kerle im Turm fast ohnmächtig. Ein scheußlicheres Ungeheuer konnte man sich aber auch nicht vorstellen. Geflügelt und panzerbewehrt, mit unheimlich glotzenden Augen, schwarzen Dampf aus den Nüstern schnaubend, stürzte es sich auf den Stier, der zitternd zurückwich. Der Lindwurm schlug blitzschnell seine Krallen in die Flanken des Stieres und riss sein scheußliches Maul auf, um die Beute zu verschlingen. Dabei bohrte sich das gekrümmte Eisen des Widerhakens in den weichen Gaumen des Drachen. Das Ungeheuer stieß ein entsetzliches Gebrüll aus, schlug vor Schmerzen mit dem Schwanz um sich, dass der Schlamm himmelhoch aufspritzte, und seine Krallen gruben sich tief in den Bauch des verendenden Rindes. Die Knechte hatten sich von ihrem Schreck wieder erholt. Sie wussten, dass sie den Drachen angreifen mussten, bevor er sich befreit hatte, nahmen ihren ganzen Mut zusammen, stürzten aus dem Turm und erschlugen das Tier mit eisernen Keulen.

An der Stelle, wo der Kampf mit dem Drachen stattgefunden hatte, stand schon bald nachher ein kleines Dorf, und der Herzog ließ noch dazu am Rand des Sumpfes eine feste Burg errichten. Nun wagte es die Bevölkerung, in den Sumpf vorzudringen. Das Gestrüpp wurde gerodet, das Wasser abgeleitet und der Boden trockengelegt. Und bald pflügten Bauern das fruchtbare Land. Aus dem kleinen Dorf aber wurde allmählich eine Stadt. So entstand Klagenfurt. Zur Erinnerung an den Kampf mit dem Untier wurde der besiegte Lindwurm mit dem Turm in das Wappen der Stadt aufgenommen. Das Standbild des Ungetüms aber steht, aus Schiefer gehauen, auf dem Neuen Platz. Noch vor etwa hundert Jahren hing im Archiv des Rathauses an einer Kette der Kopf des Lindwurmes. An der Straße beim Zollfeld aber konnte man eine etwa fünfhundert Schritt lange und zwanzig bis dreißig Schritt breite Vertiefung sehen, in der der Lindwurm sein Lager gehabt haben soll.

Kloster Viktring

Zu Beginn des zwölften Jahrhunderts reiste Graf Heinrich von Sponheim, ein junger Adeliger aus Kärnten, nach Paris, um auf der Sorbonne zu studieren. Der junge Mann fand am französischen Hof gastliche Aufnahme und gewann rasch die Gunst König Ludwigs VI. und seiner Gemahlin Adelaide. Das Königspaar hatte eine Tochter, die Konstanze hieß und damals sechzehn Jahre alt war, ein schönes und kluges Mädchen. Die beiden jungen Leute fanden Gefallen aneinander und das war kein Wunder, war doch auch der junge Graf ein hübscher Bursche, der in hohem Maß alle ritterlichen Tugenden besaß. Einmal wurde am Hof ein großes Fest gefeiert und Konstanze musste der Turnierordnung gemäß ihren Ritter wählen. Mit leiser Stimme nannte sie Heinrich von Sponheim und legte ihm ihre weiß und blau schimmernde Schärpe um die Schultern.

Diese Auszeichnung gefiel den anderen Adeligen nicht, denn in ihren Augen war der junge Mann ein simpler Ritter aus Kärnten, der sich mit ihnen nicht vergleichen konnte. Sie verschworen sich nun untereinander, ihn im Kampf lächerlich zu machen, und glaubten im Handumdrehen mit ihm fertig zu werden, denn Heinrich von Sponheim war alles andere als ein Riese von Gestalt, er war schlank und zart gebaut, fast noch mehr Knabe als junger Mann. Aber Heinrich zeigte in den Schranken, dass er trotz seiner Jugend ein Meister in den ritterlichen Künsten war. Er warf einen riesigen normannischen Ritter schon im ersten Ansturm in den Sand und keiner der anderen Adeligen wagte es mehr, ihn zum Kampf aufzufordern. So fiel ihm der erste Preis zu: ein edelsteingeschmücktes Bild des Königs, das an einer goldenen Kette hing.

Dem ritterlichen Spiel schloss sich ein Festmahl an. Während alle fröhlich tafelten, brach in der Nähe des königlichen Schlosses ein Brand aus, der rasch um sich griff. Bis ins Schloss hörte man die verzweifelten Rufe der vom Feuer bedrohten Menschen. Da aber für das Schloss selbst keine Gefahr bestand, ließen sich die Ritter und Adeligen nicht in ihrer Festfreude stören. Doch ein bittender Blick Konstanzes genügte und Heinrich verließ heimlich das Fest und eilte zu der Brandstätte. Die armen Leute waren so kopflos geworden, dass sie nur jammernd hin und her eilten, sich gegenseitig im Weg standen und nichts taten, um das Feuer einzudämmen. Heinrich bewahrte einen klaren Kopf, seine ruhigen Befehle brachten die Unglücklichen wieder zu sich und es gelang bald darauf, den Brand zu löschen.

So mancher Adelige seiner Zeit hatte vergessen, dass es die vornehmste Aufgabe eines Ritters war, die Schwachen und Armen zu beschützen. Nicht so Heinrich von Sponheim! Er sah das Elend und die Not nach dem Brand und schenkte jede Münze her, die er bei sich trug. Als er an den königlichen Hof zurückkehren wollte, hörte er laute Hilferufe. Eines der Häuser brannte noch; Heinrich besann sich nicht lange, er sprang in die Flammen und fand eine Mutter mit drei kleinen Kindern, die schon fast erstickt waren. Er rettete die Mutter und die Kinder, und weil die Arme ihre ganze Habe verloren hatte, warf er ihr die goldene Kette, seinen Siegespreis, in den Schoß.

Als am Hof bekannt wurde, was der junge Ritter aus Kärnten getan hatte, lobte man ihn über alle Maßen, und das ließ die anderen Adeligen vor Neid gelb und misslaunig werden. Bald darauf traf Heinrich im

Kloster Viktring

Schlossgarten die Prinzessin, die ihn freundlich ansah und ihm für seine Tat dankte. Ritter Heinrich war aber nicht sehr wohl zu Mute, denn er hatte ja ihren Siegespreis verschenkt; er warf sich vor ihr auf die Knie und gestand, dass er die Kette den Armen gegeben habe. Sie lächelte, hieß ihn aufstehen und sagte, er sei ihr deswegen noch lieber als vorher, und reichte ihm als Ersatz ein kostbares goldenes Kreuz, das sie selbst auf der Brust getragen hatte.

Die Neider des Sponheimers waren ihm aber in den Garten gefolgt, hatten den Kniefall des Grafen gesehen und waren auch Zeugen gewesen, wie die Prinzessin ihm ihr Kreuz schenkte. Sie verleumdeten nun den jungen Mann, er habe in unerlaubter Weise der Prinzessin nachgestellt, redeten sich die Zungen schwarz und wussten ihre Sache so geschickt zu führen, dass es dem Sponheimer nichts nützte, seine Unschuld zu beteuern. Ein Gottesgericht wurde festgesetzt: Heinrich von Sponheim sollte waffenlos mit einem Löwen kämpfen. Unterlag er, so war die dem Königshaus angetane Schmach gesühnt, siegte er aber, so sollte seine Unschuld als erwiesen gelten.

Der junge Mann hatte im Bewusstsein seiner Unschuld keine Angst vor dem Kampf. In der Nacht vorher sah er im Traum die Himmelskönigin, die ihren Mantel schützend über ihn breitete. Vor dem König und allen anderen Adeligen betrat er ruhig den Zwinger. Der Löwe hatte seit einigen Tagen nichts zu fressen erhalten und stürzte sich vor Hunger wütend auf ihn. Heinrich drückte das goldene Kreuz an seine Lippen, warf sich dann auf das Tier und schleuderte es zu Boden. Die Zuschauer waren vor Furcht und Staunen wie gebannt, als der junge Mann das winselnde Tier wie ein gehorsames Hündchen in den Käfig führte und das Gitter herabließ. Dann war freilich der Jubel groß und Heinrich wurde im Triumph vor das Königspaar geführt. Niemand war glücklicher als Konstanze.

Warum dann der junge Sponheimer nicht mehr länger am Hof von Paris blieb, ist nicht bekannt. Vielleicht wollte er, da er die Prinzessin nicht lieben durfte, an keine andere Frau denken, vielleicht hatte er vor dem Gottesgericht ein Gelübde abgelegt? Der Sponheimer trat jedenfalls in den Orden der Zisterzienser ein und wurde Abt des Klosters Villars in Lothringen.

Kärnten

In Kärnten lebte damals ein Oheim des Abtes Heinrich, Graf Bernhard von Sponheim, dessen einziger Sohn Mönch zu St. Paul geworden war. Der Graf wollte nun auf seinen Besitzungen ein Kloster gründen und wandte sich an seinen Neffen Heinrich mit der Bitte, ihm einige Mönche zu senden. Im Jahre 1142 kamen die ersten Zisterzienser nach Kärnten. Graf Bernhard beschenkte sie mit vielen Gütern. Das neu erbaute Kloster nannte er Viktring, das heißt Siegeskloster, zum Andenken an den siegreichen Kampf, den Heinrich von Sponheim am französischen Hof mit dem Löwen ausgefochten hatte.

Mehrere hundert Jahre war Viktring eines der angesehensten Klöster in Kärnten. Dann kam die Not der Türkeneinfälle. Sengend und raubend zogen die wilden Kriegerscharen durchs Land und durch das Drautal kamen sie auch nach Viktring. Sie plünderten das Kloster und seit jener Zeit ist Viktring nur mehr eine Ruine.

Der Türmer von Klagenfurt

In früheren, längst vergangenen Zeiten war es Brauch, dass der Wächter auf dem Turm der Stadtpfarrkirche in Klagenfurt jede Stunde durch einen kräftigen Hornruf nach allen Himmelsrichtungen verkündete. Er blies nach Westen, Süden, Osten und Norden, nur wenn es Mitternacht war, ließ er den Hornruf nach Süden aus. Im Süden vor der Stadt lag nämlich der Friedhof von St. Ruprecht, und die Leute glaubten, dass die Toten um Mitternacht einen leichten Schlaf hätten und allzu leicht aus ihrer Grabesruhe hätten geweckt werden können. Das wollte man doch wirklich nicht. Die Toten sollten friedlich und ungestört schlafen und die Lebenden in Ruhe lassen.

Einst aber versah das Türmeramt ein Bursche, der lieber ins Glas guckte als in sein Horn blies, ein rechter Saufbruder und Lotterkerl. Eines Abends stand er wieder einmal nicht fest auf den Beinen, er hatte schon in der Turmstube getrunken und war davon nur umso durstiger geworden. Also wankte er begierig ins nächste Gasthaus.

Dort empfing ihn die tägliche Zecherrunde mit großem Hallo, und weil der Türmer später dran war als sonst, begannen sie ihn zu necken und zu hänseln. Sie nannten seinen Beruf einen recht luftigen Beruf – so hoch droben – und fragten ihn, ob ihm nicht schwindlig werde, wenn er aus den Turmluken sein Horn blase. Einer der Saufbrüder spottete, es müsse wohl so sein, denn wie käme es sonst, dass immer der kleine Sohn des Türmers das Horn für seinen Vater blasen müsse. Recht kläglich klinge es, der Kleine habe ja nicht Luft genug, um auch nur einen ordentlichen Hornstoß zu Stande zu bringen. »Ach ja«, fuhr der Kerl scheinheilig seufzend fort, »mich wundert's nur, dass die Toten aus lauter Jammer darüber nicht längst schon aufgestanden sind!«

Der Spott brachte den Türmer so in Wut, dass er seinen Rausch vergaß und sich wieder kerzengerade hielt. »Wartet nur!«, schrie er. »Ich werde euch die Toten schon aufwecken!«

Und stracks stürzte er aus dem Wirtshaus hinaus und rannte zu seinem Turm. Als er keuchend oben ankam, war es gerade Mitternacht. Er packte das Horn, stellte sich in Positur und blies so laut, dass ihm fast die Lunge im Leib zersprang – zuerst nach Westen, nach Norden und Osten! »So!«, schrie er. »Jetzt werdet ihr es gleich sehen, ihr Halunken und Lumpenkerle!« Und bevor ihn seine erschrockene Frau hindern konnte, hatte er das Horn wieder angesetzt und schmetterte den Ruf nach Süden. Wie ein Posaunenton klang es, es riss die Schläfer aus den Betten und hallte weit über den Friedhof hin.

Und da begann nun das schauerlichste Treiben, das sich ein Mensch vorstellen kann. Der Türmer wurde schreckensbleich und sank schlotternd in die Knie. Die Gräber öffneten sich lautlos und ebenso lautlos stiegen die Toten aus der Erde. Es war ein grausiger Zug, der sich nun im bleichen Schein des Mondes auf den Turm zubewegte: knöcherne Hände, fahle Gebeine, grinsende Totenschädel, klappernde Knochen. Und nichts konnte den Zug aufhalten, immer näher kamen sie zum Turm, das Tor sprang auf und die Toten schritten die steilen Stufen der engen Wendeltreppe hinauf, einer hinter dem anderen. Der Türmer wollte um Hilfe schreien, aber er brachte keinen Ton heraus, er schlotterte und zitterte und der Angstschweiß rann ihm in Strömen herunter.

Schon langten knöcherne Finger durch die Stäbe des Turmgitters nach dem Türmer – da schlug die Turmglocke eins und der nächtliche Spuk war verschwunden.

Ihr dürft es mir glauben: In Klagenfurt hat kein Türmer mehr um Mitternacht mit seinem Horn gegen Süden geblasen!

Die Raunacht im Mölltal

In früheren Zeiten glaubte das Volk, das Vieh sei in der Christnacht im Stande, in menschlicher Sprache zu reden, und man glaubte auch, dass die Tiere im Stall einander mitteilten, was ihnen und den Menschen im kommenden Jahr bevorstünde. Wer sie hören will, muss sich auf Farnkraut legen, das auf dem Land als Viehstreu verwendet wird. Mancher kühne Bursche soll es schon unternommen haben, den Gesprächen der Tiere zu lauschen, aber keiner konnte am anderen Tag mitteilen, was er gehört hatte. Jedes Mal ereilte den Neugierigen noch in der Raunacht der Tod.

Im Mölltal lebte einst ein Bauer, der sich überzeugen wollte, ob es wahr sei, was man von den Tieren in der Christnacht erzählte. Er traf also seine Vorbereitungen und schlich sich am Heiligen Abend in den Stall. Die Ochsen lagen ganz ruhig im Stall an ihrem Stand. Lange rührte sich nichts, kein Laut unterbrach die Stille der Nacht. Als es gegen Mitternacht ging, erhoben sich die Tiere von ihrem Lager, reckten und streckten sich gähnend, und plötzlich hörte der Bauer, wie ein Ochse zu dem anderen sagte: »Übers Jahr werde ich nicht mehr im Haus sein, denn der Schinder wird mich früher holen. Du aber bleibst im Haus, man wird dich mästen und schlachten und am nächsten Weihnachtstag wird die Bäuerin dein Fleisch als Festbraten auf den Tisch stellen.«

Der Bauer, der verwundert zugehört hatte, wollte sich leise aus dem Stall schleichen. Aber als er in der Stalltür stand, vernahm er nochmals die Stimme des Ochsen, blieb stehen und lauschte. »Den Kerl, der dort an der Tür lehnt«, hörte er das Tier sagen, »werden wir noch in diesem Jahr auf den Friedhof ziehen. Hernach wird die Bäuerin den Knecht heiraten.«

Als der Lauscher an der Tür diese Worte hörte, fiel er vor Schreck vom Schlag getroffen zu Boden nieder. Am nächsten Morgen fand man ihn tot im Stall auf und er wurde noch vor Beginn des neuen Jahres begraben. Der eine Ochse verendete im Lauf des Jahres an einer Seuche, der Schinder holte ihn und vergrub ihn auf dem Schindanger; der andere Ochse wurde zum nächsten Weihnachtsfest geschlachtet und das Fleisch kam als Festbraten auf den Tisch. Die verwitwete Bäuerin aber heiratete den Knecht.

Der Schatzberg bei Metnitz

In der Gegend von Metnitz erhebt sich eine steile Felswand, die an ihrem Fuß eine grottenartige Vertiefung zeigt. Hier soll der Zugang zu einem ungeheuren Schatz im Innern des Felsens sein. Aber nur ein Sonntagskind kann in der Pfingstsonntagnacht zu den verborgenen Reichtümern gelangen; denn nur ein solches hat Macht über all die vielen unterirdischen Geister, die jene Schätze bewachen.

Einst kam eine arme Witwe mit ihrem Kind in diese Gegend. Sie hatte von dem Schatz gehört, und da sie ein Sonntagskind war, wollte sie nun versuchen, in den Felsen hineinzukommen und den Schatz zu heben. Am Abend des Pfingstsonntages wanderte sie zitternd und voll geheimer Angst zu dem Felsen. Ihr kleines Kind führte sie mit sich. Vor dem Felsen setzte sie sich nieder und erwartete die Mitternachtsstunde. Plötzlich vernahm sie ein fernes Brausen und die Felswand erstrahlte in einem geisterhaften Licht. Ein mächtiges Tor öffnete sich vor ihr, ein hässlicher Zwerg trat heraus und forderte die Witwe mit einem Wink seines Kopfes auf, durch das Tor einzutreten.

Mit dem Kind auf dem Arm schritt die Frau in den Felsen hinein und sah sich in einem weiten, lichten Saal, der mit Kostbarkeiten angefüllt war. Voller Staunen betrachtete sie das viele Gold und die glitzernden Steine, die auf dem Boden und an den Wänden blinkten und glänzten. Sie könne mit sich nehmen, was sie nur wolle, sagte der Zwerg. Die Frau nahm unentschlossen bald ein paar Goldstücke, bald eine Hand voll blitzender Steine in die Hand. Schließlich setzte sie das Kind auf den Boden, um besser zugreifen zu können. Es war ihr aber nicht lange Zeit gestattet, in der Schatzhöhle zu bleiben, und der Zwerg mahnte sie, sich zu beeilen. Da raffte die Witwe zusammen, was sie in der Eile noch erhaschen konnte, und lief rasch ins Freie. Hinter ihr rückten die Felsen mit einem dumpfen Getöse zusammen und das Tor zu den Schätzen war verschwunden.

Jetzt erst dachte die Mutter wieder an ihr Kind, das sie, geblendet vom Anblick der Reichtümer, im Eifer des Schatzsammelns ganz vergessen hatte. Nun stand sie da mit ihren Schätzen, weinte verzweifelt und starrte auf die Felswand, die ihr den Weg zu dem Kind versperrte. Sie verwünschte ihre Goldgier, schleuderte das Gold und die Edelsteine, die sie noch in den Händen hielt, weit von sich und raufte sich jammernd die Haare. Erst als der Morgen graute, gewann sie ihre Fassung wieder, las die weggeworfenen Reichtümer auf und verließ traurig den unheimlichen Ort. Von dem so teuer erkauften Reichtum wollte sie nichts mehr wissen; sie verschenkte alles Gold und die kostbaren Steine an Arme und Notleidende.

Als genau ein Jahr vergangen war, kehrte die Frau zu dem Felsen zurück, da sie im Geheimen hoffte, sie werde noch einmal Einlass in den Berg erhalten und ihr Kind wieder finden. Wirklich täuschte sie ihre Hoffnung nicht. In der Pfingstsonntagnacht öffnete sich abermals die Felswand und das Kind saß munter in der Höhle und spielte mit Goldstücken. Mit einem Freudenschrei riss die Frau das Kind an sich und eilte mit ihm aus der Höhle hinaus, ohne auch nur einen Blick auf die Schätze und Reichtümer zu werfen. Sie herzte und küsste das Kind und dankte dem Himmel, dass er es ihr wieder zurückgegeben hatte.

Von nun an dachte die Witwe nie mehr an Reichtum und Gold, sondern war von Herzen zufrieden, dass sie ihr Kind wieder gefunden hatte, und führte mit ihm ein zwar bescheidenes, aber glückliches Leben.

Das Tauernkirchlein bei Ossiach

Auf dem waldigen Höhenzug der Kleinen Tauern am Südufer des Ossiacher Sees steht eine kleine Kirche. Diese kleine Kirche soll vor langer, langer Zeit auf seltsame Weise gebaut worden sein. Damals lebte in den Flüssen und Seen noch allerlei Wasservolk, die Nixen lockten mit betörenden Liedern die Menschen in die tiefen Seen, im Wald tanzten Elfen und in den Bergen hüteten die Zwerge ihre Schätze. An einem schönen Abend in diesen alten Zeiten ging einst ein Fischer mit seinem Mädchen am Seeufer entlang. Die beiden waren sehr verliebt ineinander, lachten und tändelten und scherzten. Der Mond schien, der See erschauerte in seiner frostigen Schönheit – es war eine Nacht wie geschaffen für Verliebte. Die beiden hatten nur Augen füreinander und merkten nicht, dass draußen am Uferkreuz ein seltsames Wesen aus den Wellen auftauchte und sie neugierig beobachtete. In der nächsten Nacht fuhr der Fischer auf den See zum Fischfang aus. Plötzlich hörte er einen wunderbaren Gesang, der ihn verzauberte und betörte, er ließ die Ruder sinken und starrte träumend vor sich hin. Nicht lange danach stieg aus dem Wasser ein Mädchen empor, das so schön war, wie er noch nie eines gesehen hatte. Die Schöne kam zu ihm ins Boot, und von diesem Augenblick an hatte er alles vergessen, was ihm früher lieb gewesen war.

Er mied sein Mädchen, mochte es nicht einmal mehr ansehen, ging stumm und verschlossen seiner Arbeit nach, und war er früher fröhlich und heiter gewesen, so merkte man jetzt nichts mehr davon. Er war der traurigste und schwermütigste Fischer am ganzen See geworden. Das Bild der schönen Fremden stand Tag und Nacht vor ihm. Abend für Abend fuhr er auf den See hinaus, aber sie wollte sich nicht mehr zeigen.

Ein Monat verging. Wieder war es eine Vollmondnacht, die Nacht der Geheimnisse und zauberhaften Wesen. Der junge Mann ruderte hinaus auf den See, immer weiter und weiter. Endlich tauchte die Nixe auf und kam zu ihm ins Boot. Aber nun geschah etwas Seltsames. Kaum hatte der Fischer seinen Arm um die schöne Wasserjungfrau gelegt, als er an sein verlassenes Mädchen denken musste. Er sah die Nixe an, aber vor seinen Augen erschien seine frühere Liebste, die nun einsam in ihrer Hütte sitzen mochte und sich die Augen nach dem treulosen Bräutigam ausweinte. Dem jungen Fischer wurde es nun schwer ums Herz und er klagte der Nixe seinen Kummer. Sie sei so schön, sagte er, dass man nichts anderes tun könne, als sie von Herzen zu lieben. Aber er könne dessen nicht froh werden, denn er habe einer anderen die Treue versprochen.

Die Nixe aber wusste nicht, was Trauer und Schmerz bedeuteten, sie wollte nur scherzen, lachen und fröhlich sein, und ihr erschien der junge Mann mit seinem Kummer recht sonderbar. Sie lachte ihn aus, schalt ihn und machte sich lustig über ihn, bis ihn der helle Zorn packte und er sie in den See zurückstieß und eilig ans Ufer ruderte.

Die Nixe war sehr gekränkt. Tagelang saß sie unten in ihrem kristallenen Palast auf dem Grund des Sees und dachte sich Rachepläne für diese Beleidigung aus. Sie wusste aber, dass der Herr des Sees und der Nixen keinen Zwiespalt mit den Menschen duldete. Als einmal der Wasserfürst beim Mittagsmahl saß, schüttete sie einen Schlaftrunk in seinen Wein. Sobald der Fürst tief und fest schlief, schlüpfte die Nixe aus dem Palast, eilte zur Schleuse am Zufluss des Sees und öffnete sie. Gewaltige Wassermassen ergossen sich über das Land und die Bewohner flüchteten voller Angst von den Feldern auf die nächsten Anhöhen. Viele wurden in den Häusern überrascht und es gelang ihnen nur mit knapper Not, sich auf den Dächern in Sicherheit zu bringen.

Mitten auf den Wellen aber schwamm der junge Fischer, der keine Zeit mehr gefunden hatte, sich auf das Trockene zu retten. Er schwamm auf ein Haus zu, dessen Giebel kaum noch aus dem Wasser ragte. Bevor die Wellen das Dach ganz überfluteten, sprang ein totenblasses Mädchen ins Wasser. Es war die Braut, die ihren Liebsten heranschwimmen sah und mit ihm gemeinsam sterben wollte. Und man erzählt sich, dass sie eng umschlungen im Wasser versanken.

Als der Fürst am Abend aufwachte und das Unheil sah, das die Nixe angerichtet hatte, war er nicht wenig entsetzt. Als Erstes schaffte er Ordnung und bändigte den wild gewordenen See. Dann verbannte er die Seejungfrau zur Strafe für ihren Ungehorsam, sie musste Menschengestalt annehmen und den See verlassen.

Nun lernte die ausgestoßene Nixe Kummer und Schmerz kennen. Jeden Abend saß sie am Ufer des Sees und weinte und klagte ihren früheren Gefährtinnen ihr Leid. Eines Abends hörte auch der Fürst ihre Klagen und bekam Mitleid mit ihr. Aber straflos durfte sie nicht bleiben. So trug er ihr auf, zur Sühne für ihr Vergehen am Südufer des Ossiacher Sees eine kleine Kirche zu bauen. Und weil ihretwegen die Menschen unzählige Tränen hatten weinen müssen, so sollte sie mit ihren eigenen Tränen den Mörtel für den Bau anfeuchten.

In langer, langer Mühe fügte die Nixe Stein an Stein, weinte den Mörtel nass, und nach schier endloser Zeit stand das Tauernkirchlein auf der Höhe fertig da. Die Nixe aber durfte wieder zu ihren Schwestern in den See zurückkehren.

Der Schlangentöter im Glantal

In den alten, alten Zeiten war das fruchtbare Glantal eine wüste sumpfige Wildnis, voller Schlangen und Otterngezücht. Niemand wagte es, sich dort anzusiedeln, nur auf den umliegenden Anhöhen lebten ein paar arme Bauern, die kaum genug zum Leben fanden. Aber bald waren sie auch auf den Anhöhen vor den Schlangen nicht mehr sicher. Die Schlangen vermehrten sich unheimlich rasch, krochen in die Häuser, schlüpften in Betten und Schränke, machten sich in den Stuben breit, und kein Nahrungsmittel blieb vor ihrer Gefräßigkeit verschont. Selbst auf die Tische wanden sie sich empor und fraßen ungescheut neben den zu Tode erschrockenen Leuten aus den Schüsseln. Kein Wunder, dass die armen Glantaler schon ganz verzweifelt waren; sie hatten alles versucht, die Schlangen auszurotten, aber nichts half, weder Feuer noch Gift, noch fromme Bittprozessionen.

Die Bauern beschlossen daher, diese unheimliche Gegend zu verlassen, und schon hatten sie ihre paar Habseligkeiten gepackt, als eines Abends ein Handwerksbursche dahergezogen kam und von der schrecklichen Schlangenplage hörte. Zur Freude aller Bewohner erklärte er sich sofort bereit, alle Schlangen, große und kleine, zu vertilgen, wenn man ihm versichern könne, dass keine weiße darunter sei, sonst sei er nämlich verloren. Nun hatte niemand in der Umgebung je eine weiße Schlange gesehen und schon am nächsten Morgen ging der Fremde ans Werk. Auf der Anhöhe, wo jetzt das Dorf Friedlach steht, ließ er um, eine breitästige Eiche herum dürres Laubholz und harziges Tannenreisig aufhäufen. Dann nahm er Abschied von den Leuten, denn – so sagte er – käme doch die weiße Schlange, die Schlangenkönigin, so sei er schon jetzt so gut wie tot. Sollte er wirklich sterben müssen, was er freilich nicht hoffe, so sollten die Glantaler alljährlich für seine arme Seele eine Messe lesen lassen.

Die Bauern gaben ihm nur zu gern dieses Versprechen und der Bursche stieg in den Kreis, kletterte auf den Eichenbaum und zog eine kleine Flöte aus der Tasche. Er befahl, das Feuer anzuzünden, setzte die Flöte an die Lippen und begann allerlei seltsame Weisen zu spielen. Plötzlich rührte und regte es sich überall, es raschelte und zischelte im Laub und dürren Geäst, und alle Löcher und Steinhaufen wurden lebendig. Unzählige Schlangen krochen herbei, kleine und große, braunschuppige und schwarzschuppige, giftig züngelnde Vipern und zischelnde Ottern. Aus Häusern und Ställen, aus Schluchten und Gräben, aus Felsen und Sümpfen kamen sie herbei, wanden sich auf den Hügel und krochen dem Feuer zu. Die Flötentöne zogen sie mit zauberischer Gewalt an, sie wollten über den Feuerkreis springen, aber alle verbrannten dabei.

Die letzte Schlange war verbrannt und schon glaubte der Flötenspieler an seinen Sieg, er schwang triumphierend seine Flöte und die Glantaler brachen in ein Freudengeschrei aus. Plötzlich sahen sie zu ihrem Entsetzen eine riesige weiße Natter, die eine Krone auf dem Kopf trug. Der Bursche oben auf dem Baum wurde bleich wie eine Leinwand. Die Schlange kam in mächtigen Sprüngen und Windungen den Hügel herauf und näherte sich unheimlich schnell dem Feuer. Der Bursche hörte nicht zu spielen auf, er spielte lockender und süßer als zuvor. Einen Augenblick hob die Schlange den zierlichen Kopf, als lausche sie dem geheimnisvollen Spiel, dann kroch sie unentwegt dem brennenden Ring zu. Vor dem Feuer bäumte sie sich auf, schnellte sich in die Höhe – das Flötenspiel verstummte! Wie von einer Bogensehne geschleudert hatte die Schlangenkönigin den Glutkreis übersprungen und war dem Flötenspieler an den Hals geschnellt. Fest aneinander geklammert stürzten beide in das Feuer und verbrannten.

Die Schlangenplage war vorüber – der tapfere Bursche aber hatte sein Leben dafür geopfert. Die Glantaler säumten nicht, ihr Versprechen zu halten. Alljährlich am Jahrestag dieses Ereignisses wurde in der Kirche, die man an jener Stelle erbaute, für den mutigen Burschen die so genannte »Schlangenmesse« gelesen.

Ritter Bibernell auf Schloss Stein bei Oberdrauburg

Vor vielen Jahrhunderten saß auf Schloss Stein bei Oberdrauburg ein Ritter namens Bibernell. Alle seine Untertanen hassten und fürchteten ihn. Er war grausam, hart und zänkisch, verschlagen, geizig, hinterlistig und gemein. In seinem Schloss häufte er die schönsten Schätze an, aber wenn einer seiner Untertanen auch nur ein ganz klein wenig sein Eigen nannte, konnte der Ritter das ganz und gar nicht vertragen. Seine Leute mussten alle arm wie Kirchenmäuse sein.

Der Ritter hatte eine Tochter, die war gerade das Gegenteil des Vaters. War er rau, so war sie sanft, war er geizig, so war sie freigebig, war er grausam, so war sie umso mitfühlender, kurzum, es war ein Mädchen, das jedermann lieb haben musste. In einem der Dörfer des Ritters wohnte ein armer Schreiber, der keinen Kreuzer besaß. Dieser arme Schreiber verliebte sich in die Ritterstochter, und das war kein Wunder, denn sie war nicht nur ein Engel in ihrem Wesen, sondern sah auch wie ein Engel aus. Und weil der arme Schreiber ein hübscher, munterer junger Bursche war, war's wiederum kein Wunder, dass ihn die Ritterstochter genauso liebte wie er sie. Beide wussten, dass der gestrenge, hartherzige Vater niemals seine Zustimmung zu einer so armen Heirat seiner Tochter gegeben hätte. Sie beschlossen daher, außer Landes zu fliehen und sich in Italien trauen zu lassen.

Aus der Burg zu entkommen war aber nicht so leicht, sie war Tag und Nacht von bis an die Zähne bewaffneten Kriegsleuten bewacht. Das Mädchen beschloss daher, eine List anzuwenden. Im Schloss zeigte sich allnächtlich ein Gespenst, ein Schlossgeist, an dessen Erscheinen die Burgwache schon gewöhnt war. Die junge Dame sagte daher ihrem Liebsten, sie wolle in Gestalt und Gewand des Gespenstes entfliehen. Sie verspätete sich aber und das Burggespenst war früher am Platz als das Mädchen. Der Schreiber wartete schon ungeduldig, und als er das Gespenst daherkommen sah, glaubte er, es sei seine Geliebte. Er hob das Gespenst zu sich aufs Pferd und entführte es. Dem Gespenst gefiel das nicht übel, es fand, dass das eine Abwechslung im nächtlichen Einerlei des Geisterns sei, und ließ sich nur zu gern davontragen. Der Schreiber trieb sein Pferd an und war selig. Als er aber zur Draubrücke kam, ging der Mond auf und er sah, dass die Gestalt in seinen Armen einen grinsenden Totenkopf hatte. Der Bursche war so entsetzt, dass er sich nicht rühren konnte. Wer weiß, wie übel die Geschichte ausgegangen wäre, hätte nicht im gleichen Augenblick die Glocke auf dem nahen Kirchturm ein Uhr geschlagen. Das Gespenst löste sich in graue Nebelschwaden auf und der Schreiber galoppierte zur Burg zurück. Er fand die wartende Geliebte und flüchtete mit ihr ungehindert nach Italien, wo ein Priester die Trauung vollzog.

Als der Ritter von der Flucht seiner Tochter erfuhr, tobte er wie ein Besessener, zerschlug Tische und Stühle und führte sich so auf, dass die Burgwache vor ihm auf und davon lief. Als er sich wieder etwas beruhigt hatte, schlichen sie zu ihrem Herrn zurück und stammelten, das Mädchen habe ganz gewiss die Burg nicht verlassen können, niemand habe es gesehen, nur das Burggespenst habe sich zweimal in der vergangenen Nacht gezeigt.

Der Ritter ärgerte sich maßlos darüber, dass ihn seine Tochter überlistet hatte; er ließ weit und breit nach ihr suchen und schließlich entdeckte er auch das Versteck der beiden jungen Leute. Da legte er scheinheilig ein freundliches, gewinnendes Wesen zur Schau, tat so, als wäre er im Nachhinein mit allem einverstanden, lobte den jungen Schwiegersohn und lud das Paar auf die Burg ein. Die beiden waren viel zu arglos, um seinen Worten nicht zu glauben. Voller Freude kehrten sie heim. Zur Feier ihrer Heimkehr veranstaltete Bibernell ein prächtiges Fest, der Burgkaplan segnete das junge Paar noch einmal und alles schien in schönster Ordnung zu sein. Anschließend an die Hochzeitsfeier hatte der Ritter eine Festtafel anrichten lassen, die ihresgleichen suchte, und von weit und breit Gäste eingeladen, als wäre er von all seinem Geiz genesen. Vor dem Mahl trank er den Neuvermählten zu und auch sie hoben ihre Gläser und tranken. Plötzlich wurde die junge Frau bleich wie ein Tuch und sank zu Boden. Sie konnte gerade noch flüstern: »Ich bin vergiftet«, dann schloss sie ihre Augen für immer. Dem Schwiegersohn ging es nicht besser, auch er spürte das Gift schon in allen Gliedern, riss aber mit letzter Kraft noch seinen Dolch heraus und stieß ihn dem höhnisch lachenden Ritter in die Brust.

Nach altem Brauch sollte der letzte Ritter von Schloss Stein in Luggau bestattet werden. Der Leichnam Bibernells wurde daher in einem Sarg über den Gailberg geführt, während alle seine Untertanen erleichtert aufatmeten, dass ihr grausamer Herr sie unwiderruflich und für immer verlassen musste. Auf der Höhe des Gailberges hörten die Leute ein dumpfes Poltern im Sarg. Als man ihn öffnete, war er leer. Das war das Ende des letzten Ritters auf Stein.

Der Schmied am Rumpelbach

In Kärnten gibt es einen Wildbach, der stürzt so rumpelnd und lärmend ins Tal, dass ihn jedermann in der Umgebung nur den »Rumpelbach« nennt.

In einem einsamen Tal an diesem Wildbach lag vor vielen, vielen Jahren eine Schmiede. Dort lebte ein Schmied, dessen Namen niemand wusste, kein Mensch fragte auch danach, jedermann nannte ihn den Schmied am Rumpelbach oder kurz Rumpelbacher. Der Rumpelbacher

Kärnten

hätte nur zu gern geheiratet, um in seinem einsamen Tal nicht mehr so einsam sein zu müssen, aber er war arm wie eine Kirchenmaus und konnte beim besten Willen keine Frau ernähren. Also musste er ledig bleiben. Das gefiel ihm immer weniger, und eines Tages, als er ganz verzweifelt war, rief er den Teufel herbei und verschrieb ihm seine Seele. Der Teufel musste ihm die ganze Werkstatt von oben bis unten mit Gold anfüllen, dafür bekam er die Erlaubnis, in zehn Jahren den Rumpelbacher zu holen. Aber zehn Jahre sind eine lange Zeit, dachte der Schmied, ihm werde schon etwas einfallen, den Teufel zu überlisten. Er freite um ein hübsches Mädchen, führte es heim in die Schmiede, und nun fing ein fröhliches und vergnügtes Leben in dem einsamen Tal an. Der Schmied bereute seine Wahl keine Minute und seine Frau war ebenso glücklich wie er.

Neun Jahre vergingen. Der Schmied von Rumpelbach fing an, gelegentlich in düsteren Trübsinn zu verfallen, und nicht einmal seine Frau konnte ihn trösten. Das zehnte Jahr kam nur zu schnell herbei und dem Rumpelbacher war noch immer keine List eingefallen, dem Teufel die Beute abzujagen. Am Ende der zehn Jahre trat der Rumpelbacher einmal so recht schwermütig aus seiner Schmiede – und wen sah er da! Er wollte seinen Augen nicht trauen. War da nicht die Heilige Familie ins stille Rumpelbachtal gekommen! Maria auf dem Esel mit dem kleinen Kind in den Armen und der heilige Joseph, der den Esel führte. Der Esel hinkte ganz erbärmlich und der heilige Joseph bat den Schmied, das Tier neu zu beschlagen. Nur zu gern erfüllte der Rumpelbacher diesen Wunsch und wollte auf keinen Fall ein Entgelt für die Arbeit annehmen. Dafür gewährte ihm der heilige Joseph drei Bitten. Der Schmied überlegte nicht lange und wünschte sich zum Ersten eine Bank, die ohne seinen Willen niemand loslasse, der sich darauf setzte. Der zweite Wunsch war ein Kirschbaum, dessen Äste jeden zurückhalten sollten, der von den Kirschen essen würde. Und ganz zuletzt wünschte sich der Schmied einen Sack, aus dem niemand, der einmal darinnen war, ohne seinen Willen herauskommen könnte. Die Heilige Familie gewährte diese Wünsche, segnete den Schmied und zog weiter.

Als nun die zehn Jahre vollends um waren, erschien ein Teufel und wollte Rumpelbachers Seele holen. Der Schmied zeigte sich demütig und für alles bereit, sagte aber, es sei doch eine weite Reise, er müsse sich erst dafür rüsten. Der Teufel hätte doch sicher Verständnis dafür, fragte der Schmied scheinheilig. Einstweilen könne sich der Teufel auf diese Bank in die Sonne setzen.

Der Teufel setzte sich ahnungslos nieder, aber als er nach einiger Zeit aufstehen wollte, um den Schmied zur Eile zu mahnen, da ließ ihn die Bank nicht mehr los. Der Teufel machte ein dummes Gesicht, zog und zerrte, aber die verhexte Bank hielt ihn fest, nicht einen Zentimeter konnte er sich vom Fleck rühren. Da geriet der Teufel in eine echte Teufelswut, er zeterte und tobte und gebärdete sich wie ein Verrückter, sodass der Schmied aus dem Haus trat und fragte, was denn geschehen sei. Der Teufel fluchte als Antwort so gewaltig, dass sich selbst das Wasser schämte, ihn anhören zu müssen, und sich vor Schreck noch hundertmal polternder als sonst über die Felsen stürzte.

»Ach du lieber Teufel«, sagte der Rumpelbacher, »mit Fluchen und Toben ist da nicht geholfen. Von mir aus sitz in Ewigkeit auf dieser Bank!« Und er holte sich einen Prügel und verdrosch den gefangenen Teufel tüchtig. Der Teufel winselte und heulte zum Steinerweichen, aber der Schmied ließ ihn erst frei, nachdem er feierlich versprochen hatte, ohne den Schmied in die Hölle zu fahren und sich nie wieder blicken zu lassen.

Mit höllischem Schwefelgestank verschwand der Teufel, kam wund und zerschlagen in die Hölle und jammerte seinen Kameraden vor, wie schlecht es ihm ergangen sei. Die anderen Teufel lachten ihn aus und verspotteten ihn wegen seiner Dummheit. Sofort machte sich der Nächste auf den Weg, der es schlauer anpacken wollte als der Erste. »Ich werde mich ganz gewiss nicht auf diese vermaledeite Bank setzen«, schwor er sich. Es war aber ein ungewöhnlich heißer Sommertag, die Reise war lang und die Hitze selbst für einen Teufel beträchtlich. Ganz verschwitzt und todmüde und durstig kam der Teufel an seinem Ziel an. Kein Wunder, dass ihn der schattige Kirschbaum mit den glänzenden, dunklen, saftigen Früchten vor der Schmiede anlockte. Im Nu saß der Teufel oben auf dem Baum und stopfte sich mit prallen, süßen Kirschen voll. Als er aber wieder heruntersteigen wollte, erging es ihm nicht besser als dem ersten Teufel, die Zweige und Äste ließen ihn nicht mehr los, er saß gefangen im Baum und schließlich fing er vor Wut erbärmlich zu heulen an. Der Schmied kam aus der Werkstatt, stellte sich unter den Baum und fragte den Teufel wieder scheinheilig, wie ihm die Kirschen geschmeckt hätten.

Der Teufel spuckte Gift und Galle und befahl dem Schmied, ihn sofort freizulassen. Der Rumpelbacher aber packte seinen festen Stock und verdrosch auch diesen armen Teufel so lange, bis er um Erbarmen winselte. Da erlaubte ihm der Schmied, vom Baum herunterzukommen, vorher aber musste er versprechen, sich nie wieder in der Schmiede blicken zu lassen.

Der Teufel fuhr kleinlaut in die Hölle zurück und es erging ihm wie seinem Kameraden, er wurde verlacht und wegen seiner Dummheit verspottet. Schließlich machte sich der Höllenfürst selbst auf die Reise zur Schmiede am Rumpelbach. Er kam nicht weniger müde an als seine Sendboten, hütete sich aber, auf den Baum zu steigen oder sich auf die Bank zu setzen. Der Schmied begrüßte den Höllenfürsten höflich und sagte, er werde gern mit dem hohen Herrn gehen, denn das sei schon eine andere Sache, wenn der Fürst höchstpersönlich käme und nicht ein paar dumme Unterteufel. Dem Höllenfürst gefiel diese Rede, denn er war eitel wie ein Pfau, und so machten sich denn beide einträchtig auf die Reise. Der Schmied tat nun so, als könne er nicht mit ansehen, dass sich der Höllenfürst mit dem weiten Weg abplagen müsse, und er bot ihm an, ihn auf dem Rücken zu tragen. »Ich habe da einen feinen Sack«, sagte der Schmied, »in dem es sich bequem liegen würde. Belieben Euer Gnaden da hineinzuschlüpfen und dann will ich Euch auf den Rücken nehmen.«

Der Höllenfürst war nicht klüger als seine Untergebenen und schlüpfte in den Sack, den der Schmied fein säuberlich zuband. Dann lief der Rumpelbacher in die Werkstatt zurück, legte den Sack auf den Amboss und die schweren Schmiedehämmer droschen und walkten und schlugen den armen Höllenfürsten so arg, dass er glaubte, kein Knochen sei mehr an ihm heil. Er winselte und heulte um Erbarmen, aber der Rumpelbacher ließ ihn erst frei, nachdem er versprochen hatte, endgültig und für alle Zeiten auf die verpfändete Seele zu verzichten.

Der Schmied am Rumpelbach

Daraufhin durfte der Teufel aus dem Sack kriechen und verschwand mit Schwefel- und Pechgestank.

So hatte der Rumpelbacher endlich Ruhe vor den höllischen Gästen und lebte mit seiner Frau glücklich und zufrieden bis an sein Ende. Als sich seine Seele auf die Reise in den Himmel machte, nahm er einen seiner Schmiedehämmer mit, als Andenken an sein irdisches Handwerk. Vor der Himmelspforte hatte er aber nicht viel Glück. St. Petrus wollte ihn nicht einlassen, denn einer, der sich zu Lebzeiten oft mit dem Teufel abgegeben hat, passt nicht in den Himmel. Der Rumpelbacher kehrte um und wanderte zur Hölle. Kaum aber klopfte er ans Höllentor und nannte seinen Namen, als es die Teufel mit der Angst zu tun bekamen und aus lauter Furcht vor ihm die Höllentür mit aller Kraft zuhielten. Sie krallten dabei die Klauen so fest in das Tor, dass die Nägel bis nach außen standen. Der Schmied war nun rechtschaffen zornig geworden, er klopfte mit seinem Hammer die Teufelsnägel krumm, wanderte weiter und ließ die festgenagelten Teufel heulend zurück.

Was sollte er nun tun? Die Hölle war ihm verwehrt, und um die Wahrheit zu sagen, er wollte auch gar nicht gern dorthin. Viel lieber wäre seine Seele in den Himmel geflogen. Aber dort ließ man ihn auch nicht hinein. Wie wär's, dachte der Schmied, wenn ich eine List anwenden würde? Er legte sich also vor's Himmelstor und wartete eine Gelegenheit ab. Eines Tages kam ein altes Weiblein, klopfte schüchtern an, und als St. Petrus fragte, wer draußen sei, antwortete es: »Eine alte arme Frau!« Das Tor öffnete sich und die Alte verschwand im Himmel.

»Ha«, sagte der Rumpelbacher zu sich, »was die kann, kann ich auch.« Er schlich sich zum Himmelstor, pochte schüchtern an und flüsterte mit verstellter schwacher Stimme: »Eine alte arme Frau!« Das Tor flog auf und der Rumpelbacher war im Himmel. Zwar machte Petrus ein finsteres Gesicht, als er den Schmied erkannte, aber da der Schmied nun einmal im Himmel war, schickte er ihn nicht wieder fort. Auch sprachen Joseph und Maria ein gutes Wort für den Schmied, weil er ihnen einstmals geholfen hatte, als er ihren Esel beschlug.

Zufrieden wandelte der Schmied im Himmelreich umher. Einmal warf er ganz zufällig einen Blick zur Erde hinab. Was sah er da! Seine

Frau hielt gerade Hochzeit mit einem anderen Mann. Darüber wurde der Rumpelbacher so zornig, dass er seinen Hammer hinunterschleuderte und die beiden tötete. Nachher bereute er freilich seine Tat aus ganzem Herzen, aber es war zu spät. Alles Klagen nützte nichts mehr. Im Himmel durfte er auch nicht mehr bleiben, denn das, was er getan hatte, verstößt gegen jede Himmelsordnung. So blieb ihm nichts anderes übrig, als für alle Ewigkeiten zwischen Himmel und Erde hin und her zu wandern und auf jenen Augenblick zu warten, da ihm seine Tat einmal vergeben sein wird.

So erzählt man sich im oberen Gurktal.

Heiligenblut

Vor mehr als tausend Jahren wanderte der Däne Briccius mit seinen drei Brüdern nach Konstantinopel. Dort traten die Brüder in den Dienst des Kaisers Leo und bald standen sie hoch in seiner Gunst, denn sie waren nicht nur sehr begabt und tüchtig, sondern auch fromm und gut. Briccius wurde ein tüchtiger Feldherr, der stets siegreich gegen die Feinde des Reiches stritt. Er war seinem Kaiser sehr ergeben, aber im Geheimen bereitete es ihm großen Kummer, dass sein Gönner nur ein ziemlich gleichgültiger Christ war, der es mit der Religion nicht sehr ernst nahm.

Eines Tages wollte dort ein heidnischer Händler die Macht des Christengottes erproben und durchstach in einer Kirche das Bild des Erlösers mit dem Messer. Kaum hatte er die Leinwand durchschnitten, als Blut aus dem Bild floss. Der Händler eilte entsetzt aus der Kirche und erzählte einem Priester, was geschehen war. Bald darauf ließ er sich taufen und wurde ein eifriger Christ. Als der Kaiser von diesem Wunder erfuhr, kam er mit seinem Gefolge in die Kirche, sah mit eigenen Augen das seltsame Geschehen und von jener Zeit an nahm er es mit dem christlichen Glauben sehr ernst. Das aus dem Bild geflossene Blut wurde in einem Fläschchen aufbewahrt.

Heiligenblut

Briccius hielt sich jahrelang in Konstantinopel auf; allmählich aber bekam er Sehnsucht nach seiner Heimat. So fasste er den Entschluss, nach Dänemark zu ziehen und dort den Heiden das Evangelium zu verkünden. Als er dem Kaiser davon erzählte, wollte dieser nichts davon hören, doch Briccius bat so lange und eindringlich, bis der Kaiser schließlich in seine Entlassung einwilligte. Zum Abschied sollte sich Briccius noch eine Gnade erbitten dürfen. Als er daraufhin um das heilige Blut bat, war der Kaiser nicht sehr erfreut, denn er wollte diesen kostbaren Besitz nicht verlieren. Er gab dem Bittenden drei Tage Bedenkzeit und hoffte, der Däne würde sich inzwischen eines Besseren besinnen. In dem Gemach, wo er sich während dieser Zeit aufhalten musste, standen drei kostbare Fläschchen zur Auswahl.

Die einzige Tochter des Kaisers war Briccius in heimlicher Liebe zugetan. Als Magd verkleidet schlich sie in sein Zimmer, brachte ihm Essen und empfahl ihm, jenes Fläschchen zu wählen, auf das sich keine Fliegen setzen würden. Nach drei Tagen wählte Briccius nach ihrem Rat und erhielt wirklich das Gefäß mit dem heiligen Blut. Der Kaiser musste es ihm wohl oder übel geben, war aber so unglücklich über diesen Verlust, dass er sich entschloss, dem Dänen das Fläschchen wieder abzunehmen und müsste es mit Gewalt geschehen!

Briccius zog nun Pilgerkleider an und begann die Wanderung nach seiner dänischen Heimat. Die drei Brüder begleiteten ihn, denn alle vier waren einander sehr zugetan und keiner wollte ohne die anderen weiter am Hof des Kaisers bleiben. Kaum hatten sie die Stadt verlassen, als ihnen der Kaiser eine Schar Diener nachsandte, die Briccius das Heiligtum wieder abnehmen sollten. Aber die Brüder waren auf der Hut, und als sie Verfolger gewahrten, verließen sie die Straße und versteckten sich. Die Legende erzählt, dass Briccius das Fläschchen in einer Wunde verbarg, die er sich am Schenkel beigebracht hatte. Der Schnitt verheilte in kurzer Zeit und niemand konnte ahnen, was der einfache Pilger verborgen in sich trug.

Die vier Brüder kamen unbehelligt bis nach Kärnten ins Drautal. Hier wollte Briccius das Mölltal entlang über die Tauern nach Norden wandern. Die drei anderen Brüder aber beschlossen, in Kärnten zu bleiben; bei Sachsenburg sollen sie voneinander Abschied genommen haben. Der eine der Brüder wanderte das Drautal abwärts und ließ sich auf dem Oswaldiberg nieder, der nach ihm benannt sein soll. Der zweite Bruder gelangte nach Kötschach im Gailtal, wo er der Sage nach in der Kirche begraben wurde. Der Dritte wurde der Begründer der ersten Siedlung in der Niklai ob Sachsenburg. Er soll viel Gutes getan haben und noch heute erzählt man sich viele Sagen über ihn. Briccius zog allein das Mölltal aufwärts dem Hochgebirge zu, verfehlte aber in einer stürmischen Nacht den richtigen Weg und wurde von einer Lawine verschüttet.

Gegen Weihnachten fanden Gebirgsbauern in der Nähe des heutigen Dorfes Heiligenblut an jener Stelle, wo jetzt die Bricciuskapelle steht, mitten im Schnee drei schöne grüne Ähren. Sie gruben im Schnee nach und fanden den Leichnam des heiligen Mannes – denn für einen solchen hielten sie den Unbekannten –, aus dessen Herz die drei Ähren sprossen. Die Bauern luden nun den Leichnam auf einen Karren, spannten zwei junge Ochsen davor und ließen sie ihres Weges ziehen. Wo das Gespann halten würde, wollten sie den Fremden begraben und später an jener Stelle eine Kapelle bauen.

Die Ochsen zogen den Leichnam über die Möll und machten erst auf jenem Hügel Halt, auf dem heute die Kirche von Heiligenblut steht. Hier waren sie nicht mehr von der Stelle zu bringen. So begrub man den Fremden auf dem Hügel. Nach einigen Tagen entdeckten die Bauern, dass ein Bein des Toten aus dem Grab ragte, sie sahen nach und fanden ein Fläschchen mit einer dunklen Flüssigkeit. Noch einmal begrub man den Fremden. Das geheimnisvolle Fläschchen aber wurde mit einem Ring und einer Pergamentrolle, die man bei dem Toten gefunden hatte, dem Erzbischof nach Salzburg gesandt. Dieser bat den Patriarchen von Konstantinopel um Aufklärung und die Geschichte vom heiligen Blut wurde dadurch im ganzen Abendland bekannt.

In der Pfarrkirche von Heiligenblut befinden sich vierzehn große Gemälde, die das Leben und Sterben des seligen Briccius darstellen. In einer Monstranz wird das Fläschchen mit dem heiligen Blut noch heute aufbewahrt. Einige Stufen führen in der Mitte der Kirche zu einem gruftähnlichen Gewölbe hinunter, dort steht das sargähnliche Grabmal jenes Mannes, dem das Dorf Heiligenblut seinen Namen verdankt.

Der Türkensteig bei St. Veit/Glan

In der Nähe der alten Herzogstadt St. Veit erhebt sich auf einem kegelförmigen Hügel die Ruine der alten Burg Taggenbrunn.

Zur Zeit der Kreuzzüge lebte dort ein von allen seinen Untertanen geachteter Ritter, der Heinrich von Taggenbrunn hieß, mit seiner Frau Hildegard. Wie so viele Ritter und Edle seiner Zeit wollte sich auch Heinrich einem Kreuzzug anschließen und in das Heilige Land ziehen. Beim Abschied gab ihm seine Frau ein schneeweißes Leinenhemd und sagte: »Dieses weiße Hemd möge dich stets an meine Treue erinnern. Trage es immer!«

Bei einem unglücklichen Gefecht fiel der Ritter bald danach in die Hände des Sultans und wurde mit anderen Gefangenen zu den niedrigsten Arbeiten verwendet. Wie ein Zugtier wurde er vor den Pflug gespannt und mit Schlägen und Peitschenhieben angetrieben, wenn er schweißbedeckt und erschöpft nicht mehr weiterkonnte. Trotz so mancher blutiger Schwielen, trotz Regen, Schmutz, Kälte und Sonnenschein blieb sein Hemd wunderbarerweise immer rein, so weiß wie am Tag des Abschiedes von seiner Frau. Bald begannen die Leute darüber zu sprechen, sie zerbrachen sich den Kopf und konnten das alles nicht verstehen. Schließlich erfuhr sogar der Sultan von dem seltsamen Hemd des gefangenen Christen. Er ließ den Ritter zu sich kommen, besah sich verwundert das Hemd und wollte wissen, wieso es immerzu rein bliebe.

»Meine Frau gab es mir zum Abschied«, antwortete Heinrich von Taggenbrunn, »und sie sagte mir, es werde stets weiß wie am ersten Tag bleiben, so wie sie mir stets treu bleiben werde. Herr, seht nur, es hat nicht den kleinsten Fleck! Meine Frau hält mir die Treue und wartet auf meine Heimkehr!« Nun war der Sultan ein Mann, der an die Treue der Frauen nicht glauben wollte. »Diese da im fremden Land«, sagte er sich, »wird auch nicht anders sein als alle Frauen der Welt. Ich werde ihre Treue auf die Probe stellen und ganz gewiss weiß ich schon jetzt, wie die Sache ausgeht!« Er schickte also einen seiner Freunde in die Heimat des

Kärnten

Ritters, einen jungen hübschen Mann, einen rechten Herzensbrecher. Er gab ihm Geschenke und viel Geld mit und trug ihm auf, nichts unversucht zu lassen, um die Frau zur Untreue zu verleiten. Im Geheimen freute sich der Sultan schon darauf, wenn das wunderbare Hemd auf einmal voller Flecken und Schmutz sein würde.

Der junge Herr aus dem Morgenland zog also auf die Burg Taggenbrunn, ließ sich der Burgherrin vorstellen und erzählte ihr von dem schweren Los ihres Mannes, der beim Sultan gefangen sei. Frau Hildegard brach fast das Herz, sie weinte und trauerte, und dem jungen Herrn schien sie in ihrem Kummer so schön, dass es gar nicht des Befehls des Sultans bedurft hätte, er verliebte sich stracks in sie und wollte alles tun, um ihr Herz zu gewinnen. Zuerst tröstete er sie mit viel Anteilnahme, und nachdem er ihr Vertrauen gewonnen hatte, ließ er alle Verführungskünste spielen, die einem jungen hübschen Herrn zu Gebot stehen – aber ganz vergebens! Hildegard hatte keine Ohren für die Liebesworte des schönen Morgenländers, sie wies ihn fest und bestimmt ab und der junge Mann musste unverrichteter Dinge wieder fortziehen.

Kaum hatte er die Burg verlassen, als Hildegard in ein Mönchsgewand schlüpfte, sich das Gesicht braun färbte und mit ihrer Laute, die sie meisterhaft zu spielen verstand, ebenfalls aus der Burg fortzog. Bald hatte sie den jungen morgenländischen Edelmann eingeholt. Er erkannte sie nicht, fand aber an dem ruhigen, höflichen Mönch Gefallen und nahm ihn auf seine Reise mit. Im Morgenland angekommen, spielte der Mönch auf seiner Laute in den Häusern der Vornehmen und war bald überall ein gern gesehener Gast. Schließlich wurde er vom Sultan in den Palast eingeladen und dort spielte der Mönch schöner als je zuvor. Der Sultan war so gerührt, dass ihm die Tränen in den Bart liefen, und versprach dem Lautenspieler, er würde ihm einen Wunsch erfüllen und sollte dieser auch noch so groß sein. Der Mönch bat aber nur um einen der christlichen Gefangenen, die tagtäglich vor den Pflug gespannt wurden. Der Sultan erlaubte ihm einen auszuwählen und unser Mönch wählte natürlich – wie könnte es anders sein! – den Taggenbrunner. »Der Bursche mit dem weißen Hemd hat Glück«, sagte sich der Sultan. »Meiner Meinung nach hat er es auch verdient. Mag er zu seiner treuen Frau heimziehen, ich gönne es ihm.«

Der Türkensteig bei St. Veit/Glan

Also nahmen der Taggenbrunner und der Mönch Abschied vom Sultan und reisten in die Heimat zurück. Hildegard legte ihre Verkleidung nicht ab und Heinrich erkannte sie nicht, er hielt sie für einen Mönch, dem er zu großem Dank verpflichtet war. In der Gegend von Laibach trennten sie sich und der vermeintliche Mönch sagte: »Hier, lieber Freund, scheiden sich unsere Wege. Gib mir zum Andenken an unsere gemeinsame Reise ein Stück Linnen von deinem Hemd!« Der Taggenbrunner erfüllte diesen Wunsch gern und dankte seinem Wohltäter noch einmal, bevor er sich verabschiedete.

Hildegard zog nun allein weiter und kam früher als ihr Mann auf der Burg an. Sie legte das Mönchsgewand ab, schlüpfte wieder in Frauenkleider und ließ alles für den Empfang ihres Mannes vorbereiten. Als Heinrich von Taggenbrunn in seine Burg einzog, glaubte er der glücklichste Mensch auf der Welt zu sein. Er und seine Frau, die so lange getrennt gewesen waren, verlebten einige wunderbare Wochen der Wiedersehensfreude. Aber dieses ungetrübte Glück währte nicht lange. Es gibt immer Neider und boshafte Menschen, die es nicht vertragen, wenn andere glücklich sind. Man flüsterte Heinrich ins Ohr, er wisse gar nicht, was er für eine Frau habe! Ach, der arme vertrauensvolle, unwissende Gatte! Seine sanfte, gute Frau hätte nichts Besseres zu tun gehabt, als sich von der Burg zu stehlen und wie ein leichtfertiges Frauenzimmer monatelang in der Welt umherzuziehen. Kein Mensch wüsste, was sie getan habe – aber man könne es sich ja denken! Zuerst wurde Heinrich wütend und jagte alle fort, die ein Wort gegen seine Frau sagten. Aber langsam begannen ihn Zweifel zu quälen. Seine Frau war tatsächlich während seiner Gefangenschaft einige Monate nicht auf der Burg gewesen – was sollte er davon halten? Er musste Tag und Nacht daran denken. Schließlich wollte er Gewissheit haben und stellte eines Tages seine Frau zur Rede. Sie hörte ihn schweigend an, sagte kein Wort und verließ das Zimmer. In wenigen Augenblicken kam sie wieder, in einem Mönchsgewand, mit braun gefärbtem Gesicht, die Laute und ein Stück weißes Linnen in der Hand.

Nicht wenig erstaunt fuhr der Ritter auf. »Wie kommt Ihr auf die Burg?«, wollte er den vermeintlichen Mönch fragen, brach aber jäh ab, denn er hatte seine Frau in der Verkleidung erkannt. Dass nun alles ein gutes Ende nahm, versteht sich! Hildegard erzählte dem beschämten Taggenbrunner ihre Geschichte, und es wäre gar nicht notwendig gewesen, dass sie den Linnenstreifen vorzeigte, der von dem wunderbaren Hemd abgerissen worden war. Heinrich umarmte sie, bat sie um Verzeihung, und alle, die sie verleumdet hatten, wagten sich nie wieder auf die Burg. Der Taggenbrunner und seine Frau aber lebten glücklich bis an ihr Ende.

Noch heute heißt ein Fußweg südlich der Stadt St. Veit der »Türkensteig«. Dort soll der Bote des Sultans über den Berg gestiegen sein, als er nach Burg Taggenbrunn gezogen war.

Die Teufelsbrücke im Drautal

In der Gegend von Völkermarkt liegen mitten in der Drau drei mächtige Felsblöcke. Das Volk nennt diese Felsblöcke die Teufelsbrücke. Gegenüber, auf dem St. Peterer Berg, stand früher eine kleine Kirche. In diese Kirche kam in den alten Zeiten immer viel Volk aus der Umgebung zum Gottesdienst und man kann sich vorstellen, dass der Teufel damit keine Freude hatte. Er zerbrach sich also den Kopf, wie er den Leuten einen Possen spielen und sie gleichzeitig vom Besuch der Kirche abhalten könnte.

Die kleine Kirche stand hoch oben auf einer Anhöhe, jedem Wind und Wetter ausgesetzt. Im Winter war sie immer ganz schneeverweht. Deshalb hatte man vor die Kirche drei mächtige Felsblöcke gelagert, die das Ärgste abhielten und den Bau vor dem Verfall schützten.

Der Teufel umschlich immer wieder die Kirche auf dem St. Peterer Berg. Er hätte gar zu gern gewusst, welchen Zweck diese drei Felsblöcke hatten. Aber dumm, wie er war, kam er selbst nicht auf die Lösung. So verwandelte er sich in einen reichen Viehhändler und spazierte in das nächste Wirtshaus. Dort traf er einige alte Bauern, kam mit ihnen ins Gespräch und meinte schließlich, es müsse eine fürchterliche Arbeit

Die Teufelsbrücke im Drautal

gewesen sein, die drei Felsblöcke auf den Berg zu schleppen, die doch zu nichts nütze seien. »Oh«, sagten die Bauern, »das war keine unnütze Arbeit, mein Lieber. Ohne diese drei Blöcke wäre die Kirche lange schon verfallen. Sie schützen sie vor dem Schnee, vor Stürmen und Unwettern.«

Nun wusste der Teufel genug, bezahlte seine Zeche, verließ das Wirtshaus und verwandelte sich wieder in seine ursprüngliche Gestalt. Die drei Felsblöcke mussten weg, darüber war er sich klar. Er beschloss, in der Heiligen Nacht sein Vorhaben auszuführen.

Als die Glocke der Kirche am Berg zur Mitternachtsmette rief, wehte ein eisiger Sturm und alle Wege waren tief verschneit. Trotzdem wanderten von nah und fern die Menschen zur Mitternachtsmette. Die kleine Kirche war voller andächtiger Beter. Der Teufel grinste in Vorfreude, rieb sich die Hände und machte sich an die Arbeit. Das war freilich eine schwere Plage! Mit viel Mühe schaufelte er den Schnee weg, grub die Erde auf, stemmte die drei Felsblöcke einen nach dem anderen in die Höhe, flog damit zur Drau und ließ sie ins Wasser fallen. Aber das war ihm noch nicht genug. Er blähte die Backen und blies Schnee auf die Kirche, bis ihm fast die Lungen platzten. Als nicht einmal mehr die Kirchturmspitze aus dem Schnee heraussah, flog er befriedigt fort.

Unten im Tal hatte man verwundert den nächtlichen Lärm gehört. Am nächsten Morgen zog man auf den St. Peterer Berg, fand von der Kirche keine Spur, nur eine riesige Schneewechte erhob sich, aus der man Singen und Orgelspiel hörte. Die Leute liefen wieder ins Tal hinunter, holten Schaufeln und es dauerte nicht lange, da hatte man die unter dem Schnee Begrabenen befreit und die Kirche freigeschaufelt.

Eins aber war dem Teufel wirklich gelungen: Die schützenden Felsblöcke waren fort und wurden nicht wieder auf den Berg geschafft. Im Lauf der Zeit verfiel die kleine Kirche. Die Felsblöcke aber liegen noch heute mitten in der Drau und lassen nur eine schmale Fahrrinne frei, durch die das Wasser gischtend und schäumend hindurch schießt, und jeder Flößer ist froh, wenn er die »Teufelsbrücke« passiert hat.

Kärnten

Der Riese vom St. Leonharder See

In den alten Zeiten, damals, als noch Riesen und Zwerge, Elfen und Feen und allerlei anderes zauberisches Volk in unserem Land lebte, lag ein kleines friedliches Dorf gerade an jener Stelle, wo sich heute der St. Leonharder See ausbreitet. Unweit davon hatte ein junger Riese seine Behausung aufgeschlagen. Er war ein bärenstarker Kerl, hatte ungeheure Kräfte und war größer als die höchste Tanne. Dabei sah er gut aus und besaß außerdem unermessliche Schätze, die man sich heute gar nicht mehr vorstellen kann. Man könnte also meinen, alles wäre in bester Ordnung gewesen und der Riese glücklich und zufrieden. Es war aber nicht so. Der junge Riese war traurig vom Morgen bis zum Abend. Weil er nämlich so riesengroß war, fand sich weit und breit keine Frau, die zu ihm passte. Er war im ganzen Land herumgewandert und hatte nach einem Mädchen Ausschau gehalten, das ebenso groß war wie er, aber er hatte nirgends ein solches entdeckt.

In jenen Zeiten lebte in der Nähe der Riesenwohnung ein kluger Zwerg. Dieser Zwerg besaß die Gabe der Hellseherei. Eines Tages trafen sich der junge Riese und der kluge Zwerg zufällig im Wald. Der Riese hatte schon lange vorgehabt, den Zwerg um Rat zu fragen, er ließ sich diese Gelegenheit nicht entgehen, fasste den Zwerg behutsam, hob ihn zu sich auf einen Felsen empor und trug ihm sein Anliegen vor. Der Zwerg hörte ihm schmunzelnd zu, maß die Riesengestalt von oben bis unten und sagte: »Hier hast du eine weiße Rose. Zieh mit ihr durch den Wald. Wenn der Wald aufhört, wirst du zu einem großen Bauernhof kommen. Dort wirst du vielleicht das finden, was du dir so sehnlich wünschst. Die Mutter des Mädchens wird von deiner Werbung nichts wissen wollen, du musst also das Mädchen entführen. Bist du dann mit ihr glücklich wieder zu Hause, so warte, bis sie in tiefem Schlaf liegt. Leg ihr dann die Rose auf die Brust. Ist sie die richtige Frau für dich, so wird die Rose unverändert bleiben.«

Nach diesen Worten verschwand der Zwerg, der junge Riese hatte aber schon genug gehört, zauderte nicht eine Minute, lief heim und spannte die Pferde vor sein Gespann. Wie ein Wirbelsturm fuhr er durch den Wald. Tatsächlich kam er bald zu dem großen Bauernhof. Im Garten sah er ein riesengroßes Mädchen, größer als die höchste Tanne. Das Riesenmädchen hängte Wäsche auf und bleichte Linnen in der Sonne. Als der ungeduldige Freier das Riesenfräulein erblickte, packte ihn eine gewaltige Sehnsucht. Dieses riesenhafte Wesen musste er als Braut heimführen! Er trat zu dem Mädchen, begrüßte es und flüsterte ihm allerlei schmeichelhafte Reden ins Ohr, die es nur zu gern hörte. Der Riesenmaid gefiel der großmächtige Kerl, sie verliebte sich auf den ersten Blick in ihn, und somit wäre alles in bester Ordnung gewesen, wenn nicht die Mutter keifend und scheltend aus dem Haus gelaufen wäre und den Riesen hätte fortjagen wollen. Da packte der junge mächtige Kerl – mir nichts, dir nichts – die Schöne in seine starken Arme. Sie sträubte sich auch gar nicht, er hob sie auf den Wagen und wie die wilde Jagd ging es in den Wald hinein.

Als der Riese glücklich daheim angelangt war, geleitete er seine Riesenbraut sofort ins Haus. Sie aber war von der Fahrt todmüde und bat ihn sich hinlegen zu dürfen. Das war dem sehnsüchtigen Bräutigam gerade recht, konnte er doch gleich die Rosenprobe des Zwerges anstellen. Während das Mädchen tief und fest schlief, legte er ihr die wilde Rose auf die Brust und konnte vor Ungeduld kaum den kommenden Morgen erwarten. In dieser Nacht machte er kein Auge zu. Kaum ging die Sonne auf, schlich er sich schon in die Kammer des Riesenfräuleins. Er öffnete vorsichtig die Tür, lugte hinein – das Herz wollte ihm fast brechen! Statt der wilden Rose lagen brennende Nesseln auf der Brust der Schlafenden.

Der junge Riese rannte wehklagend hinaus in den Garten, hockte sich auf einen Felsblock und glaubte sterben zu müssen. Musste er das Mädchen nun wieder der Mutter zurückbringen? Sollte er wieder allein leben, ohne Hoffnung, je ein Wesen zu finden, das zu ihm passte?

Schließlich hörte er mit dem Klagen auf, stapfte trotzig ins Haus und beschloss die Schöne zu heiraten, komme, was wolle!

Der Riese und seine Riesenfrau sollen aber trotz des missglückten Rosenwunders glücklich und zufrieden miteinander gelebt haben. Nur ihre Nachkommen – mit denen nahm es ein schlechtes Ende. Sie waren so übermütig und trieben es so arg, dass schließlich der Himmel beschloss sie zu vernichten. Mit den Riesen aber ging auch jenes Dorf zu Grunde, an dessen Stelle nun der St. Leonharder See liegt. Hätte der Riese einst den Rat des Zwerges befolgt und die Braut nach Hause geschickt, so wäre den Bewohnern jener Gegend viel Leid erspart geblieben.

Die weiße Rose im Kloster Arnoldstein

Wenn die Brüder des Klosters Arnoldstein im Gailtal des Morgens zum Chorgebet in die Kirche gingen, geschah es manchmal, dass einer der Mönche auf seinem Betstuhl eine weiße Rose fand. Dann küsste er sie und bereitete sich auf seinen Tod vor. Denn diese Rose war ein Zeichen, das der Herr jenem Mönch sandte, den er noch am gleichen Tag zu sich berufen wollte.

Eines Abends kam eine erschöpfte kranke Frau mit einem kleinen Knaben an die Klosterpforte und bat um Kost und Herberge. Sie wurde freundlich aufgenommen. In der Nacht starb die Frau, der Pförtner hatte Mitleid mit ihrem Sohn und behielt ihn bei sich. Johannes, so hieß der Junge, wuchs heran, und weil er klug und begabt war, nahm ihn der Abt in die Klosterschule auf. Während seiner Schulzeit war Johannes ein verträumter, stiller und ruhiger Bursche. Nach seinem Studium entschloss er sich Priester zu werden und trat als Mönch in das Kloster ein.

Als er sein erstes Messopfer feierte, strömte wie immer bei einem solchen Anlass aus der ganzen Gegend viel Volk zusammen. Alle wollten den Segen des neu geweihten Priesters haben. Auch die Tochter des Verwalters der Fugger'schen Güter, ein schönes, junges Mädchen, war nach

Die weiße Rose im Kloster Arnoldstein

Arnoldstein gekommen. Als sie vor dem jungen Priester niederkniete, sah sie, wie er den Blick senkte, rot im Gesicht wurde und so verwirrt war, dass er sich kaum an die Segensworte erinnern konnte.

Zum ersten Mal in seinem Leben wusste Johannes, wie es einem Mann zu Mute ist, der ein Mädchen liebt. Er schämte sich, er wollte nicht an die Tochter des Verwalters denken, aber er sah sie stets vor sich. Den ganzen Tag war er niedergeschlagen und traurig. Nach einer schlaflosen Nacht eilte er am nächsten Morgen als Erster in die Kirche. Von seinem Betstuhl leuchtete ihm etwas Weißes entgegen. Mit klopfendem Herzen trat er näher – es war eine weiße Rose. Nun hätte den jungen Mann an jedem anderen Morgen zuvor die weiße Rose nicht so entsetzt wie an diesem Morgen. War es ihm doch gewesen, als habe er erst jetzt angefangen zu leben. Erst jetzt wusste er, wie schön das Leben war, wie jung er selbst war! Blitzschnell packte er die Rose und legte sie auf das Betpult seines Nachbarn. Bevor ihm klar wurde, was er getan hatte, kamen seine Mitbrüder, auch sein Nachbar, Pater Vinzenz. Er war ein greiser Mann, der sich herzlich freute, als er die Rose sah und wusste, dass ihn Gott endlich zu sich rufen wollte, denn er war alt und gebrechlich und der Tod schien ihm eine Erlösung von allen Mühen zu sein. Der alte Mönch nahm die Rose in die Hände, kniete nieder und sank tot um.

Noch am gleichen Tag kamen Dienstleute des Verwalters ins Kloster. Sie suchten nach der Tochter ihres Herrn, die am frühen Morgen das Elternhaus verlassen hatte und seitdem nicht wieder zurückgekehrt war. Da das Mädchen in der ganzen Umgebung beliebt war, schloss sich viel Volk der Suche an und endlich fand man es auch. Es lag tot am Fuß eines Felsen, wo es wohl abgestürzt war, als es nach Blumen suchte. Bald stellte sich heraus, dass es das Mädchen gewesen war, das jene weiße Rose zum Zeichen seiner unschuldigen Neigung dem jungen Mönch auf das Betpult gelegt hatte. Aber das erfuhr Johannes erst viel später. Er war von jenem Morgen an wie verwandelt, der Tod des geliebten Mädchens erschütterte ihn und der vermeintliche Mord an seinem Mitbruder quälte und folterte ihn. Es schien ihm, als könne er nie wieder Ruhe und Frieden finden. Kein anderer Mönch lebte fortan so streng nach seiner Pflicht wie er, er übertraf alle anderen an Nächstenliebe und Güte zu den Mitmenschen. Solange er lebte, wollte er sein Vergehen sühnen.

Er sehnte sich nach dem Tod und bat den Himmel, ihm die weiße Rose zu senden. Aber Jahr für Jahr verstrich und er wartete vergeblich. Nie lag die weiße Rose auf seinem Platz. Eines Tages fand man den Neunzigjährigen mit friedlichem Gesicht auf dem Grab des Paters Vinzenz liegen. Die Rechte des Toten umklammerte die weiße Rose, die auf dem Grab wuchs. Seit jenem Tag hat sich das Rosenwunder im Kloster Arnoldstein nicht mehr ereignet.

TIROL

Tirol

Friedl mit der leeren Tasche

Herzog Friedrich III. von Österreich, der Landesfürst von Tirol, hatte weder Macht noch Geld und seine Gegner gaben ihm daher den Spottnamen »Friedl mit der leeren Tasche«. Einmal kam der Herzog auf der Flucht vor seinen Feinden aus Konstanz in die Nähe von Landeck und kehrte unerkannt als fahrender Sänger auf dem Zappenhof zwischen Perfuchsberg und Tobadill ein.

Der Bauer war ein gutherziger Kerl, er nahm den Fremden freundlich auf und bewirtete ihn reichlich. Zum Dank dafür sang der Gast ein Lied vom Schicksal eines armen, landesflüchtigen Fürsten, der, von seinen Feinden vertrieben und von allen Freunden und Untertanen verlassen, hilflos und einsam in der Welt umherirrt. Die Bauersleute wurden durch das Lied des fahrenden Sängers zu Tränen gerührt. Sie dachten an das Los ihres eigenen Landesherrn, fingen darüber zu klagen an, und Friedrich erkannte nun, dass ihm die Tiroler noch immer in Liebe und Treue zugetan waren. So gab er sich zu erkennen und die Freude der Bauern kannte keine Grenzen. Von überall her kam das Volk und huldigte dem Fürsten. Nach seiner langen Irrfahrt fühlte sich Friedrich zum ersten Mal wieder unter seinen treuen Tirolern sicher.

Als der Herzog etwas später unerkannt nach Südtirol wandern wollte, stieg er heimlich in die Ötztaler Berge. Eine Zeit lang hütete er, als Hirte verkleidet, die Schafe auf der Alpe Fineil. Auf dem weiteren Weg über das Gebirge fand er im Rofnerhof Unterkunft, dessen Besitzer ihn vor seinen Feinden verbarg, bis ihn ein treuer Bauer über das Hochjoch brachte. In der Nähe Merans, am Ausgang des Schnalstales, bot ihm ein anderer Getreuer, der Hendlmüller, eine Zufluchtstätte vor den Spionen der Gegner. Aber schließlich gelang es doch einem, den Aufenthaltsort des Herzogs auszukundschaften, und Friedl wäre in die Hände seiner Feinde gefallen, hätte ihn nicht der Hendlmüller unter einer Mistfuhre verborgen, rechtzeitig aus dem Haus geschafft und in ein sicheres Versteck gebracht.

Herzog Friedrich vergaß diese Tat dem Hendlmüller nie, er erhob ihn später in den Adelsstand und gab ihm ein Mühlrad in sein Wappen. So wurde der Hendlmüller zum Stammvater des Tiroler Geschlechts der Grafen Hendl.

Als die Zeit der Bedrängnis für den Herzog endlich vorüber war, beschloss er, das hässliche Spottwort von der »leeren Tasche« für alle Zeiten zunichte zu machen. Er ließ in Innsbruck einen Prachtbau mit einem kunstvollen Erker aufführen, der zum Beweis, dass des Herzogs Taschen nicht mehr leer waren, mit goldenen Schindeln gedeckt wurde.

So erinnert heute noch das berühmte »Goldene Dachl«, ein mit vergoldeten Kupferschindeln gedeckter marmorner Erker am Neuhof der früheren Innsbrucker Burg, an den Tiroler Landesfürsten, Herzog Friedrich mit der leeren Tasche.

Kaiser Maximilian in der Martinswand

Kein Fürst war wohl jemals so beliebt beim Volk wie Kaiser Maximilian I., der letzte Ritter. Viele Geschichten und Sagen erzählen sich die Tiroler von seinen Jagdabenteuern, denn der Kaiser soll ein leidenschaftlicher Jäger gewesen sein. Am liebsten hielt er sich in Tirol auf und ging in den Bergen auf die Jagd. Noch heute weiß man viele Schlösser und Jagdplätze zu nennen, die der letzte Ritter gern auf-suchte.

Einmal jagte der Kaiser mit seinem Gefolge am Hechenberg. Plötzlich stürzte ein gewaltiger Felsblock vom Berg herunter und nur die Geistesgegenwart des Kaisers rettete ihn und seine Begleiter. Maximilian war blitzschnell zur Seite gesprungen und hatte auch seinen Knappen von der gefährdeten Stelle weggerissen, sodass der stürzende Stein diesen nur streifte.

Bei einer Gamsjagd im Achental wagte der Kaiser einen gefährlichen Sprung über eine breite Felsspalte. Der Stein, auf den der Kaiser den Schaft seines Jagdspießes beim Sprung stützte, lockerte sich und kollerte in die Tiefe. Nur wie durch ein Wunder kam der Kaiser über die Felskluft.

So erzählt man sich viele Geschichten. Das gefährlichste Jagderlebnis aber soll Maximilian auf der Martinswand bei Zirl gehabt haben. Im Eifer der Jagd hatte er sich so weit in die steil abfallenden Felsen der Martinswand gewagt, dass er schließlich auf einer schmalen Felsspalte stand und weder vor noch zurück konnte. Zwei Tage und zwei Nächte hoffte er auf Rettung. Unten im Tal bei Martinsbühel standen seine Getreuen und starrten voller Angst zu ihrem Herrn hinauf. Sie konnten ihn sehen, wussten aber keinen Steig in die senkrechte Wand hinauf.

Schließlich gab der Kaiser jede Hoffnung auf Rettung auf. Er wollte sich auf den Tod vorbereiten und gab den Leuten im Tal durch Zeichen zu verstehen, dass er den Segen der Kirche als Trost für seine letzte Stunde wollte. Der Pfarrer von Zirl kam mit einer goldenen Monstranz an den Fuß der Martinswand. Kaiser Maximilian kniete auf dem schmalen Felsband nieder und der Pfarrer erteilte ihm den letzten Segen.

Der Kaiser hatte sich mit seinem Schicksal abgefunden, am dritten Tag aber hörte er plötzlich von oben aus den Felsen eine Stimme. Es war ein junger Bauernbursche, der in die Wand eingestiegen war und einen Steig zu dem Fürsten gefunden hatte. Mit seiner Hilfe gelang es Maximilian, die Felsplatte zu verlassen und sich in Sicherheit zu bringen. Auf einem schmalen Jägersteig kletterte er schließlich ins Tal hinab. Sein Retter aber verschwand im Gedränge des Volkes; niemand wusste, wer er gewesen war, und bald glaubten die Tiroler, ein Engel habe den Kaiser gerettet.

Zum Gedächtnis an die schrecklichen Tage in der Felsenwand und an die wunderbare Rettung ließ Maximilian an jener Stelle, wo er drei Tage in Todesnot verbracht hatte, eine Grotte aushauen und ein Kreuzbild aufstellen. Diese Grotte kann man heute auf einem bequemen Pfad erreichen.

Frau Hitt

In uralten Zeiten, als das Geschlecht der Riesen noch auf der Erde hauste, lebte hoch in den Bergen über dem Inn eine stolze Riesenkönigin. Ihr Palast stand gerade an jener Stelle, wo unten im Tal später Innsbruck entstehen sollte. Frau Hitt, so hieß die Riesenkönigin, war hochmütig und hartherzig und alle ihre Untertanen fürchteten sie. In ihrem Reich gab es herrliche Wälder, grüne Weiden und fruchtbare Felder. Erze und kostbares Gestein lagen in den Bergen offen zu Tage. Ihr Schloss war ganz aus Kristall gebaut und schon aus der Ferne sah man es funkeln und glitzern. Rings um das Schloss blühten die schönsten Rosen, die es jemals gegeben hat.

Frau Hitt hatte einen kleinen Sohn, den sie über alle Maßen liebte. Der kleine Riese tollte gern in der Nähe des Palastes umher und war so übermütig und neugierig, dass er seiner Mutter oft Kummer bereitete, obwohl es nur harmlose Dinge waren, um die sie sich sorgte. Aber sie war in ihren kleinen Sohn wahrhaft unvernünftig verliebt und schon der geringste Anlass genügte, sie in Schrecken und Sorge zu versetzen.

Einmal geschah es, dass das Riesenkind auf einem Steckenpferd reiten wollte. Es brach sich eine junge Tanne ab, die am Rand eines moosigen Sumpfes wuchs. Wie sich aber der Junge mit der Tanne herumbalgte, gab das Erdreich nach und samt seiner Tanne plumpste er in den moorigen Schlamm. Er krabbelte wieder aus dem unfreiwilligen Moorbad heraus – aber, du lieber Himmel, wie sah er aus! Am ganzen Körper war er über und über mit stinkendem Morast bedeckt!

Der Riesenjunge lief heulend zu seiner Mutter ins Schloss. Frau Hitt kam auch gleich, beruhigte ihn und versprach ihm ein schönes neues Spielzeug zum Trost für die ausgestandene Angst. Dann befahl sie ihren Dienern, den Jungen ins Bad zu stecken. Damit auch nicht die geringste morastige Spur an ihm haften blieb, musste ihn die Dienerschaft nach dem Bade außerdem auch noch mit Milch und aufgeweichtem Weißbrot am ganzen Körper gründlich abreiben.

Es hat aber noch keinem gut getan, Milch und Brot, diese Gottesgaben, zu missbrauchen. Der Himmel verfinsterte sich plötzlich und ein gewaltiges Erdbeben erschütterte den Berg. Mit donnerndem Krachen stürzte der Kristallpalast der Frau Hitt in sich zusammen. Riesige Muren und Steinlawinen tosten die Berghänge herab, fegten die Wälder hinweg und bedeckten die grünen Almen und blühenden Gärten. Das Reich der Frau Hitt war vernichtet, sie selbst aber zu einem gewaltigen Felsen erstarrt. In Ewigkeit muss sie so stehen bleiben, ihren versteinerten Sohn in den Armen haltend.

Der Glungezer Riese

Weit hinten im Voldertal, wo der Glungezer seinen grauen Gipfel bis in die Wolken hinaufreckt, lag einst eine freundliche Alm. Ein friedlicher Hirtenkönig hatte dort seinen Palast und seine vier Töchter waren so schöne und liebreizende Mädchen, dass jedermann seine Freude an ihnen hatte. Rings um den Palast breitete sich ein herrlicher Garten aus, in dem die seltensten Blumen wuchsen. Überall gab es Springbrunnen und kleine Teiche, kurzum, es war eine Pracht, wie man sie selten findet. Die Tiere der Alpen weideten ohne Scheu in diesem Garten, die Königstöchter spielten und scherzten mit ihnen und die Tiere waren so zahm, dass sie ihnen aus der Hand fraßen. Die vier Mädchen fanden es auch nicht unter ihrer Würde, ins Tal zu den Hirten hinabzuwandern und ihnen mit Rat und Hilfe zur Seite zu stehen. Kein Wunder, dass die Hirten die Mädchen verehrten, als wären sie ihre Schutzgeister.

In dieses Bergparadies verirrte sich einst ein ungeschlachter Riese, dem es hier so gut gefiel, dass er oben auf dem Glungezer eine Hütte baute und nicht mehr ans Weiterziehen dachte. Nun war es freilich mit der Ruhe in dem freundlichen Tal zu Ende. Der Riesenkerl brüllte nachts so fürchterlich, dass die Felsen zitterten und in sich zusammenfielen und Steinmuren in die fruchtbaren Täler hinunterstürzten. Einmal sah der Riese die vier Töchter des Hirtenkönigs, wie sie über die

Der Glungezer Riese

Almwiesen spazieren gingen. Er schaute ihnen nach und sie schienen ihm so wunderbar schön, dass er sofort beschloss, eine von ihnen zur Frau zu nehmen.

Er schaute sich prüfend von Kopf bis zu den Füßen an, denn er wollte einen gebührenden Eindruck machen, wenn er um die Hand einer Königstochter anhielt. Der Kerl fand, dass er ein stattlicher Freier sei, seine Kleider ließen allerdings an Ordentlichkeit etwas zu wünschen übrig. So nähte er an seinen Bärenfellmantel neue Knöpfe aus Hirschhorn, riss einen Baum als Wanderstab aus und fuhr sich mit den knalligen Fingern ein paar Mal durch den borstigen Haarfilz. Dann strich er sich den struppigen Bart glatt – und fertig war der Riese zur Brautschau!

Dem guten König blieb das Herz fast stehen, als er diesen ungehobelten Brautwerber sah. Am liebsten hätte er den Riesen sofort wieder nach Hause geschickt, aber der Kerl vor ihm war so groß wie ein Kirchturm und so klotzig wie ein Felsen, so dachte der König, es sei besser, ihn nicht allzu sehr zu vergrämen, und sagte: »Euer Antrag ist eine Ehre für mich. Aber meine Töchter genießen die Freiheit, ihre Ehegatten selbst auszuwählen. Wenn eine von ihnen Eure Werbung annimmt, soll es an meiner Zustimmung nicht fehlen.« Darauf machte sich der Riese so niedlich, als er nur konnte, und brachte recht manierlich, wie es ihm vorkam, den vier Königstöchtern seinen Antrag vor. Aber er erreichte nur ein vierfaches Lächeln, das vier Körbe verzierte, die er bekam.

Der riesige Freier wurde darüber sehr böse und aufgebracht. Für ihn war die Werbung kein Spaß, sondern bitterer Ernst gewesen. Er stapfte aus dem Palast und schwor fürchterliche Rache zu nehmen. In der nächsten Nacht rollte er haushohe Felsblöcke vom Glungezer hinunter auf den Palast des Königs. Die Felsblöcke rollten und polterten zu Tal und rissen alles auf ihrem Weg mit, auch den Palast des Königs, der in einem tiefen Wildsee versank. Der Riese schleuderte nun so lange Felsblöcke hinunter, bis der See fast vollständig ausgefüllt war. Was von dem dunklen Wasser noch übrig blieb, heißt heute der »Schwarzenbrunn«. Das Gebiet ringsum ist von wirren Steintrümmern übersät, es ist unheimlich still dort und selbst die Tiere meiden diese wüste Stätte.

Der Riese war mit seiner Rache zufrieden und dachte, er könne nun auch ohne Braut glücklich sein. Aber nach einiger Zeit bekam er Mitleid mit den vier schönen Königstöchtern, die im See ertrunken waren. Er dachte an sie und fand keine Ruhe mehr. Reue begann ihn zu plagen. Nächtelang saß er am Ufer des Schwarzenbrunns und trauerte über den Tod der vier unschuldigen Mädchen. Er raufte sich die Haare und jammerte und heulte, bis sich selbst die Steine erbarmten und davon ganz weich und bröckelig wurden. Und endlich hat sich der Riese selbst verwunschen und wurde ein winziger Zwerg. Die Königstöchter aber wurden in Seejungfern verwandelt. In hellen Mondnächten schweben sie über das dunkle Gewässer und am Ufer sitzt ein kleines graues Männchen, eine kümmerliche, mit Baumbart überwachsene Gestalt, die sehnsuchtsvoll die Hände nach den lichten Wesen über dem Wasser ausstreckt. Wenn sich die schwankenden Gestalten in graue Nebelschleier auflösen, stürzt sich der Zwerg wie ein Stein in den See.

Und dann liegt der Wasserspiegel wieder glatt und schwarz da, bis zur nächsten Vollmondnacht.

Die saligen Fräulein

Unter den zauberischen Gestalten, die in den Bergen Tirols leben, stehen die saligen oder seligen Fräulein, die Wald- und Bergfrauen, an erster Stelle. Sie wohnen hoch oben im Gebirge, im Innern der Berge, und unter Felsen und Gletschern haben sie ihr herrliches Reich. Nur selten erlauben sie es einem Sterblichen, ihren geheimnisvollen Aufenthaltsort zu betreten. Wen sie für würdig erachten, dem zeigen sie sich und sind freundlich und hilfsbereit zu ihm. Ist aber dieser Mensch ein Schwätzer und plaudert überall das Geheimnis aus, so werden die verratenen Bergfrauen zornig und der unvorsichtige Plauderer kann gewiss sein, dass er seine Strafe erhält.

Die saligen Fräulein

Einmal wanderte eine arme Hirtenfrau aus dem Ötztal mit ihrem kleinen Sohn zur Alm hinauf, auf der ihr Mann die Schafe hütete. Unterwegs kam sie an einer Kapelle vorbei, kniete nieder und betete, ihr kleiner Sohn aber spielte am Wegrand. Plötzlich stürzte sich ein Lämmergeier herab und entführte den Knaben vor den Augen der Mutter. Der Zufall wollte es, dass sich der Geier mit seinem Raub auf einem Felsblock unweit der Stelle niederließ, wo der Hirte seine Herde weidete. Der Mann verscheuchte den Vogel mit Steinwürfen und rettete so sein eigenes Kind. Ihm schien es ein glücklicher Zufall zu sein, in Wirklichkeit aber hatten die drei saligen Fräulein ihre Hand im Spiel. Sie wohnten oberhalb der Alm unter einer mächtigen Felswand, die Mohrin genannt wurde. Die drei saligen Fräulein hatten den räuberischen Geier gezwungen auf den Felsblock zu fliegen, der in der Nähe des Hirten lag, und der Mann hätte mit seinen Steinwürfen niemals den großen Vogel verjagen können, hätten ihm nicht die saligen Frauen dabei geholfen.

Von da an trieb den Knaben eine unstillbare Sehnsucht hinauf in die Berge. Als er heranwuchs, wurde er ein kühner Bergsteiger und ein verwegener Schütze, der auf die unzugänglichsten Felsen kletterte und die flüchtigen Gämsen erlegte. Immer wieder zog es ihn in die Nähe der Mohrin. Dort, auf einer eis- und schneebedeckten Felsplatte oberhalb der Mohrin, gäbe es Gämsen in Scharen, so erzählte das Volk, auch Steinböcke sollten dort noch hausen. Kein Jäger aber war bisher in dieses geheimnisvolle Gebiet vorgedrungen. Unserem tollkühnen jungen Mann ließ diese Geschichte keine Ruhe und eines Tages kletterte er die steilen Felswände der Mohrin hinauf. Sein Wagnis endete damit, dass er weder vorwärts noch rückwärts konnte, er rutschte aus, schlug mit dem Kopf auf einem Felsen auf und verlor für längere Zeit das Bewusstsein.

Als der Jäger wieder zu sich kam, ruhte er auf einem Lager aus Speik und Edelweiß im kristallenen Palast der drei saligen Fräulein, die ihm zum zweiten Mal das Leben gerettet hatten. Der junge Mann hatte noch niemals so schöne Frauen gesehen, er konnte sich an ihnen nicht satt sehen und vergaß alle Schmerzen. Drei Tage lang pflegten sie ihn, er durfte in ihrem Palast umhergehen, ihren Zaubergarten im

Berg-innern bestaunen und die seltsamen Tiere bewundern, die dort lebten.

Nach drei Tagen erlaubten ihm die saligen Frauen zu seinen Eltern zurückzukehren. Bevor er sie verließ, nahmen sie ihm aber ein dreifaches Versprechen ab. Er müsse sich an dieses Versprechen halten, so sagten sie, wenn er sie je wieder sehen oder drunten im Tal glücklich sein wolle. Vor allem musste er geloben, niemals ein Sterbenswörtchen zu verraten, dass er die saligen Fräulein gesehen habe. Dann musste er schwören, nie ein Tier der Alpen zu töten oder zu verfolgen, weder Gämse noch Alpenhase oder Schneehuhn. Und drittens durfte er keinem Sterblichen je den Weg weisen, der zu ihrem Palast führte.

Viertens – aber das ließen sie ihn nicht feierlich schwören, denn nach Ansicht der saligen Fräulein verstand sich das von selbst – sollte er sie stets lieben und ehren und nie ein irdisches Mädchen freien. Wer würde aber eine Sterbliche lieben, wenn er stattdessen die Wahl hat, die lichten Zaubergestalten zu verehren?

Der Jäger versprach alles feierlich, dann nahmen sie zärtlich Abschied und die saligen Frauen geleiteten ihn zu einer tiefen Kluft, die bis auf den Grund des Berges hinabreichte. Unten aber, wo die brausende Ache aus dem Berginnern entspringt, lag unter dichten Alpenrosenbüschen ein schmaler Ausgang ins Freie. Bevor sie ihn hinabsteigen ließen, sagten sie ihm noch, dass er sie in jeder Vollmondnacht besuchen und drei Tage bei ihnen bleiben dürfe.

Als der junge Mann nach Hause kam, war er wie umgewandelt. Es war ihm, als habe er geträumt, und wie im Traum befangen ging er umher. Bald nannte man ihn nur noch den Träumer. Er wollte weder tanzen noch singen, mied seine gleichaltrigen Freunde, und die Jagd konnte ihn nicht mehr reizen. Aber in jeder Vollmondnacht eilte er zur Felsenkluft unter der Mohrin und schlüpfte zwischen den blühenden Alpenrosen in die dunkle Öffnung hinein, die den Zugang zum Reich der saligen Fräulein bildete. Drei Tage war er Gast der bezaubernden Mädchen und stundenlang konnte er ganz verzückt ihrem Gesang zuhören.

Daheim aber schlich er müde umher, nichts mehr konnte ihn freuen, alles schien ihm trostlos zu sein. Seine Wangen wurden bleich, seine

Die saligen Fräulein

Augen trüb und matt, und Eltern und Freunde konnten sich nicht erklären, was mit dem früher so kraftstrotzenden Burschen geschehen war. Sie meinten, er sei krank, und drängten ihn zu sagen, was ihm fehle, aber er wehrte sie ungeduldig ab und sagte, es gehe ihm gut und alles sei in bester Ordnung.

Mit der Zeit kamen die Eltern dahinter, dass er in jeder Vollmondnacht das Haus verließ und erst nach drei Tagen zurückkehrte. Sie schlichen ihm das nächste Mal heimlich nach und kamen bis zum Eingang zum Reich der saligen Fräulein. Als die Mutter sah, wie ihr Sohn durch die dunkle Öffnung in das Berginnere hineinschlüpfen wollte, rief sie beschwörend seinen Namen. Im gleichen Augenblick erschütterte ein gewaltiger Donnerschlag den Berg, Felsblöcke und Steingeröll kollerten von den Hängen ringsum und vor den Augen des entsetzten jungen Mannes rückten die Felsen zusammen und verschlossen den Eingang zum Palast seiner drei Fräulein. Er fand den Eingang niemals wieder, so oft und so eifrig er auch danach suchte.

Nun stand es erst recht übel mit dem jungen Mann. Er wurde noch bleicher, er lächelte und lachte nicht mehr, schlich trübsinnig umher und nichts auf der Welt konnte ihm mehr Freude machen. Seine Mutter weinte, sein Vater schalt, aber er wollte von nichts wissen und niemand konnte ihn trösten. Stundenlang grübelte er über sein Schicksal nach, vernachlässigte seine Arbeit und verfluchte sein unseliges Geschick. So ging es den ganzen Sommer, bis der Herbst kam und die Herden die Almen verließen.

Als der Winter seine ersten Schneeschauer auf die verlassenen Almweiden schüttete, kamen ein paar alte Freunde in das Haus des Hirtensohnes und begannen ihre Geschichten von Jagd und abenteuerlichen Klettereien zu erzählen. Sie wollten zur Platte bei der Mohrin hinaufsteigen und redeten die ganze Zeit, wie viele erlegte Gämsen sie nach Hause bringen würden. Der junge Mann hörte erst teilnahmslos wie immer zu, aber langsam bekamen seine bleichen Wangen Farbe, und dann lauschte er mit funkelnden Augen. Die Jagdleidenschaft war nie ganz in ihm erloschen, zum ersten Mal regte sie sich wieder. Vielleicht war es aber auch ein anderer Gedanke, der ihn trieb, sich seinen Freunden anzuschließen. Es sollte hinaufgehen in jenes Gebiet, wo die saligen Fräulein hausten. Noch einmal wollte er versuchen, den Weg zu ihnen zu finden – und sollte es ihn auch das Leben kosten!

Der junge Mann brachte sein Jagdzeug in Ordnung, holte seinen Stutzen und schloss sich am frühen Morgen den anderen Wilderern an. Eine Zeit lang ging er mit ihnen, dann waren sie ihm zu langsam und er eilte voraus. Er lief rascher und rascher, stieg immer höher, und schließlich war er ganz allein hoch oben im schroffen Felsgeklüft der Ötztaler Berge. Es war ihm so leicht ums Herz wie schon lange nicht. Die erste Gämse tauchte vor ihm auf, aber mit einem Pfiff verschwand das wachsame Tier hinter einem Grat. Der junge Mann kletterte den Grat hinauf und gewahrte nicht weit unter sich, aber außer Schussweite, auf einer kleinen Matte ein starkes Rudel Gämsen. Ein einzelnes Tier war ihm aber ziemlich nahe. Er schwang sich von Fels zu Fels, jagte dem flüchtigen Wild nach, bis das geängstigte Tier nicht mehr weiterkonnte und vor einem tiefen Abgrund stehen blieb. Schon legte er den Stutzen an, da hörte er in der Stille der Berge einen seltsamen Laut, es war, als klage ein Mädchen! Aber nun hatte den jungen Mann die Jagdleidenschaft erfasst, er achtete nicht darauf, zielte und schoss – plötzlich strahlte ein heller Lichtschein auf. Die Gämse stand unverletzt da, vor ihr schwebten die drei saligen Fräulein. Ein wunderbarer Schimmer ging von ihren weißen Gewändern aus. Der junge Mann wollte auf sie zueilen, streckte schon die Arme aus, aber sie sahen ihn so streng und abweisend an, dass er, der ihre Gesichter nie anders als freundlich und liebevoll gesehen hatte, von Grauen erfasst wurde. Er wich einen Schritt zurück und stürzte in die Schlucht.

Seine Kameraden fanden ihn später tot in den Felsen. Die drei saligen Fräulein aber zeigten sich nie wieder.

Tannen-Eh', die Stadt unter dem ewigen Eis der Ötztaler Ferner

Hoch oben in den Bergen Tirols lag vorzeiten eine reiche und blühende Stadt, die Tannen-Eh' hieß. In dieser Stadt lebten gute und glückliche Menschen und führten ein wahrhaft paradiesisches Dasein. Es gab keinen Zank und Streit, niemand tat dem anderen Übles an und die Bewohner lebten in ewigem Frieden miteinander. Auch das Bergwild hatte seine Ruhe, kein Jäger verfolgte es; Haustiere und Alpenpflanzen, Früchte und Beeren boten den Menschen reichliche Nahrung. Es gab keinen Unterschied zwischen reich und arm. Wer mehr sein Eigen nannte, teilte ungebeten mit den Minderbemittelten. So ging es lange Zeit und der Segen des Himmels lag über der Stadt.

Aber im Lauf der Jahre änderte sich dieser glückliche Zustand. Der wachsende Reichtum erweckte in vielen die Sucht nach Gewinn. Geiz, Habsucht und Neid breiteten sich aus und bald lebte so mancher rechtschaffene Bewohner der Stadt in Elend und Not.

Die Reichen und Mächtigen der Stadt aber wurden immer übermütiger und eines Tages beschlossen sie: »Wir wollen einen Turm bauen, dessen Spitze bis in den Himmel hineinragt, damit unsere Stadt bei allen Völkern der Erde bekannt und berühmt wird. In den Turm wollen wir eine Glocke hängen, die weithin über die Täler und Berge klingen soll. Diese Glocke aber wollen wir nur für uns läuten, die wir Reichtum, Macht und Ansehen haben, sie soll allen unseren Ruhm verkünden. Für die Armen wollen wir sie nicht läuten lassen, denn sie haben weder Ehre noch Ansehen und sind zu nichts brauchbar.«

Die Armen beschwerten sich über diese unwürdige Behandlung, doch die reichen Herren überhörten ihre Klagen und ließen das arme Volk ihre Verachtung fühlen. Aber noch im gleichen Jahr wurde die Stadt vom ersten Unglück heimgesucht. Kälte und Frost vernichteten die Feldfrüchte und im Herbst brach eine Hungersnot aus. Die armen Leute litten unsäglich, die Reichen aber verschlossen ihre Truhen und

Tirol

Vorratskammern, lebten weiterhin im Überfluss und verspotteten die Hungernden. Sie sollten nur sterben, so meinten sie, das sei das Beste für solche Hungerleider, da kämen sie gleich in den Himmel und auf Erden seien sie doch nur unnütze Esser. Und wirklich starben viele Bewohner der Stadt vor Hunger.

Als der Winter anbrach, fing es an zu schneien. Der Schnee fiel immer dichter und dichter, es schneite tage- und wochenlang. Bald reichte der Schnee bis an die Fenster empor, dann bis an die Dächer, und die Bewohner der Stadt wussten sich keinen Rat mehr. Sie läuteten ihre Glocke, um Hilfe aus dem Tal herbeizuholen. Aber der Klang der Glocke drang nicht durch das dichte Schneegestöber. Kein Mensch vernahm den Notruf der Glocke und niemand kam den Bewohnern von Tannen-Eh' zu Hilfe. Der Schnee fiel weiter, immer dichter und dichter, und hüllte die einst glückliche Stadt in ein weites weißes Leichentuch. Nur der riesige Turm war noch nicht von Schnee bedeckt, aber glitzerndes Eis hatte ihn überzogen und er ragte wie eine mächtige Silbernadel zum Himmel empor.

Diese eisumstarrte Felsnadel erhebt sich noch heute über den Ötztaler Fernern und das ewige Eis des Weißkugelgletschers bedeckt die früher so glückliche Stadt Tannen-Eh'.

Hitte-Hatte und der Riese Jordan im Gurgltal

Östlich vom Ungarberg oberhalb von Strad im Gurgltal, das sich von Imst gegen Nassereith zu zieht, liegt hoch über einer Grotte im Berg in der Nähe einer unheimlichen Felsschlucht ein freier Platz. Die Grotte war der Eingang zur Wohnung der saligen Fräulein, auf dem freien Platz in der Nähe der Felsschlucht aber hauste vorzeiten in einem roh behauenen Blockhaus ein riesiger wilder Mann mit seiner nicht minder riesigen Gefährtin.

Dieser Riese, der Jordan hieß, unternahm weite Raubzüge in die Umgebung, verschleppte Kinder und Vieh und verzehrte die Beute dann in seiner Hütte. Vor allem hatte er es auf die saligen Fräulein abgesehen, die er entweder tötete oder in unterirdischen Höhlen eingesperrt hielt.

Eines Tages schleppte er ein junges saliges Fräulein nach Hause, das er in der Nähe der Saligen-Grotte überrascht und gefangen hatte. Das zitternde Geschöpf war vor Angst schon mehr tot als lebendig. Lachend warf der Riese es seiner wilden Ehefrau zu und rief: »Mach ihr den Garaus! Ich habe Hunger!«

»Mann«, sagte die Wilde, »lass das junge Ding leben, ich kann es gut in der Wirtschaft brauchen!«

»So!«, schrie der Riese. »Wo hättest du es denn gern?«

»In der Hütte hätte ich es gern«, antwortete das Weib, »da könnte es mir allerlei Dienste verrichten.«

Der Riese Jordan spottete ihr nach: »Hütte – hätte – Hitte-Hatte!« Dann lachte er und sagte: »Nun meinetwegen! Nimm dir deine Hitte-Hatte und mach dir ein williges Werkzeug daraus! Da haben wir nun neben der schwarzen Katze noch eine weiße.« Das Ehepaar hielt sich nämlich eine schwarze Katze.

Das arme salige Fräulein wurde von nun an nur noch mit dem Namen »Hitte-Hatte« gerufen. Es musste alte schmutzige Magdkleider anziehen und bei dem Riesenpaar die niedrigsten Arbeiten leisten. Das Mädchen war aber fleißig und geschickt, arbeitete vom frühen Morgen bis in die späte Nacht hinein und fügte sich ohne Murren in ihr hartes Los, sodass die Wildfrau zufrieden war und sich recht freundlich gegen ihre Dienerin zeigte, soweit dies bei der wilden Wesensart einer Riesin eben möglich war. Auch für die Katze sorgte die Salige gut, stellte ihr immer pünktlich den Futternapf hin und ließ sie sogar in ihrem eigenen Bett schlafen. Und die Katze gewöhnte sich bald an ihre Betreuerin, umstrich sie schnurrend und folgte ihr auf Schritt und Tritt.

Aber das salige Fräulein sehnte sich doch von dem Riesenpaar fort. Eines Tages, als der Riese aus dem Haus war und seine Frau am helllichten Tag selig schlief, benützte das Fräulein die Gelegenheit und floh ins Tal hinunter. Hinter ihr her trippelte die schwarze Katze, als ahne sie das Vorhaben ihrer Freundin, die sie nicht mehr verlassen wollte. So kam es, dass eines Abends bei einem Bauern im Tal ein hübsches Mädchen, dem eine große schwarze Katze nachschlich, die Stube betrat und um Arbeit bat. Der Bauer war ein gutmütiger, aber etwas schwerfälliger Mann. Seine Wirtschaft ging nicht recht vorwärts, es gab zwar Arbeit genug, doch das Essen reichte nicht immer, und auch der Lohn war knapp. Deswegen hielten es die Dienstboten nie lange im Haus aus und der Bauer war fortwährend auf der Suche nach neuen Knechten und Mägden. Als nun das hübsche kräftige Mädchen seine Dienste anbot, fragte er nicht lange nach dem Woher und Warum und stellte die neue Magd ein.

Das salige Fräulein versah seinen Dienst mit Lust und Liebe. Die Arbeit ging ihm flink von der Hand und alles geschah pünktlich und zur rechten Zeit. Es war ein Vergnügen, ihr bei der Arbeit zuzusehen. Mit der neuen Magd zogen Wohlstand und Glück in das Bauernhaus ein. In der Behandlung des Flachses war sie eine wahre Meisterin und das Vieh gedieh prächtig unter ihren Händen. Sie sprach wenig und nie ein unnützes Wort, still und bescheiden arbeitete sie im Haus und auf den Feldern, und die Bauersleute, die bald erkannt hatten, welche Perle ihnen da zugefallen war, ließen sie ruhig gewähren. Ihr Liebling war die schwarze Katze, die sie wie ein Kind hegte und pflegte. Und die Katze dankte es ihrer Beschützerin durch treue Anhänglichkeit.

Nur ein Gedanke ängstigte Hitte-Hatte, das war die Furcht vor dem Riesen. Als die Magd aus seiner Hütte entflohen war, hatte er schrecklich getobt und gewütet. Er hatte sein Weib für seine Wut büßen lassen und sie tüchtig verprügelt, denn es war ihre Schuld gewesen, dass das Mädchen am helllichten Tag hatte entfliehen können. Der Riese hatte den ganzen Berg nach der Flüchtigen abgesucht und sie dann auch unten im Tal bei dem Bauern entdeckt. Aber im Tal standen überall Kreuze und Bildstöcke, dort war seine Macht zu Ende und er konnte dem Mädchen nichts mehr anhaben.

So verstrichen ein paar Jahre. Man hatte schon geraume Zeit von dem Riesen nichts mehr gehört. Was war aus dem wilden Mann geworden? Er war unterdessen elend umgekommen.

Nun konnte Hitte-Hatte ohne Angst und Furcht bei dem gutmütigen Bauern ihrer Arbeit nachgehen.

Der Schatz im Schloss Fragenstein bei Zirl

Oberhalb Zirl stehen die Mauerreste der Burg Fragenstein, in denen große Schätze vergraben liegen sollen. In den vergangenen Zeiten erschien oft in der Nähe des Schlosses ein Jäger in einem grünen Wams und forderte die am Schlossberg arbeitenden Leute auf, nach dem verborgenen Hort zu suchen. Doch keinem ist es bisher geglückt, den Schatz zu finden.

Einmal hatten sich mehrere Männer zusammengetan und waren nahe daran, den Schatz zu heben. Sie hatten bereits ein tiefes Loch in den Schutt gegraben und sahen schon eine eiserne Kiste. In diesem Augenblick erhob sich ein so grässlicher Lärm, dass die Schatzsucher glaubten, der Teufel sei hinter ihnen her. Entsetzt warfen sie ihre Schaufeln und Hacken fort und suchten das Weite.

Ein anderes Mal sollte eine Magd in dem kleinen Häuschen nahe der Schlossruine zur Winterszeit frühmorgens Feuer anmachen und die Stube heizen. Sie stand noch vor Tagesanbruch auf und beim Ankleiden schaute sie zufällig aus dem Kammerfenster. Da sah sie vor dem Haus einen großen Haufen glühender Kohlen. »Nun kann ich mir das Feuerschlagen mit Stein und Schwamm ersparen«, dachte sie und holte sich vom Kohlenhaufen Feuer.

Zu ihrer Überraschung sah sie zwei schöne, schwarz gekleidete Frauen dort sitzen, die ihr freundlich zunickten und sie durch Gesten aufforderten, nur möglichst viele Kohlen in die mitgebrachte Pfanne zu schaufeln. Das Mädchen nahm, so viel es brauchte, und wollte damit ins Haus eilen. Aber die beiden Frauen winkten ihr bittend zu, sie solle doch noch mehr nehmen. Da füllte die Magd ihre Pfanne fast ganz an, die Frauen ließen sie aber noch nicht fort und baten, sie möge doch alle Kohlen wegtragen. Die Magd häufte so viele Kohlen in die Pfanne, bis sie über und über voll war, und ging ins Haus.

Wie staunte sie, als sie im Haus drinnen die Kohlen ausleerte! Sie waren samt und sonders zu funkelnden Dukaten verwandelt worden. Das gefiel der Dirne und sie eilte nochmals hinaus zu den vermeintlichen

Kohlen, um den Rest einzusammeln. Aber als sie hinauskam, waren Kohlen und Frauen verschwunden, und sie sah vor sich nur die Ruinen des Schlosses, die ihr plötzlich recht unheimlich und gespenstisch vorkamen.

Die Silbertäufer von Hötting

Im Höttinger Gebirge unweit des Solsteins befand sich einst ein großes Silberbergwerk, das reiche Ausbeute lieferte. Es mag wohl schon mehrere hundert Jahre her sein, da fanden die Bergknappen eines Tages einen so großen Silberklumpen, dass er nur mit Mühe und Not zu Tage gefördert werden konnte. Vier Ochsen waren notwendig, den Wagen mit der wertvollen Last zur Münzstätte nach Hall zu fahren.

Dreizehn Knappen begleiteten den Wagen. Die Burschen waren vor Freude übermütig geworden und als sie zum Knappenwirtshaus in Hötting kamen, wollten sie nicht mehr weiter, sondern zuerst einmal auf ihre Gesundheit trinken. Der Durst war groß und der Wein nicht übel und bald waren sie ihrer Sinne nicht mehr ganz mächtig. Das wäre nun nicht das Ärgste gewesen, aber sie kamen in ihrem Rausch auf die tollsten Gedanken, und einer von ihnen rief: »Brüder, wie wäre es, wenn wir unser silbernes Kind auf dem Wagen einmal ordentlich tauften!« Die anderen stimmten ihm jubelnd zu und der Wirt, der sich ein weiteres gutes Geschäft erhoffte, hatte auch nichts dagegen. Nur einer der Knappen riet ihnen ernstlich ab, ihm schien dieses Spiel denn doch zu toll zu sein.

Aber die betrunkenen Kerle ließen sich nicht mehr abhalten, ihre unsinnige Absicht in die Tat umzusetzen. Jeder der zwölf Knappen nahm ein Schaff voll Wein und goss es über den Silberklumpen, der vor der Tür auf dem Wagen lag. Und wenn der einzige vernünftige Knappe es einem zu wehren suchte, so rannte der erst recht ins Haus und holte ein neues Schaff mit Wein und schüttete es lachend und spottend wiederum über den Klumpen.

So trieben sie es eine Weile, dann wurde ihnen dieses Spiel langweilig und sie fuhren nach Hall weiter, wo der Klumpen sogleich in die Silberschmelze kam. Kaum aber war das Erz geschmolzen, da wallte es brausend und schäumend auf, der Schmelzofen zerbarst mit einem donnerähnlichen Krachen und eine riesige blaue Flamme schlug empor. In der gleichen Stunde starb der Wirt im Knappenwirtshaus, der Schlag hatte ihn getroffen. Der Übermut der Knappen aber wurde dadurch nicht im Mindesten gedämpft, ja, sie kehrten auf dem Rückweg in Hötting im selben Gasthaus ein, zechten und tanzten die halbe Nacht hindurch und ließen sich in ihrem tollen Treiben auch dadurch nicht stören, dass der Wirt im Nebenraum auf der Bahre lag. Die Knappen wurden immer ausgelassener, verzierten sich die Hüte mit Bratwürstchen, steckten runde Brotscheiben an Stelle der Gämsbärte hinter die Hutschnur und befestigten die goldgelben Schmalzküchlein als Rosetten an den Schuhen. Der Morgen dämmerte schon, als sie schwankend und grölend ihren Weg zur Silbergrube fortsetzten.

Kaum waren die zwölf Knappen wieder in den Schacht eingefahren, als ein Grollen und Donnern den Berg erschütterte. Ein gewaltiger Bergsturz begrub die Männer in der einbrechenden Silbergrube. Keiner von ihnen sah je wieder das Tageslicht, nur der Dreizehnte, der die Silbertaufe vergeblich zu verhindern gesucht hatte, blieb am Leben, da er nicht mit den anderen in den Berg eingefahren war.

Der Ziereinersee

Auf den Höhen des Sonnwendjochs unweit des Achensees liegt der tiefe, dunkle Ziereinersee inmitten der Einsamkeit der Berge. Forellen huschen durch das klare Wasser, am Ufer ducken sich kümmerliche Legföhren. Die ganze Umgebung ist voller Spalten, Löcher und Höhlen, und eine dieser Höhlen – so erzählte man sich in den alten Zeiten – führte tief in den Felsen hinein zur Wohnung einer Seejungfrau. Wer sich hineinwagte – aber es sind gewiss nicht viele gewesen, die den Mut dazu fanden –, gelangte zu einem unterirdischen See, dem Aufenthaltsort der schönen Seejungfrau. Schätze sollen dort verborgen liegen, die so unermesslich groß sind, dass sich niemand davon eine Vorstellung machen kann. Etwas weiter vom See entfernt liegt die Grausenhöhle. Das ist ein weites, unheimliches Felsengewölbe, und wer sich da hineinwagt, dem geht es schlecht. Er wird mit einem Hagel von Steinwürfen empfangen; wer aber die Steine wirft, das weiß bis zum heutigen Tag niemand.

Einmal kam ein Gamsjäger in die Nähe des Sees. Es war gerade die Stunde, zu der das Seefräulein die Fische fütterte und die Blumen in ihrem Garten goss. Der Jäger blieb stockstill stehen, mit klopfendem Herzen starrte er auf die schöne Erscheinung, die ihm lieblicher schien als alle Mädchen, die er bisher gesehen hatte. Er verliebte sich sofort und über alle Maßen in das schöne Geschöpf. Sie war aber auch wunderhübsch anzusehen. Am Saum ihres weißen Kleides trug sie eine Reihe schimmernder Perlen, die ihn mit ihrem Glanz fast blendeten. Plötzlich gewahrte er, wie ein großer, grüner, scheußlicher Drache aus einem Felsloch herauskroch. Schnuppernd blinzelte das Untier in das helle Sonnenlicht, dann kroch es vollständig aus dem Loch heraus und entfaltete die gewaltigen Flügel. Das Ungeheuer riss den schaurigen Rachen auf und wollte sich auf das Fräulein stürzen.

Blitzschnell griff der Jäger nach seinem Stutzen, steckte eine geweihte Kugel in den Lauf und schoss auf den Drachen. Er traf ihn tödlich am Kopf. Das Untier überschlug sich und kollerte bis zu den Füßen der Seejungfrau hinab und verendete dort. Die Seejungfrau schaute zu dem Schützen hin, der ihr Leben gerettet hatte, lächelte und winkte ihn zu sich. Der junge Mann tat nichts lieber als das. Er lief zu ihr hin, kniete vor ihr nieder und sagte ihr, sie sei das schönste und beste Geschöpf der Welt und er würde mit Freuden für sie sterben. Sie gab aber keine Antwort, lächelte nur, nahm ihn bei der Hand und führte ihn in ihre Seehöhle. Dort glimmerte und gleißte und funkelte es von allen Wänden, dass der Jäger geblendet die Augen schließen musste. Als er sie wieder aufmachte, lagen um ihn Edelsteine und Gold aufgehäuft wie in der Schatzkammer eines reichen Königs. Die Seejungfrau aber tauchte gerade ins Wasser hinab und winkte ihm noch einmal zu, bevor sie verschwand.

Der Jäger stürzte zum Wasser und begann zu klagen. All diese Schätze erschienen ihm wertlos, wenn er an das schöne Fräulein dachte. Nach einiger Zeit beruhigte er sich wieder. Es war ihm, als hörte er von allen Wänden flüstern: »Nimm! Nimm! Es gehört dir!« So stopfte er sich denn trübsinnig die Taschen voll und kehrte an die Oberwelt zurück. Nach einiger Zeit tröstete er sich und begann sich über den Reichtum zu freuen, den er nun besaß, und er konnte ihn wohl brauchen, denn er war ein armer Bursche. Zeit seines Lebens aber hat er dem Seefräulein ein dankbares Andenken bewahrt.

Im Ziereinersee soll aber nicht nur das freundliche Seefräulein leben, der See soll unendlich tief sein und unheimliche Kräfte in sich bergen. Man meint, dass der Seeboden tief unten in der Höhe des Inntales liegt. Von den Fischen im See erzählt man, sie seien verwandelte arme Seelen, die auf ihre Erlösung warten. Wenn die Letzte dieser armen Seelen befreit ist, trocknet der Ziereinersee aus. Dann wird man von seinem Grund in das Innere des Berges gelangen und dort reiche Schätze finden.

Das Kasermandl von Oberwalchen

Einmal, im Spätherbst, als das Vieh schon von den Almen heruntergebracht worden war, gingen ein Tuxer, ein Voldersberger und ein Wattenberger durch das Wattental. In Walchen kehrten sie ein und vergönnten sich einige Gläschen bitteren Enzians. So ein scharfes Gesöff brauchten sie auch bei ihrer schweren Arbeit im Holz und auf der Alm. Wie nun die drei beisammensaßen, tranken und lustig waren, schaute der Tuxer von ungefähr durchs Fenster hinaus und sah in der nicht weit entfernten Almhütte einen hellen Lichtschein aufglänzen.

»Sapperment!«, schrie der Tuxer erbost. »Ist das höllische Kasermandl schon wieder auf der Alm eingezogen!«

»Pst!«, machte der Wirt und flüsterte: »Halt den Mund! Nicht so laut! Schimpf nicht über ihn. Das ist ein ganz verflixter Bursche. Er wird dir noch den Hals umdrehen, wenn du ein Wort über ihn sagst, das ihm nicht passt. Diesen Sommer hat er mir einmal die Kühe mit einer Kette zusammengehängt, dass ihnen die Köpfe anschwollen und die Augen herausstanden wie Krebsen. Versteht sich, dass der Senner ihn einen Teufelskerl geheißen hat, einen vermaledeiten. Und was geschieht? In der folgenden Nacht erwürgt das Mandl dem Senner die beste Kuh und stößt ihm die Pfeife in die Kehle, dass der Senner seither nie mehr geflucht hat. Lammfromm ist er geworden.«

Die Wirtin nickte eifrig mit dem Kopf und sagte, ihr Mann habe ganz und gar Recht, und erzählte noch dazu: »Ja, ja, so einem Almgeist in Gestalt eines Kasermandls (Senners) soll man nicht trauen. Eine große und schwere Sünd muss er abbüßen. So sagt man wenigstens. Er läuft aber auch immer über die ganze Alm, bis er niederfällt und so todmüde ist, dass er kaum noch atmen kann. Das ist ja gar kein Kasermandl, Leute, ich sag euch, das ist der frühere Besitzer der Alm, der verwunschen ist, weil er seinem Nachbarn ein Drittel des Almbodens gestohlen hat. Zur Strafe dafür muss er die Grenzen der Alm abjagen, bis in alle Ewigkeit.« »Haha, liebe Frau«, rief der Tuxer, »da muss ich nur lachen! Geist, Mensch oder Hund, das gilt mir gleich. Ich fürchte mich vor niemandem.«

Also stand er auf, ging aus dem Wirtshaus, stellte sich auf den Brunnentrog und rief: »Komm her, du höllischer Kerl, du verflixter Lotter! Ich habe keine Angst vor dir!«

Aber er hatte noch nicht ausgeredet, da stand auch schon der Almgeist vor ihm, ein graues Minnchen vom Wirbel bis zur Zehe, und streckte drohend den Arm aus. Da war's mit dem Mut des Tuxers vorbei, flink wie ein Hase sprang er vom Brunnentrog hinein ins Haus und verriegelte die Tür. Mit klopfendem Herzen hockten nun alle rund um den Tisch und warteten, was weiter geschehen würde. Aber draußen blieb es still und ruhig, und schließlich meinten die Freunde des Tuxers, das Ganze sei nur eine Täuschung gewesen, und begannen ihn mit seiner Spukgestalt zu hänseln. Sie tranken noch ein paar Gläschen Enzian und meinten, nach dem Schrecken hätten sie das verdient, dann stiegen sie ins Heu und wollten schlafen. Aber kaum hatten sie sich ins Heu gelegt, da ging der Tanz los. Es war ein Höllenlärm, ein Dröhnen, Stampfen und Toben, dass die armen Kerle glaubten, das Trommelfell würde ihnen zerspringen. Vor allem schien es der unsichtbare Quälgeist auf den Tuxer abgesehen zu haben. Da kamen Melkkübel, Butterfässer, Tragkörbe, Heugabeln und Ketten geflogen! Der Tuxer wühlte sich in Todesangst tief ins Heu hinein, sonst wäre es auch um ihn geschehen gewesen. Schließlich trampelte das zornige Kasermandl mit den Füßen auf dem wehrlosen Tuxer herum, riss ihn bei den Haaren und zauste ihn jämmerlich. »Um Gottes willen, helft mir, helft mir!«, schrie der Tuxer in Todesangst, bevor er vor Schmerz und Schreck das Bewusst- sein verlor.

Seine beiden Freunde hörten den Höllenlärm, helfen konnten sie ihm aber nicht, weil das Kasermandl sie verhext hatte. Sie konnten beim besten Willen nicht einmal einen Finger rühren. Am anderen Morgen fanden sie den Tuxer wie tot im Heu liegen, zerkratzt und zerschunden und voll blauer Beulen. Zum Glück war der Wirt ein guter Viehdoktor. Er wusste auch für den armen Tuxer Rat, brachte ihn zu sich und dokterte den ganzen Vormittag an ihm herum, bis er wieder auf den Beinen stehen konnte.

Am Nachmittag traten die drei bescheiden und kleinlaut den Heimweg an. Besonders der großmäulige Tuxer trottete wortlos hinter seinen Gefährten her und verwünschte im Stillen seine Prahlerei, die die Rache des Kasermandls herausgefordert hatte.

König Serles

Aus der Steinwildnis des Stubaitales ragen drei mächtige Felszinnen in den Himmel. Schon vom Inntal aus sind sie deutlich sichtbar. Sie gehören zu dem zerklüfteten Felsgewirr eines gewaltigen Bergkolosses, der die »Serles« oder auch die »Waldrastspitze« genannt wird.

Vor langer, langer Zeit herrschte dort ein wilder, stolzer König, der Serles hieß. Er war grausam und jähzornig und seine Frau und seine Diener waren um kein Haar besser als er.

König Serles war ein leidenschaftlicher Jäger und Hunde und Pferde galten ihm weit mehr als Menschen. Hatte er ein Wild aufgespürt, so hetzte er wie der Teufel dahinter her. Manchmal konnte es geschehen, dass ein flüchtiger Hirsch in den weidenden Herden der Bergbewohner Zuflucht suchte; dann sprengte König Serles mit seinem Begleitern mitten unter die friedlich grasenden Tiere, die in wildem Schreck auseinander stoben. Der König hielt das für einen Riesenspaß und hetzte seine Hunde auf die Herde und das Wild, bis die wütende Meute alles, was auf vier Beinen lief, zerrissen hatte. Die Hirten mussten dabeistehen und zuschauen und durften ja nicht wagen, ein Wort dawiderzureden. Der Tyrann hätte sich nicht gescheut, die rasenden Hunde auch auf sie loszulassen.

Wenn König Serles »Lustige Jagd« schrie, waren Hirten und Herden ihres Lebens nicht mehr sicher. Seine Frau und seine Diener nahmen stets an dieser wilden Jagd teil und waren nicht weniger grausam als der König selbst.

Wieder einmal hatte der König einen von den Hunden aufgespürten Hirsch verfolgt, der sich auf seiner Flucht unter einer weidenden Rinderherde zu verbergen suchte. Als der König mit seiner Meute heranstürmte und die Hunde nicht nur den Hirsch niederrissen, sondern auch die Rinder anfielen, griff einer der Hirten, der mutiger war als die anderen, zur Armbrust und schoss einen der Hunde des Königs nieder. König Serles geriet in einen unbändigen Zorn, noch dazu stachelten ihn seine Frau und die Diener an, so hetzte er die ganze Hundemeute auf den mutigen Hirten. Lachend sah die königliche Gesellschaft zu, wie der Mann von den Hunden zerrissen wurde.

Plötzlich verfinsterte sich der Himmel und ein so entsetzliches Unwetter brach los, dass es mit einem Schlag so stockfinster wurde wie mitten in der Nacht. Eine Stunde lang tobte das Gewitter, dann wurde der Himmel wieder klar und die Sonne schien wieder. König Serles und seine Schar aber waren spurlos verschwunden. Verschwunden war auch das Königsschloss, das inmitten sonniger Almwiesen gestanden hatte. Drei schneebedeckte Zinnen ragten in den Himmel – der versteinerte König Serles, die Königin und seine Diener. Und ringsumher lagen die Hunde, stumm und starr, alle zu Stein geworden.

In stürmischen Nächten aber kann man noch heute im Tal unten von den Felsen herab das Kläffen und Heulen der Hundemeute hören.

Die Fee vom Sonnwendjoch

Unweit der Stadt Rattenberg, am linken Innufer, erhebt sich ein zweitausend Meter hoher Berg, der das Sonnwendjoch heißt. Dort wohnte in den alten Zeiten eine stolze Fee, die Gebieterin des Berges und die Schirmherrin alles Wildes, das sich an den Hängen und in den Felsklüften des Berges tummelte.

Einst zog ein junger Ritter aus der Burg Mehrnstein, die in der Nähe von Brixlegg stand, zur Jagd aus. Er verfolgte eine Gämse und kam bis an den Fuß des Sonnwendjochs, dort aber trat ihm plötzlich eine hohe königliche Gestalt entgegen und hob warnend die Hand. Der Ritter war nicht wenig erstaunt und noch erstaunter war er, als ihn die schöne Dame anredete und sprach: »Warum jagst du in meinem Gebiet? Weißt du nicht, dass alles Wild hier unter meinem Schutz steht? Ich wünsche nicht, dass einem meiner Tiere auch nur ein Haar gekrümmt wird.«

»Verzeiht, edle Herrin«, antwortete der Ritter, nachdem er sich gefasst hatte. »Ich wollte Euch nicht erzürnen. Ich wusste nicht, dass ich etwas Verbotenes tat, als ich die Gämse bis hierher verfolgte.«

Der Ritter war ein hübscher, stattlicher Bursche und hatte ein offenes, freundliches Gesicht. So war es nicht verwunderlich, dass er der Fee gefiel. Und noch weniger verwunderlich war es, dass die Fee ihm gefiel, war sie doch schöner als alle Erdenmädchen. Während sich die Fee mit dem Ritter unterhielt, schien es ihr auf einmal, als wäre sie bisher das einsamste Wesen auf der Welt gewesen. Sie wünschte, der junge Mann solle bei ihr bleiben und sie nie wieder verlassen. So sagte sie, wenn er verspräche, nie wieder ein Tier zu jagen, so wolle sie ihm ihre Gunst schenken. Der Ritter war ganz verzaubert von ihrer Schönheit, versprach mit Freuden alles, was sie verlangte, und die Fee führte ihn in ihr Reich mitten im Berg. Sie führte ihn durch glänzende Paläste, durch Säle mit kristallenen Decken und mit Wänden aus rötlich schimmerndem Marmor. Da gab es Gärten mit Bäumen, die nie zu blühen aufhörten, grüne Wiesen mit friedlich weidenden Herden, silberklare Bäche und Blumen, die wunderbar dufteten und deren Blüten Edelsteinen glichen.

Während die beiden durch dieses zauberische Reich wanderten, fanden sie immer mehr Gefallen aneinander. Noch am gleichen Tag versprachen sie sich ewige Treue und die Fee steckte dem Ritter zum Zeichen ihrer Gunst einen Ring an den Finger. Nun ritt der junge Mann oft auf die Jagd aus, aber er brachte nie eine Beute heim, denn sein Weg führte ihn jedes Mal stracks in den Berg hinein zu seiner geliebten Fee. Seine Freunde und Nachbarn wunderten sich nicht wenig, denn der Mehrnsteiner war ein geübter Jäger, der kein Wild verfehlte und schon manchen Bären oder Eber mit seinem Spieß erlegt hatte. Auch fiel es allmählich auf, dass er die umliegenden Burgen nie mehr besuchte und kein Auge für die hübschen Edelfräulein in der Nachbarschaft hatte.

Da geschah es einmal, dass der Burgherr auf Schloss Rattenberg die Hochzeit seines Sohnes feierte und auch seinen Freund, den Mehrnsteiner, einlud. Der Ritter konnte die Einladung nicht gut ablehnen. Am Anfang machte er sich nichts aus dem fröhlichen Trubel rings um ihn, er dachte an seine Fee im Sonnwendjoch, und die Mädchen, die ihn umschmeichelten, waren ihm nur lästig. Nun reizt aber ein hübsches Mädchen nichts mehr als ein Mann, der sich nicht um sie kümmert. Unter den Gästen war auch ein Edelfräulein aus Innsbruck, eine hübsche, junge, verwöhnte Dame. Sie fühlte sich nicht wenig gekränkt, als der Mehrnsteiner sie nicht einmal ansah, und ließ daraufhin alle Verführungskünste spielen, die ihr zu Gebote standen. Der Mehrnsteiner leistete ihr zuerst unwillig Gesellschaft, bald aber gefiel ihm das fröhliche, unbeschwerte Ding, und da er schon reichlich Wein getrunken hatte, wusste er nicht mehr recht, was er tat. Jedenfalls merkte er am nächsten Morgen, dass er den Ring der Fee nicht mehr am Finger trug – er hatte ihn der Innsbrucker Dame geschenkt. Jetzt freilich packten ihn Scham und Reue. Er eilte zum Fuß des Sonnwendjochs und wollte seine Fee um Vergebung bitten. Die ganze Zeit lief ihm ein weißes Reh voraus, kreuzte immer wieder seinen Weg und schließlich packte ihn die alte Jagdlust. Er verfolgte das Tier bis zu jener Felsenwand, wo er bisher durch ein Klopfen mit dem Ring immer Einlass in den Berg gefunden hatte. Aber diesmal nützte alles Pochen nichts, er hatte ja den Ring nicht mehr.

Der Ritter pochte und pochte, rief und klagte – und plötzlich stand die Fee vor ihm. Sie war nicht zornig, sie sah ihn nur ernst und traurig an. In ihrer Hand hielt sie den Ring.

»Du bist nicht treu«, sagte sie, »du hast geschworen, stets nur an mich zu denken, den Ring nie mehr aus der Hand zu geben und nie mehr eines meiner Tiere zu verfolgen. Du hast dein Wort dreifach gebrochen. Leb wohl für immer!«

Die Fee verschwand – und der Ritter starrte nur eine kahle leere Felswand an. Stundenlang blieb er vor der Wand stehen und rief und bat und flehte. Erst im Abenddämmern ging er todtraurig fort. Kaum hatte er das Innufer erreicht, als eine Mure von der Bergeshöhe niederstürzte und die Felswand verschüttete.

Der Ritter soll nie mehr in seinem Leben froh geworden sein. Später zog er aus dem Inntal fort, man sagt, er sei in das Heilige Land gewandert. In seine Heimat kehrte er nie wieder zurück.

Die mutige Magd im Wattenser Tal

Auf beiden Seiten des Wattenser Tales liegen fruchtbare Almen. Eine davon, auf der linken Talseite, hieß die Alm Wotz. Hier hauste alljährlich zur Winterszeit ein fleißiger Almgeist, ein Kasermandl, das nächtelang in der Almhütte herumrumorte und erst gegen Weihnachten ruhiger wurde. Wenn dann bei Frühjahrsbeginn die erste Amsel auf den Fichten im nahen Gehölz ihr Liebeslied pfiff, nahm das Kasermandl Abschied von der Hütte und wurde bis zum Herbst nicht wieder gesehen.

Im Hause des Bauern, dem diese Alm gehörte, diente eine junge Magd, ein gutes Mädchen, das zu Menschen und Tieren freundlich und hilfreich war. Sie pflegte gewissenhaft ihre alte Mutter, die schon seit Jahren krank darniederlag. Nun war wieder die Weihnachtszeit gekommen, das Mädchen hatte in Haus und Stall alles geputzt, gebürstet und sauber gemacht. Als der Bauer am Heiligen Abend mit dem Gesinde und ein paar Bekannten rund um den weihnachtlich gedeckten Tisch saß, kam die Rede auch auf die Alm und einer der Gäste meinte: »Was wohl heute das Kasermandl macht? Ob es auch Weihnachten feiert?«

Der Bauer hatte bereits ein paar Viertel Rotwein getrunken, sie waren ihm in den Kopf gestiegen, und er rief ausgelassen: »Wer von euch es wagt, jetzt gleich auf die Wotzalm zu steigen und nachzusehen, was das Kasermandl heute Nacht treibt, und zum Zeichen, dass er oben war, den Melkkübel aus der Almhütte mitbringt, dem will ich meine schönste Kuh aus dem Stall geben.«

Die Nachbarn und Knechte schwiegen; keiner hatte Lust, in die stockdunkle Nacht hinauszugehen. Nicht einmal die schönste Kuh konnte sie verlocken, auch nur einen Fuß in die Almhütte zu setzen. Das Kasermandl dort oben stand nämlich in keinem guten Ruf, es hatte schon manchen, der ihm in die Quere gekommen war, mit blutigem Kopf davongejagt. Das Mädchen aber hatte ruhig zugehört, und als nun alle schwiegen, fasste es sich ein Herz und dachte: »Ich will es in Gottes Namen wagen. Ich tue es ja nicht aus Prahlerei und Neugierde. Aber meine Mutter könnte eine Kuh nur zu gut brauchen.« Also erklärte sich die Magd bereit, auf die Alm zu gehen, und verließ sofort die warme Stube. Es war keine leichte Aufgabe, in der kalten, finsteren Nacht zwei Stunden lang durch Schnee und Eis bergauf zu stapfen. Unheimlich still war es, die Sterne glitzerten, der Schnee schimmerte fahl. Kein Wunder, dass die Magd es mit der Angst zu tun bekam. Aber sie wanderte unverdrossen weiter und schließlich kam sie zur Almhütte.

Die Hütte war hell erleuchtet, Tische und Bänke glänzten vor Sauberkeit, auch der Fußboden war blitzblank gescheuert. Das Kasermandl saß im Feiertagsgewand vor dem Herd, rauchte eine kleine Pfeife und kochte sich in der Pfanne einen kohlrabenschwarzen Brei. So mancher Mann wäre nun gewiss Hals über Kopf wieder davongerannt, der Magd schlug das Herz auch bis zum Hals, sie dachte aber an ihre Mutter und an die Kuh, trat mutig in die Hütte, knickste unerschrocken vor dem Mandl, so gut es eben eine einfache Bauerndirn verstand, und wollte eben anheben ihr Kommen zu erklären, da winkte ihr der Kleine und sagte: »Komm her, setz dich nieder und iss mit!« Der Magd graute vor der seltsamen Speise und sie zögerte den dargebotenen Löffel in die Hand zu nehmen. Das Kasermandl lachte leise und sagte: »Dirndl, fürchte dich nicht! Mach nur rasch ein Kreuzzeichen über den Brei und du wirst sehen, dass er recht gut genießbar ist.«

Das Mädchen schlug gehorsam ein Kreuzzeichen über der Pfanne. Sogleich lagen die schönsten Krapfen vor ihr und sie griff wacker zu, denn der weite Weg hatte sie hungrig gemacht. Das Männchen aß mit der Magd um die Wette und es schmeckte beiden ganz ausgezeichnet. Als sie die Pfanne fein säuberlich ausgeputzt hatten, fing das Kasermandl zu reden an: »Ich weiß, warum du gekommen bist. Du sollst nachschauen, was ich hier treibe, und den Melkkübel mit hinunterbringen, zum Zeichen, dass du hier warst. Ich werde ihn dir gleich geben, denn du bist ein tüchtiges und braves Mädchen. Wenn du wieder im Tal unten bist, so verlange vom Bauern die beste trächtige Kuh mitsamt dem Kalb. Er soll sie nur hergeben als Strafe dafür, dass er dich mutwillig mitten in der Nacht bei Kälte und Schnee auf den Berg geschickt hat.

Mit dem Melkkübel in der Hand machte sich das Mädchen wieder auf den Heimweg. Und nun hatte es kein bisschen Angst mehr. Die Sterne glitzerten, der Schnee schimmerte bleich und es war unheimlich still, aber das Mädchen trällerte vergnügt vor sich hin. Sie trat in die warme Stube des Bauernhofes, stellte den Melkkübel auf den Tisch und bat um die versprochene Kuh. Der Bauer riss die Augen auf vor Erstaunen, sagte aber dann lachend: »Es ist dein eigener Schaden, dass du so dumm warst, mitten in der Nacht auf die Alm zu rennen. Für so närrisch hätte ich dich nicht gehalten, meinen Spaß mit der Kuh für bare Münze zu nehmen. Dein Gang ist keinen Pfifferling wert, geschweige denn eine Kuh.« Damit war die Sache für ihn erledigt.

Am anderen Morgen aber gab es eine traurige Weihnachtsbescherung im Bauernhof. Im Stall lag eine der schönsten Kühe tot vor ihrem Barren. Der Bauer wollte sich schier die Haare ausraufen vor Ärger und Kummer. Die Kuh war sein Liebling gewesen und hatte ihm schon manchen Preis eingetragen.

»Hättest du die Kuh mir gegeben, so wäre dir das erspart geblieben«, sagte die Magd. »Willst du dein Versprechen nicht halten?« Aber der Bauer schnauzte sie nur an und hieß sie schweigen.

Am nächsten Tag lag wieder eine schöne Kuh tot im Stall; sie hatte sich an der verknüpften Halskette erwürgt. Und als am dritten Tag ein drittes Tier zu Grunde ging, gab der Bauer klein bei. Er hatte Angst, es könne ihm den ganzen Viehstand kosten, wenn er sein Wort nicht einlöste. So gab er der Magd eine trächtige Kuh und hatte fortan wieder Ruhe im Stall. Die Magd aber führte die Kuh in die kleine Hütte ihrer Mutter und dachte dankbar an das Kasermandl auf der Wotzalm; solange sie lebte, vergaß sie nicht, jeden Abend für die Erlösung des kleinen Männchens zu beten.

Der Traum von der Zirler Brücke

Ein Bauer in Rinn hatte es nicht leicht im Leben, der Schuh drückte ihn an mehr als einer Stelle. Da träumte er einmal, er solle auf die Zirler Brücke gehen, dort werde er etwas erfahren, um das er sein Lebtag froh sein werde. In der folgenden Nacht hatte er den gleichen Traum. Das kam ihm merkwürdig vor, er erzählte die Sache seiner Frau und schloss: »Drum meine ich, es muss doch etwas dahinter stecken, ich werde morgen auf der Zirler Brücke nachsehen, was dort los ist.« Die Frau war aber damit gar nicht einverstanden. »Was?«, rief sie. »Du willst die Arbeit stehen lassen, deine Schuhe zerreißen und auf der Zirler Brücke dann einen lieben langen Tag faulenzen? Haben wir nicht genug Arbeit im Haus?«

Der Bauer wagte nicht gegen sein Weib aufzumucken und blieb daher zu Hause, aber der Traum wollte und wollte ihm nicht aus dem Kopf. Und wirklich: In der nächsten Woche träumte er die gleiche Geschichte. Nun ließ er sich nicht mehr halten, seine Frau mochte schelten, so viel sie mochte, in aller Frühe eilte er nach Zirl und bei Sonnenaufgang stand er schon auf der Brücke.

Der Traum von der Zirler Brücke

Er stand da und wartete, aber es wollte niemand kommen. Endlich trottete ein Geißhirt daher, wünschte ihm einen guten Morgen und zog mit der Herde weiter. Dann war es wieder so einsam auf der Brücke wie vorher. Der Bauer wartete Stunden um Stunden, die Sonne schien heiß auf ihn herab und er begann sich über sich selbst zu ärgern. Was sollte ein so verflixter Traum schon bedeuten? Da stand er wie ein Narr auf der Brücke! Wenn die Leute im Dorf das wüssten, würden sie ihn schön auslachen. Trotzdem wäre er um keinen Preis von der Brücke gegangen. Es konnte ja noch immer irgendetwas geschehen – wer wusste das! Schließlich wurde es Mittag, der Bauer war hungrig, hatte aber nur ein trockenes Stück Maisbrot in der Tasche. Er aß es auf, doch satt wurde er davon nicht. Am Nachmittag war seine Geduld fast zu Ende, aber nun hatte er Angst, dass ihn seine Frau auslachen und wegen seiner Leichtgläubigkeit verspotten würde. Er blieb also tapfer auf der Brücke stehen. Die Sonne war schon im Untergehen, als der Geißhirt mit seiner Herde wieder des Weges kam. Der Mann wunderte sich nicht wenig, als er den Bauern noch immer auf der Brücke stehen sah.

»Ja, bist du denn noch immer da?«, fragte er erstaunt. »Worauf wartest du?«

»Weißt du«, antwortete der Bauer verdrossen, »mir hat geträumt, ich solle auf die Zirler Brücke gehen, dort würde ich etwas erfahren, was mich mein Lebtag lang froh machen würde.«

»Träume!«, sagte der Hirte und lachte. »Mir hat auch geträumt, ich solle nach Rinn zu einem Bauern gehen, dort würde ich einen großen Kessel voll Gold im Herd eingemauert finden. Aber die Rinner Bauern würden mich schön auslachen, wenn ich daherkäme und jeden Herd abreißen wollte.« Der Bauer aber hatte genug gehört. Spornstreichs verließ er die Brücke und rannte, so rasch ihn seine Beine trugen, zu seinem Hof zurück. Er kam spätabends heim, horchte nicht auf seine scheltende Frau, trug sofort den Herd ab und fand tatsächlich einen großen Kessel mit Gold darunter. So wurde er der reichste Bauer in der ganzen Umgebung und seine Frau hat ihm kein böses Wort mehr wegen seiner Narrheit mit der Brücke gegeben, das versteht sich!

VORARLBERG

Vorarlberg

Die Windsbraut
auf der Schröcker Alm

An einem heißen Sommertag war auf der Schröcker Alm ein Bauer mit seinem Gesinde eifrig bei der Heuernte. Sie hatten das Heu geschichtet und wollten es bündelweise in die Scheune schaffen. Noch waren sie aber mitten in der Arbeit, als sich der Himmel mit schwarzen Wolken überzog. Ein plötzlicher Wind erhob sich, fuhr wirbelnd in den Heuhaufen und entführte ein großes Bündel Heu in die Höhe. Das wäre nun an und für sich nichts Seltsames gewesen und doch starrten die Leute verwundert der Heuwolke nach. Es schien ihnen, als schwebte im Heubuschen ein dunkler Körper mit, aber was es war, das konnten sie nicht erkennen, sosehr sie sich auch die Augen aus den Köpfen schauten. Sie wussten nicht, was sie von dieser sonderbaren Geschichte halten sollten.

Da zog ein junger Bursche sein Weidmesser und rief halb im Ernst und halb im Scherz: »Wir werden gleich sehen, was für ein Wesen da oben steckt!« Er schleuderte sein Messer hoch in die Luft, der geheimnisvollen Heuwolke nach. Aber o Wunder! Das Messer fiel nicht wieder zur Erde herab und trotz eifrigen Suchens konnten die Leute es nirgends finden. Dem Burschen wurde es unheimlich zu Mute. Es geschah aber weiter nichts. Das Gewitter zog vorüber, die Heuernte wurde eingebracht, alles blieb beim Alten.

Im nächsten Frühjahr wanderte der Bursche mit einer Schar anderer junger Männer in die welsche Schweiz (Tessin), um sich dort als Maurer oder Handlanger zu verdingen. Auf dem Weg zu ihrem neuen Arbeitsplatz kehrten sie eines Abends in einem Wirtshaus ein. Als der vorjährige Messerwerfer seinen Kameraden folgte und in die Gaststube eintrat, sah er auf dem Fensterbrett ein Weidmesser liegen. An der eigentümlichen Form der Klinge und des Heftes erkannte er sein eigenes Messer, das er im vergangenen Sommer der seltsamen Heuwolke nachgeworfen hatte.

Er war nicht wenig überrascht, sein Eigentum hier zu finden, und nahm das Messer in die Hand, weil er sich überzeugen wollte, ob es nicht ein Irrtum sein könnte. Während er noch das Messer in der Hand hin und her drehte, kam der Wirt in die Gaststube, sah das Messer in der Hand des jungen Mannes und fragte, ob er es vielleicht kenne. Irgendetwas im Ton der Frage machte den jungen Mann stutzig. So erklärte er dem Wirt, ihm sei nur die merkwürdige Form des Messers aufgefallen, auch habe er sich das eingeritzte Wappen genauer besehen wollen.

Der Wirt seufzte und antwortete: »Mit dem Eigentümer dieses Messers habe ich nämlich noch ein Wörtchen zu reden. Im vorigen Sommer hat es meine Tochter nach Hause gebracht. Auf einer Fahrt über Land wurde ihr dieses Messer von einem unbekannten Burschen in den Leib gestoßen. Ihre Verletzung war so schwer, dass sie nur mit Mühe und Not unser Haus erreichte und mir gerade noch erzählen konnte, was geschehen war, bevor sie gestorben ist. Das Messer habe ich absichtlich auf das Fensterbrett gelegt. Vielleicht erkennt es einmal einer der Durchreisenden als sein Eigentum und verrät sich dadurch als der Mörder.«

Der Bursche war nun nur zu froh, dass er den Mund gehalten hatte. Er wusste jetzt, dass die seltsame Erscheinung in dem Heubündel, das die Windsbraut auf der Schröcker Alm damals davongetragen hatte, keine Täuschung gewesen war. Man sagt, der Bursche sei noch lange Zeit nachher niedergedrückt und traurig gewesen.

Das Mütterlein mit dem Spinnrad in Dornbirn

Es war zu jenen Zeiten, als es in Dornbirn noch üblich war, dass die Nachbarn an den langen Winterabenden in der Spinnstube zusammenkamen. Die Frauen saßen an ihren Spinnrädern, die Männer rauchten ihre Pfeifen. Zu jener Zeit also erschien Tag für Tag und Winter für Winter eine alte Frau, ein altes Mütterchen, in der Spinnstube und setzte sich mit ihrem Spinnrad in die hinterste Ecke. Während die

Vorarlberg

anderen plauderten, Geschichten erzählten, sangen und fröhlich waren, spann die Alte wortlos ihren Faden. Man hatte sich an ihr Erscheinen gewöhnt, und weil sie selbst immer still war, richtete man auch keine Fragen an sie. Schweigend, wie sie gekommen war, entfernte sie sich wieder, wenn die muntere Gesellschaft spätabends die Arbeit einstellte und nach Hause aufbrach.

Unter den jungen Leuten, die an diesen Abenden gern Scherze und Kurzweil trieben, befand sich auch ein junger Bursche, der genauso fröhlich war wie die anderen. Doch manchmal vergaß er auf die Späße und Neckereien seiner Altersgenossen und betrachtete aufmerksam die Alte in ihrem Winkel. Es war seltsam, dass er immer wieder hinblicken musste. Er konnte es sich selbst nicht erklären. Sie schien ihm scheu, bedrückt und einsam und hatte einen milden und doch kummervollen Ausdruck im Gesicht. Er war ein lustiger Bursche und lachte gern mit den anderen, aber wenn sein Blick auf die stumme Alte fiel, war ihm das Weinen näher als das Lachen.

So ging es drei Jahre. An einem frostigen Winterabend hatte sich wieder einmal alles in der Spinnstube versammelt. Das Mütterchen saß einsam wie immer in seiner Ecke und spann. Nachdenklich schaute der Bursche der schweigsamen Alten zu. Plötzlich bemerkte er, dass sich ihr Spinnrad verkehrt drehte. Da stand er auf, setzte sich neben sie und schaute ihr noch eine Zeit lang zu; dann fragte er: »Immer links um, Mütterchen?«

Die Alte schaute auf und lachte plötzlich so vergnügt, dass sich der Bursche nicht erklären konnte, was in ihr vorging. Sie stand auf und winkte ihm mit ihr zu kommen. Er folgte ihr verwundert in die kalte, stille Nacht hinaus. Die alte Frau wanderte mit ihm über Äcker und Wiesen und er folgte ihr wie im Traum. Vor einem einsam am Ackerrain stehenden Strauch blieb sie stehen, wandte sich zu ihrem Begleiter und sagte: »So unendlich viele Jahre habe ich gesponnen und immer links herum, und niemand hat es bemerkt. Erst du hast es zu meinem Glück gesehen und mich danach gefragt. Nun bin ich erlöst. Mein lieber Junge, du sollst dafür reichlich belohnt werden. Grabe morgen hier an dieser Stelle! Was du findest, gehört dir!« Nach diesen Worten war sie verschwunden; man sah sie nie wieder in den Spinnstuben.

Am nächsten Morgen grub der Bursche unter dem Strauch nach. Er brauchte sich nicht lange zu bemühen, bald fand er einen großen Kessel voller Taler. Da er nun genug Geld besaß und noch dazu fleißig und klug war, dauerte es nicht lange und er war der reichste Mann im ganzen Dorf.

Das Nachtvolk

Wenn der Sturm durch die Bäume braust, kommt das Nachtvolk aus seinen Schlupfwinkeln hoch oben in den Bergen herausgekrochen und zieht durch Schluchten und Klüfte in die Täler und Niederungen hinunter. Manchmal tobt das nächtliche Volk wie die Wilde Jagd heulend und tosend ins Tal, manchmal aber wird es wieder von so lieblicher Musik begleitet, dass jeder verzaubert ist, der sie hört. Das Nachtvolk scheut sich auch nicht die Wohnstätten der Menschen zu betreten. Im Freien soll man dem Zug der meist unsichtbaren Gestalten ausweichen, daheim aber Türen und Fenster verschließen, wenn der nächtliche Spuk vorübersaust, denn wohin das Nachtvolk kommt, bringt es Übel und Krankheiten mit sich. Oft sind es scheußliche, abschreckende Gestalten, die der eine oder andere nächtliche Wanderer an sich vorüberfliegen gesehen hat.

Einmal lag ein Jäger nachts unter einem dürren struppigen Tannenbaum und schlief. Gegen Mitternacht wurde er durch ein lautes Poltern und Toben aus dem Schlaf geweckt und sah das Nachtvolk gerade auf sich zukommen. Erschrocken sagte er zu sich selbst: »Mit diesem Volk ist nicht gut Kirschen essen. Es wird am besten sein, wenn ich verschwinde.« Und er versteckte sich rasch hinter dem nächsten Busch. Das Nachtvolk aber kam näher und stellte sich im Kreis um den Baum auf, den der Mann soeben verlassen hatte. Wie der Jäger verwundert hinsah und horchte, ob nichts zu vernehmen sei, da fing der Baum auf einmal von selbst an lieblich aufzuspielen, dass es eine Freude war. Das eine Ästlein blies die Flöte, das andere die Klarinette und die kleinsten Zweige machten die Pfeiflein. Das Nachtvolk aber begann einen Reigen und tanzte um den Baum herum. Paar um Paar schwang sich im Kreis, dass der Staub aufwirbelte.

Während der Jäger belustigt dem seltsamen Tun des Nachtvolkes zusah, hörte er plötzlich auf der anderen Seite der Berglehne etwas miauen. Als er sich erstaunt vorneigte und zur Lehne hinüberspähte, sah er ein Rudel Katzen mit durchdringendem Geschrei den Berg herauf krabbeln und jede Katze zog ein Fässchen Wein am Schwanz nach. Als diese absonderliche Weinfuhre zum Tannenbaum gekommen war, stellte das Nachtvolk sogleich den Tanz ein. Nun wurde angezapft und eingeschenkt, aber nur in hohlen Hufen von Kühen. Alle tranken einander zu und das nächtliche Gelage währte bis zum Morgengrauen. Dann waren alle Fässer bis zum letzten Tropfen geleert und Nachtvolk und Katzen samt den leeren Fässern und Hufen verschwanden im dämmernden Tag.

Von dieser Nacht an hütete sich der Jäger, noch einmal unter der dürren Tanne zu schlafen.

Die Fenken

In den Bergen und Tälern Vorarlbergs, vor allem im Montafon und im Klostertal, erzählt man sich von wilden Leuten, Männern und Frauen, die Fenken oder auch Wildfanggen genannt werden. Es sind meist riesige, oft auch scheußliche Gestalten, am ganzen Körper dicht behaart und immer in Tierfelle gekleidet. Die Fenken wohnen im Wald, sind schlau und gewandt und kennen allerlei Geheimnisse der Natur. Den Menschen gegenüber benehmen sie sich meist harmlos und es soll sogar manchmal vorgekommen sein, dass sie den Bauern bei der Arbeit halfen.

Seit undenklichen Zeiten wohnen die Fenken in diesem Land, viele von ihnen sind uralt. Einmal, als einst ein paar Knechte eine riesige Tanne fällen wollten, kam ein alter Fenk durch den Wald herbeigelaufen und rief:

Die Fenken

»Ich bin grad jetzt so viel Jahr' schon alt,
Als Nadeln hat die Tanne da im Wald;
Drum seid so gut und tut sie mir nicht fällen,
Sonst könnt' ich ja mein Alter nimmer zählen!«

Ein seltsames Erlebnis mit einer Fenkin hatte ein Mann, der in den Wald gegangen war um Holz zu spalten. Als er gerade in der besten Arbeit war, kam eine Waldfrau daher, setzte sich neben ihm auf den Boden nieder und fing an zu schwätzen und neugierig allerlei Fragen zu stellen. Der Holzhauer gab zuerst ordentlich Rede und Antwort auf alles, was die Frau wissen wollte. Weil sie aber ein so geschwätziges Mundwerk hatte und des Plapperns und Ausfragens kein Ende war, wurde ihm das Geschnatter langweilig und schließlich verlor er ganz die Geduld. Er gab daher keine Antworten mehr, und als sie noch wissen wollte, wie er hieß, knurrte er kurz: »Selbst«. Die Frau nahm es gläubig hin und schwätzte unaufhörlich weiter. Da stieg dem guten Hannes – so hieß der Holzhauer wirklich – die Zornröte ins Gesicht und er schnauzte die Fenkin an: »Verfluchtes Weibsbild, du könntest endlich dein Mundwerk halten!«

Die Fenkin aber, gar nicht beleidigt darüber, fragte unverdrossen weiter und griff im Eifer der Rede mit der Hand in den Spalt, den der Hannes soeben mit Axt und Keil in den Holzklotz getrieben hatte. Dem wütenden Holzhauer war aber nun der letzte Geduldsfaden gerissen, er zog rasch Keil und Axt aus dem Spalt und lief davon. Der Spalt im Holzklotz schnellte zusammen und klemmte die Hand der Fenkin ein. Vor Schmerzen fing das Waldweib laut zu klagen an.

Auf das Geschrei hin kam der Fenk aus dem Wald herbeigelaufen und fragte, wer das getan habe. »Oh!«, jammerte die Fenkin. »Selbst! Selbst!« Darauf wollte sich der Fenk über die vermeintliche Ungeschicklichkeit seiner Frau schier totlachen, sein Weib zappelte weiter im Holzklotz und es dauerte geraume Zeit, bis sie der Fenk, dem das alles sehr komisch vorkam, endlich aus dem Spalt befreite.

Vorarlberg

Der Jodlerbühel
bei Bezau

Am oberen Ende des Ortes Bezau erhebt sich mitten im Feld ein Hügel, den man den Jodlerbühel nennt. Vor langer Zeit kam ein unbekannter alter Bettler in das Haus eines wohlhabenden Bauern, das gerade an jener Stelle stand, wo sich jetzt der Hügel erhebt. Schöne ebene Wiesen und Äcker umgaben das Haus und der Bauer konnte alljährlich eine reiche Ernte halten. Er hätte gern und gut einem alten hungrigen Bettler ein paar Kreuzer in die Hand drücken können. Aber wie es nun einmal ist, wer selbst genug hat, vergisst oft, wie schlecht es anderen gehen kann. Kaum bat der alte Bettler um eine kleine Gabe, da jagte ihn der Bauer vom Hof und rief ihm noch nach, er solle sich beeilen, sonst hetze er ihm die Hunde an den Hals.

Der Bettler verließ schweigend den Hof. Vor dem Tor drehte er sich noch einmal um und rief: »Du hast wohl zu wenig. Warte nur, ich werde dir etwas bringen!« Der Bauer lachte nur, kümmerte sich nicht um die Drohung des Alten und ging seiner Arbeit nach. Aber es dauerte nicht lange, da wurde der Himmel schwarz von Wetterwolken, aus dem nahen Gebirge hörte man ein wildes Tosen und Rauschen, und ehe man sich's versah, stürzte aus der Schlucht oberhalb des Hauses eine riesige Wasserflut. Steine und Geröll, Äste und ganze Baumstämme überschwemmten alles.

Mitten in dem wilden Sturzbach aber schritt der alte Bettler und führte einen riesigen Drachen an einem roten Seil neben sich. Gerade vor dem Haus blieb der Bettler stehen. Der Drache begann mit seinem Schweif wütend über die Felder hinzupeitschen, schleuderte Steinblöcke und mächtige Baumstämme gegen das Haus, bis sie sich so hoch auftürmten, dass nicht einmal die Dachspitze des Hofes mehr zu sehen war. Alles Lebendige, das im Haus gewesen war, Leute und Vieh, ging zu Grunde und ein lang gestreckter Hügel formte sich allmählich, wie er heute noch zu sehen ist.

Sonst aber tat der Bettler mit seinem Drachen keinem Menschen ein Leid an. Er führte das Tier mitten durch das Dorf hindurch und verschwand wieder im Gebirge. Kein Mensch erfuhr je, woher er gekommen und wohin er mit seinem Drachen gezogen war. Der Jodlerbühel ist das einzige Zeugnis vom schrecklichen Ereignis, das sich einst hier abgespielt hat.

Die Teufelsbrücke im Montafon

Im Montafon lebte einmal ein armer Zimmermann, der gern reich geworden wäre. Aber mit dem Reichwerden war es eine eigene Sache. Zwar verstand sich der Mann auf seine Arbeit, war flink und gewandt und von früh bis spät auf den Beinen, aber der Lohn war gering und die fünf Kinder daheim brauchten an einem Tag mehr, als er in zwei Tagen schaffen konnte. Es war also nichts mit dem Reichwerden, im Gegenteil, im Haus des Zimmermanns waren Sorgen und Not ziemlich häufige Gäste.

Eines Tages riss ein gewaltiges Hochwasser die Brücke über den Dorfbach fort. Weil über diese Brücke der Weg nach Schruns führte, wollten natürlich die Dorfbewohner, dass die Brücke baldmöglichst wieder aufgerichtet werden sollte. Also kamen der Bürgermeister und die Gemeinderäte zu unserem Zimmermann und fragten ihn, ob er in drei Tagen die Brücke wiederherstellen könne. Brächte er es zu Wege, sollte er hundert Taler erhalten. Das war ein schönes Stück Geld und hätte dem wackeren Handwerker für etliche Zeit aus der Not geholfen. Es war aber auch eine gewaltige Arbeit und der Zimmermann wusste, dass es kaum möglich war, in so kurzer Zeit die Brücke wieder aufzustellen. So bat er um einen Tag Bedenkzeit.

Den ganzen Tag bis spät in die Nacht hinein sann und studierte er, zerbrach sich den Kopf, verwarf seine Berechnungen und stellte wieder neue an und kam schließlich doch zu dem Schluss, den er schon vorher gewusst hatte. In der verlangten Frist war es nicht möglich, die Brücke zu bauen. »Das mag der Teufel im Sande sein«, rief er und schlug mit der Faust auf den Tisch, »ich bring es nicht fertig!« Mit hängendem Kopf und Trauer im Herzen, weil ihm der schöne Verdienst entgehen sollte, wollte er gerade ins Bett gehen. Es war nämlich schon Mitternacht. Da klopfte es an die Tür, ein kleines Männchen trat ein, zog seinen grünen Hut und grüßte freundlich. »Zimmermann«, fragte er, »warum denn so traurig?«

»Da soll man nicht traurig sein«, antwortete der Zimmermann, »wenn es Arbeit und guten Lohn gäbe und es doch ganz unmöglich ist, die verlangte Arbeit zu leisten!« Und er erzählte seine Geschichte. »Da kann leicht geholfen werden«, erwiderte der kleine Mann lachend. »Ich baue dir die Brücke in drei Tagen fix und fertig, freilich nur unter einer Bedingung: Die erste Seele, die aus deinem Haus über die Brücke kommt, gehört mir.«

Dem Zimmermann gruselte es, denn nun hatte er erkannt, mit wem er es zu tun hatte. Am liebsten hätte er das Männchen fortgejagt, aber hundert Taler waren hundert Taler, und er konnte sie nur zu gut brauchen. Auch war ihm von ganz ungefähr ein guter Gedanke gekommen. »Mit dir will ich schon fertig werden!«, dachte er und schloss den Vertrag mit dem Teufel.

Wirklich stand in drei Tagen die Brücke da, fest und stark gebaut. Mitten auf der Brücke hockte grinsend der Teufel, wartete auf seinen Lohn, und freute sich schon auf die arme Seele, die als Erstes aus des Zimmermanns Haus über die Brücke kommen würde. Aber im Haus des Zimmermanns regte und rührte sich nichts. Schon wurde der Teufel ungeduldig, als sich endlich die Haustür öffnete. Der Teufel pfiff vergnügt durch die Zähne. Siehe, da kam seine Seele, es war der Zimmermann selbst! Der Kerl war aber nicht allein, eine Ziege hüpfte lustig vor ihm her, machte allerlei Bocksprünge und vergnügte sich an diesem schönen Morgen nach Ziegenart. Als der Zimmermann zur Brücke kam, jagte er die Ziege vor sich hinüber und rief dem höllischen Baumeister schadenfroh zu: »Hier, mein Herr, hast du die erste Seele aus meinem Haus!«

Der Teufel machte ein verdutztes Gesicht und schaute das meckernde Tier verblüfft an. Dann aber wurde ihm siedend heiß vor Zorn und Wut, denn er sah sich um seinen Baulohn geprellt. Heulend wollte er die Geiß fangen und sie in Stücke zerreißen, erwischte aber nur den Schwanz des ausgelassen davonspringenden Tieres. Der Schwanz blieb in der Hand des Teufels, die Ziege hüpfte davon. Daher kommt es, dass alle Ziegen seither nur so kurze Schwänzlein haben!

Der betrogene Teufel musste sich mit dem Ziegenschwanz abfinden, der Zimmermann aber bekam seine hundert Taler.

Ehrguta von Bregenz

Es war im Jahre 1407. Die Appenzeller, ein tüchtiges Schweizer Bergvolk, hatten sich mit anderen Städten in der Schweiz und im Rheintal verbündet und bedrängten die Schlösser und Städte im Bodenseegebiet. Schließlich waren sie bis in die Nähe von Bregenz vorgedrungen und berannten und beschossen die Stadt und auch die Festung, die dem Grafen Rudolf von Montfort gehörte. Wäre Bregenz gefallen, so hätte der oberschwäbische Adel nichts mehr zu lachen gehabt. Dieser schloss daher auf den Rat des Grafen von Montfort einen Schutz- und Trutzbund, der gegen die Schweizer zu Feld ziehen wollte. Inzwischen aber bedrängten die Appenzeller den Grafen und Bregenz hart, und man kann sich vorstellen, dass der Herr von Montfort und der Rat der Stadt ungeduldig auf das Herannahen des schwäbischen Entsatzheeres warteten. Die Führer der Appenzeller aber hatten von diesem Entsatzheer Kunde erhalten. Sie versammelten sich in einem Gasthaus zu Rankweil und berieten hinter geschlossenen Türen, wie sie den schwäbischen Rittern zuvorkommen könnten. Schließlich beschlossen sie, Bregenz zu überrumpeln und die Bürger der Stadt zu einem Bündnis gegen den schwäbischen Adel zu zwingen. Der Überfall auf die Stadt sollte am Sankt-Hilarius-Tag geschehen.

Die Beratung der Appenzeller war ziemlich laut und lebhaft vor sich gegangen, da sich die Eidgenossen in der Stube allein und unbelauscht glaubten. Erst als sie aufstanden und wieder zu ihren Leuten zurückge-

Vorarlberg

hen wollten, bemerkte einer hinter dem großen Ofen eine alte Frau, die allem Anschein nach schlief.

»Hallo«, rief er, »Kameraden, wir sind belauscht worden! Wir müssen das Weib töten, bevor es uns verrät.«

Die Männer drangen fluchend und schreiend auf die Frau ein. Sie wehrte sich, so gut sie konnte, und rief: »Nein, nein, ich habe nicht gelauscht! Was glauben denn die hohen Herren! Ich habe geschlafen wie ein Murmeltier, bis Ihr mich geweckt habt. Ich bin todmüde ins Haus gekommen, schon vor vielen Stunden, und die Wirtin hat mir erlaubt, hier hinter dem Ofen zu schlafen.«

Die Männer wussten nicht, ob die Alte die Wahrheit sprach oder nicht, aber die Lust, sie zu töten, war ihnen vergangen. Sie ließen die Alte hoch und heilig schwören, keinem Menschen auch nur ein Sterbenswort von dem zu sagen, was sie in der Stube gehört hatte, und jagten sie nachher unter Drohungen in den Stall.

Die Frau hockte eine Zeit lang im Stall und lauschte auf den Lärm, der aus der Wirtsstube zu ihr drang. Dann schlich sie vorsichtig zur Stalltür, öffnete einen Spalt und spähte hinaus. Nirgends war ein Wächter zu sehen. Da verschwand sie im Nu um die nächste Ecke. Mühsam lief sie durch die tief verschneite Winterlandschaft; immer wieder stolperte sie, ihr Atem ging pfeifend, und nur die Angst vor den Schweizern verlieh ihr die Kraft, durchzuhalten. Die Kälte drang ihr durch Mark und Bein, der schneidende Wind drohte ihr den Atem zu nehmen, aber sie lief weiter und weiter, bis sie die Stadt Bregenz erreichte. Zu Tode erschöpft kam sie bis zum Rathaus und schleppte sich mit letzter Kraft die Stufen zur Ratsstube empor, wo gerade der Stadtrat versammelt war.

Ohne sich von den Ratsdienern aufhalten zu lassen, drang sie in die Ratsstube ein und wärmte sich am flackernden Feuer. Die Stadtväter schüttelten entrüstet und verwundert die Köpfe über dieses sonderbare Verhalten und der Amtmann rief zornig:

»Bist du verrückt, Weib? Wie kannst du dich unterstehen, hier einzudringen? Und warum starrst du wie blöd das Feuer an?«

»Herr«, erwiderte die Frau, nach Atem ringend, »ich komme aus Rank-weil. Ich habe mich unter Eid verpflichtet, keinem Menschen ein Wort von dem zu sagen, was ich dort gehört habe. So will ich es dem Feuer da erzählen, was ich mit eigenen Ohren vernommen und mit eigenen Augen gesehen habe.« Und sie berichtete, zum Kamin gewandt, ausführlich und laut, was sich in der Wirtsstube zu Rankweil zugetragen hatte.

Der Rat hörte mit offenen Mündern und nicht wenig erschrocken zu, und als die Alte geendet hatte, behandelte man sie mit Ehrfurcht wie eine hohe Dame. Der Amtmann fragte sie um ihren Namen und sie antwortete: »Jedermann nennt mich die alte Guta.«

Die Ratsherren benachrichtigten nun sofort den Grafen von Montfort und dieser sandte Eilboten an die schwäbischen Ritter mit der Bitte, so schnell als möglich zu Hilfe zu kommen. So kam es, dass am SanktHilarius-Tag achttausend Mann, Ritter und Reisige, zur Rettung der Stadt Bregenz heranrückten, und anstatt die Stadt zu überrumpeln wurden die siegessicheren Eidgenossen durch die unvermutete Ankunft des Entsatzheeres selbst überrascht und erlitten eine völlige Niederlage. Sie wurden samt und sonders vernichtet, nur drei von ihnen entkamen.

Die Ratsherren der Stadt ließen nun die alte Frau ins Rathaus kommen und fragten sie, welchen Lohn sie für ihre Tat wünsche.

»Ach, hohe Herren«, antwortete die Alte, »was soll ich mir viel wünschen! Wenn ich zeit meines Lebens Nahrung und Obdach hier habe, dann bin ich zufrieden.« Den Ratsherren schien das ein bescheidener Wunsch und sie drängten die Alte, es sich noch einmal zu überlegen, sie seien gerne bereit, ihr alle Ehre zu erweisen, die sie als Retterin der Stadt verdiene. »Gut«, sagte nun die Alte und lächelte, »dann sollen die Nachtwächter der Stadt von Martini bis Lichtmess jede neunte Abendstunde mit dem Ruf anzeigen ›Ehret die Gutak!‹.«

Dieser Wunsch der alten Frau wurde durch Jahrhunderte treu befolgt. »Ehrguta, Ehrguta«, konnte man es noch vor wenigen Jahrzehnten hören, wenn der Nachtwächter in den stillen Straßen von Bregenz die neunte Stunde ausrief.

Vorarlberg

Die Bregenzerwäldlerinnen im Schwedenkrieg

Nach der Einnahme der Stadt Bregenz durch die Schweden im Jahr 1644 blieb eine kleine schwedische Besatzung in der Stadt zurück. Auch Lingenau im vorderen Bregenzerwald erhielt eine Einquartierung, während die Hauptmacht der Schweden über Lindau nach Schwaben zog.

Als die Schweden auf einem Streifzug einmal bis gegen das Dorf Alberschwende gekommen waren, sahen sie plötzlich an den vor ihnen liegenden Hängen eine Schar weiß gekleideter Gestalten, die schnurstracks auf sie zukam. Die Schweden, diese abergläubischen Kerle, glaubten nichts anderes, als dass ein Trupp himmlischer Wesen in den Bregenzerwald gekommen sei, um gegen sie zu kämpfen. Sie standen ganz verdattert da, das Herz schlug ihnen bis zum Hals und sie wussten nicht ein noch aus.

Die weiß gekleideten Wesen ließen den Schweden aber nicht lange Zeit, sich von ihrem Schreck zu erholen. Mit einem unhimmlischen Geschrei stürzten sie über die armen Kerle her und hieben mit Sensen, Schaufeln und Heugabeln so wacker auf sie ein, dass die Schweden Hals über Kopf davonrannten und noch am selben Tag abzogen.

Die himmlischen Wesen hatten nun keineswegs Engelsflügel, noch waren sie zart und fein, wie es überirdische Geschöpfe sein müssten, es waren kräftige Bauersfrauen und Dirnen aus dem Bregenzerwald, die vom Anmarsch der Schweden gehört hatten und, tapferer als ihre Männer, den Soldaten entgegengezogen waren. Dass sie alle weiße Kleider trugen, war kein Wunder. Die Tracht der Bregenzerwäldlerinnen war damals weiß und soll erst später gegen eine dunkle vertauscht worden sein.

Zum Andenken an den Mut der Frauen durften im Bregenzerwald noch lange Zeit die Frauen vor den Männern beim Opfergang in der Kirche zum Altar gehen. Die Männer mussten warten, bis die letzte Dirne vom Altar zurückgekommen war, dann erst durften sie aus den Bänken gehen, damit sie nicht vergaßen, dass einst ihre Frauen tapferer als sie gewesen waren.

Die Weiße Frau von Rosenegg

Auf Schloss Rosenegg bei Bürs erschien in früheren Zeiten oft ein verzaubertes Burgfräulein. Es wartete auf seine Erlösung und bat jeden Menschen, den es traf, ihm zu helfen und es zu erlösen. Als Lohn versprach es seinem Retter einen Schatz. Ein Junge aus Bürs soll der Letzte gewesen sein, dem es sich zeigte.

Eines Abends, knapp vor dem Dunkelwerden, war der Bub eben dabei, ein Bündel Holz, das er gesammelt hatte, nach Hause zu tragen. Plötzlich stand vor ihm das Burgfräulein in einem schneeweißen, leuchtenden Gewand, schaute ihn freundlich an und sagte: »Büblein, lade dein Bündel noch einmal ab, du könntest mir einen großen Dienst erweisen. Jahrelang muss ich schon hier hausen, aber heute könntest du mich erlösen.«

Der Junge war ganz und gar nicht erschrocken, er schaute das Burgfräulein treuherzig an und sagte: »Es ist schon recht spät und meine Mutter wartet zu Hause auf das Holz. Ich muss schnell heimlaufen und ihr das Bündel bringen. Aber nach dem Abendessen komme ich wieder zurück, Ehrenwort!«

»Geh«, antwortete das Fräulein, »aber komm bestimmt wieder und vergiss nicht, drei geweihte Ruten mitzunehmen.«

Der Junge aß hastig sein Abendbrot, sprang nachher rasch in die gute Stube seiner Mutter, nahm drei geweihte Palmzweige und lief damit wieder zur Burg hinauf. Der Mond schien und es war fast so hell wie am Tag, ein verzaubertes, bleiches Licht lag über der Burg, aber dem kleinen Jungen war gar nicht ängstlich zu Mute.

Das weiße Fräulein kam ihm schon entgegen, lächelte und führte ihn in die Burg. Mutig schritt der Kleine hinter der weißen Dame einher und bedachte sich keinen Augenblick, als es über eine steinerne Stiege zwölf oder fünfzehn Stufen tief in ein Gewölbe abwärts ging. Im hintersten Winkel des dunklen Kellers stand eine große eiserne Truhe, auf deren Deckel regungslos ein großer schwarzer Hund hockte.

»Mein lieber Junge«, erklärte das Fräulein, »diesem Hund musst du mit jeder deiner geweihten Ruten einen Schlag geben. Nach dem dritten Streich wird der Hund von der Kiste herabspringen, ich werde dir von meinem Schlüsselbund den Schlüssel zur Truhe geben und du kannst die Truhe aufsperren. Der Schatz, der darin liegt, gehört dir und ich bin erlöst.«

Nun war es schon sehr unheimlich da unten im tiefen Gewölbe, aber der Junge war so ein keckes, verwegenes Dorfbürschlein, wie es viele gibt, denen immerzu lustige und manchmal auch dumme Streiche einfallen. Das Fräulein gefiel ihm und er hätte sie gar zu gern erlöst. Also nahm er eine Rute, überlegte nicht lange und gab dem Hund einen Schlag. Das Tier begann bösartig zu knurren, das ganze Gewölbe hallte davon wider; der Hund rollte seine Augen und wuchs und wuchs. Da wurde es dem Knaben gruselig zu Mute, aber er griff tapfer zur zweiten Rute und schlug nochmals auf den Hund ein. Der Hund fletschte die Zähne, riss das Maul auf und knurrte und knurrte, dass es dem Jungen einen Schauer nach dem anderen über den Rücken jagte. Er nahm trotzdem die dritte Rute. Das Tier schwoll an, als wollte es nicht mehr mit dem Wachsen aufhören, stieß schon mit dem Buckel ans Gewölbe, die Augen waren nun so groß wie Mühlenräder und sprühten Feuerflammen. Da wusste sich unser Bürschlein nicht mehr zu helfen, die Rute fiel ihm aus der Hand, es stürzte die Treppen hinauf, rannte aus der Burg und lief und lief und konnte nicht mehr aufhören zu laufen, bis es sich daheim verkrochen hatte.

Das Burgfräulein aber stand oben auf der Brüstung der Burg, das weiße Gewand leuchtete im Mondschein, es rang die Hände und klagte und jammerte: »Nun muss ich wieder hundert Jahre warten, bis einer kommt, der mich erlösen kann.« Und wenn die hundert Jahre um sind – willst du dann nicht auf Schloss Rosenegg gehen, in einer Vollmondnacht, und warten, bis das Burgfräulein zu dir kommt und dich bittet, es zu erlösen?

Das Fräulein von Ruckburg

Auf der Ruckburg lebte vorzeiten ein Ritterfräulein, das war so schön, dass von weit her Ritter und Adelige kamen und um es freiten. Aber das viel umworbene Fräulein war ein nachdenkliches, ernstes Mädchen, dachte noch nicht ans Heiraten und wies alle Freier ab.

Die Eltern des Fräuleins liebten ihr Kind so sehr, dass sie es vor allem Leid und aller Not der Welt liebevoll geschützt hatten. Die junge Dame wusste daher nicht, was Kummer und Sorge bedeuten. Eines Abends ging sie unweit der Burg auf einer Wiese spazieren, ganz in Gedanken versunken, und wäre beinahe über eine Bettlerin gestolpert, die im Gras saß und strickte. Das Fräulein entschuldigte sich höflich und die Bettlerin fing an, ihr mit bewegten Worten von der Not und dem Elend in der Welt zu erzählen, und schilderte ihr, was sie schon für traurige Tage im Leben hinter sich hatte. »Ihr könnt Euch gewiss nicht vorstellen, schönes Fräulein«, jammerte die Alte, »was ich alles erduldet habe! Ihr wisst ja gar nicht, was Kummer und Sorge heißen.«

»Sag es mir«, antwortete das Fräulein betroffen, »was Kummer und Sorge sind.«

Da hielt die Alte dem Mädchen einen Knäuel Garn hin und rief: »Nehmt diesen Knäuel, liebes Fräulein, und geht damit in den Wald hinauf, lasst den Faden abrollen, so lange, bis Ihr die Seele im Knäuel drinnen seht. Dann werdet Ihr bestimmt erfahren, was Kummer und Sorge sind.«

Das Fräulein nahm den Knäuel lächelnd und wanderte munter in den Wald und rollte den Knäuel ab. Die Dämmerung brach herein, und wie es dunkler und dunkler wurde, war der Faden zu Ende und das Fräulein hielt nur eine Nuss in der Hand – das war die Seele des Knäuels. Das Mädchen aber erfuhr nun wirklich, was Kummer und Sorge sind. Denn nach der Dämmerung war die Nacht gekommen und es stand mutterseelenallein im finsteren Wald, wusste den Weg zum Schloss nicht mehr zurück, hatte Hunger und Durst, doch nichts zu essen und zu trinken, war müde und erschöpft und hätte sich gern schlafen gelegt, aber nirgends fand sich ein Lager. Der Wind strich kühl durch die Bäume, aber da war kein Haus, keine Hütte, in die es hätte eintreten können. Das arme Fräulein begann bitterlich zu weinen. Mit Tränen in den Augen lief es unter den dunklen Bäumen dahin; die Zweige rauschten unheimlich und der Wind zerzauste ihm das Haar.

Auf einmal, als das Fräulein schon gänzlich verzagt war, sah es ein Licht durch die Stämme schimmern. Es lief auf das Licht zu und kam zu einer kleinen Hütte, die mitten im Wald stand. Als es anklopfte, öffnete eine alte Frau.

»Lasst mich diese Nacht hier bleiben«, bat das Fräulein. »Ich habe mich verirrt und finde den Weg nach Hause nicht mehr.«

»Armes Kind, komm nur herein«, sagte die Alte und führte das Mädchen in die Hütte. »Ich will dich gern heute Nacht hierbehalten. Wenn nur der Jäger nicht nach Hause kommt! Dann geht es dir nämlich schlecht. Er ist ein wilder Kerl, er mag keinen Menschen um sich sehen, nur mir tut er nichts. Oft bleibt er viele Tage lang aus. So Gott will, kommt er heute Nacht nicht mehr.«

Das Herz des Fräuleins begann ängstlich zu klopfen und es dachte, es wisse nun genau, was Kummer und Sorge bedeuteten. In diesem Augenblick hörte sie von draußen ein lautes Hundegebell und da stand der Jäger schon auf der Schwelle und fluchte nicht wenig, als er den späten Gast sah.

Das Fräulein stürzte zur Tür und wollte fliehen, rannte aber dem wüsten Kerl geradewegs in die Arme. Er war so wütend geworden, dass er ihr seinen Hirschfänger nachwarf. Aber nur ein paar flatternde Locken fielen der scharfen Schneide zum Opfer, das Fräulein entwischte unverletzt und stürzte blindlings in den Wald hinaus.

Das hatte sich im Herbst zugetragen. Seit jenem Abend fand der Jäger keine Ruhe mehr. Sein Zorn war damals rasch verflogen, er begann sich seiner Wut zu schämen und das Bild des schönen Fräuleins wollte ihm nicht aus dem Kopf. Immer wieder nahm er die blonden Locken in die Hand und dachte an das Mädchen; er hätte gar zu gern gewusst, wer es war und wo es lebte. Eines Tages war seine Sehnsucht so groß geworden, dass er beschloss, die schöne Unbekannte zu suchen, und sollte er um die halbe Welt wandern müssen.

So machte er sich auf den Weg, mitten im Winter, und zog von Ort zu Ort, von Schloss zu Schloss und suchte überall das Fräulein. Viele

Jahre lang wanderte er umher. Wieder war es Winter. Eines Abends kam der Jäger im Schwabenland zu einer Klosterpforte und bat um einen Schluck warmer Suppe. Die Nonne aber, die ihm die Schüssel reichen wollte, war niemand anders als das Fräulein von Ruckburg. Nach jener Nacht im Wald hatte sie beschlossen, ins Kloster zu gehen und ihr ganzes Leben lang für jene zu sorgen, die in Kummer und Not lebten. Als sie nun vor der Klosterpforte den wilden Jäger erkannte, verließ sie aller Mut, sie schlug die Klosterpforte zu und flüchtete in ihre Zelle.

Der Jäger war nicht weniger bleich geworden als das Fräulein. Er setzte sich auf die Schwelle der Klosterpforte. Nun, da er wusste, dass jenes Mädchen, nach dem er in so großer Sehnsucht die Welt durchwandert hatte, eine Nonne geworden war, wollte er nicht mehr weiterleben.

Am anderen Morgen fand man ihn erfroren vor der Pforte des Klosters.

Die Geschichte von der Gründung des Bades Rottenbrunn

Ein junger Hirte hatte einmal seine Herde in die Gegend von Bad Rottenbrunn im Großen Walsertal getrieben. Während seine Tiere dem kargen Futter nachgingen, lehnte er an einem Felsblock und schaute sich seine Umgebung an. Sie schien ihm so unwirtlich, kahl und unfruchtbar, dass er unwillig ausrief: »Der liebe Gott hat dieses Tal recht stiefmütterlich behandelt. Nichts als Steinhaufen, ein paar kümmerliche Halme, ein paar armselige Kräuter. Nicht einmal Schafe können sich hier satt fressen! Warum hat der liebe Gott hier keine Obstbäume wachsen lassen wie in den anderen Tälern und Kornfelder oder doch wenigstens eine fette Grasweide?«

Vor lauter Unwillen über das armselige Tal hatte der Hirte nicht bemerkt, dass sich am Himmel ein Unwetter zusammenzog. Unter Blitz und Donner stürzte ein heftiger Wolkenbruch nieder. Der Hirte wollte unter eine dichtästige Tanne flüchten, aber die Erde brach unter seinen Füßen ein und er stürzte in den Graben eines Wildbaches. Mit einer schweren Verletzung am Fuß blieb er liegen, konnte sich kaum bewegen und nicht mehr aus dem Bachbett herauskriechen.

Aus Angst und Verzweiflung begann er zu beten, der Regen hörte auch sofort auf, der blaue Himmel zeigte sich wieder und die Sonne schien wie vorher. Plötzlich war es dem Hirten, als sähe er ein wunderbares Licht in dem nahen Tannenwald, und während er hingaffte und sich wunderte, trat unter den Bäumen die Muttergottes hervor.

Die Erscheinung neigte sich freundlich über den Hirten und sagte: »Schilt nie mehr über die Werke der göttlichen Vorsehung! Was in einsamen Tälern verborgen liegt, wiegt oft mehr als die Ernte des Südens. Schau, dort rinnt aus dem roten Gestein eine Quelle! Geh hin und bade deinen verletzten Fuß im Wasser.« Nach diesen Worten verschwand die Erscheinung.

Der Hirte kroch zur Quelle, badete seinen verletzten Fuß und spürte bald, dass es kein gewöhnliches Quellwasser war. Schon nach kurzer Zeit waren alle Schmerzen vergangen. Er rief seine Herde und zog dankbar heimwärts. Überall aber, wohin er kam, erzählte er von der Erscheinung der Muttergottes und von der wundertätigen Quelle. Bald wanderten Leute von nah und fern zu dieser Quelle und wurden von ihren Leiden geheilt.

An jener Stelle, wo das Wasser aus dem Felsen rann, baute man ein Badhaus und nannte die Quelle den »Roten Brunnen«, denn das Wasser führte stets feinen roten Sand mit sich. Der Bach aber heißt seit jener Zeit zur Erinnerung an die Erscheinung der »Madonnenbach«.

Hertha Kratzer
Rheinsagen
Vom Ursprung bis zur Mündung
176 Seiten
Halbleinenband
ISBN 978-3-8000-5677-4

Der sagenreichste Fluss

Stolze Burgen, malerische Ruinen und prächtige Königsschlösser säumen die Ufer des Rheins. In den Tiefen des Stroms haben Wassergeister, Nixen und Undinen ihr unterirdisches Reich. An seinen Ufern hausen Riesen und Zwerge, treiben Hexen und Zauberer ihr Unwesen und kämpfen edle Ritter gegen Ungeheuer. Die Geschichten erzählen von alten, längst vergangenen Zeiten und begleiten den Rhein auf seiner Reise vom Ursprung in den Schweizer Bergen bis zur Mündung in den Niederlanden, vorbei an historisch bedeutenden Stätten.

www.ueberreuter.de